진로상담의 이론과 실제 2판

THEORY AND PRACTICE OF CAREER COUNSELING

| **김봉환** 저 |

학지사

2판 머리말

필자가 저술한 여러 책 중에서도 특히 애착이 깊은 『진로상담의 이론과 실제』가 세상에 나온 지 어느덧 6년이 흘렀습니다. 2019년 초판 집필 당시, 교육부의 재원으로 한국연구재단의 지원을 받을 수 있었던 것은 큰 행운이자 힘이 되었습니다.

그 사이 진로상담을 둘러싼 환경에는 적지 않은 변화가 있었습니다. 관련 제도와 정책에도 변화가 있었고, 직업 및 교육정보 또한 새롭게 생산되고 있습니다. 진로상담 이론과 실제에 관한 국내외 연구들도 활발히 이루어지며 현장의 적용 가능성을 더욱 넓혀 주었습니다. 이와 같은 흐름 속에서, 더 이상 개정을 미룰 수 없다는 판단하에 2판 작업을 시작하게 되었습니다. 이번 개정판을 준비하면서 다음과 같은 몇 가지 방향에 중점을 두었습니다.

첫째, 책의 전체 구성은 초판의 틀을 유지하였습니다. 이 책은 기본적으로 '청소년'을 주요 상담 대상으로 설정하고 집필되었기에, 현시점에서도 이 틀이 여전히 유효하다고 판단하였습니다. 다만, 향후 개정판에서는 청년층, 중장년층, 노년층까지 포괄하는 보다 종합적인 진로상담 전문서로 발전시키고자 하는 바람을 품게 되었습니다.

둘째, 진로상담은 종종 내용이 딱딱하고 흥미롭지 않다는 평가를 받기도 합니다. 이러한 인식을 조금이나마 완화하기 위해, 각 장의 서두에 '진로'라는 주제를 성찰할 수 있는 시나 명언 등을 덧붙였습니다. 보다 부드럽고 따뜻한 톤으로 독자에게 다가가고자 한 시도입니다. 이에 적합한 글귀를 선정하기 위해 고민을 거듭하며 여러 사람의 조언을 참고했고, 그 결과를 각 장의 시작 부분에 담았습니다.

셋째, 변화한 정책과 정보를 반영하고자 기존 내용을 면밀히 점검하여 가능한 한 최신 자료로 갱신하였습니다. 진로상담에서는 정확하고 적절한 정보가 매우 중요한 만큼, 특히 이 부분에서 많은 보완이 이루어졌습니다. 진로정보 파트를 포함해 각 장의 내용도 시대의 흐름에 맞추어 최대한 개정하였습니다.

넷째, 독자들로부터 긍정적인 반응을 얻었던 각 장 말미의 '참고자료'도 전반적으로 재구성하였습니다. 새로운 참고자료는 두 가지 기준에 따라 선정하였습니다. 하나는 해당 장의 주제와 더욱 긴밀히 연결된 내용을 찾는 것이며, 다른 하나는 최신 정보를 바탕으로 보다 현실감 있는 학습자료를 제공하는 것이었습니다.

이러한 방향을 중심으로 2판의 개정 작업을 마무리하게 되었습니다. 이 과정에서 자료수집과 내용 검토, 수정 작업에 애써 주신 김미나, 김미동, 김영미, 김지선, 김하나, 염혜현, 이수연, 이수진, 이옥진, 이지인, 최지연 선생님께 감사드립니다. 교정 작업에 정성을 다해 주신 안은주, 전화연 선생님께도 감사의 마음을 전합니다.

아울러 오랜 인연으로 늘 책을 낼 수 있도록 응원과 격려를 아끼지 않으신 학지사 김진환 대표님께 특별한 감사를 드립니다. 실무적으로 많은 도움을 주신 성스러움 과장님, 그리고 1판에 이어 이번 2판 작업에도 헌신적으로 참여해 주신 박나리 선생님께도 진심으로 고마운 마음을 전합니다.

2025년

저자 김봉환

1판 머리말

진로상담은 현재 여러 영역에서 부각되고 있습니다. 초·중등학교에서는 오래전부터 학생 진로문제의 지도와 상담에 대한 중요성이 강조되어, '진로전담교사(진로진학상담교사)'가 탄생하였고, 중·고등학교에서 '진로와 직업' 교과 채택률은 날로 증가하고 있습니다. 2015년 12월에는 「진로교육법」이 제정되어 진로교육, 진로지도, 진로상담에 관한 법적 뒷받침을 하고 있습니다. 그리고 2016년부터 모든 중학교에서는 진로탐색을 중심으로 하는 '자유학기제'가 전면적으로 실시되고 있으며, 문재인 정부에서는 이를 자유학년제로 확대할 계획을 실천에 옮기고 있어서 해당 분야에 대한 관심이 고조되고 있습니다. 학생부종합전형에서는 비교과 활동의 중요성이 강조됨에 따라 창의적 체험활동 중 '진로활동'에 대한 강조가 점차적으로 증가하고 있습니다. 대학에서는 학생들의 진로·취업 문제를 지도하고 상담하는 것이 필수적인 일로 인식되면서 교내에 관련 기관도 여러 형태로 생겨나고 전문가를 배치하는 일도 가속화되고 있습니다.

고용복지플러스센터, 중장년일자리희망센터, 여성새로일하기센터를 비롯한 공공 직업안정기관에서도 다양한 진로상담 프로그램의 개발과 운영, 심층직업상담, 진로변경상담 등이 활성화되고 있고, 민간 직업안정기관 및 각 기업체에서도 근로자 직업적응 조력을 위한 상담, 전직지원상담 및 은퇴상담의 중요성이 대두되고 있습니다. 서울50플러스재단과 한국노인인력개발원 등에서는 장년과 노년층을 위한 커리어 서비스 제공을 점진적으로 확대하고 있습니다.

그러나 이러한 환경적 여건의 변화에도 불구하고 '진로상담의 이론과 실제'라는 주제를 포괄하는 도서는 전문성과 다양성이라는 측면에서 매우 미흡한 것이 오늘의 현실입니다. 물론 오래전부터 우리나라에서는 '진로교육', '진로지도', '진로상담'이라는 핵심어를 포함한 다양한 저서가 출판되어 왔습니다. 그러나 그 구성내용은 매우 유사하고 비체계적인 것으로 분석되고 있으며, 외국의 저서를 우리말로 번역한 경우 문화적 차이로 인해서 그대로 현장에 적용하기에는 여러 가지 측면에서 무리가 따르고 있습니다. 물론 이

저서도 이러한 연속선상의 한 여정에서 출판되는 것이기 때문에 여러 가지 측면에서 그러한 한계의 울타리를 크게 벗어나지는 못하고 있습니다. 부족한 부분의 계속적인 보완을 통해서 좀 더 완성된 모습으로 나가기 위한 첫출발로 인식해 주시기를 바라는 마음입니다.

이 책을 기획하고 원고를 집필하는 과정에서 저자가 특별히 주목한 사항들이 몇 가지 있습니다. 첫째, 가급적 진로상담에 관한 이론과 실제를 균형 있게 소개하려고 노력하였습니다. 현장에서는 늘 손에 잡히는 기법을 원하고 있지만, 상담자가 그러한 기법이 나오게 된 이론적 배경이나 경험적 연구결과를 숙지한 상태에서 활용하는 경우와 단지 기법만을 표면적으로 알고 활용하는 경우에 그 효과는 상당한 차이가 있을 것이기 때문입니다. 둘째, 진로상담에 관한 전문서적을 집필함에 있어서는 주요 대상이나 주제를 무엇으로 할 것인가 하는 것이 어려운 숙제 중의 하나입니다. 이 책에서는 일단 초 · 중등학생을 포함하는 청소년을 대상의 중심에 두었습니다. 그리고 좀 더 나아가 대학생 및 신규구직자인 청년층도 일부 염두에 두었습니다. 주제와 관련해서는 진로상담의 오리지널에 해당되는 것을 기본으로 상정하고, 내담자의 특성이나 호소문제에 따라 상담자가 적절하게 각색하여 활용할 수 있도록 하는 데 초점을 두었습니다. 셋째, 진로상담에 대한 이론적 내용과 실제적 기법들이 현장 전문가들에게 실감 나게 다가갈 수 있도록 각 장의 말미에 '참고자료'의 형태로 새로운 직업을 소개하기도 하고, 상담사례를 제시하기도 하였으며, 때로는 해당 장의 내용과 관련된 논문을 소개하기도 하였습니다.

이러한 점에 주목하면서 집필된 이 책은 총 4부 13장으로 구성되어 있습니다. 제1부는 '진로상담 기초'라는 제목으로 진로상담의 개념, 필요성, 목표, 진로상담자의 역량 등을 다루는 진로상담 개요(제1장)에 대해서 언급하고 있습니다. 제2부에서는 '진로상담 이론'을 다루고 있습니다. 먼저, 전통적 진로상담 이론(제2장)에서는 우리에게 비교적 익숙한 특성요인이론, 성격이론, 사회학습이론, 전생애 진로발달이론 등을 설명하고 있습니다. 현대적 진로상담 이론(제3장)에서는 사회인지 진로이론, 우연학습이론, 구성주의 진로발달이론, 인지적 정보처리이론 등이 소개되고 있습니다. 제3부에서는 '진로상담 도구'라는 제목하에 진로상담 과정에서 상담자가 활용 가능한 도구 혹은 수단으로 생각할 수 있는 것들 중에서 진로정보(제4장), 진로검사(제5장), 진로카드(제6장) 등을 선별하여 서술하였습니다. 제4부 '진로상담 방법'에서는 진로상담을 실시할 때 상담자가 활용할 수 있는 구체적인 방법들을 설명하고 있습니다. 이러한 방법들에는 진로상담 과정(제7장), 내담자 유형분류(제8장), 진로가계도(제9장), 생애진로사정(제10장), 진로의사결정(제11장),

집단진로상담(제12장), 사이버 진로상담(제13장) 등이 포함되어 있습니다.

이 책이 탄생하기까지 많은 사람의 도움을 받았습니다. 먼저, 숙명여자대학교 대학원에서 '진로상담 I' 및 '진로상담 II'를 함께한 수강생들, 교육대학원에서 '진로상담지도'라는 과목에 참여한 수강생들 그리고 인적자원개발대학원에서 '커리어상담이론' 및 '커리어상담기법' 과목을 수강한 학생들에게 감사한 마음을 전합니다. 그들이 수업에 참여하면서 발제했던 내용, 제안해 주었던 아이디어, 정성스럽게 제출한 과제, 생생한 현장경험 이야기 등이 이 책을 구상하는 데 큰 도움이 되었습니다. 원고 집필과정에서 실질적인 도움을 준 김민정, 김소현, 김은희, 배주연, 서현주, 안은주, 양명주, 이민아, 전미리, 전재영, 정희숙, 제갈원 등 여러 선생님의 노고에도 깊은 감사를 드립니다. 그리고 모든 원고를 빠짐없이 읽고 독자들에게 보다 쉽고 편안하게 다가갈 수 있도록 교정의 수고를 아끼지 않은 권신영, 이수진 선생에게도 고마운 마음을 전합니다.

이 책을 집필할 수 있도록 '2015년 저서출판지원사업'을 통해 연구비를 지원해 준 한국연구재단의 도움에도 감사드립니다. 늘 새로운 저서를 집필하거나 좋은 외국 서적을 번역하도록 격려해 주시는 학지사 김진환 대표님, 독자들에게 친근하게 다가갈 수 있는 책이 될 수 있도록 조언해 주신 김순호 편집부 이사님께도 감사한 마음을 전합니다. 끝으로 꼼꼼하게 교정을 해 주시고 예쁜 책이 될 수 있도록 최선을 다해 주신 박나리 선생님께도 깊은 감사를 드립니다.

2019년 4월
저자 김봉환

차례

제3부 진로상담 도구

제4부 진로상담 방법

• 제13장 • 사이버 진로상담 • 349

제 1 부

진로상담 기 초

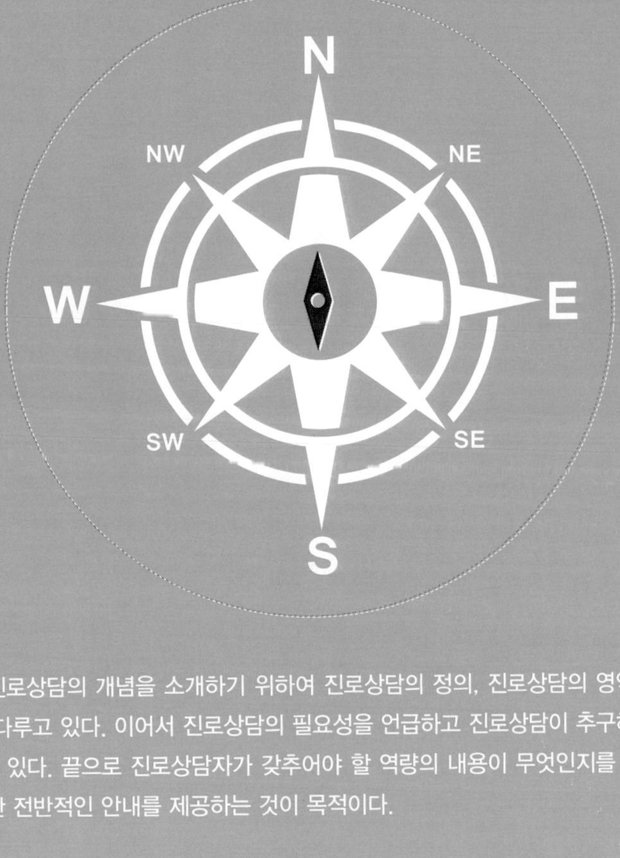

여기에서는 먼저 진로상담의 개념을 소개하기 위하여 진로상담의 정의, 진로상담의 영역, 진로상담과 심리상담의 차이점 등을 다루고 있다. 이어서 진로상담의 필요성을 언급하고 진로상담이 추구하는 목표를 몇 가지로 요약하여 제시하고 있다. 끝으로 진로상담자가 갖추어야 할 역량의 내용이 무엇인지를 서술하고 있다. 제1부는 진로상담에 관한 전반적인 안내를 제공하는 것이 목적이다.

제1장

진로상담 개요

가장 훌륭한 시는 아직 쓰이지 않았다.
가장 아름다운 노래는 아직 불러지지 않았다.
최고의 날들은 아직 살지 않은 날들
가장 넓은 바다는 아직 항해되지 않았고
가장 먼 여행은 아직 끝나지 않았다.
불멸의 춤은 아직 추어지지 않았으며
가장 빛나는 별은 아직 발견되지 않은 별
무엇을 해야 할지 더 이상 알 수 없을 때
그때 비로소 진정한 무엇인가를 할 수 있다.
어느 길로 가야 할지 더 이상 알 수 없을 때
그때가 비로소 진정한 여행의 시작이다.

-나짐 히크메트, 「진정한 여행」-

상담의 양대 산맥을 이야기할 때 우리는 흔히 하나는 심리상담이고 다른 하나는 진로상담이라고 일컫는다. 이 장에서는 먼저 진로상담의 의미를 좀 더 분명하게 알아보기 위하여 지금까지 많이 인용되어 온 진로상담의 정의를 다양하게 살펴보았다. 그리고 진로상담에서 다루는 상담의 주제가 무엇인가를 살펴보기 위해서 관련 직무분석 자료 등을 토대로 진로상담의 영역을 탐색하였다. 또한 심리상담과 진로상담이라는 두 영역이 어떻게 중첩되고 구별되는지도 몇 가지 측면에서 검토하였다. 이어서 현대사회에 이르러 점차 확대되는 진로상담의 중요성과 필요성을 직업 환경의 변화와 청소년기의 발달적 특징을 중심으로 알아보았다. 아울러 진로상담을 발달적이고 교육적인 측면에서 조망하여, 대부분의 사람에게 공통적으로 상정 가능한 진로상담의 목표 여덟 가지를 제안하였다. 끝으로 진로상담자에게 요구되는 역량을 진로상담 성과항목, 진로상담자 역량군에 대한 설명, 역량요소에 대한 설명 등의 순서로 제시하였다.

1. 진로상담의 개념

1) 진로상담의 정의

우리가 상담을 논의할 때 많이 인용하는 정의 중의 하나는 '상담이란 도움을 필요로 하는 사람이 전문적 훈련을 받은 사람과의 대면관계에서 생활과제의 해결과 사고, 행동 및 감정 측면의 인간적인 성장을 위해 노력하는 학습과정'(이장호, 2005)이라는 것이다. 물론 지금은 의사소통 방법의 발달과 다양화로 인해서 대면관계가 아닌 다른 방법(예: 이메일, 채팅 등)에 의한 상담 등이 새로운 상담형태로 활용되고 있다.

이상과 같은 상담의 정의에 진로라는 말을 앞에 붙여서 '진로상담'이라고 한다면, 이를 어떻게 정의할 수 있을까? '진로(進路)'라는 말은 한자로 해석하면 '인생길을 걸어간다'라는 매우 포괄적인 개념이다. 영어로 표기되는 career의 어원은 '수레가 다니는 길을 따라간다'는 뜻을 가진 'carro'에서 유래한 것이다. career는 여러 가지 의미로 사용되고 있는데, 사전에서는 '한 개인의 생애의 전 과정'이라고 정의하고 있다. 이렇게 본다면 진로란 인간이 일생을 통하여 수행하는 일을 총칭하는 단어이고, 그것은 삶의 중핵이며 인간이 자신이 지니고 있는 목표를 이루는 길이라고 정의될 수 있다(Hoyt, 1974).

결국 진로상담 역시 상담이라는 큰 우산 속에 포함되는 개념인데, 여타의 다른 상담과의 차이점은 상담자와 내담자가 상호작용하는 주제가 '진로'와 관련된 것에 비중을 두고 있다는 점이다. 이러한 의미를 지닌 진로상담의 정의로 Swanson(1995)은 '진로상담은 일이나 직업과 관련된 내용들을 초점으로 상담자와 내담자가 서로 만나 대화를 통해 이루어지는 상호작용'이라고 하였다. 미국진로개발협회(NCDA)에서는 진로상담을 '직업인으로서의 역할이 다른 역할들과 어떻게 상호작용하는지를 중심으로 생애진로의 발달과정상에 있는 개인을 도와주는 과정'이라고도 정의한 바 있다. Super(1951)는 진로상담을 '일의 세계에서 적절히 융화된 자신의 역할상과 자아상을 발전시키고 수용하여 자신을 현실 속에서 검토해 보고, 검토한 내용 또는 결과 자체를 자신에게 만족스럽고 사회에 이익이 되는 현실로 전환하도록 개인을 도와주는 과정'이라 하였다. 이상의 정의들은 하나같이 진로상담을 매우 포괄적으로 개념화하고 있다.

한편, Brown(1985)은 진로상담을 '개인이 직업을 선택하고 그것을 위해 준비하고, 취업하여 그 직업의 업무를 효과적으로 수행할 수 있도록 도와주는 과정'이라고 정의하여 진로상담을 직업선택, 취업, 직업적응이라는 관점으로 구체화하였다. 국내의 정의 중에서 김계현(1995)은 '진로'를 '한 개인이 생애 동안 일과 관련해서 경험하고 거쳐 가는 모든 체험'이라고 어느 정도의 한정적 정의를 내렸고, 진로상담을 '개인의 진로발달을 촉진시키거나 진로계획, 진로나 직업의 선택과 결정, 실천, 직업적응, 진로변경 등의 과정을 돕기 위한 활동'으로 보았다. 이 정의는 앞에서 살펴본 다른 정의들과 비교해서 진로상담의 영역을 보다 구체적이고 분명하게 기술하고 있어 진로상담의 의미를 파악하는 데 실질적인 도움을 주고 있다. 단지, 이 정의 속에 실직, 경력단절, 은퇴 등을 조력하는 것도 포함되면 더욱 좋을 것으로 판단된다. 보다 포괄적인 관점에서 이현림(2008)은 진로상담을 '내담자로 하여금 장래의 불확실한 진로를 개척하기 위하여 치밀한 방법과 계획을 세워 생애문제에 어떻게 대처해 나갈 것인가에 관한 여러 가지 문제를 현명하게 선택하고 적응하도록 조력하는 것'으로 보았다. 즉, 진로상담을 자기이해와 자신의 잠재력을 발견할 수 있도록 전문가인 상담자와의 원만한 인간관계 속에서 내담자가 진로결정을 할 수 있는 계기를 마련해 주는 적극적이며 상담의 종합적인 과정으로 설명하고 있다.

2) 진로상담의 영역

진로상담의 의미를 보다 구체화하는 데 도움이 되는 방법 중의 하나가 진로상담과 관련된 직무분석 자료를 살펴보는 것이다. 그러나 아직까지 '진로상담사' 혹은 '진로상담전문가'에 대한 직무분석이 이루어진 사례를 찾아보기는 어렵다. 여기에서는 진로상담과 직간접적으로 관련된 직무분석 자료를 대신 소개하고자 한다.

(1) 직업상담원 직무분석

한국직업능력개발원(1998)에서 수행한 직업상담원 직무분석 자료에서는 직업상담원을 '구직자, 구인자 및 실직자를 위한 취업상담, 고용보험상담, 직업능력개발상담을 제공하거나 초·중·고등학교, 전문대 및 대학의 학생을 위한 진학지도 및 취업상담 등의 진로지도를 담당하며, 이와 관련하여 고용(진로)정보를 수집·관리하고, 고용(진로)정보 전산망을 운영하며, 진로지도 프로그램을 개발·운영하거나 직업상담 관련 행정 업무를 수행하는 자'로 정의하고 있다. 이 정의 속에는 직업상담원들이 서비스를 제공하는 대상과 내용이 대체로 잘 나타나 있다.

직업상담 직무의 흐름도에서는 여섯 가지의 책무(duty)와 각 책무별 작업(task)을 다음과 같이 열거하고 있다.

첫째, '취업상담'이라는 책무에는 구인 상담하기, 구직 상담하기, 창업 상담하기, 구인처 및 구직자 개척하기, 채용행사 개최하기 등의 작업이 포함된다.

둘째, '일반진로상담'이라는 책무에는 진로선택 상담하기, 교육훈련 상담하기, 직업적응 상담하기, 직업변경 상담하기, 진로검사 실시하기, 진로검사 해석하기 등의 작업이 포함된다.

셋째, '고용(진로)정보관리'라는 책무에는 구인/구직정보 관리하기, 직업/산업정보 관리하기, 교육/훈련정보 관리하기, 고용동향/노동시장정보 관리하기, 채용행사 개최하기, 진로검사/자격정보 관리하기, 고용(진로)정보 전산망 운영하기 등의 작업이 포함된다.

넷째, '고용보험상담'이라는 책무에는 고용보험 적용징수/관리하기, 실업급여지급 상담하기, 고용안정사업 업무하기, 직업능력개발사업 업무하기 등의 작업이 포함된다.

다섯째, '진로지도 프로그램 개발/운영'이라는 책무에는 진로계획 프로그램 개발/운영하기, 진로선택 프로그램 개발/운영하기, 취업 프로그램 개발/운영하기, 직업적응 프로그램 개발/운영하기, 직업변경 프로그램 개발/운영하기, 은퇴관련 프로그램 개발/운영하기 등의 작업이 포함된다.

여섯째, '직업상담행정'이라는 책무에는 문서작성 및 관리하기, 회의 및 세미나(직무교육) 참석하기, 출판 및 홍보 업무하기, 전화 및 내방객 면담하기 등의 작업이 포함된다.

이상의 내용을 살펴보면 진로상담에서 담당하는 과업 내용의 윤곽이 어느 정도 잘 드러난다고 볼 수 있다. 단지 이 직무분석은 고용복지플러스센터에 근무하는 직업상담원을 대상으로 했기 때문에 '고용보험상담'이라는 책무가 독특하게 포함된 것으로 보인다.

(2) 직업상담(NCS)

국가직무능력표준(NCS)에서 진로상담과 관련된 분류체계는 다음과 같다. 여기에서 진로상담과 관련된 것은 소분류 '직업상담서비스'에 속하는 직업상담, 취업알선, 전직지원과 또 다른 소분류인 '청소년지도'에 속하는 진로지원을 꼽을 수 있다.

〈표 1-1〉 NCS 상담관련 분류체계

대분류	중분류	소분류	세분류
07. 사회복지 · 종교	1. 사회복지	1. 사회복지정책	01. 지역사회복지개발
			02. 사회복지조직운영
			03. 공공복지
		2. 사회복지서비스	01. 사회복지프로그램운영
			02. 일상생활기능지원
			03. 사회복지면담
			04. 사회복지사례관리
			05. 자원봉사 관리
	2. 상담	1. 직업상담서비스	01. 직업상담
			02. 취업알선
			03. 전직지원
		2. 청소년지도	01. 청소년활동
			02. 청소년상담복지
			03. 진로지원
		3. 심리상담	01. 심리상담
	3. 보육	1. 보육	01. 보육
			02. 산후육아지원
			03. 아이돌봄

출처: 국가직무능력표준(https://www.ncs.go.kr).

이상의 내용 중에서 '직업상담'에 해당되는 사항을 좀 더 구체적으로 살펴보기로 하겠다. 여기에서는 직업상담을 '상담의 기본 원리와 기법에 준하여 진로탐색, 직업선택, 직업적응, 직업전환, 은퇴 등에서 발생하는 개인의 직업관련 문제를 예방하고 지원하며 처치하는 일'이라고 정의하고 있다.

직업상담에 속하는 능력단위는 모두 28개이다. 능력단위는 NCS 기본 구성요소로 복수의 능력 단위 요소, 적용 범위 및 작업 상황, 평가지침, 직업기초능력 등의 정보로 구성되며, 능력단위요소는 수행준거, 지식 · 기술 · 태도로 구성된다.

직업상담 능력단위는 ① 직업상담 기획, ② 직업상담홍보, ③ 직업상담 진단, ④ 직업상담 초기면담, ⑤ 비대면 직업상담, ⑥ 진로상담, ⑦ 취업상담, ⑧ 직업복귀상담, ⑨ 직업적응상담, ⑩ 다문화직업상담, ⑪ 재활 직업상담, ⑫ 해외취업상담, ⑬ 창직상담, ⑭ 직업훈련상담, ⑮ 집단상담프로그램 운영, ⑯ 심층직업상담, ⑰ 직업상담 수퍼비전, ⑱ 직업상담연구, ⑲ 직업정보 수집, ⑳ 직업정보 분석, ㉑ 직업정보 체계화, ㉒ 직업정보 가공, ㉓ 직업정보 제공, ㉔ 취업지원 행사운영, ㉕ 직업상담서비스 협업체계 구축, ㉖ 직업상담행정, ㉗ 직업능력평가, ㉘ 직무개발 등으로 구성되어 있다. 직업상담 능력단위 중 몇 개를 선별하여 능력단위 정의를 예시하면 다음과 같다.

- **직업상담 기획**: 사업현황 분석결과를 토대로 연간사업 및 단위사업에 대한 계획을 수립하고, 시행 · 평가한 후 문제점을 분석하여 개선사항을 제시하고 관리하는 능력
- **직업상담 진단**: 내담자의 직업 논점을 발견하고, 진단도구를 선택하도록 지원하며, 매뉴얼에 따라 진단을 실시하고, 진단결과를 판정하고 해석하며 보고서를 작성하는 능력
- **직업복귀상담**: 설정된 직업복귀 목표에 따라 필요한 정보를 제공하여 활동계획을 수립할 수 있도록 지원하고, 상담을 통해 실행에 옮기는 과정을 점검하며 직업복귀 후에도 적응을 돕는 능력
- **직업적응상담**: 재직자의 안정적인 직업생활을 돕기 위해 조직 내에서 발생하는 만족과 적응에 관한 문제를 진단한 결과에 따라 대인관계, 조직문화, 스트레스 등에서 나타난 논점을 분석하여 해결방법을 지원하는 능력
- **다문화직업상담**: 결혼이주여성, 이주노동자, 북한이탈주민 등 다문화권 직업역량분석 결과를 토대로 설정된 직업목표에 따라 노동시장에 진입할 수 있도록 도우며, 한국 문화에 대한 이해를 높여 직업생활의 적응을 지원하는 능력
- **재활 직업상담**: 장애로 인하여 구직활동에 어려움을 겪는 내담자의 안정적 직업생활을 위하여 직무역량분석 결과에 따라 구직활동계획을 수립하도록 하고, 계획에 의하여 구직활동이 이루어질 수 있도록 지원하며, 상담을 통해 진로결정자기효능감이 증진되도록 돕는 능력
- **창직상담**: 내담자가 창조적인 아이디어를 통해 자기주도적으로 새로운 직업을 설계하여 스스로 고용을 만들어 낼 수 있도록 하는 창직활동으로, 창직의지와 역량을 진단하고, 창직지원에 대한 정보를 수집하여 창직목표를 수립하고 창직을 실행하도록 지원하며, 창직 후 사후관리를 하는 능력
- **심층직업상담**: 직업에서 오는 심리적 논점에 대한 개입이 필요하다고 판단된 내담자를 대상으로 호소문제를 통하여 가설을 설정하고 상담목표에 따라 기법과 전략을 통하여 직업심리치료 등을 실시하는 능력

• **취업지원 행사운영**: 취업지원을 위하여 박람회, 동아리, 카페 등의 형식을 빌려 구인자와 내담자가 한 장소에서 만나 서류접수, 면접 등을 진행하며, 동시에 직업정보 게시, 취업 관련 홍보 및 특강 등의 행사를 운영하는 능력

3) 진로상담과 심리상담

진로상담과 심리상담은 서로 다른 역사적 전통을 가지고 서로 다른 전공에서 발전되어 왔기 때문에 이 둘은 종종 별개의 활동으로 간주되기도 하며 또한 구분이 어렵다는 주장도 있다. 예를 들어, 일부에서는 '심리상담은 함축적 정의가 너무 광범위하여 진로와 직접적으로 연관되지 않은 것이 없는 반면에 진로상담을 너무 좁은 의미로 정의함으로써 진로선택 과정만을 강조하고 성인의 직업적응에 대해서는 간과했다.'고 지적하기도 한다.

상담기관의 특성에 따라 상담은 심리상담이나 진로상담의 한 영역에서 시작되지만, 실제로 많은 내담자는 진로상담과 심리상담의 두 가지 영역의 상담을 동시에 받기를 원한다는 주장도 있다. 또한 진로문제를 가진 내담자들과 심리적인 문제를 가진 내담자들이 대체적으로 다르지 않다는 연구결과도 있으며 내담자들은 심리적인 문제들이 다루어지지 않은 진로상담에 대해 만족도가 낮다는 연구결과도 있다.

어떤 연구에서는 진로상담과 정신건강 영역의 연결고리를 강조한다. 진로문제와 정신건강은 서로 관련이 있으며 성인의 직업적인 욕구는 매우 복잡하다는 것에 대한 인식이 점점 늘어나고 있다. Brown과 Brooks(1990)는 성인에 대한 진로상담의 경우, 스트레스 관리와 심리상담으로 대체하는 것이 가능하다고 주장하였다. 나아가 심리학자들이 진로상담의 잠재성을 간과하고 있으며 상담자들은 내담자의 심리적 증상의 근원이 심리내적 요소보다는 진로문제와 관련된 상황에 있다는 것을 인식해야 한다고 제안하였다.

즉, 최근의 연구는 심리적인 문제를 진로상담에 통합하는 것을 장려하는 추세이다. 따라서 진로상담의 과정은 심리상담의 과정과 유사한 절차를 따르고 있고, 무엇보다 가장 중요한 것은 진로문제와 심리적 요소들이 어떻게 내담자의 삶에 얽혀 있는지를 인식하고 내담자가 겪고 있는 여러 문제를 정확하게 파악해야 한다는 것이다.

2. 진로상담의 필요성

현대사회에서 진로상담이 필요한 이유를 이현림 등(2013)은 개인적 측면, 국가 · 사회적 측면, 학부모 측면에서 제시한 바 있다. 그중에서 학생의 개인적 측면으로 언급된 것을 살펴보면 다음과 같다.

첫째, 오늘날 학교교육은 학생들에게 일과 직업세계에 관련한 자아인식 능력을 충분히 길러 주지 못하고 있다. 둘째, 산업사회의 급격한 변화 추세에 따라 복잡 · 다양한 일과 직업의 종류에 대한 객관적 이해가 필요한 데 비하여 학교교육은 적절한 대책 마련이나 역할을 충분히 하지 못하고 있다. 셋째, 학생들에게 일과 직업에 대한 올바른 가치관이나 태도, 바람직한 윤리형성에 대한 교육이 요구된다. 넷째, 학생들은 인생의 목표설정과 진로선택에 있어서 유연성과 다양성이 결여되어 있다. 다섯째, 학교교육에서 교과위주의 주입식 교육과 대학입시를 겨냥한 학력 위주의 교육은 학생들의 적성 · 흥미 · 능력 · 인성을 무시한 채 점수 올리기에만 급급하여 소신을 가지고 자신의 생애목표를 달성하려는 데 큰 장애요인으로 지적되고 있다. 여섯째, 학생 개인의 가정여건과 능력을 고려하지 않고 무조건 고학력 선호에 집착하게 되어 개인적으로 많은 손해를 보고 있다. 즉, 개인의 능력을 냉정하게 평가한 이후에 바람직한 진로선택이 요구되고 있다.

김봉환, 정철영과 김병석(2006)은 진로상담의 필요성을 청소년에 국한하여 언급할 경우, 다음과 같은 두 가지 중요한 논거가 있음을 제시하였다. 첫 번째는 청소년기의 발달적 특징에 비추어 본 진로상담의 필요성이다. 청소년기는 흔히 아동기로부터 성인기로 이행하는 혼란과 혼돈의 시기로 일컬어진다. Erikson(1963)에 따르면 발달상 이 시기의 핵심적 특징은 개인이 아동기에 이루어 놓은 동일시를 더 이상 중요하게 생각하지 않고, 보다 복잡한 조건과 상황 속에서 새로운 자아에 이르는 과정에서 자아탐색을 한다는 점이다. 이 시기의 발달과제인 정체감을 성공적으로 달성하지 못할 때 맞게 되는 위기는 역할의 혼미이다. 그래서 이 시기는 '정체감 확립 대 정체감 혼미'라고 지칭된다. 그는 이 시기에 형성되는 새로운 자기인식은 어린 시절의 장난기나 치기 어린 도전적 열정에 의한 것이 아니라 청소년들로 하여금 일생을 헌신할 만한 선택과 결정을 하도록 만드는 것이라고 하였다. 여기에서 Erikson(1963)은 진로의 선택과 한 직업에서의 헌신이 정체감 형성에 중요한 영향을 미친다고 보았다.

또한 Piaget(1969)의 인지발달단계에 따르면, 구체적 조작단계의 사고에서 형식적 조작단계의 사고로 전환되는 시기는 대략 12세경부터이다. 따라서 청소년기 초반에는 문제해결과 계획을 세우는 일 등이 상당히 비체계적이다. 그러나 고등학교를 마칠 때쯤 청소년들은 문제해결에 있어서 가설 설정은 물론 추상적인 것을 다룰 줄 아는 능력과 더불어 정신적인 조작을 통해 문제를 해결하는 능력을 획득할 수 있다. 이 단계가 되면 여러 상황에서 자기를 분석할 수 있으며, 성인들의 직업세계에 자신을 투사할 수 있게 된다.

이러한 점들을 고려해 볼 때 청소년기에 객관적인 자기이해를 전제로 한 진로상담은 무엇보다 중요하다고 하겠다. 또한 올바른 진로상담을 통하여 청소년들이 분명한 진로목표를 설정하고 이를 달성할 수 있도록 촉진시키는 일은 자아정체감의 형성은 물론 부적응적 행동의 예방이라는 차원에서도 매우 중요하다.

진로상담의 필요성에 관한 두 번째 논거는 노동시장 환경의 급속한 변화에 비추어 본 진로상담의 중요성이다. 현대사회는 여러 방면에서 상상하기조차 힘들 정도로 변화를 거듭하고 있다. 진로상담과 밀접하게 관련된 노동시장 역시 급속하게 변화하고 있다. 특히 우리나라에서도 직업세계의 변화는 더욱 가속화되고 있다. 이는 『한국직업사전』 1판과 2판만을 비교해 보아도 분명하게 알 수 있다. 실제로 1986년부터 1996년까지 10년 동안 우리나라에서는 1,000여 개의 새 직업이 생겨났고, 300여 개의 직업이 없어진 것으로 나타났다. 1996년에 개정된 『한국직업사전』 2판에 따르면 1995년 말 기준 국내 직업의 종류는 모두 11,537개로 밝혀졌는데, 이는 1986년 발간된 1판에 비해 1,086개가 늘어난 수치이다. 물론 그중 일부는 직업분류 방식의 변화에 따른 것도 있지만 상당수는 사회의 변화에 따라 새로 생겨난 직업들이다. 예를 들면, 인공지능 연구원, 인공위성 개발원, 초전도 연구원, 행사 도우미, 이미지 관리인 등이 『한국직업사전』 2판에서 새로 생겨난 대표적인 직업들이다. 이처럼 새로운 직업이 시대의 변화에 따라 생겨난 반면, 300여 종의 직업은 자취를 감추었다. 예를 들면, 고속버스 안내원, 타자수, 활판 인쇄원, 합성고무 건조원 등은 이제 직업사전에서 사라져 버렸다. 한편, 2003년에 발간된 『한국직업사전』 3판을 보면 전자상거래 컨설턴트, 웹머천다이저, 게임시나리오작가, 네일 아티스트 등과 같은 직업이 새롭게 등장하였으며, 시티폰운영기술공, 침구사, 접골원, 주산학원강사, 볼링점수기록원 등이 사라진 직업으로 분류되고 있다. 2017년 12월 기준 『한국직업사전』에 등재된 직업의 수는 12,145개로 집계되고 있다. 그 후 2020년에 발간된 『한국직업사전』 5판에 수록된 우리나라 직업의 수는 12,823개로 나타났다.

더구나 IMF 구제금융 이후 '노동시장 유연화'라는 기치 아래 우리가 많이 접했던 단어들은 시장경제의 논리, 구조 조정, 다운사이징, 아웃소싱 등인데 이들은 모두 '경쟁력 향상'을 핵심 개념으로 하고 있다. 이러한 대안들을 현실로 옮기는 과정에서 실업자의 수는 날로 증가하였고, 거기에서 파생되는 또 다른 여러 가지 문제가 우리를 괴롭혔다. 당시 대학 졸업을 앞둔 많은 예비 직업인은 이력서 한 번 제대로 내밀어 보지 못하고 실업자로 전락하기도 하였다. 이제 평생직장은 추억 속으로 사라졌고, 평생직업만이 남아 있을 뿐이다. 현재 우리나라도 전체 근로자 중에서 정규직 근로자의 비율이 점차 감소하고 있으며 한 직장에의 평균 근속연수 또한 6~7년을 넘기지 못하고 있다.

4차 산업혁명이라는 단어가 익숙해진 변화의 소용돌이 속에서 우리는 앞으로 5~10년 이후에 노동시장에 진입할 청소년들의 진로를 지도하고 상담해야 하는 입장에 있다. 따라서 청소년들로 하여금 이러한 변화를 정확하게 인식하고 수용하도록 해야 하며, 그러기 위해서는 체계적이고 효과적인 진로지도와 상담이 매우 중요하다.

3. 진로상담의 목표

본래 상담에서의 목표는 내담자가 호소하는 문제 그리고 상담자가 파악한 문제를 종합적으로 고려하여 상담자와 내담자가 합의하여 설정하게 된다. 진로상담에서의 목표설정 역시 이와 다르지 않다. 진로상담의 목표는 사례마다 각기 다르기 때문에 매우 다양할 수밖에 없다. 다만, 청소년을 대상으로 하는 진로상담은 심리상담에 비해서 발달적이고 교육적인 측면이 강하다. 따라서 문제가 발생하여 후속적으로 개입해야 하는 경우도 있겠지만, 대체로 모든 서비스 수요자들이 공통적으로 달성해야 할 목표를 미리 상정할 수 있다.

이러한 측면에서 김봉환 등(2006)은 이미 다섯 가지 목표를 제안한 바 있다. 여기에서는 세 가지를 새롭게 추가하여 여덟 가지의 목표를 다음과 같이 제시하고자 한다.

1) 자신에 관한 이해 증진

Parsons(1909)가 특성요인 이론을 제안한 이래 올바른 진로선택을 위한 가장 중요한 핵심으로 상정되어 온 것은 바로 자기 자신에 관한 올바른 이해이다. 여기에서 올바른 이해란 보다 정확한 이해, 객관적인 이해를 의미하는 것이다. 오늘날 학교에서 이루어지는 진로지도와 상담의 문제점 중 하나는 일이나 직업세계와 관련된 올바른 자기인식 능력을 길러 주지 못하고 있다는 점이다.

현대사회는 과학기술의 발전으로 인하여 산업이 고도로 분화되고 발전하게 되었다. 이에 따라 직업의 종류도 수없이 많아지게 되었고, 계속해서 전문화되는 추세를 유지하고 있으며, 일의 내용도 복잡해지고 있다. 이와 같이 복잡한 직업세계에서 자기에게 가장 적합한 직업을 선택하고, 성공적인 직업생활을 영위한다는 것은 결코 쉬운 일이 아니다. 게다가 직업의 종류에 따라 요구되는 능력과 적성, 기능, 역할이 매우 다양하다. 따라서 자기에게 맞는 일과 직업을 선택하기 위해서는 무엇보다도 자기의 가치관, 능력, 성격, 적성, 흥미, 신체적 특성 등에 대하여 올바르게 이해하는 것이 필수적이다. 그러므로 진로상담은 무엇보다 정확한 자기이해를 중요한 목표의 하나로 삼아야 할 것이다.

2) 직업세계에 대한 이해 증진

개인적 측면에서 진로지도의 또 다른 목표는 현대사회에 존재하는 복잡하고 다양한 일과 직업의 종류 및 본질에 대한 객관적 이해가 절대적으로 요구된다는 점에서 찾을 수 있다. 산업혁명 이래 전 세계는 급속한 산업화를 이루게 되었다. 이에 따라 직업의 전문화, 고도화가 급속하게 진전되었다. 이제 선진국의 경우는 2~3만 종류의 직업이 존재하게 되었고 우리나라의 경우도 앞으로 이에 버금가는 직업의 종류가 존재할 것으로 전망되고 있다. 그리고 일부 미래 학자들의 예측에 의하면, 2000년대 중반이 되면 현존하는 직업의 상당수는 없어지고 새로운 직업이 생겨나며 존속하는 직업의 경우도 그 일의 방법 면에서 많이 바뀔 것으로 전망된다.

이러한 상황에서 장래성이 있으면서 자기에게 적합한 직업을 선택한다는 것은 결코 쉬운 일이 아니다. 일과 직업의 세계에 대한 객관적인 정보와 이에 대한 체계적인 탐구 없이 진로 혹은 직업을 선택한다는 것은 무모한 일이다. 그러나 상담사례를 분석해 보면 청소년들은 일과 직업세계에 대해서 너무나 모르고 있으며, 설령 알고 있더라도 매우 피상적인 수준에서 단편적인 측면만을 숙지하고 있음을 확인할 수 있다. 따라서 청소년들이 일과 직업세계의 다양한 측면과 변화양상 등을 올바르게 이해할 수 있도록 돕는 것이야말로 진로상담의 매우 중요한 목표라 하겠다.

3) 합리적인 의사결정 능력의 증진

진로상담의 최종 결과는 그것이 크든 작든 어떤 '결정'이라는 형태로 나타난다. 앞서 언급한 자신에 대한 정보, 직업세계에 대한 정보 등을 가지고 최종적으로 진로의사결정을 해야 한다. 이러한 의사결정을 합리적으로 잘하느냐 그렇지 않느냐에 따라 자기에게 적합한 진로를 선택할 수도 있고 그렇지 못할 수도 있다. 아무리 훌륭한 능력과 정보를 가지고 있어도 이를 적절히 활용해서 최선의 선택을 할 수 있는 의사결정 기술을 갖추고 있지 않으면 올바른 진로결정을 하기 어렵다.

진로를 결정하는 일은 개인의 일생을 통해서 성취해야 할 가장 중요한 과업 중의 하나이다. 진로선택의 결과에 따라 개인 생활의 대부분이 영향을 받는다. 즉, 능력발휘의 기회, 거주지, 주로 어울리는 사람의 유형, 사회·경제적 지위, 워라밸 수준 등 생활의 모든 측면에 영향을 받게 된다. 그러나 이렇게 중요한 결정이 매우 불합리한 과정을 거쳐 내려지는 경우도 많다. 즉, 자신에 대한 이해 없이, 또 일의 세계에 대한 정확한 이해 없이, 편견에 의해서, 부모의 요구에 의해서, 친구의 권유에 의해서, 또 다른 외적인 욕구 추구에 의해서 불합리한 결정을 내리는 경우가 많다. 이렇게 내린 결정의 결과는 만족보다는 대체로 불만을 가져오며 아울러 많은 부작용을 낳게 된다. 따라서 청소년들이 올바른 진로결정을 할 수 있도록 그들의 의사결정 기술을 증진시키는 일은 매우 중요하다.

이와 관련하여 이미 오래전에 Gelatt(1962)는 진로상담의 중요한 목적 가운데 하나가 학생들로 하여금 훌륭한 결정을 내릴 수 있도록 돕는 것이라고 가정하고, 결정은 결과만 가지고 평가할 것이 아니라 결정을 내리게 되는 과정에 의해서 평가되어야 함을 주장한 바 있다. 그러므로 진로상담은 청소년들의 진로에 관한 의사결정 과정에 초점을 두고 그들의 의사결정 기술을 증진시키도록 조력하는 것을 중요한 목표로 삼아야 한다.

4) 정보탐색 및 활용능력의 함양

현대사회를 일컬어 '지식 및 정보화 시대'라고 한다. 이는 일상생활에 있어서 지식과 정보가 그만큼 중요한 역할을 하고 있으며, 고부가가치를 창출한다는 의미이다. 따라서 이미 정보화 시대 속에 살고 있으며 앞으로 더욱더 고도화된 정보화 시대를 살아갈 청소년들에게 정보를 탐색하고 활용하는 능력을 길러 주는 일은 매우 중요하다. 정보화 시대를 바람직하게 살아가는 모습 중의 하나는 바로 개인이 자신에게 필요한 다양한 정보를 신속하게 수집 · 분석 · 가공하여 적절하게 활용하는 능력을 갖추는 것이다.

진로지도 및 진로상담에서는 '정보제공'이 매우 큰 비중을 차지하고 있다. 그 이유는 내담자들이 직업세계에 대해서 정확히 알고 난 후에 직업을 선택하도록(informed choice) 도와주어야 하기 때문이다. 이때 상담자는 단순하게 내담자가 원하는 정보를 알려 주는 서비스를 제공하는 일도 해야 하지만, 내담자 스스로가 필요한 정보를 탐색하고 활용하도록 안내하는 역할을 하는 것 또한 중요하다. 이는 청소년상담자나 교사를 위해서도 도움이 된다. 교사나 청소년상담자 혼자서 그 많은 직업정보를 수집해서 학생이 원하는 상태로 가공하여 제공해 주기에는 분명히 한계가 있다. 따라서 학생들에게 스스로 정보를 탐색할 수 있는 '방법'을 알려 주고 실행에 옮겨 보도록 안내하면, 학생들은 이러한 시도를 해 보는 가운데 자기가 필요한 정보를 주도적으로 수집해서 활용하는 능력을 체득하게 될 것이다. 이러한 능력은 단지 진로정보 탐색에만 국한되지 않고 결국 삶의 모든 영역에서 요구되는 정보탐색 능력을 향상시키는 데 도움을 준다.

5) 일과 직업에 대한 올바른 가치관 및 태도 형성

진로상담의 중요한 목표 중 하나는 학생들로 하여금 일과 직업에 대한 올바른 가치관 및 태도를 형성하도록 도와주는 것이다. 이러한 가치관과 태도는 성장하는 동안에 이미 나름대로 어느 정도 형성되어 있겠지만 잘못되었거나 왜곡된 내용은 지도와 상담을 통해서 올바르게 수정되어야 한다. 현대사회에서 일이란 부를 창조하는 원천이며, 직업은 생계의 수단으로서뿐만 아니라 사회적 역할분담과 자아실현의 수단으로서 그 중요성이 더욱 증대되고 있다. 그러나 아직도 우리 사회는 일을 천시하거나 싫어하는 풍조를 추방하지 못하고 있다. 학교의 입시경쟁이 치열하게 된 원인 중 하나도 따지고 보면, 직업을 사회적 역할분담이나 자아실현의 수단으로 보기보다는 돈과 권력 혹은 명예를 획득하는 수단으로 보려는 생각에서 비롯되었다고 볼 수 있다.

당연히 일을 하는 것은 생계수단 이상의 의미를 갖는다. 일이 갖는 이러한 본래의 의미를 깨닫고 올바른 직업관과 직업의식을 가지도록 하는 것이 진로상담의 중요한 목표 중의 하나가 되어야 한다. 특히 청소년들로 하여금 올바른 직업관과 직업의식을 형성하도록 하기 위해서는 다음과 같은 고정관념에서 벗어나도록 해야 한다. 첫째, 일 자체를 목적이 아닌 수단으로 여기는 생각에서 벗어나야 한다. 둘째, 직업 자체에 대한 편견을 버리도록 해야 한다. 셋째, 성역할에 대한 고정관념에서 벗어나야 한다.

이제 학교에서는 진로지도와 상담을 통하여 학생들이 이와 같은 직업에 대한 잘못된 견해를 버리고 일과 직업에 대한 올바른 가치관과 태도를 형성하도록 부단히 노력해야 할 것이다.

6) 직업기초능력 향상

급속한 산업화, 정보화 등으로 인하여 개인이 수행해야 하는 직무의 내용이 복잡 · 다양해지면서 직무환경 또한 변화하고 있다. 이러한 환경 변화로 근로자는 전문지식뿐만 아니라 환경 변화에 적절하게 적응하며 직무를 수행할 수 있는 직업기초능력이 필요하게 되었다. 또한 지식의 폭발적인 증가와 함께 평생직장에서 평생직업으로 패러다임이 전환되면서 평생학습 차원의 핵심 요소인 직업기초능력의 중요성이 더욱 강조되고 있다. 국가직무능력표준에서는 직업기초능력을 '대부분의 직업에서 직무를 성공적으로 수행하는 데 필요한 기본적이고 공통적인 역량으로 대부분의 직업과 직급에 전이 가능하며 직무내용 및 직위 변화 등과 같은 직무환경의 변화에 능동적으로 적응하는 데 요구되는 능력'으로 정의하고 있다.

본래 직업능력은 두 개의 부분집합으로 구성된다. 하나는 직업기초능력이고, 다른 하나가 직무수행능력이다. 직업기초능력과 직무수행능력을 구분하는 중요한 기준은 '어떤 직업능력이 얼마나 넓은 직업들에 사용될 수 있는가' 하는 점이다. 직업기초능력은 대부분의 직업에서 공통적으로 요구되는 직업능력인 반면, 직무수행능력은 특정한 직업에서만 요구되는 직업능력이다. 예컨대, 더하기, 빼기, 곱하기, 나누기와 같은 산술능력은 대부분의 직업에서 필요하기 때문에 직업기초능력이고, 삔 다리에 침을 놓는 능력은 한의사라는 특정한 직업에서만 요구되기 때문에 직무수행능력이다.

최근에 이르러 'NCS기반 채용'이 점차 확산되고 있는데 그 내용의 상당 부분을 직업기초능력이 차지하고 있다. 이제 취업을 하려면 학벌, 학점, 토익점수, 인턴 경험, 교환학생 경험 등과 같이 스펙으로 대표되던 이력보다는 직업기초능력을 제대로 갖추는 일이 더 중요해졌다는 뜻이다. 현재 국가직무능력표준에서 말하는 직업기초능력은 의사소통능력, 대인관계능력, 정보능력, 자원관리능력, 문제해결능력, 자기개발능력, 수리능력, 기술능력, 조직이해능력, 직업윤리 등 10가지로 구성되어 있다. 자세한 내용은 국가직무능력표준 사이트(https://www.ncs.or.kr)에서 찾아볼 수 있다.

7) 자기표현 기술 향상

전통적으로 자기표현 기술(혹은 구직기술)은 구직자들에게 매우 중요한 요구능력으로서 이력서, 자기소개서, 면접이 거론된다. 그러나 이제 이러한 기술은 꼭 구직자들에게만 필요한 것이 아니다. 대학입시전형 중 수시전형에서 선발하는 인원이 정시전형에서 선발하는 인원보다 훨씬 많은 편이다. 수시전형 중에서 특히 학생부종합전형의 경우 면접도 중요한 평가요소에 포함되고 있다. 따라서 취업에 비중을 두는 특성화고등학교나 마이스터고등학교 학생들은 말할 것도 없고 진학에 비중을 두는 일반계 고등학교 학생에게도 자기표현 기술은 매우 중요하다.

이력서나 자기소개서를 작성할 때에는 자신의 입장에서만 서술하지 말고 그것들을 평가하는 사람의 시각에서 생각하고 검토하면서 작성하는 것이 중요하다. 서류평가에서 합격하지 못하면 면접까지 가는 것 자체가 대체로 불가능하기 때문에 그 중요성을 충분히 인식해야 한다.

면접은 서류평가에서 살펴본 사항들을 확인하거나 혹은 추가적으로 궁금한 사항들을 질문하고 이에 대한 응시자의 답변을 들어 봄으로써 그의 인성과 역량을 파악하고자 하는 취지에서 실시하는 것이다. 따라서 응시자들이 면접을 실시하는 의도를 잘 파악하고 각자가 지원하는 대학이나 직장의 특성에 맞게 준비하며 면접상황에 익숙해질 때까지 연습하도록 지도하고 상담해 주는 일은 매우 중요하다.

8) 진로개발 동기 증진

만약에 대학 진학을 해야 하는 상황인데, 이에 대해서 체계적으로 준비하고자 하는 욕구나 동기가 없다고 가정해 보자. 또한 대학을 졸업하고 취업을 해야 하는 상황인데, 취업이나 구직에 대한 욕구나 동기가 없는 경우는 어떨까? 이 경우 일단 자신이 생각하는 진로목표에 이르는 것이 불가능할 가능성이 매우 높다. 어쩌면 마음으로부터 인정하는 진로목표가 부재하거나 미미할 가능성도 있다. 겉으로 표현하는 진로목표는 남을 의식해서 이야기할 뿐, 허구일 가능성도 배제할 수 없다.

현재 우리나라 고용복지플러스센터에서는 구직자가 오면 반드시 점검하는 두 가지가 있다. 하나는 구직에 대한 욕구, 의욕, 동기 수준이 어느 정도인지를 파악하는 것이고, 다른 하나는 취업을 위해서 필요한 직업능력을 어느 정도 갖추고 있느냐를 파악하는 것이다. 이처럼 자신의 진로개발 혹은 경력개발에 대한 동기는 개인으로 하여금 목표를 향해 나아가게 하고, 좋은 성과를 얻는 데 매우 중요한 요소로 작용한다.

이러한 관점에서 본다면 진로개발에 대한 동기증진은 진로상담의 매우 중요한 목표가 될 수 있다. 사실 진로개발에 대한 욕구나 동기가 없는 내담자에게 제공되는 진로상담 서비스는 상담자가 기대한 만큼 효과를 기대하기가 어렵다. 이 경우에는 내담자의 진로개발에 대한 의욕과 동기를 고취시키는 것 자체가 진로상담의 목표가 될 수 있다.

4. 진로상담자의 역량

1) 진로상담자 역량의 개요

진로상담자의 역량에 관한 이슈는 진로상담자 역량이 다른 분야의 상담자 역량과 어떻게 구별되는가의 문제와 연관된다. 이에 대하여 많은 진로상담 이론가는 진로상담을 기본적으로 심리상담이 특수하게 확장된 형태로 보고 있다.

미국진로개발협회에 따르면 진로상담 역량은 일반 상담기술에서 출발한다고 명시되어 있다. Engels(1995)에 따르면, 미국진로개발협회의 진로상담 역량 준거에 명시된 91개의 세부 진로상담 역량 행동지표 중 38개가 일반 상담기술에 관한 것이고, 나머지 53개가 진로상담에 특화된 지식과 기술에 관한 것이다. 즉, 개인상담 및 집단상담, 측정, 관리, 자문, 이론, 특수집단, 수퍼비전, 윤리, 연구 등의 분야에서 많은 영역이 일반상담에서 요구되는 역량과 중첩되었다. 이러한 사실은 진로상담자의 역량은 '상담자'로서의 공통역량과 '진로상담자'에게 특히 요구되는 특수역량으로 구분할 수 있다는 것을 시사한다(유현실, 2009).

한편, 진로상담자의 역량을 진로상담이 실제로 수행되는 현실적인 차원에서 분석해 보면 진로상담자에게 요구되는 특정한 상담역량이 무엇인지, 그리고 그러한 상담의 역량 중에 다른 일반적인 상담역량과는 구별되는, 진로상담을 특징짓는 진로상담만의 독특한 역량이 무엇인지를 살펴볼 수 있다. O'Brien 등(1997)은 진로상담자가 상담과정에서 사용하는 기법을 중심으로 진로상담 자기효능감 척도를 개발하였다. 이들은 진로상담자가 스스로 유능하다고 지각하는 진로상담 기법의 범주를 '치료적 과정과 작업동맹 기술', '진로심리검사 및 대인관계 기술', '다문화 역량 기술', '직업세계에 대한 최근 동향, 윤리, 진로 연구' 등 네 가지로 나누고 총 25개의 세부 문항을 개발하였다. 첫째, '치료적 과정과 작업동맹 기술' 범주는 진로상담자가 내담자와의 치료적 동맹 관계를 형성할 수 있고, 지지를 제공할 수 있으며, 정보를 통합하고, 진로장벽을 명확하게 밝혀 주고 진로상담의 관계를 효과적인 방법으로 종결할 수 있는 상담기술과 관련된 상담자의 자기효능감을 의미한다. 둘째, '진로심리검사 및 대인관계 기술' 범주는 흥미, 가치, 성격 등을 측정할 수 있는 올바른 검사도구를 선택할 수 있고 내담자에게 결과를 적절히 설명할 수 있는 능력을 의미한다. 셋째, '다문화 역량 기술' 범주는 내담자에게 개입전략을 수행하는 과정에서의 다문화 상담역량을 의미한다. 넷째, '직업세계의 최근 동향, 윤리, 진로 연구' 범주는 최근 국내외 노동시장의 동향, 윤리적 및 법적 문제에 대한 이해, 최근 진로상담 관련 연구 결과에 대한 지식 등을 포함한다.

2) 진로상담자 역량의 내용

유현실(2009)은 델파이조사를 통하여 우리나라 진로상담전문가에게 요구되는 역량이 무엇인가를 연구하였다. 그 결과를 진로상담 성과항목, 진로상담자 역량군에 대한 설명, 역량요소에 대한 설명 등의 순서로 살펴본다.

(1) 진로상담 성과항목

진로상담 성과항목에서는 성과영역을 진로 지식과 기술, 진로관련 사고 및 정서, 진로 행동 등 세 가지로 구분하고 각 영역별로 진로 성과항목을 다양하게 나열하고 있다.

〈표 1-2〉 진로상담 성과항목

성과영역	진로 성과항목
I. 진로 지식과 기술	자기이해 및 자신을 둘러싼 환경에 대한 이해 향상
	직업의 세계에 대한 이해 향상
	진로설계 및 목표 설정 기술의 습득
	진로 의사결정 기술의 습득
	진로정보 탐색 및 수집 기술의 습득
II. 진로관련 사고 및 정서	긍정적 자아개념 형성
	진로 의사결정 자기효능감 향상
	진로 의사결정 또는 진로결정에 대한 확신
	직업 만족 또는 삶에 대한 만족

Ⅲ. 진로행동	진로정보 탐색 활동의 증가
	구직 활동의 증가 또는 구직 성사
	진로목표 실현을 위한 진로실행계획의 실천
	진로장벽에 대한 효과적인 대처
	다양한 생애역할에 대한 효과적인 수행

출처: 유현실(2009).

(2) 진로상담자 역량군

진로상담자 역량군은 이론지식 역량군, 직무지식 · 수행 역량군, 태도 · 개인자질 역량군의 세 가지로 대별되며, 각 역량군에 대한 설명은 〈표 1-3〉과 같다.

〈표 1-3〉 **진로상담자 역량군**

역량군	역량군 설명
Ⅰ. 이론지식 역량군	진로상담자가 전문가로서 진로상담을 적절히 수행하는 데 필요한 핵심적인 이론적 지식
Ⅱ. 직무지식 · 수행 역량군	진로상담자로서 구체적인 직무 관련 과제를 효과적으로 수행하는 데 요구되는 실천적 지식과 능력
Ⅲ. 태도 · 개인자질 역량군	진로상담자로서 전문적인 과업들을 효과적이고 올바르게 수행하는 데 필요한 가치, 태도, 성찰 등의 능력

출처: 유현실(2009).

(3) 진로상담자 역량요소

진로상담자에게 필요한 역량요소는 '진로 관련 이론에 대한 이해'부터 '성찰 및 자기계발 역량'까지 총 14가지로 구분되며, 각 역량요소에 대한 설명은 〈표 1-4〉와 같다.

〈표 1-4〉 **진로상담자 역량요소**

역량요소	역량요소 설명
1. 진로 관련 이론에 대한 이해	진로발달, 의사결정, 생애 역할, 스트레스 문제 등 진로 및 직업과 관련된 주요 개념에 대한 이론적 지식
2. 상담과 교육프로그램의 원리에 대한 이해	개인상담 및 집단상담 등 진로와 관련된 주요 상담원리에 대한 이론적 지식
3. 개인차 및 다양성에 대한 이해	성격, 흥미, 적성, 동기, 가치 등 개인차와 성, 능력, 인종, 장애, 연령에 따른 다양한 집단의 특성에 대한 이론적 지식

4. 진로상담 역량	진로를 주제로 한 개인상담 및 집단상담을 수행하는 과정에서 요구되는 상담능력
5. 진로검사 역량	흥미, 성격, 능력, 적성, 정신건강 등 내담자의 진로와 관련된 심리검사를 실시, 해석하고 그 내용을 효과적으로 전달할 수 있는 능력
6. 진로정보 역량	진로 · 직업 · 학업 정보, 지역사회 정보 등의 자료를 탐색, 관리, 활용할 수 있는 능력
7. 진로 프로그램 역량	진로와 관련한 프로그램을 개발하고 실시하고 관리하는 과정에서 요구되는 능력
8. 연계 및 자문 역량	내담자의 진로발달 및 진로문제 해결을 위해 부모, 교사, 유관기관 관계자 등과 지속적이며 효과적으로 연계하고 자문에 응할 수 있는 능력
9. 연구 역량	진로상담 및 진로발달과 관련된 연구를 계획하고 올바르게 수행할 수 있는 능력
10. 전문 교육 역량	진로상담에 관한 수퍼비전 및 전문가 교육을 올바르고 효과적으로 수행할 수 있는 능력
11. 조직 역량	소속된 조직의 규칙과 목표를 이해하고 기관의 목적과 조화를 이루며 진로상담 전문성을 발휘할 수 있는 능력
12. 개인 자질 역량	진로상담자로서의 전문성을 효과적으로 발휘하는 데 필요한 인간에 대한 태도와 관계 형성 능력
13. 전문가 윤리 및 사회적 책임감	진로상담과 관련한 직무 상황에서 전문가적 윤리와 가치에 기반을 둔 건전하고 책임 있는 판단을 할 수 있는 능력
14. 성찰 및 자기계발 역량	진로상담전문가로서 자신의 업무 수행과 관련 요인들에 대하여 지속적으로 반성하고 이를 이후 전문적 수행에 반영하며 전문가로서의 자기계발에 헌신할 수 있는 능력

출처: 유현실(2009).

앞서 살펴본 내용은 상담자 양성을 위한 표준화된 교육과정 개발에 매우 중요한 시사점을 제공하고 있다. 특히 진로상담 영역에서 활동하는 상담자들의 역량을 체크하고 부족한 부분을 채워 주기 위한 연수 프로그램 개발 등에도 참고할 사항들이 많다.

참고자료

청소년 진로교육의 매력적인 파워

청소년 진로교육이라고 하면 대체로 많은 사람이 적성과 흥미를 탐색하거나 혹은 대학을 진학할 경우 적합한 전공이 어느 쪽인지를 잘 결정하도록 도와주는 것으로 생각하고 있다. 그렇지만 실제로 청소년 진로고민과 상담사례를 여러 각도에서 분석해 보면 진로교육은 우리가 예상하는 것보다 훨씬 더 많은 의미를 담고 있다. 그래서 필자는 진로교육 하나를 제대로 잘 실시한다면 우리 교육의 현안 문제라고 할 수 있는 여러 마리의 토끼를 한 번에 잡을 수 있는 가능성이 충분히 있다고 생각한다. 이러한 생각을 하게 된 이유를 몇 가지로 요약해 보면 다음과 같다.

첫째, 진로교육은 청소년에게 학습동기를 유발하는 데 큰 도움이 된다. 영수 군은 A라는 직업을 원하고 있는데, A라는 직업을 갖기 위해서는 수학적 지식이 별로 필요 없다고 생각했다. 그러다가 중학교에 입학해 자유학기제를 통해 여러 가지 직업체험을 하였고, 다양한 분야에 종사하는 직업인 인터뷰에도 참여하였다. 또한 진로심리검사도 받아 보았고 진로전담교사와 상담도 하였다. 이러한 과정을 통하여 영수 군은 A라는 직업을 갖기 위해서는 수학적 지식도 상당 부분 필요하다는 것을 깨닫게 되었다고 가정해 보자.

그러면 영수 군이 생각하기를 본인이 A라는 직업을 그토록 원한다면 지금부터 수학이라는 과목의 학습에 대해서 좀 더 신경을 써야 할 것이라고 생각하게 될 것이다. 결국 이것은 수학 학습을 위한 내적 동기로 작용하게 된다. 아마도 영수 군은 방학이 되면 엄마를 졸라서 수학 학원을 보내 달라고 사정할지도 모른다. 이 경우 영수 군이 학원에 의지해서 공부를 하는 것 같지만, 이는 분명 자기주도학습을 실천에 옮기는 것으로 볼 수 있다. 왜냐하면 자신의 필요와 판단에 의해서 누적된 수학 학습결손을 보충하려면 학원을 다니는 것이 바람직하다고 자율적으로 판단했기 때문이다.

따라서 청소년들에게 진로교육을 잘 진행해서 현실에 바탕을 둔 진로목표를 설정할 수 있도록 도와주고, 학년이 올라갈수록 그 목표를 향해 가는 약도와 같은 밑그림을 머릿속에 그리게 해 준다면 그 자체가 학습동기를 유발하기 위한 매우 좋은 출발이 될 것이다.

둘째, 진로지도와 진로상담을 포함한 진로교육 서비스를 제대로 제공한다면 청소년들이 비행으로 들어서는 것을 예방할 수 있다. 청소년들에게 미래 진로에 대한 밑그림이 머릿속에 선명해질 수 있도록 그들을 이끌어 주고 지도해 줌으로써 진로목표 혹은 진로포부가 머릿속에 자리를 잡게 된다면, 많은 유혹과 갈등의 순간에 자신을 통제할 수 있는 힘이 생겨나기 때문이다.

교사인 아버지를 존경하던 민기 군은 어린 시절부터 본인도 교사가 되겠다는 꿈을 가졌다. 민기 군에게 교사라는 꿈은 인생을 이끌어 나갈 하나의 등댓불과 같았다. 친구들과 재미있게 놀다가도 가끔 등댓불을 바라보며 내가 지금 잘하고 있는 것인지 자신을 돌아보곤 하였다. 친구들이 비행 비슷한 일을 모의하며 동참을 요구해도 민기 군은 등댓불을 떠올리며 장차 교사가 될 내가 이런 일에 가담하면 절대 안 된다는 마음을 가지게 되었다.

따라서 자신의 진로목표가 분명한 학생은 가출이나 무단결석 혹은 약물남용이나 인터넷 중독을 포함한 다양한 종류의 비행으로 갈 가능성이 적으므로 그 위험을 미리 차단할 수 있다.

셋째, 청소년 진로상담을 잘하면 교실붕괴를 막는 데도 일정 부분 큰 역할을 할 수 있다. 교실붕괴를 일으키는 학생들이 그런 행동을 하는 이유가 궁금하여 필자가 사례 연구를 해 본 결과는 크게 세 가지로 요약된다. 학생들의 말에 의하면, 그들은 '수업이 재미가 없다' 그리고 또 하나는 '모처럼 정신 차리고 들어 보려고 해도 무슨 내용인지 알아들을 수가 없다' 그리고 마지막은 '내가 저것을 왜 배워야 하나, 저것을 배워서 시험지에 답을 쓰는 것 말고 평생 어디에 사용할 수 있단 말인가' 하는 생각들을 가지고 있었다. 이 세 가지 이유 중에 마지막 이유인 '내가 저것을 왜 배우나' 하는 것이 진로교육과 매우 밀접하게 연결되어 있다.

따라서 교사들이 수업을 할 때, 도입부에서 이 내용을 잘 배워 두면 시험지에 답을 잘 쓸 수 있는 것은 물론이고, 여기서 배운 지식들이 앞으로 일생을 살아가는 과정에서 얼마나 유용한 도움이 될 것인가 하는 것을 학습자들에게 마음 깊이 이해시키고 고개를 끄덕이게 만든다면 교실붕괴를 막을 수 있는 작은 창을 충분히 열어 갈 수 있을 것으로 생각한다.

넷째, 청소년 진로교육을 통해서 정체감을 형성하는 데 도움을 줄 수 있다. 청소년기에는 인지적 능력의 발달로 인해 아직 오지 않은 미래에 자신을 투영할 수 있는 능력이 생겨난다. 우리는 미래를 생각하면 현재를 성찰하게 된다. 이러한 과정은 청소년들의 정체감 형성에 큰 도움을 줄 수 있다. 우리는 진로지도와 상담을 하는 과정에서 청소년들에게 5년 후 그리고 10년 후를 상상해 보도록 도와주기 위해서 '생애곡선 그리기'를 해 보기도 하고, '생애진로무지개'를 통하여 생애 역할을 탐색해 보도록 유도한다.

10년 후, 어떤 역할들이 더 추가될 것인가 등을 상상해 보게 하고 그런 역할들이 추가되었을 때 그 역할을 잘 수행하려면 지금 내가 어떤 것을 준비해야 될까 하는 것들을 고민해 보도록 한다. 그리고 집단 진로프로그램을 진행하면서 마지막 회기에는 대부분 '15년 후의 명함 만들기'와 같은 시간도 가진다. 청소년들이 미래의 명함을 만들면서 마음속으로 '정말 15년 후에 내 지갑에 이런 명함이 있다면 얼마나 좋을까?' 그러면 그다음에는 '그것이 가능할까?' 그리고 이어서 '그것을 가능하게 하려면 지금 나는 무엇을 해야 할까?' 하는 생각을 하게 된다. 이렇게 미래를 예견해 보고 현재를 성찰하게 하는 연습은 한 개인의 정체감을 튼실하게 확립하는 데 매우 도움이 된다.

이상에서 살펴본 바와 같이 진로교육을 제공하는 것은 청소년에게 단지 우리가 통상적으로 생각하는 진로나 진학 혹은 취업과 관련된 의사결정을 하고, 그것을 성공적으로 달성할 수 있도록 그들을 도와주는 것보다 훨씬 더 큰 의미를 내포하고 있다. 따라서 우리가 청소년을 대상으로 진로지도와 상담 서비스를 제공할 때, 앞에서 열거한 다양한 측면의 중요성에 대한 관점을 머릿속에 간직하고 지도와 상담에 임한다면 그 효과는 우리가 예상하는 것보다 훨씬 더 커질 것으로 기대한다.

출처: 김봉환(2022).

참고문헌

김계현(1995). **상담심리학**. 서울: 학지사.

김봉환(2022). 청소년 진로교육의 매력적인 파워. 서울일보. 2022. 6. 20.

김봉환, 정철영, 김병석(2006). **학교진로상담(2판)**. 서울: 학지사.

유현실(2009). 진로상담전문가의 역량모형 개발. 서울대학교 대학원 박사학위논문.

이장호(2005). **상담심리학(4판)**. 서울: 박영사.

이현림(2008). **진로상담**. 경기: 양서원.

이현림, 송병국, 박완성, 어윤경, 김기홍, 박성미, 김순미, 이지연, 이동혁, 박가열, 변정현, 김민순 (2013). **새롭게 보는 진로상담**. 경기: 교육과학사.

한국직업능력개발원(1998). **직업상담원 직무분석**. 서울: 한국직업능력개발원.

Brown, D.(1985). Career counseling: Before, after or instead of personal counseling? *Vocational Guidance Quarterly, 33*(3), 197-201.

Brown, D., & Brooks, S. (1990). *Career choice and development: Applying contemporary theories to practice.* San Francisco: Jossey-Bass.

Engels, D. W. (1995). *The professional practice of career counseling and consultation: A resource document* (2nd ed.). Alexandria, VA: National Career Development Association.

Erikson, E. H. (1963). *Childhood and society.* New York: Norton.

Gelatt, H. B. (1962). Decision making: A conceptual frame of reference for counseling. *Journal of Counseling Psychology, 9*(3), 240-245.

Hoyt, K. B. (1974). An introduction to career education. *U. S. Office of Education Policy Paper.* Washington, DC: The Office.

O'Brien, K. M., Heppner, M. J., Flores, L. Y., & Bikos, L. H. (1997). The career counseling self-efficacy scale: Instrument development and training applications. *Journal of Counseling Psychology, 44*(1), 20-31.

Parsons, F. (1909). *Choosing a vocation.* Boston: Houghton Mifflin Company.

Piaget, J. (1969). *The psychology of the child.* New York: Basic Books.

Super, D. E.(1951). Vocational adjustment: Implementing a self-concept. *Occupations, 30,* 88-92.

Swanson, J. L. (1995). The process and outcome of career counseling. In W. B. Walsh & S. H. Osipow (Eds.), *Handbook of vocational psychology* (2nd ed.). NJ: Lawrence Erlbaum Associates.

국가직무능력표준(https://www.ncs.go.kr)

제2부

진로상담 이론

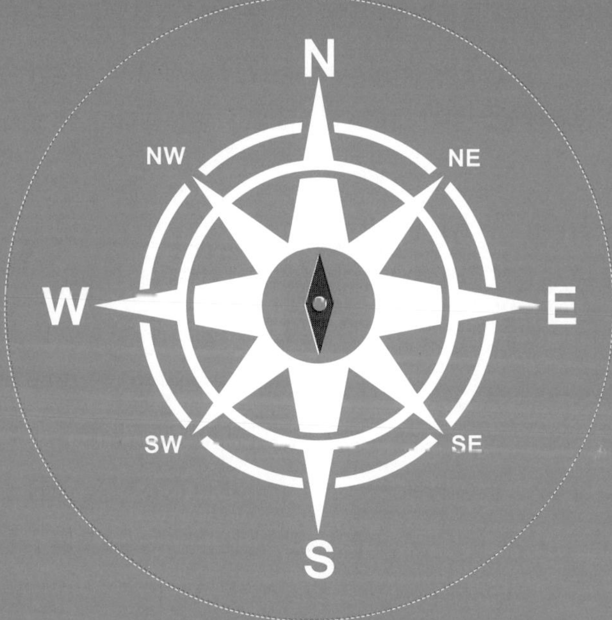

1차 산업혁명 이후에 태동하기 시작한 진로상담 이론은 그 이후에 다양한 형태로 발전되어 왔다. 그중 일부는 시대적 상황의 변화와 적용 가능성의 쇠퇴로 동력을 잃기도 하였으나, 주요 이론적 토대는 오늘날에도 여전히 활용되고 있으며, 또 그중 일부는 새로운 이론과 연계되어 발전 중이다. 이와 같은 진로상담 이론은 진로지도와 상담을 체계적이고 효과적으로 전개하는 기초가 되며, 대부분의 진로상담 이론은 사람들이 왜 특정한 직업을 선택하게 되는지에 대한 설명 체계를 제공해 준다. 진로상담 이론은 개인의 진로행동을 설명하고 예측할 수 있도록 상담자를 도와주며, 개인의 특성이나 상담 상황별로 적합한 진로지도와 상담의 방법이 무엇인지를 선택하는 데 중요한 근거가 되기도 한다. 여기에서는 진로상담 이론을 두 가지로 대별하여 살펴보고 있다. 하나는 전통적 진로상담 이론들로 특성요인이론, 성격이론, 사회학습이론, 전생애 진로발달이론 등을 포함한다. 다른 하나는 현대적 진로상담 이론들로 사회인지 진로이론, 우연학습이론, 구성주의 진로발달이론, 인지적 정보처리이론 등을 소개한다. 제2부의 목적은 진로상담을 제대로 실시하기 위한 토대로서 상담자가 반드시 알아야 할 진로상담 이론들의 기본적인 내용을 확실하게 주지시키는 것이다.

제2장

전통적 진로상담 이론

오늘 하루
나에게 일어나는 모든 일들이
없어서는 아니 될
하나의
길이 된다.

내게 잠시
환한 불 밝혀 주는
사랑의 말들도
다른 이를 통해
내 안에 들어와
고드름으로 얼어붙는 슬픔도

일을 하다 겪게 되는
사소한 갈등과 고민
설명할 수 없는 오해도

살아갈수록
뭉게뭉게 피어오르는
나 자신에 대한 무력감도

내가 되기 위해
꼭 필요한 것이라고
오늘도 몇 번이고
고개 끄덕이면서
빛을 그리워하는 나

어두울수록
눈물 날수록
나는 더
걸음을 빨리 한다.

-이해인, 「길 위에서」-

이 장에서는 다양한 진로상담 이론 중 '전통적 이론'으로 구분되는 것 중에서 전반적인 진로행동과 진로발달의 특성을 이해하는 데 도움을 주는 주요 이론들을 중점적으로 다루고자 한다. 그중 합리적인 직업선택과 개별적이고 과학적인 의사결정 방식으로 사람과 직업 간의 매칭(matching) 과정을 다루는 특성요인이론, 개인 성격을 직업 성격과 연결시키는 것을 중요하게 생각하는 성격이론, 아울러 진로선택의 과정에 영향을 주는 사회경제적 요인의 영향력을 다루는 사회학습이론, 끝으로 진로발달과 선택을 개인과 환경의 상호작용에 의한 적응과정으로 보며 이를 포괄적 관점으로 제시한 전생애 진로발달이론의 순서로 소개할 것이다.

1. 특성요인이론

특성요인이론은 진로지도와 상담의 초창기, 사실상 가장 먼저 생겨난 이론이라 할 수 있다. 주로 개별적이고 체계적인 방법으로 개인과 직업을 연결시키는 것을 핵심적인 내용으로 다루며, 과학적인 측정방법을 통해 개인의 특성을 식별하고 이를 직업특성과 매칭시키는 것을 이론화한 것이다. 대표적인 이론가로는 Parsons, Williamson, Hull 등이 있으며 이 이론을 토대로 또 다른 이론들이 생겨나게 되었다고도 볼 수 있다. 특성요인이론은 오늘날 진로상담 과정에서 활용되는 수많은 검사의 이론적 토대가 되고 있으며, 이를 제안한 Parsons를 진로지도 및 진로상담의 선구자라 일컫고 있다.

이 절에서는 특성요인이론의 기본 사항을 살펴보고, 이것이 진로상담 장면에서 어떻게 적용되는가를 탐색해 보며, 이 이론이 갖는 한계에 대해서도 함께 알아볼 것이다.

1) 이론의 주요 내용

특성요인이론은 개인의 특성과 직업 또는 직무를 구성하는 요인에 관심을 두었다. 특히 Parsons(1909)는 개인분석, 직업분석, 과학적 조언을 통한 매칭을 주장하였다. 즉, 인간은 저마다 다른 특성을 지니고 있고, 모든 직업은 특정한 특성을 소유한 근로자를 필요로 한다고 하였다. 이는 자신의 강점과 약점을 포함한 개인적 특성을 충분히 이해하고, 주어진 직업에서 요구하는 조건 및 보상 등에 관한 정보를 알아야 하며, 이러한 정보를 바탕으로 선택과정에서 합리적인 추론을 해 나가야 한다는 것이다.

이후의 연구자들은 Parsons의 개념을 더욱 확장시켰다. 특히 미네소타 대학교의 직업심리학자들은 다양한 특수적성검사, 인성검사 등의 도구를 개발함으로써 특성요인이론의 기초를 다졌다. 이들은 또한 진로상담 기법, 내담자 진단방법, 적재적소 배치에 관한 정보를 담은 책들도 펴냈으며, 이러한 연구 결과를 토대로 1977년 『미국직업사전』을 출판하기도 하였다. Parsons는 특히 청소년들에게 관심을 많이 가졌고, 모든 고등학교가 학생들의 취업에 전문적인 도움을 제공해야 한다고 주장하기도 하였다.

특성요인이론의 관점에서 본 효과적인 진로상담은 내담자가 지닌 특성과 해당 직업의 직무수행에 필요한 요구사항을 적절하게 연결시켜 주는 것으로 이는 곧 특성요인 진로상담의 핵심이라고 할 수 있다.

(1) 특성요인이론의 기본 가정

특성요인이론의 근간을 이루고 있는 기본적인 가정은 다음과 같이 요약될 수 있다(Klein & Wiener, 1977).

① 사람들은 각기 신뢰성 있고 타당하게 측정될 수 있는 독특한 특성을 지니고 있다.

② 대체로 다양한 특성을 지닌 종사자들이 주어진 직무를 성공적으로 수행하는 경향이 있지만, 각 직업은 종사자들이 성공적인 직업생활을 위해 필요한 매우 구체적인 특성을 지닐 것을 요구한다.

③ 직업선택은 직접적인 인지과정이기 때문에 개인의 특성과 직업의 특성을 연결하는 것은 가능하다.

④ 개인의 특성과 직업에서 요구하는 사항이 서로 밀접하게 관련을 맺을수록 직업적 성공(생산성의 증가 또는 직무만족)의 가능성은 커진다.

(2) 직업선택의 세 가지 주요 요인

특성요인이론의 대표적 이론가인 Parsons(1909)는 현명한 직업선택에 관련되는 세 가지 주요 요인을 다음과 같이 제시하고 있다.

① 자신에 대한 명확한 이해, 즉 자신의 적성, 능력, 흥미, 포부, 환경 등에 대한 이해

② 다양한 직업에 대한 자격요건, 장단점, 보수, 취업기회, 장래전망 등에 관한 지식

③ 앞의 두 요인 간의 합리적인 연결, 즉 내담자 자신의 개인적 요인에 관한 자료와 직업에 관한 자료를 중심으로 진로상담을 통해 내담자가 현명한 선택을 하도록 도와주는 활동

[그림 2-1] 진로상담 관련 초기 저서들

2) 이론의 적용

특성요인이론은 기본적으로 개인-직업 간 일치의 원리를 중시하며, 개인의 특성과 직업의 요구 간의 합리적 매칭 여부에 초점을 맞춘다.

이를 위해 특성요인이론에서는 개인의 특성에 대한 객관적 자료와 직업의 특성에 관한 자료를 중시한다. 즉, 개인의 적성, 지능, 사회 · 경제적 지위, 흥미, 가치관, 성격 등에 관한 과학적인 자료를 개인에게 제시해 주고 직업의 특성에 관한 자료를 제공해 주어 가장 합리적이고 현명한 선택과 결정을 하도록 조력하는 것에 초점을 둔다. 이러한 관점에서 특성요인이론에 기초한 진로상담의 주요 특징을 살펴보면 다음과 같다.

(1) 진단

특성요인 진로상담의 기본은 변별진단(differential diagnosis)이다. Williamson(1939)은 이를 다음과 같이 정의하고 있다. “진단이란 일련의 관련 있는 또는 관련 없는 사실들로부터 일관된 형식이 갖는 의미를 논리적으로 사고하는 과정이다. 그리고 내담자의 미래의 방향설정과 적응을 위하여 이 같은 일관된 형식이 갖는 의미를 판단하고 예측해 주며, 내담자의 장점과 경향성을 이해하는 것이다.”

이와 관련하여 Williamson(1939)은 진로의사결정에서 나타나는 여러 문제를 진단하는 데 도움을 주기 위한 네 가지 범주를 다음과 같이 제시하였다.

① 진로 무선택: 공식적인 교육과 훈련을 끝마친 후에 어떤 직업을 갖고 싶은지를 물었을 때, 내담자는 자신의 선택 의사를 표현할 수 없고 또 자신이 무엇을 원하는지조차 모른다고 대답한다.
② 불확실한 선택: 내담자는 진로를 선택했고 또 그것을 직업 명칭으로 말할 수도 있지만, 자신의 결정에 대하여 의심을 나타낸다.
③ 현명하지 못한 선택: 한편으로는 내담자의 능력과 흥미 간의 불일치, 또 한편으로는 내담자의 능력과 직업이 요구하는 능력 간의 불일치로 정의되며, 이 범주는 이러한 변인들의 가능한 모든 조합을 포함한다. 그렇지만 현명하지 못한 선택은 내담자가 충분한 적성(능력)을 가지고 있지 않은 직업을 결정함을 의미한다.
④ 흥미와 적성 간의 모순: 흥미를 느끼는 직업이 있으나 그 직업을 가질 능력이 부족한 경우, 적성이 있는 직업에는 흥미가 낮고 흥미가 있는 직업에는 적성이 낮은 경우 등이 여기에 속한다.

특성요인 진로상담은 내담자가 가지고 있다고 생각되는 문제에 따라 적절한 진로상담 과정이 선택되는 일종의 변별적 상담과정이라고 볼 수 있다. 즉, 특성요인이론에서의 상담은 내담자의 '잘못되어 있는' 것에 대한 진단을 통해 상담의 내용이나 개입방식을 결정하게 된다. 이때 주로 심리검사를 통해서 개인의 특성을 평가하는데, 사실 이러한 측정도구로부터 얻어진 정보의 예언타당도가 낮다는 데에 문제점이 있다. 다시 말해 실제로는 개인이 가지고 있는 여러 가지 특성 중에서 어느 것을 우선적으로 고려하느냐에 따라 직업선택이 달라질 수도 있다는 것이다. 따라서 검사를 통해 얻은 정보는 직업선택 시에 참고하는 정도로 활용하는 것이 보다 적절하다.

(2) 상담과정

특성요인이론에 입각한 진로상담의 과정은 크게 3단계로 대별될 수 있다. 제1단계는 초기면담의 단계로 이때 가장 중요한 것은 촉진적 관계 형성이다. 상담자는 내담자의 이야기를 경청하고, 개인의 배경과 호소문제를 통하여 내담자를 이해하게 되며, 내담자에게 필요한 검사가 무엇인지를 탐색하게 된다.

이어 제2단계는 주로 검사실시에 해당되는데, 이때 내담자를 이해하기 위한 면담이 병행된다. 내담자는 상세하고 종합적인 심리측정학적 · 인구통계학적 자료와 수집된 사례들에서 추론한 자료들을 기초로 상담자의 진단을 받게 된다. 이 단계에서 상담자는 대체로 능동적인 반면에 내담자는 수동적이게 되며, 상담자는 대부분의 시간을 적성과 흥미검사 등을 실시하고 그 결과를 해석하는 데 활용한다.

그리고 마지막 제3단계는 직업정보를 제공한다. 상담자는 내담자의 특성에 알맞은 직업에 대하여 그에게 직접 알려 주거나 직업전망서, 직업소개 자료, 직업정보 제공 관련 인터넷 사이트 등을 제시해 준다.

이와 같은 특성요인 진로상담의 과정은 '합리성'이 특징이다. 즉, 상담의 과정이 대체로 문제해결의 과학적 방법을 따르고 있다. 이와 관련해 Williamson(1939)은 진로상담의 과정을 다음의 여섯 단계로 좀 더 상세히 기술하고 있다.

① 분석: 여러 가지 자료로부터 내담자의 가치관, 태도, 흥미, 가정환경, 지식수준, 학습능력, 적성, 성격 등에 대한 자료들을 주관적 · 객관적인 방법으로 수집한다.
② 종합: 내담자의 개별적인 특성을 파악하기 위해 심리검사를 통해서 자료를 수집하고 요약한다.
③ 진단: 내담자의 문제와 특성을 명확하게 묘사하고, 개인의 특성에 관한 자료와 학문적 · 직업적 능력에 관한 자료를 비교하여 문제의 원인을 탐색한다.
④ 예측: 조정 가능성, 문제들의 결과에 대한 다양한 가능성을 판단한다. 이에 따라 내담자가 고려해야 할 문제를 위한 대안적 조치와 중점 사항을 미리 예상한다.
⑤ 상담: 미래에 혹은 현재에 바람직하게 적응하기 위하여 무엇을 해야 하는가에 대해서 내담자와 함께 협동적으로 이야기해 본다.
⑥ 추수지도: 새로운 문제가 야기되었을 때 앞의 단계를 반복한다. 그리고 내담자가 바람직한 행동계획을 실행하도록 계속적으로 돕는다.

이때 처음의 네 단계는 상담자가 주도하는 측면이 크고, 나머지 두 단계에서는 내담자가 능동적으로 참여하는 방식이 된다. 즉, 상담과정의 대부분이 내담자에 대한 자료를 수집하고, 분석하고, 평가하는 것에 초점을 맞추고 있으므로 그만큼 상담자의 전문성이 요구된다.

(3) 상담자의 역할

특성요인 진로상담 과정에서 상담자의 역할은 교사의 역할과 유사하다. 즉, 상담자가 수행하는 활동은 주로 내담자에 대한 정보를 파악하고 처리하며, 상담과정에서도 주도적이다. 상담자는 기본적으로 사려 깊은 태도를 가지지만, 그보다는 주도적이고 지배적인 측면이 더 강하다고 할 수 있다. 이로 인해 1950년대 로저스 학파의 '비지시적' 상담이 한창일 때, 특성요인 진로상담은 '지시적' 상담이라고 불리기도 하였으나, 이는 상담 자체가 내담자에 대해 공격적이거나 판단적이라는 의미는 아니었다.

이와 같이 특성요인 진로상담은 상담자가 내담자에게 상당한 영향력을 행사한다는 측면에서, Strong과 Schmidt(1970)는 상담자에게 필요한 자질을 다음과 같은 순서로 제언하였다. 즉, 상담자의 '전문성(expertness)'이 가장 중요하고, 두 번째로 '신뢰성(trustworthiness)', 그리고 세 번째로는 '매력성(attractiveness)'이 중요하다고 하였다. 이는 특성요인 상담자에게 매력성이 별로 중요하지 않다는 것을 의미하는 것이 아니라 전문성과 신뢰성이 무엇보다 중시되어야 함을 강조하는 것이다.

3) 이론의 평가

이 이론의 가장 큰 공헌은 직업선택 시 개인의 특성을 고려하도록 한 것이다(정철영 외, 2023). 특히 특성요인이론에 의해서 강조된 표준화 검사도구와 직업세계의 분석 과정은 진로상담에 매우 유용하다. 이 과정은 단순하고 간결하면서도 진로지도와 상담의 원론적인 내용들을 모두 포함하고 있기 때문에 오늘날에도 진로상담 과정에 폭넓게 적용되고 있다.

그러나 특성요인이론은 다음과 같은 몇 가지의 제한점을 내포하고 있다.

첫째, 특성요인이론에서는 객관적인 절차, 특히 심리검사를 통해서 개인의 특성을 타당하고 신뢰롭게 측정할 수 있다고 가정하는데, 이러한 검사도구에 의해 밝혀진 결과가 어떤 직업에서의 성공 여부를 정확하게 예측해 주지 못한다는 예언타당도의 문제가 제기되고 있다(Ghiselli, 1973).

둘째, 특성요인이론은 직업선택을 일회적인 행위로 간주하여 장기간에 걸친 인간의 경력개발 과정을 도외시하고 있다. 그리고 개인이 지니고 있는 여러 특성 간의 역동성 및 많은 요인 중에서 개인 자신이 어느 것을 우선적으로 고려하느냐에 따라 직업선택이 달라질 수 있다는 점을 정교하게 고려하지 못하고 있다.

셋째, 특성요인이론은 개인의 특성과 직업 간의 관계를 기술하지만, 개인의 특성이 어떻게 발달하였는지, 개인이 왜 그러한 특성을 가지게 되었는지에 대한 설명은 부족하다.

넷째, 특성요인이론은 개념적인 단순함으로 인해 많은 상담자와 상담 프로그램에서 활용되고 있지만, 이론 자체만으로는 효율적인 진로상담을 위한 보다 구체적인 가이드라인을 제공하고 있지 못하다.

2. 성격이론

우리가 RIASEC 이론 혹은 홀랜드(Holland) 이론이라고 부르는 성격이론은 Holland 박사에 의해 주창된 이론으로, 지금까지 진로지도와 진로상담 분야에서 가장 큰 영향을 미친 이론으로 평가되고 있다.

1) 이론의 주요 내용

Holland는 제2차 세계대전 동안 군복무 기간 중 모병 면접관을 하면서 군인들의 성격특성을 몇 개의 유형으로 설명할 수 있다는 생각을 하였고, 그 후 계속적인 연구를 통해 서로 다른 흥미를 가진 대학생들은 상이한 성격적 특성을 갖는다는 확신을 갖게 되었다. 지속적인 연구를 통해 Holland는 1959년 최초로 자신의 이론적 가설을 발표하였고, 1997년에 최종적으로 개정된 이론을 발표하였다.

성격에 관한 Holland의 연구는 유형론에 초점을 두고 있다. 그는 모든 개인은 여섯 가지 기본 성격유형 중 하나에 속한다고 주장하였다. 또한 여섯 가지 성격유형이 있듯이 여섯 가지 환경유형이 있는데, 이것도 성격유형처럼 확실한 속성과 특성에 따라 설명될 수 있다고 보았다. 환경은 그 안에 속해 있는 사람들에 의해 그 특징이 나타나는데, 예를 들면 상담센터에서 일하고 있는 상담자들의 성격유형은 기계설계 업체에서 근무하고 있는 사람들의 성격유형과 다르다는 것이다.

(1) 이론의 주요 가정

직업선택과 경력개발에 관한 Holland의 이론은 '직업적 흥미는 일반적으로 성격이라고 불리는 것의 일부분이기 때문에 개인의 직업적 흥미에 대한 설명은 곧 개인의 성격에 대한 설명이다.'라는 것을 기본적인 가정으로 삼는다. 보다 구체적으로 살펴보면, 이 이론은 다음과 같은 네 가지 가정을 기초로 하고 있다(Holland, 1985).

첫째, 대부분의 사람은 '현실형(Realistic), 탐구형(Investigative), 예술형(Artistic), 사회형(Social), 기업형(Enterprising), 관습형(Conventional)'과 같은 총 여섯 가지 유형 중의 하나로 분류될 수 있다. 각 유형의 첫 알파벳을 뜻하는 RIASEC 유형으로도 불리며, 이는 여섯 가지 유형의 이름과 순서를 기억하는 데도 도움을 준다.

둘째, 환경(직업, 학과) 역시도 '현실형, 탐구형, 예술형, 사회형, 기업형, 관습형' 등의 여섯 개로 분류할 수 있으며, 일반적으로 각 환경에는 그 성격유형에 일치하는 사람들이 머물고 있다.

셋째, 사람들은 자신의 능력과 기술을 발휘하고 태도와 가치를 표현하며 자신에게 맞는 역할을 수행할 수 있는 환경을 찾는다.

넷째, 개인의 행동은 성격과 환경의 상호작용에 의해서 결정된다. 사람의 성격과 그 사람의 직업 환경에 대한 지식은 진로선택, 직업변경, 직업성취 등에 관해서 중요한 결과를 예측할 수 있게 해 준다.

(2) 여섯 가지 성격유형

Holland는 원래 사람이 여섯 가지 유형 중 단 하나에 속하는 것으로 특징지을 수 있다고 생각하였다. 그러나 이후 이론을 수정하면서 여섯 가지 유형 중의 하나가 사람을 우세하게 지배하지만, 그 외에 하위유형 또는 성격패턴이 있다는 것을 추가로 제안하였다. 이것은 Holland의 유형에 따른 개인의 성격 파악에 있어서 보다 완성도 높은 설명을 제공해 준다.

요컨대, 각 개인이 자신의 성격을 정밀하게 분석해 보면, 성격 프로파일 속 여섯 가지 유형의 특성을 모두 가지고 있음을 알게 된다. 이는 개인이 단 한 가지의 우세한 유형 특성만을 지니고 있지 않다는 것을 의미한다. 이에 따라 Holland는 개개인에게서 발견되는 유형 중 아주 우세한 유형과 그 뒤를 잇는 유형까지를 포함한 세 유형을 기초로 하여 성격 특성을 분석하는 방법을 발전시켰다. 예를 들어, 'SAE'라고 부르는 유형은 순서대로 사회형, 예술형, 기업형의 특성을 가진 사람을 가리킨다.

이때, 각 유형에 관계되는 특성들에는 좋아하는 것뿐만 아니라 싫어하는 것들도 포함되어 있다. 각 유형에 해당하는 사람들은 어떤 종류의 활동들은 선호하고 다른 종류의 활동들은 회피하는 경향이 있다는 점을 참조해야 한다. Holland가 제안한 여섯 가지 유형별 특성에 대해 간단히 설명하면 다음과 같다(Holland, 1992).

① 현실형: 현실형은 기계, 도구, 동물에 관한 체계적인 조작활동을 좋아한다. 이 유형의 사람은 사회적 기술이 부족하다. 현실형에 속하는 전형적인 직업은 기술자이다. 검사에 따라 '현장형' 혹은 '실재형'으로 지칭되기도 한다.

② 탐구형: 탐구형은 분석적이고 호기심이 많고 조직적이며 정확하다. 그러나 이들은 대체로 리더십 기술이 부족하다. 대표적인 직업은 과학자이다.

③ 예술형: 예술형은 표현이 풍부하고 독창적이며 비순응적이다. 이들은 규범적인 기술이 부족하다. 음악가와 미술가 등이 예술형에 속한다.

④ 사회형: 사회형은 다른 사람과 함께 일하거나 다른 사람을 돕는 것을 즐기지만 도구와 기계를 포함하는 질서정연하고 조직적인 활동을 싫어한다. 또한 기계적이고 과학적인 능력이 부족하다. 사회복지사, 교육자, 상담가가 사회형에 속한다.

⑤ 기업형: 기업형은 조직 목표나 경제적 목표를 달성하기 위해 타인을 설득하는 활동을 선호한다. 그러나 상징적이고 체계적인 활동을 싫어하며 과학적 능력이 부족하다. 기업형에 속하는 직업의 예로는 기업경영인, 정치가를 꼽을 수 있다. 검사에 따라 '진취형' 혹은 '설득형'으로 지칭되기도 한다.

⑥ 관습형: 관습형은 체계적으로 자료를 잘 처리하고 기록을 정리하거나 자료를 재생산하는 것을 좋아한다. 그 대신 심미적 활동은 좋아하지 않는다. 경리사원, 사서 등이 여기에 속하는 유형이다.

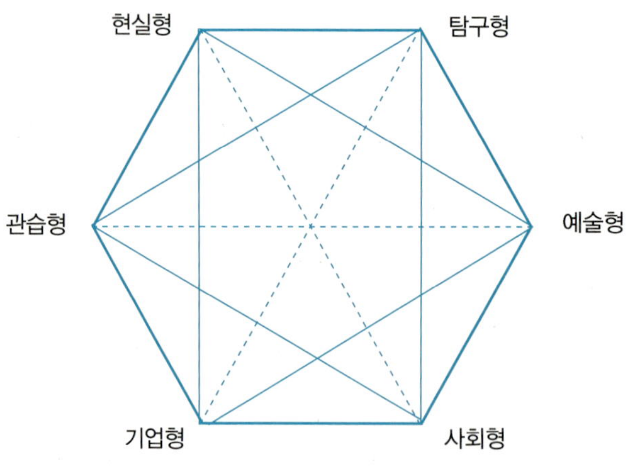

[그림 2-2] Holland의 육각형 모형(Holland, 1992)

(3) 다섯 가지 핵심 개념

[그림 2-2]와 같이 Holland 이론에서는 각 유형과 유형 사이의 관계를 육각형의 도표로 나타낸다. 앞서 설명된 RIASEC 유형이 순서대로 각각 육각형의 한 지점을 차지하고 있는데, 육각형 도표상에서 각 유형 간의 거리 및 대조를 이루는 유형의 점수 분포 등은 개인의 성격을 좀 더 명확하게 파악할 수 있는 중요한 개념을 제시해 준다.

그러므로 앞서 설명한 여섯 가지 성격유형과 그에 상응하는 환경에 대한 이해 외에도, 성격이론을 토대로 더욱 정확하고 적절한 적용을 위해서는 다음과 같은 핵심 개념 다섯 가지를 이해할 필요가 있다. 〈표 2-1〉에 제시된 각각의 개념을 구체적으로 살펴보면 다음과 같다.

〈표 2-1〉 Holland 성격이론의 다섯 가지 핵심 개념

개념	의미
일관성(Consistency)	성격유형 간 또는 환경유형 간 관계의 정도
변별성(Differentiation)	유형 간의 상대적 중요도의 관계
일치성(Congruence)	성격과 환경 간의 관계
정체성(Identity)	개인의 목표, 흥미, 능력 등이 명확하고 안정된 정도
계측성(Calculus)	육각형 내에서 유형 간의 거리는 그들의 이론적 관계에 반비례

① 일관성

성격유형과 환경모형 간의 관련 정도를 의미하는 것으로, 육각형 모형상의 두 유형 간 근접성에 따라 설명된다. 유형의 어떤 쌍들은 다른 유형의 쌍들보다 공통점을 더 많이 가지고 있다. 예를 들면, 예술형 · 사회형 유형은 탐구형 · 기업형 유형보다 공통점을 더 많이 가지고 있다. 육각형의 중요한 기능 중 하나는 성격의 일관성 정도를 규정하는 것이다. 탐구적이고 관습적인 활동에 흥미를 가진 현실형 사람(RIC)은 기업적이고 사회적인 활동에 선호를 나타내는 현실형 사람(RES)보다 일관성이 높다. 일관성을 알아보는 가장 간단한 방법은 Holland 코드 첫 두 문자를 살펴보는 것이다. 높은 일관성은 첫 두 문자가 육각형에 인접할 때 나타난다(예: RI 또는 SE). 중간 정도의 일관성은 육각형에서 다른 문자가 개인 코드의 첫 두 개 문자 사이에 있을 때 나타난다(예: RA 또는 SC). 낮은 일관성은 코드의 첫 두 개 문자가 육각형에서 두 개 사이에 낀 문자들에 의해 나누어질 때 나타난다(예: RS 또는 AC).

② 변별성

변별성은 사람이나 환경이 얼마나 잘 구별되는가를 의미한다. 어떤 사람이나 환경은 한두 가지 유형의 특징을 뚜렷이 나타내는가 하면 어떤 사람이나 환경은 여섯 가지 유형의 특징을 고루 보이기도 한다. 변별성이 높은 사람은 해당 유형의 환경에서 경쟁력이 높고, 만족도가 높을 것으로 예측된다.

③ 정체성

이는 자신에 대한 정체성 또는 환경에 대해 갖게 되는 정체성이 얼마나 분명하고 안정되어 있는가를 평가하는 개념이다. 개인의 정체성은 분명하고 안정된 인생의 목표, 흥미, 재능을 가짐으로써 얻어지고, 환경적 정체성은 환경이나 조직이 분명하고 통합된 목표, 일, 보상이 일관되게 주어질 때 생겨난다.

④ 일치성

개인과 직업 환경 간의 적합성 정도에 대한 것으로 사람의 직업적 흥미가 직업 환경과 어느 정도 일치하는가를 의미한다. 서로 다른 성격유형은 상이한 환경유형을 원한다. 사람들은 자신의 유형과 비슷하거나 정체성을 갖게 하는 환경유형에서 일 또는 생활할 때 일치성이 높아지게 된다. 따라서 예술적인 사람이 관습적인 환경에서 일하거나 생활할 때는 일치성이 낮은 것이다. 사람은 중요한 보상이 제공되는 환경에서 능력을 최대한 발휘한다. 예컨대, 사회적 유형은 사회적 환경이 제공되는 보상을 좋아한다. 육각형은 개인의 유형과 환경 간의 일치 정도를 측정하는 데 사용될 수 있다. 완벽한 조합은 현실적 환경에서 현실적 유형의 사람이 일하는 것이다. 그다음으로 최선의 적합은 환경유형에 인접한 성격유형이다. 즉, 탐구적 환경에서 일을 하는 현실적 유형의 사람이 이에 해당된다. 환경과 개인의 가장 좋지 않은 일치의 정도는 육각형에서 유형들이 반대 지점에 있을 때 나타난다.

⑤ 계측성

계측성이란 흥미유형과 환경유형 간의 관계가 육각형 모형에 따라 결정될 수 있으며, 육각형 모형에서의 흥미유형 또는 환경유형 간의 거리는 그들의 이론적 관계와 반비례한다는 것을 시사하는 개념이다. 여기에서 반비례한다는 것은, 예컨대 현실형과 탐구형은 인접해 있어서 거리는 짧지만 상관계수는 높다는 것이고, 현실형과 사회형은 거리는 길지만 상관계수가 낮다는 것을 의미이다(김지연 외, 2022).

2) 이론의 적용

Holland 이론은 우리나라에서도 매우 다양한 상담 현장에서 활용되고 있다. 상담 및 진로지도 현장에서의 검사 실시와 해석은 물론, 각종 진로 집단 프로그램 개발의 기초 이론으로서 그 어떤 이론보다도 많이 활용되고 있다.

(1) Holland가 개발한 검사들

- 진로탐색검사(SDS-Career Explorer)
- 적성탐색검사(SDS-Career Planning)
- 직업선호도검사(Vocational Preference Inventory)
- 진로 태도 및 전략 검사(Career Attitudes and Strategies Inventory)
- 지위분류검사(Position Classification Inventory)

(2) 국내의 Holland 관련 검사들

① 청소년 직업흥미검사

- 검사목적: 개인의 직업흥미에 적합한 직업과 학과에 대한 정보 제공
- 검사대상: 중 · 고등학생
- 실시방법: 개인, 집단
- 검사시간: 약 20분
- 문항 수: 209문항
- 저자: 한국고용정보원

② 직업흥미검사(H)

- 검사목적: 직업흥미에 적합한 직업과 전공분야에 대한 정보 탐색
- 검사대상: 중 · 고등학생
- 실시방법: 개인, 집단
- 검사시간: 약 15~20분

- 문항 수: 127문항(중), 126문항(고)
- 저자: 교육부, 한국직업능력연구원

③ **진로탐색검사**

- 검사목적: 학교 선택, 전공 선택, 직업선택
- 검사대상: 중학교 1~3학년, 특성화고, 일반고
- 실시방법: 개인, 집단
- 검사시간: 약 45분
- 문항 수: 258문항
- 저자: 안창규, 안현의

④ **Strong™ 직업흥미검사**

- 검사목적: 개인의 직업흥미유형에 적합한 진로 및 직업 탐색 조력
- 검사대상: 고등학생
- 실시방법: 개인, 집단
- 검사시간: 약 50분
- 문항 수: 317문항
- 저자: 김정택, 김명준, 심혜숙

⑤ **한국형 RIASEC 진로탐색검사**

- 검사목적: 개인의 직업흥미유형에 적합한 직업 및 학과 추천
- 검사대상: 중·고등학생
- 실시방법: 개인, 집단
- 검사시간: 약 45분
- 문항 수: 218문항
- 저자: 김봉환

(3) RIASEC 유형에 따른 상담전략

상담 장면에서는 Holland 검사의 결과에 대한 해석도 중요하겠지만 검사에서 측정하고자 하는 것 혹은 이론에서 가정하는 것에 근거하여 내담자의 자기이해를 돕고 진로발

달을 촉진시킬 수 있는 개입이 더 중요하다. 즉, 어느 유형으로 나왔느냐와 같은 결과 중심적 접근보다는 흥미와 성격적 특성을 중심으로 한 자신에 대한 이해(환경의 이해, 발달과정, 가치, 효능감 등)를 높일 수 있는 방향에서 적용되어야 한다. 다음과 같이 각 유형별로 적합한 상담전략을 참조하여 상담을 진행하는 것이 필요하다.

① **현실형**(R)

- 전통적 구두식 상담이 아닌 서류, 차트, 다른 보조자료의 사용을 통한 의사결정과 계획수립을 선호함
- 직업에 대한 검증을 중시하므로 상담 시간과 회기가 다소 길 수 있음
- 지식에 대한 요구가 적은 편이므로 학문적 통찰을 요구하지 않음

② **탐구형**(I)

- 방법론적 · 문제해결적 · 분석적 접근을 선호함
- 가족, 성취, 직업, 사회적 경험에 대한 분석을 통해 진로탐색을 촉진함
- 도서, 컴퓨터, 토론 등을 통해 진로정보를 수집함
- 의사결정 시 모험심을 조장하고 해결방안을 탐색하도록 격려하면 효과적임
- 의사결정 시간이 오래 걸림

③ **예술형**(A)

- 자연스럽고 비구조적인 접근을 선호함
- 진로정보 수집에 있어 창의적인 정보 수집을 독려함
- 의사결정은 회기 끝에 내리도록 함

④ **사회형**(S)

- 대인관계적 접근을 선호함
- 진로정보 수집에 있어 관심분야 종사자와 이야기하는 것이 효과적임
- 상담자의 지지가 필요함

⑤ **기업형**(E)

- 장기간 상담보다 단기간 상담이 효과적임

- 책보다는 관심분야 종사자들과 만나거나 직접 일을 경험해 보는 것이 도움이 됨
- 의사결정 및 계획수립 시 실제적인 조언이 필요함
- 바람직한 행동의 유지를 위해 추수상담이 필요함

⑥ **관습형(C)**

- 구조적 접근을 선호함
- 30~40분 정도의 3~4회기 상담이 적합함
- 자기발견을 통해 단기간 내 목표에 도달하게 하는 것이 효과적임

3) 이론의 평가

Holland 이론의 설득력 있으면서도 단순화되어 있는 육각형 모형은 흥미측정에 있어서 보다 효과적인 해석이 이루어지도록 하는 데 큰 영향을 미쳤다. 따라서 Holland의 육각형 모형은 복잡한 직업세계를 단순화하고 해석하는 데 매우 유용한 방식이라고 할 수 있다. 그 어떤 이론이나 모형도 지금까지 이론적 연구자들과 응용하는 입장에 있는 현장의 상담가들에게 Holland 이론보다 더 유용하게 기여하지 못했을 것이다(Campbell & Borgen, 1999). 또한 Holland는 진로상담 과정에 매우 유용하고 다양한 검사를 개발하였고, 『미국직업사전』을 『Holland 직업코드사전』으로 번안해 내는 등 중요한 업적을 남겼다.

그러나 Holland의 이론 역시, 다음과 같은 몇 가지 문제점을 가지고 있다(Amatea, 1984; Osipow, 1983; Osipow & Fitzgerald, 1996).

첫째, Holland의 이론에서는 성격만이 편파적으로 강조되어 여러 가지 다른 중요한 개인적 · 환경적 요인이 도외시되고 있다.

둘째, Holland의 이론은 진로상담에 적용할 수 있는 구체적인 절차를 제공해 주지 못하고 있다. 특히 상담자가 내담자와의 대면관계에서 사용할 수 있는 상담과정과 기법에 관한 가이드가 부족하다.

셋째, Holland의 모형을 측정하는 검사도구는 아직 성적 편파(gender bias)적인 문제를 해결하지 못하고 있다. 예를 들면, 개인의 직업 성격을 측정하는 검사도구에서 현실적 유형이나 탐구적 유형에 여성적인 직업을 많이 배제하고, 사회적 유형이나 관습적 유형에 여성적인 직업을 다수 나열함으로써 여성이 제한된 직업선택을 하도록 유도할 수 있다는 것이다.

넷째, Holland의 이론은 성격요인을 중요시하고 있으면서도 성격의 발달과정에 대한 설명이 결여되어 있다. 즉, 개인의 진로의사결정에 영향을 주는 성격적 요인에 대해서는 구체적인 설명을 하고 있지만, 발달의 측면에서 개인이 왜 그러한 성격을 갖게 되었으며 성격이 어떻게 변화하는가에 대한 설명이 부족하다는 것이다.

다섯째, 사람들이 자신이 처한 환경을 어느 정도 변화시킬 수 있으며 자기 자신을 변화시킬 수 있는 가능성을 지녔음에도 불구하고, Holland의 이론은 이러한 점을 고려하지 않았다. 즉, 자신의 성격에 맞지 않는 직업 환경을 선택하더라도 인간은 자신의 특성을 수정하거나 직업 환경을 개조함으로써 자신의 역할을 잘 수행해 나갈 수 있는 가능성이 있다는 사실을 외면하고 있다.

3. 사회학습이론

Krumboltz의 진로의사결정에 대한 사회학습이론(Social Learning Theory of Career Decision Making: SLTCDM)은 교육적 · 직업적 선호 및 기술이 어떻게 획득되며 교육 프로그램, 직업, 현장의 일들이 어떻게 선택되는가를 설명하기 위하여 발달되었다. 이 이론은 강화이론, 고전적 행동주의이론, 인지적 정보처리이론 등에 기반을 두고 있다. 특히 행동에 대한 일반적인 사회학습이론을 기초로 개인의 성격과 행동은 그의 독특한 학습경험에 의해서 가장 잘 설명될 수 있다고 가정하면서, 진로의사결정에 영향을 미치는 요인들의 상호작용을 밝히고 있다. Krumboltz의 사회학습이론은 이후 우연학습이론으로 발전하게 되는데, 이와 관련한 내용들은 다음 장에서 설명될 것이다.

1) 이론의 주요 내용

(1) 진로결정 요인

사회학습이론에서는 진로결정에 영향을 주는 요인을 다음과 같이 네 가지로 분류하였다(Mitchell & Krumboltz, 1990).

① 유전적 요인과 특별한 능력(genetic endowments & special abilities)

이는 개인의 진로기회를 제한하는 타고난 특질을 말한다. 즉, 교육적 · 직업적인 선호나 기술에 제한을 줄 수 있는 자질을 말하는 것으로서, 여기에는 인종, 성별, 신체적인 모습과 특징, 지능, 예술적 재능, 그리고 근육의 기능 등이 포함된다.

② 환경적 조건과 사건(environmental conditions & events)

이는 환경에서의 특정한 사건이 기술의 개발, 활동, 진로선호 등에 영향을 미친다는 것이다. 여기에는 취업 가능한 직종의 내용, 교육훈련이 가능한 분야, 사회정책, 노동법, 천재지변, 천연자원의 공급 및 이용가능 정도, 기술의 발달, 사회조직의 변화, 가정의 영향, 교육제도 그리고 이웃과 지역사회의 영향 등이 포함된다.

③ 학습경험(learning experiences)

개인이 과거에 학습한 경험은 현재 또는 미래의 교육적 · 직업적 의사결정에 영향을 미치는데, 이 이론에서는 크게 두 가지 유형의 학습경험을 제시하고 있다.

하나는 도구적 학습경험(instrumental learning experiences)으로, 이는 주로 어떤 행동이나 인지적인 활동에 대한 정적 또는 부적인 강화를 받을 때 나타난다. 즉, 사람들은 정적인 강화를 받게 되면 이와 관련된 행동을 반복하려는 경향을 보이는데, 이 과정을 통해서 관련된 기술을 보다 잘 숙지하게 되고 행동 그 자체에 내적인 흥미를 갖게 된다는 것이다. 결국 과거의 학습경험이 교육적 · 직업적 행동에 대한 도구(instrument)로 작용하게 된다.

다른 하나는 연상적 학습경험(associate learning experiences)이다. 이는 이전에 경험한 감정적으로 중립적인(neutral) 사건이나 자극을 정서적으로 비중립적인 사건이나 자극과 연결시킬 때 일어난다. 예를 들어, 중병에 걸렸던 청소년이 병원에서의 치료로 건강을 회복하였다면, 그는 병원이라는 본래 감정적으로 중립적인 자극이 그에게 정적인 영향을 미쳐 나중에 의사가 되기를 희망할 수 있다는 것이다. 이러한 경우는 직접적인 체험에 해당하는 것으로 이와는 달리 타인의 행동을 관찰하거나 책이나 TV 등의 매체를 통한 정보 수집과 같은 간접적이거나 대리적인 학습경험도 개인의 교육적 · 직업적 행동에 영향을 미치게 된다.

④ 과제접근 기술(task approach skills)

과제접근 기술은 개인이 환경을 이해하고, 이에 대처하며 미래를 예견하는 능력이나 경향으로 학습경험, 유전적 요인, 환경적인 조건이나 사건의 상호작용으로 나타난다. 과제접근 기술에는 문제해결 기술, 일하는 습관, 정보 수집 능력, 감정적 반응, 인지적 과정 등이 포함된다.

이 이론에서는 이상에서 언급된 진로결정 요인들 중에서 '유전적 요인과 특별한 능력' 및 '환경적 조건과 사건'을 환경적 요인이라 하였고, '학습경험'과 '과제접근 기술'을 심리적 요인이라고 정의하였다. 환경적 요인은 개인에게 영향을 미치나 일반적으로 개인이 통제할 수 있는 영역 밖에 있는 것으로 상담을 통해서 변화시키는 것이 불가능하다. 이에 반해 심리적 요인은 개인의 생각, 감정, 행동을 결정하게 한다. 따라서 상담자는 내담자가 이러한 요인들의 영향을 이해하고 변화시키도록 도와주어야 할 것이다.

(2) 진로결정 요인들의 결과

앞에서 구체적으로 살펴본 진로결정에 영향을 미치는 네 가지 요인은 상호작용을 거쳐 다음과 같은 유형의 결과로 나타난다.

첫 번째 결과는 자기관찰 일반화(self-observation generalization)이다. 이는 자기 자신의 직간접적인 수행이나 자신의 흥미나 가치를 평가하는 외현적 · 내면적인 자기 진술을 의미하는 것으로 선행 학습경험에 의해 영향을 받을 뿐만 아니라 새로운 학습경험의 결과에도 영향을 미친다. 이러한 자기 일반화(self-generalization)는 개인에 의해 표현되는 흥미의 형태로 보이기도 하나, 사회학습이론가들은 경험의 결과로 흥미가 생기는 것이지, 흥미의 결과로 경험하는 것이 아니라고 생각한다(Osipow, 1972). 그러나 흥미는 선행 학습경험에 대한 개인의 반응을 간결하고 정확하게 요약해 주기 때문에 진로의사결정에서 매우 중요하다.

두 번째 결과는 세계관 일반화(world-view generalizations)이다. 학습경험의 결과, 사람들은 자기가 살고 있는 환경을 관찰하고 일반화하게 되며 이러한 일반화를 또 다른 환경에서 어떤 일이 일어날 것인가를 예측하는 데 이용할 수 있다. 예컨대, 어떤 사람들은 다양한 직업의 성격에 대해 일반화할 수 있다(예: 상담분야에 종사하는 사람들은 본질적으로 마음이 따뜻해야 하고, 인간을 이해하기 위한 능력을 가지고 있어야 한다).

세 번째 결과는 과제접근 기술(task approach skills)이다. 과제접근 기술은 환경에 대처하고, 자기 관찰을 통한 일반화나 세계관 일반화와 관련지어 환경을 해석하며, 미래 사건에 대해 예견하는 인지적 능력, 수행능력, 작업습관, 감정적 반응, 지각과 사고 과정 등을 포함한다. 이러한 과제접근 기술은 진로의사결정에서 매우 중요한 것으로 간주되는 데, 대체적으로 ① 중요한 의사결정 상황의 인식, ② 과제에 대한 현실적인 파악, ③ 자기관찰 일반화와 세계관 일반화에 대한 검토 및 평가, ④ 다양한 대안의 도출, ⑤ 대안에 관한 필요한 정보의 수집, ⑥ 매력적이지 못한 대안 제거 등의 능력을 포함한다.

네 번째 결과는 행위의 산출(action outcomes)이다. 이 행위의 산출은 학습경험 및 앞서 언급한 세 가지의 결과로부터 나오는데, 의사결정과 관련된 특수한 행위로 구성된다. 예를 들어, 어떤 직업 또는 교육훈련에 지원하거나 대학에서 전공을 변경하는 행위 등이 이에 속한다. 이러한 행동이나 의사결정은 일생에 걸쳐 일어난다.

2) 이론의 적용

개인의 문제성 있는 신념과 일반화는 사회학습이론에서 매우 중요하다. 예를 들어, 어떤 신념과 일반화에 의해 생성된 내용을 밝히는 것은 진로결정 문제를 가지고 있는 개인에 대한 상담전략을 개발하는 주요 구성요인이 된다. 상담자의 역할은 내담자의 표현된 신념의 가정과 전제를 검토하고 대안적인 신념과 행동과정을 탐색하는 것이다. 즉, 내담자로 하여금 자신이 가지고 있는 신념의 타당성을 충분히 이해하도록 도와주는 것이 매우 중요하다.

특히 상담자는 다음과 같은 사항에 유의해야 한다.

① 사람들은 해결할 수 있는 문제가 존재한다는 사실을 인식하지 못할 수도 있다(사람들은 대부분의 문제가 삶의 일상적인 부분이며 바꿀 수 없는 것이라고 가정한다).

② 사람들은 결정을 하거나 문제를 해결하는 데 필요한 노력을 기울이지 않을지도 모른다(사람들은 대안을 탐색하는 데 거의 노력을 기울이지 않는다. 또한 그들은 늘 똑같은 방법만 취하려고 한다).

③ 사람들은 부적절한 이유로 잠재적인 만족을 주는 대안을 제거할지도 모른다(사람들은 잘못된 가정으로부터 과일반화를 하고 잠재적으로 가치 있는 대안을 간과한다).

④ 사람들은 부적절한 이유로 적절치 않은 대안을 선택할지도 모른다(사람들은 잘못된 신념과 비현실적인 기대 때문에 잠재적인 진로를 현실적으로 평가할 수 없다).

⑤ 사람들은 목표를 달성하기에 스스로 무능력하다는 생각으로 인해 불안해하거나 분노를 느낄지도 모른다(개인들의 목표는 비현실적이거나 다른 목표와 상충될 수 있다).

3) 이론의 평가

이 이론은 진로발달 과정에서 개인의 학습경험과 환경의 영향을 중시한 점에서 기존의 특성요인이론 등과는 뚜렷한 차별성을 보인다. 이 이론은 특히 다음과 같은 강점과 한계를 함께 지닌다. 먼저 강점을 살펴보기로 한다.

첫째, 진로결정에 영향을 미치는 다양한 요인을 포괄적으로 설명한다는 점에서 현실적인 이론으로 평가받는다. 개인의 유전적 요인, 환경적 조건, 학습경험, 과제접근기술이라는 네 가지 주요 변수는 실제 진로상담 장면에서 내담자의 문제를 다면적으로 이해하는 데 유용하다.

둘째, 이론이 행동주의 및 인지주의 이론의 통합적 성격을 띠고 있어 진로지도 및 상담에서 구체적인 개입 전략으로 쉽게 전환될 수 있다. 예를 들어, 부적응적 신념을 인지재구성을 통해 수정하거나, 모델링과 관찰학습을 활용한 진로탐색 활동은 이론의 실천적 가치와 연결된다.

셋째, 진로결정의 우연성과 유연성을 강조함으로써, 변화하는 현대 사회의 진로 환경에 적합한 사고방식을 제시한다. 특히 후속 이론인 우연학습이론은 계획되지 않은 경험을 기회로 전환하는 능력을 강조하여, 전통적인 진로계획 중심 접근의 한계를 보완한다.

그러나 이 이론에도 몇 가지 한계가 존재한다.

첫째, 이론의 핵심 개념들이 지나치게 포괄적이고 추상적이라는 비판이 있다. 예를 들어, '과제접근기술'이나 '학습경험'과 같은 용어는 실제 상담 현장에서 측정하거나 구조화하기 어려울 수 있다.

둘째, 개인의 내적 동기나 정체성 형성 과정에 대한 설명이 부족하다는 지적도 있다. 진로선택이 단순한 학습의 산물로만 이해될 수 없으며, 자아개념, 삶의 의미, 가치 등의 내면적 요소를 함께 고려해야 한다는 점에서 보완이 필요하다.

셋째, 이 이론은 우연성과 환경적 요인을 지나치게 강조함으로써 개인의 주체적 선택과 책임을 상대적으로 약화시킬 수 있다는 우려도 있다. 모든 경험을 학습의 기회로 전환하는 것이 이론적으로 가능하다고 하더라도, 실제 현실에서는 자원의 제한, 사회적 구조의 장벽 등이 작용하기 때문이다.

4. 전생애 진로발달이론

진로지도와 상담에 활용할 수 있는 다양한 이론 중에서도 진로발달이론은 '과정'을 강조하는 이론으로, 인간발달의 개념을 진로라는 측면에 도입해 진로발달을 개인의 전체 발달의 한 국면으로 보고자 하는 관점이다. 이는 특히 청소년들의 성장 과정을 전체적인 시각에서 바라볼 수 있게 해 주고 진로발달 단계 중 어느 단계에 해당되며, 앞으로의 성장을 위해 무엇이 필요한가를 파악하는 데 크게 도움되는 이론이다.

진로발달이론은 특히 직업과 개인 특성 간의 매칭이 진로상담의 핵심이라고 보는 특성요인이론 관점에 문제를 제기하며 대두되었다. 이 이론은 개인이 진로에 대하여 흥미를 가지고 구체적인 진로를 선택하고, 선택한 진로에서의 성공을 위해 직업 분야에 몰입하는 과정을 진로발달의 일련의 단계로 보고 있다. 진로발달의 여러 이론 중에서도 가장 대표적인 것은 바로 Super의 '전생애 진로발달이론'이다.

Super는 다른 진로발달이론들을 비판하면서 진로발달 과정의 다양하고 복합적인 현상들을 아우를 수 있는 포괄적이고 종합적인 이론을 만들고자 노력하였다. 이를테면, 진로발달이 아동기로부터 성인 초기까지로 국한된 과정이라고 한 Ginzberg의 초기 이론에 이의를 제기하며, 진로발달은 인간의 전생애에 걸쳐서 이루어지고 변화되는 것이라고 보았다. 또한 직업선택을 타협의 과정으로 본 Ginzberg의 이론을 보완해 타협과 선택이 상호작용하는 일련의 적응 과정으로 보았으며, 이때 발달을 개인과 환경과의 상호작용에 의한 적응 과정으로 정의하였다.

1) 이론의 주요 내용

(1) 전생애 발달적 관점

개인과 환경은 끊임없이 변화하기 때문에 개인과 환경 간의 연결은 결코 완전할 수가 없다. 진로발달은 인간의 전생애에 걸쳐서 이루어지고 또한 변화하는 것이며 개인적 요인과 환경적 요인 간의 상호작용이 강조되어야 한다. 직업선택은 타협과 선택이 상호작용하는 일련의 적응 과정이다. 따라서 진로에 대해 장기적이고 발달적으로 접근해야 한다. Super 이론의 관점에서 진로상담은 내담자에게 스스로 그들의 삶에 대한 통합적이고 적합한 개념을 형성하고 이를 수용하게 하며 현실에 반하는 자아개념의 내용을 검토한 후, 이를 실현시켜 일에서의 성공, 사회적 기여, 개인적 만족으로 이끄는 진로선택을 하도록 조력하는 것이다.

(2) 자아개념

Super 이론의 가장 기본적인 가정은 진로선택을 자아개념의 실행 과정으로 보는 것이다. Super는 인간이 자아 이미지와 일치하는 직업을 선택한다고 보았다. 즉, '나는 이런 사람'이라고 느끼고 생각하던 바를 살릴 수 있는 직업을 택한다는 것이다. 예컨대, 자신을 활달하고 적극적이며 충분한 능력이 있어 지도적인 역할을 할 수 있는 사람이라고 여기던 사람은 그러한 자신의 이미지에 일치하는 직업을 찾게 된다. 진로발달에 있어서 본질적인 역할을 하는 자아개념은 유아기부터 형성(formation), 전환(translation), 실천(implementation)의 과정을 거쳐 사망에 이르기까지 계속 발달 · 보완된다. 자아개념은 자기 자신에 대한 주관적인 관점에서부터 자기 자신과 관련된 객관적인 관점까지를 모두 포함한다. 상담자는 내담자에게 흥미, 가치관, 능력 등에 대한 객관적 정보를 제공하고 내담자가 그것을 자신에 대한 주관적인 관점과 통합하도록 조력할 필요가 있다.

(3) 진로성숙도

진로발달 단계에 따라 발달 과업을 성공적으로 수행하면 그 발단 단계에서 주어진 생애 역할을 잘 수행할 수 있고 다음 단계에 대한 준비도 원활하게 할 수 있다. 이때 각 단계를 얼마나 성공적으로 잘 마치는가의 여부는 진로성숙도에 달려 있다. 진로성숙도는 각 단계의 발달 과업을 성공적으로 수행할 수 있는 준비도를 일컫는 것으로서 태도 요인과 능력 요인 그리고 행동 요인으로 구성된다. Super의 발달이론에 근거해 볼 때, 진로성숙이란 진로선택 과정에서 나타나는 인지적 · 정서적 · 행동적 특성의 상대적 위치를 의미한다. 즉, 진로성숙이란 '개인이 자신의 연령 수준에서 주어지는 진로문제에 대처할 수 있는 준비도'라고 볼 수 있다.

2) 이론의 적용

(1) 생애역할이론

Super는 진로를 직업과 직접적으로 관련은 없지만 간접적으로 연관을 맺고 있는 삶의 다양한 역할 속에서 이해하려고 노력하였다. 한 개인이 감당하는 삶의 다양한 역할이 그의 생활양식을 구성하며 그러한 전체적인 역할의 구조가 진로 양식을 구성한다고 보았기 때문이다. 따라서 직업선택의 과정을 다른 생애역할의 맥락 속에서 이해하려고 하였고 여러 가지 역할의 결합과 그에 부여하는 중요성이 개인의 생애구조를 형성한다고 보았다. 개인이 수행해야 하는 중요한 역할을 자녀, 학생, 배우자, 부모, 시민, 직업인, 여가인, 가정관리자, 연금생활자 등으로 보고 각 역할은 서로 영향을 주고받는 것으로 설명하고 있다.

그러나 여러 가지 생애역할을 모두 효과적으로 해내기는 매우 어렵다. 따라서 다양한 시점에서 특정한 생애역할에 우선권이 주어져야 한다. 때로는 서로 다른 역할이 갈등을 야기할 수 있다. 예를 들어, 직업인과 부모 역할이 충돌하면서 다른 역할을 수행하는 데 어려움을 가져올 수 있는데, 이때 직업인, 부모, 배우자의 역할이 뒤섞이고 어느 한 역할에도 충분히 주의를 기울이지 못하게 되기도 한다. 즉, 개인은 여러 생애역할이 서로 간에 조화를 이루고 자신이 추구하는 삶의 가치를 적절히 표현할 수 있을 때 행복감을 느끼지만, 생애역할들이 서로 어긋나고 자신이 지향하는 삶의 가치를 표현할 기회가 적을 때는 불행감을 느낀다.

이와 관련하여 Super(1980)는 개인의 발달 단계와 역할을 생애진로 무지개(life-career rainbow)로 표현하고 있는데, 생애 공간(life space)은 일생을 통해 수행하는 여러 가지 역할을 가리키고, 생애주기(life span)는 연령에 따른 발달단계를 말한다. 개인은 이 두 가지 축의 교차 지점 어딘가에서 살아가고 있으며 내담자는 생애진로 무지개를 통해 자신이 현재 수행하고 있는 다양한 역할을 확인할 수 있다.

(2) 진로발달 단계

Super(1957)는 진로발달 과정을 크게 다섯 단계로 구분하였다. 그리고 각 단계마다 세부 단계를 설정하였다.

① 성장기(growth stage, 0~14세)

이 기간에는 자아(self)에 대한 지각이 생겨나고, 가정과 학교에서의 주요 인물과 동일시함으로써 자기 자신과 직업세계에 대한 기본적인 이해를 발달시킨다. 성장기의 초기에는 직업에 대한 환상으로부터 시작하여 점차 성장함에 따라 가정, 학교, 부모, 또래관계 등을 통해 환경을 탐색하고 일과 자신에 대한 흥미와 능력에 대한 정보를 얻게 된다. 그리고 이러한 과정을 통해 아동은 환경에 대한 통제감과 의사결정 능력을 키우게 되고 미래를 계획하는 것이 중요하다는 것을 인식하게 되며, 현재의 행동이 미래의 결과에 영향을 미친다는 것을 깨닫게 된다.

② **탐색기**(exploration stage, 15~24세)

이 시기는 미래에 대한 계획이 진로발달 과정에서 중요한 과제가 된다. 학교생활, 여가활동, 시간제 일 등을 통해 자아검증, 역할시행, 직업 탐색을 하게 된다. 이 단계에서는 점차 진로 선택에 자신의 욕구, 흥미, 능력, 가치, 취업기회 등을 고려하기 시작하며, 잠정적인 진로를 선택하고 그것을 상상, 토의, 일, 기타 경험을 통해서 시행해 본다. 이를테면 취업을 하거나 취업에 필요한 훈련이나 교육을 받으며 자신의 자아개념을 실천하려고 노력함에 따라 현실적 요인을 중요시하게 되고, 자신에게 적합해 보이는 직업을 선택해 구체적인 직무를 수행하게 된다.

③ **확립기**(establishment stage, 25~44세)

이 시기에는 자신에게 적합한 분야를 발견하고 거기에서 영구적인 위치를 확보하기 위해 노력한다. 그러나 이러한 과정 중에도 개인은 자신의 직업선택에 회의를 느끼거나 다른 직업을 선택해야 하는 상황이 발생할 수도 있다. 만약 그러한 일이 발생하면 전 단계인 탐색기로의 재순환이 시작되고 이를 통해 보다 적절한 직업선택이 이루어질 수 있다.

④ **유지기**(maintenance stage, 45~65세)

이 시기에는 정해진 직업에 정착해 그것을 유지하기 위한 노력을 한다. 이때 개인은 자신의 기술을 갱신하거나 지속적으로 직무능력을 향상시키면서 혁신적인 방법으로 새로운 기술을 체득해야 한다. 그동안 유지해 왔던 직업에 머물지만 자신의 기술을 갱신하지 않는 근로자는 종종 낮은 수행을 보이거나 자신의 일에서 뒤처지게 된다.

⑤ **은퇴기**(decline stage, 65세 이후)

신체적 · 정신적 힘이 약해짐에 따라 직업 전선에서 은퇴하여 다른 활동을 찾게 된다. 이때 개인은 은퇴 준비에 관심을 갖게 되고, 그에 따른 은퇴 생활과 관련된 진로발달 과업이 존재한다. 이 시기에 개인은 직업 활동보다 자신의 은퇴 관련 활동에 보다 많은 관심을 갖게 된다.

(3) C-DAC Model

Super는 자신의 이론적 개념을 진로상담의 실제에 적용시키는 데 관심을 갖고 동료들과 함께 진로발달 평가 및 상담(Career Development Assessment and Counseling: C-DAC) 모형을 제안하였다.

Super, Savickas와 Super(1996)에 따르면, C-DAC은 내담자의 진로문제와 내담자에 대한 자료 검토에 초점을 맞추어 상담을 시작한다. 그다음에 네 개의 평가 단계를 거치는데, 첫 번째 단계는 다른 생애역할과 관련하여 직업인 역할의 중요성을 평가하는 것이다. 두 번째 단계에서는 내담자의 현재 진로단계 및 진로문제를 살펴본 후, 내담자의 선택 가능한 자원을 확인할 뿐만 아니라 내담자가 지닌 자원이 직업 세계에 적합한지를 평가한다. 세 번째 단계에서는 내담자의 흥미, 적성 그리고 가치를 평가한다. 마지막 단계는 질적 평가 절차를 사용하여 내담자의 자아개념과 생애 주제를 평가하는 것에 초점을 맞춘다.

특히 가장 중요한 C-DAC의 마지막 단계에서는 평가와 면접 자료를 의미 있는 전체로 통합해야 한다. 이 마지막 단계는 면접 자료와 평가 자료를 하나의 이야기로 통합하는 것인데, 내담자의 직업 정체성, 진로과업, 자아개념, 대처 자원들, 특정 발달과제가 주어지는 여러 생애역할의 맥락 속의 위치가 사실적이고 신중하게 이야기 안에서 묘사된다. 그리고 이 이야기를 내담자의 진로문제와 비교해 보는 것을 상담의 공식적인 절차로 시작해 내담자와의 협력하에서 내담자의 진로발달을 촉진시키기 위한 상담 계획을 수립할 수 있다.

C-DAC 모형의 가장 중요한 강조점은 내담자가 탐색단계에서 발생하는 문제에 대처하도록 돕는 것이다. 이때 대부분의 사람이 탐색기를 진로발달의 실행 전 단계인 청소년에 한정하여 관련짓는데, 실제 탐색기는 진로방향을 변경하려는 성인뿐만 아니라 자신이 선택했거나 머물고자 하는 진로에서 발전하고자 하는 욕구를 지닌 성인들도 해당될 수 있다는 것을 고려해야 한다(Phillips, 1982).

3) 이론의 평가

Super의 진로발달이론은 진로를 단순한 직업선택이 아닌, 개인의 생애 전반에 걸친 발달적 과정으로 보고 이를 설명한 점에서 진로이론의 패러다임을 확장시킨 공로가 크다. 그러나 이 이론은 강점과 함께 몇 가지 한계점도 지니고 있다. 먼저 이론의 강점을 살펴보기로 한다.

첫째, 생애발달적 관점을 제시하였다. Super는 진로를 일회성 선택이 아닌, 시간의 흐름 속에서 이루어지는 연속적인 발달과정으로 이해하였다. 이를 통해 아동기부터 노년기에 이르기까지 진로를 통합적으로 조망할 수 있게 하였으며, 진로상담의 적용 범위를 확대하였다.

둘째, 자아개념의 중요성을 강조하였다. 진로 선택은 개인의 자아개념과 밀접히 관련된다는 주장으로, 내담자의 자아개념 형성과 진로결정을 연계하는 상담 접근에 이론적 토대를 제공하였다.

셋째, 개인차와 환경 요인의 통합을 시도하였다. 개인의 능력, 흥미, 가치뿐만 아니라 가족, 학교, 사회적 기대 등 환경적 요인을 함께 고려하여 진로 발달을 이해하고자 하였다. 이는 진로상담의 다차원적 개입을 가능하게 한다.

넷째, 실제 상담에의 적용이 용이하다. 발달단계에 따른 진로 과업 개념은 상담자가 내담자의 발달 수준을 고려하여 진로개입 전략을 설계하는 데 유용한 틀을 제공한다.

그러나 몇 가지 한계점도 있다. 첫째, 연령 중심의 단계 구분이다. Super는 진로발달을 연령에 따라 명확히 구분된 다섯 단계(성장기, 탐색기, 확립기, 유지기, 쇠퇴기)로 설명하였지만, 실제 개인의 진로 발달은 이러한 연령 기준과 반드시 일치하지 않는다. 현대 사회에서는 진로의 전환이 보다 빈번하고 유동적이기 때문에, 고정된 단계 모델은 유연성이 부족하다는 비판을 받는다.

둘째, 문화적 편향 가능성이다. 이 이론은 미국 중산층 백인 남성의 경험을 바탕으로 개발된 측면이 있어, 성별, 사회경제적 배경, 문화적 다양성을 충분히 반영하지 못했다는 지적이 있다. 특히 여성이나 비전통적 진로 경로를 택한 사람들의 발달 과정을 설명하는 데 한계가 있다.

셋째, 정량적 측정의 어려움이다. 자아개념의 변화나 진로정체감 등의 개념은 정성적인 설명에는 유용하지만, 객관적으로 측정하거나 검증하기 어려운 측면이 있다. 이에 따라 경험적 연구를 통한 엄밀한 검증이 부족하다는 점도 비판받는다.

넷째, 현대 진로환경 반영이 미흡하다는 것이다. 빠르게 변화하는 노동시장과 비정형적 경력 경로(예: 프리랜서, 프로틴 커리어 등)가 일반화되는 오늘날, Super 이론은 이러한 새로운 현상을 설명하고 개입하는 데 다소 한계가 있다.

참고자료

상담사례

1. 사례개요

자동차 마이스터고 2학년 2학기에 재학 중인 한종욱(17세) 학생이 3학년 진급을 앞두고, 진로전담교사를 찾아와 진로상담을 신청하였다. 한 군은 외동아들이며 맞벌이 부모님은 금실이 좋으시고, 가정 형편이 부유하지는 않으나 진학을 선택한다 해도 큰 어려움이 없는 상황이다. 한종욱 학생은 졸업을 하고 곧바로 취업할 생각이나 일단 취업을 한 후에 꼭 필요하거나 스스로 원하게 된다면 그때 진학을 하겠다는 생각을 가지고 있다. 그런데 아직 구체적으로 어떤 직업을 가져야 할지 막막한 상태에서 졸업반 진급을 앞두고 고민이 많다. 1학년 때는 단순하게 자동차 관련 산업 쪽에 어떤 분야라도 취직이 되겠지 하였고, 나름대로 학교생활을 충실하게 하다 보면 자연스럽게 하고 싶은 직업을 찾게 될 것이라고 생각하였다. 그러나 시간이 지나도 여전히 명확한 목표도 없이 졸업이 1년 앞으로 다가왔다고 생각하니 조바심이 든다.

2. 상담과정

1) 1단계: 문제 진단

특성요인이론을 토대로 볼 때, 한종욱 군의 문제는 '진로 무선택'의 범주로 파악되었다. 무엇보다 자신의 선택의사를 표현하지 못하고 있고 선택한 직업분야도 없으며 무엇을 원하는지조차 잘 모르고 있는 상태였기 때문이다.

2) 2단계: 상담목표 설정

상담에서 다루어질 수 있는 여러 목표 중에서도 먼저 자신의 특성을 파악하고 수용하도록 이끌며 스스로 자신의 가능성을 확인하고 활용할 수 있게 돕는 것, 직업선택을 위해 자신과 직업에 대한 정보를 수집하고 분석해서 자신의 특성이나 직업시장의 요건 등 외부조건을 충분히 고려하여 합리적인 결정을 내리는 것을 목표로 세웠다.

3) 3단계: 상담절차

(1) 분석

한종욱 군의 흥미(RS), 적성(기계 조작력이 가장 뛰어남), 성격(솔직하면서도 대인관계가 원만함), 가치관(안전성과 균형된 삶의 양식 추구형) 등의 다양한 자료를 관찰과 면담, 진로심리검사, 진로가계도 작성 등의 방법으로 파악하였다.

(2) 종합

수집된 정보들을 분석한 결과를 토대로 볼 때, 한종욱 군의 장점은 기계를 능숙하게 조작하며 실제로 수리나 조립과 관련된 작업에 관심도 많고 나름대로 자신감이 있다는 것이었다. 또, 사람들과 조화롭게 일을 해내거나 타인이 부탁하지 않아도 먼저 적절한 도움을 주려는 면이 강했다. 반면, 너무 솔직하고, 영업과 같은 활동적 일은 잘 맞지 않으며, 새롭게 도전하는 것을 꺼려하는 면이 있었다. 또한 누군가 주도하면 따르는 편이라 먼저 나서거나 리드하는 활동은 부담을 느끼는 면이 있음을 파악할 수 있었다.

(3) 진단

분석된 결과를 토대로 한종욱 군이 가진 문제의 특성과 원인을 객관적으로 파악해 보면, 한종욱 군의 진로와 관련된 선택은 학교에서 배우는 부분이나 본인의 기본적인 특성을 볼 때 자동차 분야에서 생산직이나 자동차 수리 센터 등 어느 곳에서도 무난히 적응할 것이라 생각되는 유형이다. 그런데 스스로 의사결정을 주도적으로 내리기 어렵고 어느 쪽의 일이 좀 더 안전하고 일과 삶의 균형이 더 적절할지에 대한 판단이 서지 않는 부분이 가장 큰 애로사항인 것으로 확인되었다. 이로 인해 특별히 문제가 되는 것이 진로 선택이 아니라 하더라도 명확하게 결정을 내리지 못하고 우유부단한 면이 강하며, 이 부분이 지금 당장보다는 이후 지속적인 진로와 관련된 의사결정에서 문제가 될 수 있다는 점을 파악할 수 있었다.

(4) 예측

이전 심리검사 결과를 토대로 추천된 직업들을 중심으로 한종욱 군에게 과제를 주고 한국직업사전, 한국직업정보 등을 직접 검색해서 세 가지의 관심 직업(자동차조립원, 자동차차체수리원, 자동차부품가공원)을 찾고 해당 직업인이 하는 일, 되는 길 등을 중점적으로 탐색해 오는 과제를 주었다. 그리고 이 탐색 결과를 토대로 최적의 직업선택을 할 수 있는 방법을 함께 논의하기로 하였고, 직업별로 각각 어떤 부분이 본인에게 유리하거나 불리한지에 대해, 또 직업의 여러 특성 중 본인에게 가장 중요한 요건이 무엇인지에 대해 미리 정리해서 일주일 뒤 다시 만나기로 하였다(선택 가능한 진로에 대해 구체적인 직업정보를 탐색하고 분석을 통해 성공 여부에 대해 스스로 예측해 볼 수 있도록 함).

(5) 문제해결 및 조력

상담의 마지막 단계로 직업선택의 대안을 대차대조표 방법을 통해 최적의 직업으로 의사결정할 수 있도록 조력해 주었다. 이를테면, 다음 표의 각 직업명에 한종욱 군이 고민했던 직업 대안 세 개를 기록하게 하고 각각 항목별 질문에 대해 본인의 생각을 상, 중, 하(3점, 2점, 1점)로 표기한 후 점수를 합산해 보고 최적 직업의 우선순위를 명확히 파악할 수 있게 해 주었다.

질문사항	직업명		
	A 직업	B 직업	C 직업
나의 흥미에 적합한가?			
나의 적성에 적합한가?			
나의 성격에 적합한가?			
나의 직업가치에 적합한가?			
나의 성적으로 가능한가?			
나의 신체적 조건에 적합한가?			
부모님이 찬성하시는가?			
장래성은 밝은가?			
합계(상 3점, 중 2점, 하 1점)			
종합	최적 직업		

이와 같은 단계를 통해 한종욱 군은 자동차차체수리원을 최우선의 직업으로 선택했고, 이를 위해 해당 직무 수행에 필요한 역량을 자격증 취득이나 교육 이수 등을 통해 더 준비해야 할 필요가 있음을 안내해 주었다.

3. 상담종결

한종욱 군은 상담을 통해 자신에게 가장 적합한 직업이 자신의 개인적 특성과 실제 직업특성을 고려할 때 자동차 업계 내에서도 자동차차체수리원이라는 명확한 취업 목표를 갖게 되었고, 이를 위해 구체적으로 어떤 부분들을 준비해야 할지에 대한 계획을 세울 수 있게 되었다.

혹시 추가적인 정보나 입사 가능한 회사 등의 정보가 필요한 경우가 있다면 추후 도움 제공이 가능하다는 점을 확인해 주고, 이 외에도 추가적인 도움이 필요할 경우 다시 연락하기로 하였다. 진로전담교사도 직업 대안 변경 필요성이 있을 경우 재상담을 시도할 생각을 하고 있다.

참고문헌

김지연, 고홍월, 김영화, 이혜은, 인효연(2022). **학교 상담자를 위한 진로상담의 이론과 실제**. 서울: 학지사.

정철영, 임정훈, 이승엽, 이영광, 임소현, 임한려, 이유우, 박선영, 최로미, 조은혜(2023). **진로교육 개론**. 서울: 학지사.

Amatea, E. S. (1984). Contribution from theories. In H. M. Burck & R. C. Reardon (Eds.), *Career development intervention*. Springfield, Illinois: Charles C. Thomas.

Campbell, D. P., & Borgen, F. H. (1999). Holland's theory and the development of interest inventories. *Journal of Vocational Behavior, 55*(1), 86-101.

Ghiselli, E. E. (1973). The validity of aptitude tests in personnel selection. *Personnel Psychology, 26*, 461-477.

Holland, J. L. (1985). *Making vocational choice: A theory of vocational personalities and work environment*. Englewood Cliffs, NJ: Prentice-Hall.

Holland, J. L. (1992). *Making vocational choice: A theory of vocational personalities and work environment* (2nd ed.). Odessa, FL: Psychological Assessment Resources.

Klein, K. L., & Wiener, Y. (1977). Interest congruency as a moderator of the relationship between job tenure and job satisfaction and mental health. *Journal of Vocational Behavior, 10*(1), 91-98.

Mitchell, L. K., & Krumboltz, J. D. (1990). Social learning approach to career decision making: Krumbolt's theory. In D. Brown, et al. (Eds.), *Career choice and development: Applying contemporary theories to practice* (2nd ed.). San Francisco: Jossey-Bass.

Osipow, S. H. (1972). Success and preference: A replication and extension. *Journal of Applied Psychology, 56*(2), 179-180.

Osipow, S. H. (1983). *Theories of career development* (3rd ed.). Englewood Cliffs, NJ: Prentice-Hall.

Osipow, S. H., & Fitzgerald, L. F. (1996). *Theories of career development* (4th ed.). Boston: Allyn and Bacon.

Parsons, F. (1909). *Choosing a vocation*. Boston: Houghton Mifflin Company.

Phillips, S. D. (1982). Career exploration in adulthood. *Journal of Vacational Behavior, 20*(2), 129-140.

Strong, S. R., & Schmidt, L. D. (1970). Expertness and influence in counseling. *Journal of Counseling Psychology, 17*(2), 81-87.

Super, D. E. (1957). *The psychology of careers*. New York: Harper & Row.

Super, D. E. (1980). A life-span, life-space approach to career development. *Journal of*

Vocational Behaviour, 16(3), 282-298.

Super, D. E., Savickas, M. L., & Super, C. M. (1996). The life-span, life-space approach to career. In D. Brown, L. Brooks, & Associates (Eds.), *Career choice and development* (3rd ed.). San Francisco: Jossey-Bass.

Williamson, E. G. (1939). *How to counsel students.* New York: McGraw-Hill.

제3장

현대적 진로상담 이론

삶은 하나의 기회이며, 아름다움이고, 놀이이다.
그것을 붙잡고, 감상하고, 누리는 것은 우리 자신에게 달린 일이다.
세상이 보여 주는 최상의 것을 배우는 일은 우리 자신의 몫이다.
살아가는 데는 두 가지 방법이 있다.
하나는 기적이 존재하지 않는다고 생각하며 사는 것이고,
다른 하나는 모든 것이 기적이라고 생각하며 사는 것이다.
별에 이를 수 없다는 것은 불행이 아니다.
불행한 것은 이를 수 없는 별을 갖고 있지 않다는 것이다.

-류시화, 「인생수업」 서문 중에서-

급변하는 사회 환경과 직업 세계의 복잡성은 기존 진로상담 이론만으로는 개인의 진로 문제를 충분히 설명하거나 해결하기 어렵게 만들었다. 이에 따라 최근 수십 년간 진로상담 분야에서는 보다 유연하고 현실에 부합하는 이론들이 제안되었다. 본 장에서는 이러한 현대적 진로상담 이론들 가운데 상담 현장에서 주목받고 있는 네 가지 주요 이론을 살펴본다. 사회인지 진로이론은 개인의 자기효능감과 결과기대, 목표 설정이 진로 선택과 발달에 미치는 영향을 설명하며, 진로결정 과정에 대한 실질적인 개입 전략을 제시한다. 우연학습이론은 예측 불가능한 사건과 기회를 진로 형성의 중요한 요소로 보고, 개인이 이를 유연하게 받아들이고 활용할 수 있도록 돕는다. 구성주의 진로발달이론은 개인의 진로를 고정된 경로가 아닌 의미 구성의 과정으로 보고, 내러티브 접근을 통해 개인의 삶의 이야기를 중심으로 진로를 이해한다. 마지막으로, 인지적 정보처리이론은 진로결정을 하나의 문제해결 과정으로 간주하며, 정보 활용과 사고 전략을 체계적으로

지도할 수 있는 틀을 제공한다.

1. 사회인지 진로이론

기존의 진로발달이론은 전반적인 진로발달 과정을 잘 설명하고 있음에도 불구하고 상담과정에서 내담자의 구체적인 문제해결에 실제적인 도움을 제공하는 것에 한계가 있었다. 이와 같은 한계점을 보완하기 위하여 진로발달 과정에서의 연령, 학력, 개인이 처한 맥락 등과 같은 변인이 진로탐색과 결정에 미치는 영향을 강조하는 사회인지 진로이론(Social Cognitive Career Theory: SCCT)에 대한 관심이 높아지고 있다. 사회인지 진로이론은 기존의 진로발달이론의 다양한 개념과 내용, 과정을 통합하고 체계화하였으며, 진로결정 변인으로 개인과 맥락, 경험 등의 변인을 포함시켰다(이근매, 양종국, 2015).

사회인지 진로이론은 1981년 여성의 진로발달 및 진로선택을 설명하기 위한 Hackett과 Betz의 연구를 통하여 처음 소개되었다. 그들은 여성들이 자신의 진로대안 영역을 폭넓게 설정하지 못하고 제한을 두는 것에 관심을 가지게 되었고, Bandura가 제안한 자기효능감의 역할에 주목하였다(김혜영, 2014). Lent, Brown과 Hackett(1994)은 Bandura(1986)의 사회인지이론과 Hackett과 Betz(1981)의 진로자기효능감이론을 확대시켜서 개인적이고 맥락적인 요소들이 진로발달에 미치는 영향을 가정하였다. 이후 1994년에 이론모형이 제안되었으며(Lent et al., 1994), 1996년에는 진로상담 분야에까지 확장되었다.

1) 이론의 주요 내용

개인의 진로선택이 개인의 타고난 성향과 환경 간의 상호작용의 결과로 보는 전통적인 진로발달이론에 비해 사회인지 진로이론은 자기효능감이라는 개념을 도입하여 진로발달과 선택에서 진로와 관련된 자신에 대한 평가 및 믿음의 인지적 측면의 역할을 강조하였다. 사회인지 진로이론은 신념을 이끌어 내는 학습과정과 신념이 진로의사결정 과정과 진로준비 행동을 이끌어 내는 데 미치는 영향을 밝히고자 하였다. 이 과정에서 또 다른 인지적 측면의 변인으로 인지적 학습이론에 근거를 둔 결과기대와 개인적 목표의 개념을 도입하였다. 이처럼 사회인지 진로이론의 경우 개인은 세 가지 중심적인 변인인 자기효능감, 결과기대, 개인적 목표가 상호작용하여 스스로 자신의 진로 행동의 방향을 결정한다고 제안하였다(김봉환 외, 2010). 즉, 목표는 자기효능감의 발달에 영향을 미치고, 자기효능감과 결과기대는 개인으로 하여금 자신의 목표를 선택하게 하며, 그 목표를 달성하기 위한 행동에 영향을 준다는 것이다.

(1) 자기효능감

Bandura의 사회학습이론에 기반을 둔 자기효능감(self-efficacy)이란 계획된 일을 수행하기 위해 요구되는 여러 가지 행동을 조직하고 실행하는 능력에 대한 개인의 신념을 의미한다(Bandura, 1986). 자기효능감은 수동적이고 정적인 특성이 아니며, 구체적인 수행 영역과 관련된 역동적인 자기신념으로 과제수행에 대한 자신감이라고 할 수 있다. 자기효능감의 정도는 과거의 과제수행 경험과 성취도, 대리 학습, 언어적 설득, 정서-생리적 경험에 의해 영향을 받는다. 즉, 자기효능감은 학습을 통해 획득되는 신념으로, 특정 영역에 대한 자기효능감이 높으면 계속해서 그 영역에 몰두하고 성공할 가능성이 높아진다(황매향 외, 2013).

(2) 결과기대

결과기대는 특정 행동을 수행함으로써 얻어질 결과에 대한 개인적인 예측을 의미한다(Bandura, 1986). 자기효능감이 개인의 능력('나는 이것을 할 수 있을까?')과 관련된 믿음인 반면, 결과기대는 능력과 상관없이 자신이 어떤 과업을 수행하였을 때 자신과 타인에게 일어날 결과에 대한 믿음이다('만약 내가 이것을 해낸다면 어떻게 될까?'). 결과기대는 다양한 학습경험을 통하여 얻어지며, 자기효능감과 함께 행동결정에 중요한 역할을 한다. 결과기대는 인지적 요인으로 내담자는 진로행동을 통한 직접경험, 주변 사람들의 성과에 대한 관찰, 매스컴이나 사회적 인식 등을 참고로 하여 특정 진로에 대한 성과를 예측하고, 이를 자신의 진로선택에 반영한다(황매향 외, 2013).

(3) 개인적 목표

개인적 목표는 어떤 특정한 행동에 몰두하려는 결심이나 미래의 성과에 영향을 미치려는 결심으로 정의된다(Bandura, 1986). 개인은 미래의 행동을 조직, 유도하고 자신의 행동을 지속하기 위하여 목표를 활용한다. 즉, 목표는 자기조절 행동을 위한 중요한 기제(mechanism)로, 분명하고 확고하게 설정된 목표는 한 개인이 진로개발이나 진로선택

과정에서 겪게 되는 복잡하고 장기적인 어려움과 고난을 극복하고 지속적으로 몰입할 수 있도록 한다. 따라서 개인적 목표가 구체적일수록 의지와 신념도 강하고, 실질적인 노력을 더 많이 기울이게 된다(이현림 외, 2013).

(4) 환경적 요인

사회인지 진로이론은 Bandura가 사회인지이론에서 제안한 개념들 이외에도 개인이 선택하거나 통제할 수 없는 환경적 요인이 개인의 진로발달과 선택에 미치는 영향에 대하여 주목하였으며, 다양한 개인변인과 환경변인을 포함하고 있다(이현림 외, 2013).

개인의 진로흥미나 선택에 영향을 미치는 중요한 개인변인으로 성(gender), 민족, 인종, 신체적 건강 또는 장애, 유전적 재능 등이 있다. 개인변인은 독립적으로 진로흥미나 선택에 영향을 미치기보다는 사회문화적 환경과의 상호작용에 의하여 개인의 경험을 형성하는 것으로 보았다. 성과 사회문화적 환경의 상호작용이 개인의 진로발달에 영향을 미치는 과정을 설명한 좋은 예가 바로 성역할 사회화이다(김봉환 외, 2010).

또한 환경변인을 크게 근접맥락과 배경맥락으로 나누어 설명하고 있다. 이 두 개념은 상대적인 개념으로서 명확하게 구별하기는 어렵지만, 근접맥락 요인은 비교적 진로선택의 시점에 직접적으로 작용하는 환경적 요인이다(이현림 외, 2013). 특정 진로를 추구할 수 있도록 가족이나 친지가 제공하는 재정적 또는 정서적 지지, 당시의 경제적 상황 및 사회적 진로장벽 등이 이에 해당된다. 반면, 배경맥락 요인은 보다 거시적이고 역사적인 변인으로, 개인의 진로개발 과정에서 그가 소속된 가족, 사회, 문화에 의해 사회적 기능을 익히고 역할을 내면화하는 과정에서 자기효능감, 결과기대 등의 영향을 받게 되고 결국 그에 기초해서 직업흥미를 형성하게 된다.

(5) 진로장벽

개인이 가지고 있는 진로흥미가 진로목표나 실천으로 이어지는 것을 어렵게 만드는 근접맥락을 설명하기 위한 개념이 진로장벽(career barrier)이다. 진로장벽은 개인이 자신의 진로를 선택하고 실행해 가는 전반적 과정에서 진로목표 실현을 방해하거나 걸림돌로 작용하는 개인 내적 장벽과 개인 외적 장벽을 의미한다(박미애, 2013). 사회인지 진로이론의 출발점이 여성의 진로선택 및 진로실행 과정이 제한적일 수밖에 없는 독특한 요인을 확인하는 것에서부터 시작되었는데, 처음으로 발견된 진로장벽은 성역할로, 이는 여성의 능력과 성취 간의 차이를 설명하는 요인으로 가정되었다. 사회인지 진로이론에서는 환경적 요인 중 근접맥락상의 방해요인으로 진로장벽을 가정하였다. 따라서 내담자로 하여금 진로장벽을 극복하도록 조력하거나 진로장벽에 대한 인식을 낮추도록 돕는 것을 진로상담의 중요한 목표로 상정해야 함을 강조하였다.

(6) 진로행동 모형

사회인지 진로이론을 기반으로 실시되는 진로상담은 현실에 근거하여 자기효능감, 결과기대, 개인적 목표 설정 등의 인지적 요인을 바람직한 방향으로 변화시킬 수 있는 경험을 제공하고, 환경적 변인을 조절하여 선택한 목표를 이루기 위한 구체적인 진로준비행동이 이루어지도록 한다(황매향 외, 2013). 사회인지 진로이론의 주요 변인인 자기효능감, 결과기대, 목표, 개인변인, 환경변인이 진로와 관련된 흥미, 선택, 수행 과정에 어떤 영향을 미치는지를 설명하고자 진로발달과 관련하여 흥미발달모형, 선택모형, 수행모형 등의 세 가지 모형을 제시하고 있다.

① 흥미발달모형

흥미는 진로상담의 실제에서 매우 중요한 개인특성 중의 하나로 개인의 진로를 결정하는 중요한 요인으로 간주된다. 사회인지 진로이론의 흥미발달모형은 자기효능감과 결과기대가 개인의 직업 흥미에 지접적인 영향을 미치며, 이를 예측할 수 있다고 본다. 사람은 자신이 할 수 있는 능력이 있다고 생각되며 수행의 결과가 가치 있을 것이라고 기대되는 활동에 대해 흥미를 지속적으로 유지하는 반면, 자기효능감이 부족하거나 중립적 또는 부정적인 결과가 기대되는 활동에 대해서는 점점 흥미가 낮아지는 경향이 있다. 다시 말해 한 개인의 자기효능감과 결과기대는 흥미를 예언하고, 흥미는 목표를 예언하며,

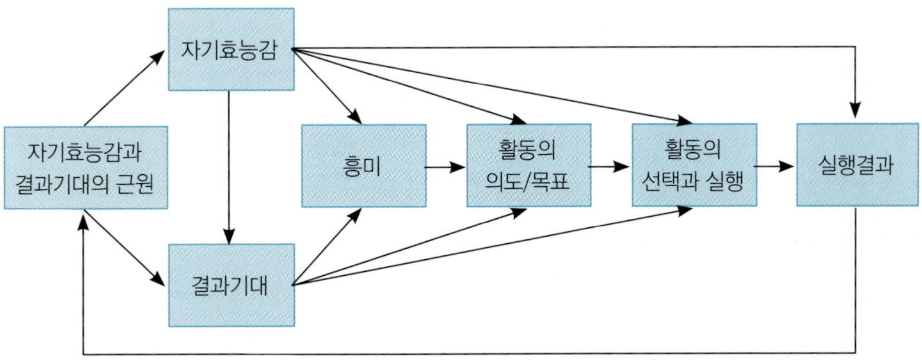

[그림 3-1] **사회인지 진로이론의 흥미발달모형**(Lent, Brown, & Hackett, 2002)

목표는 활동의 선택과 실행을 불러옴으로써 실행결과로 이어진다는 것이다(김봉환 외, 2018). 즉, 흥미는 활동과 관련한 특정 목표를 증진시키며, 이러한 목표들은 실제로 활동 가능성을 높인다. 활동 실행을 통한 달성(트로피, 성적, 자기만족 등)은 중요한 피드백 고리를 형성함으로써 자기효능감을 굳건하게 하고 재형성을 도움으로써 흥미와 기대가 생겨나게 된다(강재태, 배종훈, 강대구, 2003).

② 선택모형

사회인지 진로이론의 선택모형은 진로 및 학업과 관련된 선택과정을 다루는 모형이다. 이 모형에 따르면, 한 개인이 진로선택을 할 때 개인적 배경, 환경적 배경, 학습경험, 자기효능감, 결과기대가 흥미발달과 목표 및 활동의 선택, 성취 결과에 직간접적으로 영향을 미친다고 보았다. 진로선택 장면은 여러 가지의 진로 관련 흥미들 가운데 주된 목표를 선택하여 표현하며, 선택한 목표를 달성하기 위한 활동 그리고 성취를 이루어 내는 것의 세 가지로 나눌 수 있고, 이는 다시 피드백되어 미래 진로 행동을 형성해 나간다(Lent et al., 1994). 선택모형의 경우 내담자는 각자 특정한 개인적 배경과 환경적 상황에서 성장하며, 내담자의 진로발달 과정에 여러 변인이 영향을 미친다는 것을 나타내 주고 있다. 내담자의 개인적 변인과 환경적 변인은 내담자에게 다양한 활동과 경험을 하게 하고, 긍정적이거나 부정적인 강화로 자기효능감과 결과기대의 수준을 결정하게 한다. 개인의 결정된 자기효능감과 결과기대는 내담자의 흥미에 영향을 주며, 흥미는 목표선택

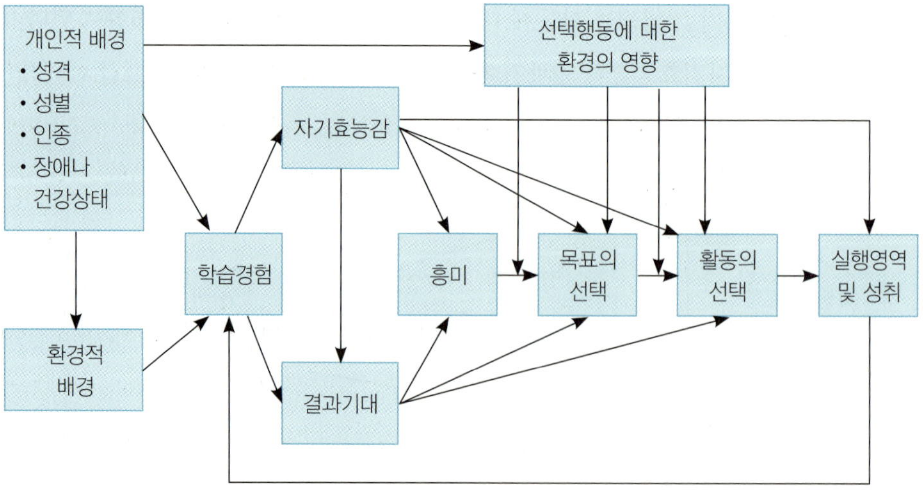

[그림 3-2] 사회인지 진로이론의 선택모형(Lent et al., 2002)

에, 목표선택은 행동계획과 실천, 수행수준에 영향을 미친다. 수행수준은 다시 내담자의 자기효능감과 결과기대 및 목표 강화에 영향을 준다.

③ 수행모형

사회인지 진로이론에서는 개인이 선택한 목표를 추구함에 있어서 지속력과 수행수준을 예측할 수 있는 수행모형을 제안하고 있다. 이 모형은 개인의 수행수준과 수행의 지속성을 설명하기 위해 능력, 자기효능감, 결과기대 그리고 목표라는 요인을 포함한다. 수행모형에서는 개인의 이전 수행 성취도가 자기효능감과 결과기대에 영향을 미치며, 이는 곧 수행목표에 그리고 최종적으로 성취수준에 영향을 미친다고 가정한다. 즉, 내담자의 과거 수행이 자기효능감과 미래 행동의 결과에 대한 기대에 영향을 미친다는 것이다(김봉환 외, 2018).

앞서 살펴본 사회인지 진로이론의 세 가지 모형 중에서 흥미모형과 선택모형은 개인이 일하고 싶은 영역이나 구체적인 직업과 같은 진로선택의 내용을 포함하는 반면, 수행모형은 개인이 이미 선택한 영역을 추구하는 수행의 수준을 예측할 수 있는 모형이다.

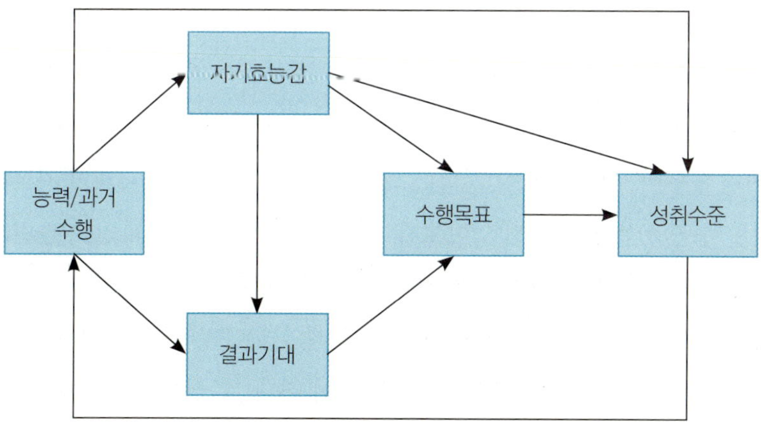

[그림 3-3] 사회인지 진로이론의 수행모형(Lent et al., 2002)

2) 이론의 적용

다른 진로상담과 마찬가지로 사회인지 진로이론을 적용한 진로상담의 최종 목표도 내담자로 하여금 자신의 적성, 흥미, 능력 그리고 가치관 등에 적합한 직업을 선택하도록 조력하는 것이다. 그러나 기존의 전통적 진로상담과 달리 사회인지 진로이론에서는 내담자의 낮은 자기효능감이나 잘못된 결과기대로 인하여 고려 대상에서 제외시킨 진로대안들까지 확장하여 내담자에게 적합한 가능성을 탐색하도록 안내한다. 또한 사회인지 진로이론이 추구하는 진로상담의 모형은 내담자가 자신의 부적절한 자기효능감을 발견하고, 잘못된 진로결정의 원인이 될 수 있는 결과에 대한 비현실적인 기대를 확인하도록 조력한다.

사회인지 진로이론의 상담모형이 제안하는 세 가지 기본 지침은 다음과 같다(Brown & Lent, 1996). 첫째, 내담자가 비현실적이라고 느꼈거나 부적절한 자기효능감 또는 결과기대로 인하여 제외한 진로대안들에 대해서 확인하여야 한다. 둘째, 내담자가 자신의 가능한 진로를 지나치게 서둘러 제외하게 만든 진로장벽에 대하여 확인하고 평가하여야 한다. 셋째, 내담자의 잘못된 직업정보와 부적절한 자기효능감을 수정하여야 한다.

이와 같이 사회인지 진로이론에서는 진로상담의 목표를 달성하기 위해서 제외된 진로대안의 확인, 진로장벽 지각에 대한 분석, 자기효능감 변화 촉진 등의 주요 과정을 거치게 된다. 상담자는 이 과정을 통하여 내담자의 자기효능감을 향상시키고, 내담자가 긍정적이고 현실적인 결과기대를 가지고 진로목표를 수립할 수 있도록 조력할 수 있다.

사회인지 진로이론을 근거로 한 진로상담의 실제 적용은 다음과 같다(Gysbers, Heppner, & Johnston, 2014). 첫째, 상담자는 내담자가 자신의 현재 진로 상태를 형성하는 데 도움이 되었던 특별한 학습경험과 학습과정의 중요성을 검토하도록 도와야 한다. 둘째, 내담자의 이전 학습이 진로계획에 대한 자기효능감 또는 내담자의 자기 확신을 형성하는 데 어떤 도움이 되었으며, 이 경험이 내담자의 결과기대와 궁극적인 진로흥미를 어떻게 형성할 수 있었는가에 대해 알아보아야 한다. 셋째, 내담자의 진로 관련 자기효능감이 어떻게 발달해 왔으며, 그 발달과정에서 어떤 장벽을 경험했는지를 검토하는 것이 유용하다. 넷째, 내담자가 자기효능감을 형성할 때의 개인적 배경(성, 인종, 성적 지향, 능력, 장애 수준 및 사회 계층 등)을 신중하게 검토해야 한다. 다섯째, 내담자가 과거에 성취했던 수행과 미래 수행 목표에 대한 내담자의 인식을 검토하는 것이 유용한데, 특히 내담자의 자기효능감과 미래 수행수준과 관련하여 결과기대를 검토해야 한다. 여섯째, 사회인지 진로이론에서는 내담자에게 긍정적이고 현실적인 기대를 스스로 검토하도록 돕는 것을 상담자의 중요한 역할로 보았다. 또한 상담자는 내담자가 자신의 기대를 충족시키기 위한 구체적인 목표를 발달시킬 수 있도록 도와야 한다.

3) 이론의 평가

사회인지 진로이론은 진로와 관련된 발달적 · 예방적 그리고 치료적 개입에 매우 유용한 이론으로 평가받고 있다. 이 이론에서는 개인의 진로개발 과정은 생애주기 동안 끊임없이 이루어지며, 이와 같은 과정을 통하여 어떤 특징적인 진로흥미유형이 개발된다고 가정한다. 직업흥미가 청소년기 후기와 성인기 초기에 안정화되는 경향이 있으나, 직업흥미의 변화와 발달은 인생의 어느 시점에서나 가능하다. 특히 개인의 직업 전환, 출산 또는 기술 혁신 등과 같은 환경적 조건의 변화나 삶의 도전을 겪을 때 더 크게 변화될 수 있다. 따라서 이 이론은 내담자의 학문적 흥미, 진로흥미 또는 적성을 최대한 개발시키고, 진로개발 과정에서 예상되는 어려움을 예방하며, 진로선택이나 진로적응에 있어서 뚜렷한 문제점을 가진 내담자를 대상으로 한 상담에서 매우 유용하다(강재태 외, 2003).

사회인지 진로이론은 개인의 진로발달 및 선택과정에서 자기효능감, 결과기대, 개인적 목표 등과 같은 인지적 측면을 강조할 뿐만 아니라 개인이 선택할 수 없는 인구학적 특성을 포함한 개인특성과 그 인구학적 특성으로 인해 개인에게 영향을 미치는 환경적 배경까지 포함해 이론의 범위를 확장해 왔다. 또한 사회인지 진로이론은 개인특성과 환경적 배경에 의해서 내담자에게 의식적 혹은 무의식적으로 내면화된 적절치 못한 자기평가 및 무낭한 환경적 장애를 극복하기 위한 상담자의 채무 및 역할에 대하여도 많은 시사점을 제공하고 있다(김봉환 외, 2010).

이와 더불어 사회인지 진로이론은 다양한 경험적 연구를 통하여 미국의 문화뿐만 아니라 한국의 문화에도 적합성을 인정받은 이론으로서 진로상담 실제에의 적용과 관련하여 시사점이 크다. 특히 치열한 입시 등의 환경과 제한된 경험으로 인해 축소된 한국의 청소년 및 대학생들에게 사회인지 진로이론에서 강조하는 진로 대안 영역의 확대가 중요한 의의를 지닌다. 또한 사회인지 진로이론의 핵심 개념인 자기효능감 향상을 위한 맥락적 변인을 고려할 때, 진로를 선택하는 내담자들에게 자기효능감 향상을 위한 환경 조성에 적합한 부모교육과 교사 교육 프로그램의 개발 및 실시가 이루어져야 한다는 점도 고려할 필요가 있다(한국진로교육학회, 2011).

2. 우연학습이론

앞 장에서 살펴보았던 Krumboltz의 사회학습이론은 1975년 '진로의사결정의 사회학습이론'에서 출발하여, 2008년 이 장에서 다루어지는 '우연학습이론'으로 발전되어 왔다. Krumboltz(1979)는 Bandura 사회학습이론의 상호결정론을 진로의사결정에 적용하여, 내담자의 진로의사결정을 돕기 위해서 이와 관련된 학습에 영향을 미치는 다양한 환경적 요인에 대해 설명하였다. 이후 그 내용을 확장하여 진로선택 사회학습이론으로 발전시켰는데, 진로선택 과정에서 개인과 환경이 상호작용하는 과정에 초점을 두고, 개인이 환경과의 상호작용을 통해 무엇을 학습했는지에 대해 강조하였다. 그 이후 '우연(happenstance)'이라는 개념을 진로에 추가하여 내담자가 획득한 학습의 결과뿐만 아니라 내담자가 적극적으로 학습해 나가는 과정에서 조력해야 하는 상담자의 역할에 대해서도 강조하고 있다(황매향 외, 2013).

1990년을 전후하여 기존의 진로상담 이론에 대한 문제점들이 지적되면서 객관성에 치중하기보다는 개인적이고 주관적인 의미를 포함한 연구방법과 최근 변화하는 사회·경제적 환경에 대해 설명 가능한 이론의 필요성이 제기되어 왔다. 우연적 사건에 대한 조명은 진로결정 과정에서 개인의 흥미나 적성에 초점을 두고 합리적인 매칭을 강조해 온 전통적 진로이론에 대한 비판으로부터 시작되었다. 진로선택과 결정과정에 있어서 우연적 사건의 영향은 예측할 수 없는 사회로 변화할수록 그 비중이 더욱 커지며, 진로결정이 개인의 우연적 사건에 의해 영향을 받는다는 것이 보다 더 현실적이며 설득력을 갖게 된다(송병국, 1999; 오현주, 2012).

1) 이론의 주요 내용

Mitchell, Levin과 Krumboltz(1999)는 사람들이 각자의 삶에서 경험하는 수많은 예상하지 못한 일들에 주목하면서, 모든 사람의 삶에서 자신이 계획하지 않은 사건이 발생될 수밖에 없으며, 그 일로 인하여 받게 되는 긍정적 또는 부정적 영향에 대해 설명하였다. 이 이론에 따르면 개인은 자신의 삶에서 일어나는 새롭고 예상하지 못한 사건들에 대해 반응할 수 있어야 하며, 예기치 못한 사건이 발생하였을 때 자신의 삶을 향상시킬 수 있는 긍정적인 방법으로 반응하는 것이 중요하다는 것이다(오현주, 2012). 즉, 진로개발 과정에서 '우연'의 중요성을 강조하였는데, 개인의 진로에는 개인이 통제하기 어려운 '운'이라는 요인이 있으며, 이것을 자신의 진로에 최대한 유리한 '기회(opportunity)'로 활용할 수 있도록 노력해야 한다(Krumboltz, 2009). 각 개인은 자신의 노력으로 계획되지 않은 사건이 미래에 긍정적 영향을 미치도록 만들 수 있는데, 이를 '계획된 우연(planned happenstance)'이라고 명명하였다.

(1) 우연의 개념

일반적으로 '우연'이란 어떤 사건이 아무런 인과관계 없이 뜻하지 않게 일어날 때 사용하는 말로, 개인이 통제할 수 없는 외부의 영향으로 인해 예기치 않게 일어나는 사건을 의미한다. 사람들은 자신이 미리 의도하거나 계획하지 않았던 일이 발생했을 때나 그러한 일이 발생된 특별한 원인을 찾을 수 없을 때 그 일을 '우연히' 발생했다고 한다(이상희, 신상수, 2012). 즉, '우연적 사건'이란 계획되지 않고, 예상치 못하게 발생하였거나, 또는 상황적이면서 예측할 수 없으며, 때로는 의도하지 않았던 사건들과 관련된 것으로 진로발달과 행동에 영향을 미친다(손은령, 2009; Rojewski, 1999). 진로선택 과정에서 개인이 통제하지 못하는 예기치 않은 사건을 지칭하는 용어로는 우연(happenstance), 계획하지 않은 사건(unplanned events), 기회(chance), 우연적인 사건(chance events), 행운(serendipity) 등이 있다(손은령, 2009).

(2) 진로상담의 기본 가정

한 개인의 진로발달 과정에서 발생되는 예상하지 않았던 일, 즉 '우연'은 그 사람의 진로에 긍정적으로 작용하거나 또는 부정적으로 작용한다(Mitchell et al., 1999). 상담자는

〈표 3-1〉 진로상담의 네 가지 기본 가정

가정 1	진로상담의 목표는 내담자가 하나의 진로의사결정만을 하도록 돕는 것이 아니라 그가 보다 만족스러운 진로와 인생을 선택하여 살아가기 위해 행동하는 것을 배울 수 있도록 돕는 것이다.
가정 2	개인적 특성과 직업 특성을 짝짓기 위해서가 아니라 학습을 촉진하기 위해 진로 관련 심리검사를 활용한다.
가정 3	내담자는 탐색적 활동에 집중하면서 우연히 일어난 일을 유용하게 활용할 수 있다는 점을 알게 된다.
가정 4	상담의 성공 여부는 상담실 밖 현실에서 내담자가 무엇을 이루었는가에 달려 있다.

내담자에게 우연히 발생한 일이 진로개발에 긍정적으로 작용하는 '계획된 우연'을 촉진할 수 있도록 조력해야 한다. 〈표 3-1〉은 Krumboltz가 제안한 진로상담의 기본 가정들인데(김봉환 외, 2018), 이 장에서는 우연학습이론과 특히 관련성이 높은 가정 1과 가정 3에 대해 좀 더 살펴보고자 한다.

▶ 가정 1

대다수의 내담자는 상담자가 자신에게 가장 잘 맞는(이상적인) 일을 찾아 줄 것이라는 기대를 가지고 있는데, 상담자는 이와 같은 내담자의 요청에 대해 다음과 같이 답하라고 제안한다. "만약 내 주머니 속에 당신에게 꼭 맞는 일을 가지고 있다면 지금 바로 꺼내 주겠어요. 그러나 세상일이란 그렇지가 않아요. 당신은 아주 만족할 수 있는 삶을 살고 싶지요? 어떻게 해야 그렇게 할 수 있는지를 제가 가르쳐 드릴게요."(Mitchell et al., 1999)

우연학습이론은 각 개인이 자신의 삶에서 일어나는 우연한 일을 진로에 유리하게 활용하기 위해 도움이 되는 기술을 습득해야 한다고 제안하였다. 이 기술에는 호기심(curiosity), 인내심(persistence), 유연성(flexibility), 낙관성(optimism), 위험감수성(risk taking) 등이 있다. 진로상담자는 내담자가 이와 같은 기술을 발달시킬 수 있도록 조력해야 한다(Mitchell et al., 1999).

▶ 가정 3

모든 진로에서 계획하지 않았던 일은 일상적으로 발생되며 피해 갈 수 없으므로 어떻게든 위험이 따를 수밖에 없다. 이로 인해 실수가 발생하는 것은 어쩔 수 없지만 한편으로는 또 다른 학습의 기회가 된다. 따라서 Krumboltz(2009)는 내담자에게 다양한 활동(예: 새로운 취미를 갖는 것, 인턴십에 지원하는 것, 공동 작업에 참여하는 것, 새로운 사람을 만나기 위해 노력하는 것, 지도자에 자원하는 것 등)에 참여하라고 권유한다(황매향 외, 2013). 즉, 내담자가 진로선택 과정에서 앞에 제시된 다양한 활동에 참여하고, 새로운 인간관계를 형성할 수 있도록 적극적으로 행동하기를 제안한다. 상담자는 누구라도 피할 수 없는 우연한 사건에 대해 잘 준비하고 계획하며, 이전의 실수를 또 다른 학습의 기회로 유용하게 활용하여 인생의 기회로 만들 수 있도록 내담자를 도와주어야 한다.

Krumboltz(2009)는 계획하지 않은 일을 잘 관리하기 위해서 다음의 세 단계를 밟아야 한다고 제안한다(김봉환 외, 2018). 첫째, 예기치 않은 일이 발생되기 이전에 먼저 그것을 경험할 수 있도록 조치를 취한다. 둘째, 그 일이 일어나고 있는 동안에 가능한 기회가 무엇인지를 찾는다. 셋째, 그 일이 지나고 난 뒤 자신에게 유리하게 작용할 수 있도록 활동을 시작한다.

(3) 과제접근 기술

우연학습이론은 예측하기 어려운 직업의 세계를 강조하면서 진로개발 과정에서 우연의 역할과 우연히 찾아오는 기회를 활용하기 위해 필요한 능력을 갖추어야 함을 강조한다(이동혁, 황윤미, 정지희, 2012). 그들은 예상하지 못한 사건에 대처하는 학습전략의 사용을 강조하며 계획된 우연 접근법을 설명하였는데, 이는 넓은 의미로 과제접근 기술(task-approach skill)이다. 즉, 개인은 지속적인 준비와 적극적인 반응을 통해서 우연적 기회를 탐색해 나가야 하며, 진로개발 과정에 이 기회를 활용하기 위하여 다섯 가지 과제접근 기술을 습득해야 한다(Mitchell et al., 1999). 과제접근 기술은 환경에 대처하고 미래를 예견하는 능력으로 학습경험, 유전적 요인, 환경적인 조건이나 사건의 상호작용으로 형성된다(Krumboltz, Mitchell, & Gelatt, 1975). 과제접근 기술은 어떠한 상황에 대처하고 문제를 해결하며 자신의 과업을 성공적으로 수행하고자 동원되는 기술이므로 개인의 진로선택 과정이나 생애진로발달에 중요한 역할을 한다. 진로선택은 어느 한 시점에 국한된 것이 아니고 지속적으로 의사결정을 해 나가는 과정이므로 진로선택 과정에서 과제접근 기술은 반드시 고려되어야 할 요소이다. 이와 같이 진로선택 과정에서 우연하게

〈표 3-2〉 우연학습이론의 과제접근 기술

호기심	새로운 학습기회나 진로를 탐색하고 우연적 사건으로 인하여 생겨난 선택 사항을 추구하는 데 사용하는 기술이다.
인내심	좌절에도 불구하고 노력을 지속하는 것으로, 상황이나 과제를 해결하는 데 흥미를 가지는 것만으로는 한계가 있기 때문에 호기심을 보완하는 기능이다. 자신에게 주어진 과제나 문제 상황을 포기하지 않고 수차례 실수를 반복하더라도 해내는 기술이다.
유연성	태도와 상황을 변화시키는 것으로, 한번 정한 목표와 계획을 추진하는 것도 중요하나, 환경 또는 직업 상황이 변화할 때 이에 맞게 변화하지 못하면 시대에 뒤처지는 결과를 가져온다. 따라서 유연성은 변화하는 상황에 적절하게 대응하는 기술이다.
낙관성	새로운 기회가 올 때 또는 개인이 뜻하지 않은 일을 겪게 되었을 때 그것을 기회로 받아들이고 스스로에게 도움이 될 수 있는 긍정적인 관점으로 볼 수 있도록 하는 기술이다.
위험 감수성	불확실한 결과 앞에서도 행동화하는 것으로, 때로는 계획에 없던 상황이나 문제 발생이 두려울 수 있으므로 이를 극복하며 용기를 가지고 자신의 진로를 개척해 나갈 수 있는 지혜로서의 기술이다.

출처: Mitchell et al. (1999); 오현주(2012).

일어나는 다양한 일을 자신의 진로에 적극적으로 유리하게 만들어 갈 수 있는 능력은 저절로 가지게 되는 것이 아니며 교육하고 가르칠 경우 갖추게 되는 것이다(오현주, 2012). 따라서 이 이론에서는 내담자가 자신의 우연적 기회를 인식하고, 이를 만들어 가며, 활용하기 위해서 다섯 가지 기술인 호기심, 인내심, 유연성, 낙관성 그리고 위험감수성을 개발해야 한다고 주장한다(Mitchell et al., 1999).

2) 이론의 적용

우연학습이론은 개인의 생애에서 '계획된 우연'이 다른 진로 경로를 어떻게 선택하도록 하는가를 설명하고, 그 과정을 가능하게 하는 개인의 능동적 측면을 강조하고 있다. 계획된 우연의 중요한 개념인 탐색과 기술은 진로선택 과정에서 기회를 창출하며 활용하는 데 중요한 역할을 한다. 개인은 성장하면서 자신이 해야 할 일들을 미리 계획하고 결정하기보다는 자신에게 흥미롭고 유익한 여러 가지 다양한 활동에 참여하는 것이 중요하다. 또한 이 이론에서는 내담자에게 원하는 것을 바로 알려 주기보다는 내담자가 스스로의 학습과정을 통해 그 답을 발견하도록 도와주어야 함을 강조하고 있다. 즉, 내담자가 자신의 진로선택 과정에서 대안적인 기회를 탐색하고 새로운 활동 영역에서 성공하는 기술을 학습할 수 있도록 내담자의 학습을 증진시키는 것이 진로상담자의 역할이다(오현주, 2012).

(1) 진로상담자의 역할

우연학습이론에 입각한 진로상담은 전통적인 상담과는 다소 차이를 나타낸다. Krumboltz(2009)는 상담자가 수행할 역할이 다음의 다섯 가지 측면에서 다르다는 것을 주장한다. 첫째, 상담자는 내담자가 자신에게 일어난 계획되지 않은 일들을 자연스러운 일로 받아들일 수 있도록 내담자의 기대를 이끌어 주어야 한다. 둘째, 현재 내담자가 지닌 관심에서 출발하여 내담자의 삶을 만족시킬 수 있는 것이 무엇인지를 찾도록 조력한다. 셋째, 내담자에게 우연히 일어났던 일 중에 도움이 되었던 과거의 경험을 활용하여 내담자를 격려한다. 넷째, 잠재된 기회에 대해 내담자가 보다 잘 인식할 수 있도록 내담자의 감수성을 키워 준다. 다섯째, 내담자의 행동을 방해하는 비합리적 신념을 극복할 수 있도록 조력한다.

(2) 진로상담의 단계

Krumboltz(2009)는 앞서 제시한 진로상담자의 역할을 수행하기 위하여 다음과 같이 네 가지 단계의 상담을 실시할 것을 추천하고 있다(황매향 외, 2013).

▶ 1단계: 계획된 우연을 자연스러운 일로 만들기

무엇보다 상담자는 내담자에게 모든 사람에게 계획되지 않은 일이 영향을 미치며, 특히 그 일을 전후하여 자신이 했던 행동이 큰 영향을 미친다는 사실을 알아차리도록 해야 한다. 따라서 내담자에게 우연히 일어났던 일에 대하여 질문하고, 그 사건을 가능하게 했던, 기여했던, 만들어 냈던 그리고 유용하게 했던 행동이 무엇인지를 구체화한다. 이를 위하여 1단계에서 유용하게 사용할 수 있는 질문들은 다음과 같다.

① 당신의 진로에 계획하지 않은 일이 어떤 영향을 미쳤나요?
② 그 일이 당신에게 어떤 영향을 미쳤나요?
③ 당신은 미래에 일어날 계획되지 않은 일에 대해 어떻게 느끼나요?

▶ 2단계: 호기심을 학습과 탐색의 기회로 바꿀 수 있도록 돕기

내담자는 예기치 않게 발생된 일이 자신의 진로에 대한 탐색의 기회가 될 수도 있다는 관점을 갖는 것이 중요하다. 따라서 상담자는 자신에게 완벽한 직업을 찾아 줄 것이라는 잘못된 기대를 갖는 많은 내담자에게 상담을 통해 학습과 탐색의 기회를 찾을 수 있도록 도와줌으로써 그러한 기대를 재구조화해야 한다. 이를 위하여 2단계에서 유용하게 사용할 수 있는 질문들은 다음과 같다.

① 어떻게 당신의 호기심을 북돋을 수 있나요?
② 기회가 어떻게 당신의 호기심을 불러일으키나요?
③ 당신은 호기심을 키우기 위해서 어떻게 해 보았나요?
④ 호기심이 당신의 진로에 어떠한 시사점을 줄 수 있나요?

▶ 3단계: 바람직한 기회를 만들도록 가르치기

우연적 사건이 발생하는 것은 필연적이라는 것을 내담자에게 가르쳐야 함은 물론이고, 바람직한 우연 사건을 내담자 스스로 만들어 낼 수 있도록 조력하는 것이 중요하다.

예를 들어, 다양한 종류의 사람들과 대화하기, 끊임없이 배우기, 새로운 것을 시도하기, 특정한 활동에 참여하기 등 내담자가 자신에게 계획된 우연적 사건을 적극적으로 만들어야 한다는 사실을 강조해야 한다. 이를 위하여 3단계에서 유용하게 사용할 수 있는 질문들은 다음과 같다.

① 당신이 흥미 있는 직업에 대해 배울 수 있는 기회를 만들고자 어떤 일을 할 수 있나요?
② 그 학과가 당신에게 맞는지 알아보기 위해 어떤 일을 더 해 볼 수 있을까요?
③ 명절 때 가족들이 모인 기회를 활용하여 진로에 대해 더 배울 수 있도록 당신은 무엇을 해 볼 수 있나요?

▶ **4단계: 과제 실천에 방해가 되는 요인을 극복하기**

내담자가 자신의 진로를 찾고 진로준비행동을 실천하는 데 방해가 되는 내·외적인 요인을 찾아내고, 내담자와 그것을 극복하기 위한 방법에 대해 의논하고 알려 주어야 한다. 내담자가 다섯 가지 과제해결기술(호기심, 인내심, 유연성, 낙관성, 위험감수성)을 발휘하는 데 있어 어렵게 만드는 원인은 무엇이며, 이로 인하여 기회를 찾는 것이 방해받고 있는지 또는 새로운 학습을 방해하는 사람은 누구이며 그러한 여건은 무엇인지 등에 대한 탐색이 필요하다. 이를 위하여 4단계에서 유용하게 사용할 수 있는 질문들은 다음과 같다.

① 만약 그 일을 한다면 어떤 어려움이 있을 것 같나요?
② 그 과정을 이수하는 데 어떤 점이 어려웠나요?
③ 그러한 어려움이 얼마나 오래 지속되었나요?
④ 그러한 어려움을 다른 사람들은 어떻게 극복하나요?

3) 이론의 평가

기존의 전통적인 진로상담 이론들은 합리성에 초점을 두었으므로, 우연과 같은 예측할 수 없는 요인들에 대해서는 이를 일종의 오류로 간주하는 경향이 있었다(손은령, 2009; Williams et al., 1998). 그러나 급속하게 변화하고 발전하는 현대사회에서 자신의 미래를 예측하는 것은 불가능하며, 오히려 개인이 변화에 유연하게 동참하고 적응할 수 있는 능력을 퇴보시킬 수도 있다. 따라서 계획성과 합리성을 강조하기보다는 개인이 변화에 민감하게 반응하고, 불확실성과 모호함을 견디면서 새로운 적응적인 반응을 할 수 있도록 이끄는 진로상담이 필요하다(손은령, 2009).

우연학습이론은 이와 같은 진로의 불확실성에 대처할 수 있도록 준비시키는 데 한계점을 지닌 기존의 진로상담의 한계를 보완하였으며, 급변하는 직업세계의 변화 속에서 내담자가 우연적 요소를 인정하고 자신의 삶 속에서 일어나는 우연적 사건들을 유리하게 활용할 수 있는 능력을 강조하였다(오현주, 2012). 즉, 우리가 살아오면서 모르고 지나쳤던 수많은 우연과 기회의 영향을 인식함으로써, 이를 통하여 새로운 기회를 만들려는 개인의 능동성과 적극성에 대한 고무가 필요함을 강조한 이론이다.

우연적 사건은 개인의 진로발달 과정에서 무엇보다 중요한 변수가 될 수 있음에도 불구하고, 기존의 진로상담 이론에서는 '우연'에 대한 개념이 포함되지 않음으로써 대부분의 진로상담이나 지도에 있어서도 '우연'의 요소가 배제되어 왔다. 그러나 Krumboltz를 중심으로 주창된 우연학습이론은 진로결정 및 이행과정에서의 우연이나 기회 활용의 중요성을 강조하고 있다(이상희, 신상수, 2012). 따라서 내담자가 진로선택 과정에서 자신이 계획하지 않은 사건을 배움의 기회로 전환시키고, 예측하기 어려운 다양한 상황 속에서 자신의 진로를 개척해 나갈 수 있는 태도와 능력을 기를 수 있도록 조력하는 것이 바로 진로상담의 목적이다.

3. 구성주의 진로발달이론

21세기 진로상담의 새로운 패러다임은 개인을 맥락 안에서 이해하고 맥락과 개인의 지속적인 통합과정을 강조하고 있는데(Savickas, 2009), 진로상담과 진로연구 분야의 대안적 접근 중의 하나로 부상하고 있는 것이 바로 구성주의 관점이다(McMahon & Patton, 2002). 구성주의 진로발달이론은 Kelly(1955)에 의한 개인구성심리학(psychology of personal constructs), Cochran(1997)에 의해 주도된 이야기치료(narrative approach) 그리고 Savickas(2005)에 의해 발달된 진로구성주의이론(theory of career construction)으로 발전되어 왔다. 여기에서는 세 가지 구성주의 관련 진로이론들 가운데 Savickas의 구성주의 진로발달이론을 중심으로 살펴보고자 한다.

Savickas가 주창한 구성주의 진로발달이론은 Super의 진로발달이론을 발전시킨 것으로, 사회구성주의를 메타이론으로 삼아 Super의 진로발달이론의 주요 개념을 재개념화함으로써 현대적인 진로시각으로 재구성된 이론이다(이현림 외, 2013).

1) 이론의 주요 내용

구성주의 진로발달이론은 한 개인의 진로가 어떻게 형성되는가를 '개인적 구성주의(personal constructivism)'와 '사회적 구성주의(social constructivism)'를 통하여 설명하는 이론이다. 즉, 개인적 구성주의 관점에서 개인은 실재(reality) 자체를 만들어 형성하는 것이 아니라 진로와 관련된 경험에 개인적인 의미를 부여함으로써 실재에 대한 표상(representation)을 구성한다고 본다. 개인은 진로 형성에 자신의 경험, 기억 또는 미래에 대한 희망 등에 개인적인 의미를 부여하게 되고, 그렇게 형성된 주관적인 진로는 관련 행동을 이끌어 내게 된다(황매향 외, 2013). 반면, 사회적 구성주의 관점에서는 진로발달을 개인 내적 구조의 성숙보다는 환경에 적응하는 과정을 통해 이루어진다고 본다(김봉환 외, 2018). 그러므로 진로발달은 시간의 경과에 따라 저절로 이루어지는 것이 아니라 개인이 이를 구성해 가는 것이다.

(1) 기본 가정

구성주의 진로발달이론의 특성은 16가지 가정을 통하여 보다 구체적으로 표현되며, 그 가정들은 다음과 같다.

① 사회는 사회적 역할을 통해 개인의 삶의 과정을 구성한다.
② 직업은 핵심적인 역할을 부여하고 성격 조직의 중심이 된다.
③ 개인의 진로유형(직업 지위, 직업의 순서, 지속 기간, 변경 빈도 등)은 부모의 사회경제적 지위와 교육수준, 능력, 성격, 자아개념, 기회에 대한 적응 능력에 달려 있다.
④ 능력, 성격, 자아개념 등 직업 관련 특성에서 개인차가 존재한다.
⑤ 각 직업이 요구하는 직업 관련 특성은 서로 다르다.
⑥ 사람들은 다양한 직업을 가질 자질을 가지고 있다.
⑦ 일에서의 역할이 자신의 탁월한 직업 관련 특성과 일치하는 정도가 직업적 성공을 좌우한다.
⑧ 만족감은 직업적 자아개념의 실현 가능성에 비례한다.

⑨ 진로구성 과정이란 직업적 자아개념의 발달 및 실현의 과정이다.
⑩ 자아개념과 직업적 선호는 계속 변한다.
⑪ 진로는 성장, 탐색, 확립, 유지, 쇠퇴의 과정을 순환한다.
⑫ 전환기에는 성장, 탐색, 확립, 유지, 쇠퇴의 5단계가 반복된다.
⑬ 진로성숙도란 발달과업의 수행 정도로 정의할 수 있다.
⑭ 진로적응도란 발달과업을 수행할 수 있는 준비도와 자원(태도, 신념, 능력)이다.
⑮ 진로구성은 진로발달과업에 의해 시작되고 그 발달과업에 대한 반응으로 완성된다.
⑯ 발달과업은 그것을 설명하는 대화, 적응력 훈련, 자아개념을 명료화하는 활동으로 촉진할 수 있다.

구성주의 진로발달이론은 개인이 자신의 진로관련 행동과 직업적 경험에 의미를 부여하면서 진로를 스스로 구성해 간다는 관점을 취한다. 개인은 이미 존재하는 사실을 발견하는 것이 아니라 보다 적극적인 의미화 과정을 통하여 진로행동을 이끌고 조절하며 유지해야 한다는 것이다(황매향 외, 2013). 구성주의 진로발달이론의 주요개념으로는 직업적 성격, 생애주제, 진로적응도 등의 세 가지가 있다.

(2) 직업적 성격

직업적 성격(vocational personality)은 진로와 관련된 개인의 능력, 욕구, 가치 및 흥미 등을 의미한다. 구성주의이론도 개인은 각자의 독특한 특성이 있으며, 이 특성은 다시 성격과 관련되어 있고 개인의 성격유형은 직업 특성과 연결될 수 있다고 주장한다. 구성주의 진로발달이론은 개인차를 반영하여 진로를 선택하는 전통적 진로이론을 부인하지는 않으며, 자신의 특성에 맞는 진로를 선택할 수 있도록 내담자를 돕는 과정이 바로 진로상담이라는 것에 동의하고 있다.

그러나 개인차에 대한 관점 및 개인차에 적합한 진로 대안을 찾아가는 과정에 대해서는 차이를 나타내는데, 표준화된 직업흥미검사의 결과를 내담자의 '진짜' 흥미로 해석하기보다는 하나의 가능성으로 보고 가설을 설정하는 데 활용한다(김봉환 외, 2018; Savickas, 2005). 또한 구성주의이론에서는 진로상담 과정에서 내담자의 특성과 직업세계의 특성을 간결하게 표현해 주는 Holland의 RIASEC 모형을 활용한다. 그러나 Holland 이론의 주장을 그대로 따르기보다는 성격과 직업의 연결을 주관적인 것으로 가정하고, 개인이 특정한 진로행동을 나타내는 이유와 이런 진로행동이 생애주제로 표현되는 방법을 이해하고자 한다(이동혁, 황매향, 임은미 역, 2013).

(3) 생애주제

각 개인은 자신이 겪어 온 독특한 경험으로 인하여 하나 또는 그 이상의 생애주제(life theme)를 갖게 되는데, 이와 같은 주제는 해결되어야 할 문제를 나타내기도 하고, 달성해야 할 가치를 보여 주기도 한다. 생애주제는 진로를 선택하고 유지하는 것이 자신의 자아개념과 잠재력을 실현하고 자기존중감을 유지하기 위한 노력이라는 Super의 가정을 근거로 한 개념이다(황매향 외, 2013; Savickas, 2005).

각 개인은 자신의 자아개념에 어울리는 직업을 선택하게 되고, 자신의 생애진로주제에 부응하는 진로 관련 행동을 하게 된다. 각 개인은 자기만의 생애주제를 가지고 있으며, 자신의 고유한 생애주제를 활용하여 의미 있는 직업선택을 하고 그 역할에 적응해 나간다. 생애주제를 담고 있는 개인의 진로 관련 경험담이 '진로이야기(career stories)'이며, 내담자의 여러 가지 진로이야기를 통합하여 생애주제를 찾아 나가는 과정이 바로 진로구성주의 상담과정이다. 내담자가 자신의 생애주제에 대해 이해하는 것은 일에 대한 개인적인 의미뿐 아니라 사회적인 의미도 발견할 수 있으며, 일에서 자아개념을 더 잘 실현할 수 있는 방법을 찾는 데 도움이 된다(이현림 외, 2013). 그러므로 상담자의 주된 역할은 내담자가 자신의 생애주제를 발견하고 그것을 직업과 연결시키며 직업에 보다 깊은 의미를 부여하고 사회에 공헌할 수 있도록 돕는 것이다.

(4) 진로적응도

진로적응도(career adaptability)는 특정한 일이 자신에게 맞도록 그 일에 자신을 맞추어 나가는 과정에서 동원되는 개인의 태도, 능력 및 행동을 의미한다. Savickas(2005)는 현대와 같이 복잡하고 변화가 빠른 환경에 적응하기 위해 필요한 요소들 가운데 개인의 적응성을 중요한 요소로 보았다(탁진국, 이은주, 임그린, 2015). 즉, '변화'를 중요한 키워드로 하는 21세기의 고용시장은 안정성이 낮고 새로운 직업의 등장 등 빠르고 복잡하게 변화하고 있기 때문에 환경에 적응하기 위한 융통성과 적응력을 지닌 개인의 태도가 중요하다.

앞서 살펴본 직업적 성격이 진로에서의 구체적 직업 내용을 강조한 개념인 반면, 진로적응도는 자신의 진로를 구성해 나가는 과정에서의 극복 과정을 강조한다. 즉, 직업적 성격이 '어떠한 직업에 관심이 많고 어떤 직무를 가장 잘 수행할 수 있느냐?'와 같은 진로

내용(career content)과 관련이 있다면, 진로적응도는 '어떻게 그 직업을 결정하였고, 적응해 나가는가?'와 같은 진로과정(career process)에 관심을 두는 개념이다(이현림 외, 2013).

구성주의이론에서는 발달과정을 내부 구조의 성숙보다는 환경에의 적응과정으로 개념화한다. 진로적응도는 현재 당면한 진로발달과업, 직업 전환, 마음의 상처 등을 극복하는 데 필요한 개인의 준비도와 자원을 의미하는 심리적 구인이다(Savickas, 2005). 구성주의 진로발달이론의 관점에서 적응적인 개인이란 일하는 사람으로서 자신의 미래에 관심을 두고 직업적 미래에 대한 통제력을 높이고 가능한 자신의 모습과 미래의 일에 대해 호기심을 갖고 자신의 포부를 추구함에 있어 자신감을 키워 나가는 사람이다(황매향 외, 2013).

Savickas는 진로적응도를 발휘하는 데 필요한 진로적응도의 자원과 전략을 네 가지 차원으로 구분하였는데, 관심(concern), 통제(control), 호기심(curiosity), 자신감(confidence)으로 명명하고, 〈표 3-3〉과 같은 모형을 제시하였다. 이 모형에서 '질문'은 사회가 개인에게 촉진하는 질문으로, 그 질문에 잘 대처하지 못했을 때의 반응이 '진로문제'이며, 반대로 그 질문에 잘 대처했을 때의 반응이 '적응차원'이다. 그리고 진로적응도를 구성하는 요소는 태도(attitude), 신념(beliefs), 역량(competencies)으로, 이는 '진로적응도의 ABC'로 불린다. 바로 이 ABC가 발달과업성취, 직업 전환 수행, 마음의 상처 해결 등을 위한 구체적인

〈표 3-3〉 진로적응도의 차원

질문	진로 문제	적응 차원	태도와 신념	역량	대처행동	관계 측면	개입
미래가 있는가?	무관심	관심	계획적인	계획하기	알아차리는 관여하는 준비하는	의존적	방향성을 잡는 활동
누가 내 미래의 주인인가?	미결정	통제	결정적인	결정하기	주장적인 훈육된 의도적인	독립적	의사결정 연습
미래에 대해 원하는 것이 무엇인가?	비현실성	호기심	궁금해하는	탐색하기	실험적인 위험을 감수하는 질문하는	의존적	정보탐색 활동
할 수 있을까?	억제	자신감	효과 있는	문제해결	지속하는 노력하는 근면한	동등한	자기존중감 향상

출처: Savickas (2005).

대처행동을 생산해 낸다. 이때 태도는 대처행동을 수행할 때 느끼는 감정(정서)적 측면, 신념은 행동을 이끌어 가는 능동적 측면 그리고 역량은 이해력과 문제해결력을 포함한 인지적 능력으로서 진로 관련 선택과 그 수행에 필요한 자원을 의미한다(황매향 외, 2013).

2) 이론의 적용

진로상담의 실제에서 구성주의 진로발달이론의 대표적인 상담전략은 바로 '이야기하기(storytelling)'이다. 이는 전통적인 진로상담에서 주로 사용하는 표준화 검사의 사용이나 검사결과의 해석을 최소화하고, 내담자로 하여금 진로나 진로선택과 관련된 자신의 이야기를 하도록 하는 것이다. Savickas(2005)는 구성주의 진로상담의 접근법인 '내러티브(narrative)'는 내담자의 과거, 현재 및 미래와 관련된 진로적응성을 향상시킨다고 주장하였다. 따라서 진로상담 과정에서 질문을 통하여 내담자가 자신의 생애에 관한 이야기를 하도록 내담자의 진로이야기를 이끌어 내는 것은 매우 중요하다.

진로상담 과정에서 '내러티브 접근'은 특정 요소에 대한 평가보다는 내담자의 해석과 의미부여에 더 관심이 있다. 개인은 각자의 이야기 속에서 자신과 진로를 별개의 사건으로 표현하지 않으며, 현재의 사실이라는 렌즈를 통하여 관찰된 상황이나 일화에 대해 이야기하게 된다. 따라서 진로와 관련된 '내러티브적으로 접근한 진로이야기(career story)'는 내담자의 과거와 현재를 융합하여 진로에 대한 새로운 개념을 도출함으로써 개인과 사회적 맥락의 관계 속에서 개인이 어떻게 이해하고 관계를 반영하여 행동하는지를 조명할 수 있다(김진희, 2012).

구성주의 진로상담 과정에서 내담자의 진로이야기를 이끌어 내기 위한 방법으로 '진로유형면접(career style interview)'이 주로 사용된다(황매향 외, 2013; Taber, Hartung, Briddick, Briddick, & Rehfuss, 2011). 진로유형면접을 통하여 수집된 자료는 내담자의 생애주제를 이끌어 낼 수 있을 뿐 아니라, 내담자의 직업적 성격 및 진로적응도를 파악할 수 있다. 또한 내담자는 진로유형면접의 질문에 응답하는 과정을 통해 자신의 진로이야기를 구성해 가고, 당면한 진로나 교육과 관련된 선택을 함으로써 자신의 삶의 의미를 더하게 된다(황매향 외, 2013).

진로유형면접은 구조화된 면접의 일환으로, 상담자는 내담자에게 여덟 개 영역에 속한 질문을 하게 된다. 여덟 개 질문 중 첫 번째 질문은 상담에 대한 내담자의 준비도를 알아보고 상담의 목표를 설정하기 위한 질문(opening question)이고, 나머지 일곱 개 질문

〈표 3-4〉 **진로유형면접 질문**

영역	질문	의미
준비도	• ○○ 씨의 진로를 만들어 나가기 위해 저와 만나는 이 시간을 어떻게 활용할 수 있을까요?	• 상담의 출발점을 제시한다.
역할모델	• 자라면서 가장 존경했던 사람은 누구인가요? • 어떤 사람의 삶을 따라서 살고 싶은가요? • 세 사람의 역할 모델을 이야기해 보세요. – 이 사람들의 어떤 면을 특히 존경하나요? – 이 사람들을 각각 얼마나 좋아하나요? – ○○ 씨는 이 사람들과 어떻게 다른가요?	• 이상적 자아를 나타낸다. • 질문의 초점은 '누구를 존경했는가?'가 아니라 '어떤 점을 존경했는가?'이다.
잡지/ TV 프로그램	• 정기적으로 구독하는 잡지가 있나요? 그 잡지의 어떤 점이 좋은가요? • 정말 좋아하는 TV 프로그램은 무엇인가요? 그 이유는 무엇인가요?	• 개인의 생활양식에 맞는 환경에 대한 선호를 나타낸다.
책/영화	• 좋아하는 책이나 영화에 대해 얘기해 주세요.	• 동일한 문제에 당면해 있는 주인공을 드러내고, 그 주인공이 어떻게 문제를 다루어 나가는지를 보여 준다.
여가와 취미	• 여가 생활을 어떻게 보내고 싶은가요? • 취미는 무엇인가요? • 취미 생활의 어떤 점이 좋은가요?	• 자기표현을 다루고 겉으로 드러난 흥미가 무엇인지 나타낸다.
명언	• 좋아하는 명언이나 좌우명이 있나요? • 기억하고 있는 명언이 있으면 얘기해 주세요.	• 생애사(life story)의 제목을 제공한다.
교과목	• 중학교와 고등학교 때 좋아하는 과목이 무엇이었나요? 그 이유는 무엇인가요? • 싫어했던 과목은 무엇이었나요? 그 이유는 무엇인가요?	• 선호하는 직무와 근로 환경을 나타낸다.
생애 초기 기억	• 가장 어릴 적 기억은 어떤 것인가요? • 3~6세 시기에 ○○ 씨에게 일어났던 일 중 기억에 남는 일 세 가지를 듣고 싶습니다.	• 무엇에 몰두하여 노력을 기울이고 있는지를 드러낸다.

출처: Taber et al. (2011).

은 내담자의 역할모델, 잡지/TV 프로그램, 책/영화, 여가와 취미, 명언, 교과목, 생애 초기 기억 등으로 구성된다.

상담자는 앞서 제시한 진로유형면접을 활용하여 내담자가 자신에 대한 생각을 보다 더 명확하게 알아차리도록 도와야 하며, 이때 내담자가 자신의 이야기에서 발견한 시사점에 대해 이해할 수 있도록 상담자의 조력이 필요하다. 또한 이 과정에서 내담자의 이야기에서 드러난 생애주제와 내담자의 호소문제를 연결시키려는 상담자의 노력이 필요하다.

3) 이론의 평가

현대는 과거에 비해 직업 세계의 변화가 매우 빠르게 일어나기 때문에 과거와 같이 개인과 환경 간의 연계를 통하여 개인에게 적합한 진로를 찾아주는 전통적인 진로모형의 변화가 필요하다는 주장이 제기되었다(Savickas, 2005). 기존의 이론들에서 주로 다루는 개인의 진로정체성, 진로계획, 진로발달, 진로단계와 같은 개념들은 직업 환경에 대한 개인의 적응을 예측하기 위한 것으로, 이때 개인의 특성이나 행동 그리고 환경의 특성이 비교적 높은 안정성을 유지한다는 것을 가정하고 있다(Savickas, 2009).

그러나 급속한 변화의 시기인 21세기에는 직업적 흥미와 같은 개인적 요소뿐만 아니라 직업의 환경도 기존의 이론에서 가정했던 것보다 안정적이지 않고 급격하게 변화하는 추세이다. 따라서 진로상담 이론은 인간의 유연성, 적응성 및 평생학습을 강조할 수밖에 없으며, 진로상담의 방법은 개인의 상상력과 자신의 가능성을 스스로 탐구할 수 있도록 북돋아 주는 역동적인 접근이 필수불가결하다(김진희, 2012). 개인과 환경의 특성을 파악하여 연계시켜 주는 단순하고 전통적인 모형에서 벗어나서 복잡한 사회 환경에 적응해 나가기 위한 개인의 능동적 태도 및 행동을 강조하는 구성주의 진로발달이론이야말로 진로상담 이론의 시대적 요청에 부합한다는 것을 알 수 있다(탁진국 외, 2015).

그러나 이와 같이 변화하는 사회에서 구성주의 진로상담 기법의 적절성과 필요성이 대두되어 왔음에도 불구하고 아직까지 구성주의 진로상담의 개입 기법은 충분하지 않다(Grier-Reed, Skaar, & Conkel-Ziebell, 2009). 구성주의 진로발달이론이 진로상담 분야에서 활발하게 연구가 진행되고 있으나 그 필요성에 대한 강조에만 머물고 있으며, 특히 한국의 경우 구성주의와 관련된 문헌 부족은 물론 실제 구성주의 진로상담 기법을 활용한 연구가 부족한 실정이다(김진희, 2012).

4. 인지적 정보처리이론

진로 분야에서 인지적 정보처리(Cognitive Information Processing: CIP)이론의 초기 연구는 1971년 플로리다 주립대학교에서 인지적 정보처리이론을 바탕으로 진로문제와 진로의사결정 해결을 위한 진로서비스 전략을 개발하고자 시작되었다(Sampson, Reardon, Peterson, & Lenz, 2004). 이후 인지적 정보처리이론은 Peterson, Sampson과 Reardon(1991)에 의해서 공식적인 하나의 이론으로 발달되었고, 현재는 인지적 접근을 취하는 진로상담 이론 중에서 가장 영향력 있는 이론 중 하나이다.

인지적 정보처리이론은 진로발달 전반에 지식 또는 정보뿐만 아니라 개인의 인지적 조작 가능성을 강조한 이론이다(여수진, 2014; Peterson, Sampson, Lenz, & Reardon, 2002). 그 내용은 개인이 어떻게 진로결정을 내리고 진로관련 문제해결 및 의사결정을 할 때 어떻게 정보를 이용하는가의 측면에서 인지를 진로발달에 적용시킨 이론이다.

1) 이론의 주요 내용

인지적 정보처리이론은 진로 의사결정이나 진로문제 해결이 기본적으로 학습되고 연습될 수 있는 기술로 보았다. 따라서 내담자가 진로상담을 통하여 합리적인 의사결정의 방식이나 문제해결의 방식을 학습하게 된다면, 내담자 자신의 진로문제를 스스로 해결해 나갈 수 있을 것이라고 보았다(김봉환 외, 2018).

(1) 기본 가정

인지적 정보처리이론은 열 가지의 기본적인 가정에 기초하고 있다. 이러한 가정들을 핵심으로 하는 진로개입의 주요 전략은 개인의 정보처리 능력을 발전시킬 수 있도록 학습기회를 제공하는 것이다. 이러한 방식을 통하여 내담자는 현실의 문제뿐만 아니라 미래의 문제를 해결할 수 있는 진로문제 해결자로서의 잠재력을 개발할 수 있게 되며, 그 기본 가정은 다음과 같다(김완석, 김선희 역, 2004).

〈표 3-5〉 기본 가정

번호	기본 가정	설명
1	진로선택은 인지와 정서의 상호작용 결과이다.	인지적 정보처리이론은 진로의사결정에서 인지적 영역을 강조하지만, 진로의사결정 과정에서 정서적 근원이 존재함을 인정한다. 즉, 궁극적으로 진로목표는 정서와 인지 과정의 상호작용이다.
2	진로의사결정은 하나의 문제해결 활동이다.	개인은 교과서 문제를 푸는 것과 같은 방식으로 자신의 진로문제를 해결할 수 있다. 단, 중요한 차이는 원인의 복잡성, 애매성, 해결책의 정확성 여부에 있다.
3	진로문제를 해결하는 능력은 지식뿐 아니라 인지적 조작의 가용성에 달려 있다.	진로문제 해결 능력은 자기이해와 직업이해의 두 영역 사이의 관계를 이끌어 내는 인지적 조작에 달려 있다.
4	진로문제의 해결은 고도의 기억력을 요하는 과제이다.	자기이해와 직업세계에 대한 정보는 복잡하며, 그 관계를 파악하려면 이 두 가지를 동시에 고려해야 하므로 용이하지 않다.
5	진로문제를 더 잘 해결하고자 하는 욕구는 곧 자신과 직업세계에 대한 이해를 높임으로써 진로선택에 만족을 얻고자 하는 것이다.	진로문제를 해결하고자 하는 동기는 자신과 일의 세계에 대한 보다 깊은 이해를 통하여 만족한 진로선택을 하고자 하는 욕망으로부터 생긴다.
6	진로발달은 지식구조의 계속적인 성장과 변화를 내포한다.	진로발달은 자신과 직업에 대한 정보를 가지고 일련의 구조화된 기억구조를 형성함으로써 이루어진다. 이는 지속적으로 변화하므로 새로운 발전과 통합이 계속해서 이루어져야 한다.
7	진로정체감은 자기인식에 달려 있다.	진로정체감은 자기인식 구조의 발달수준으로, 자기를 얼마나 아느냐에 달려 있다. 이는 자기인식을 구성하는 도식의 복잡성, 통합성과 안정성의 함수이다.
8	진로성숙도는 자신의 진로문제를 해결하는 개인의 능력과 관련된다.	진로성숙도는 개인과 직업에 대한 정보를 활용해서 통합적이고 독립적으로 문제를 해결해 가는 진로결정 능력이다.
9	진로상담의 궁극적인 목적은 정보처리기술을 향상시키는 것이다.	진로상담의 목표는 내담자의 정보처리 능력을 향상시키기 위하여 인지적 기법과 기억구조를 활성화할 수 있는 학습 조건을 제공하는 것이다.
10	진로상담의 궁극적인 목표는 내담자의 진로문제 해결 및 의사결정 능력을 높이는 것이다.	진로상담의 목표는 정보처리기술의 개발을 통하여 내담자의 진로의사결정 능력을 신장시키는 것이다.

출처: Peterson et al. (1991).

이러한 가정을 토대로 한 인지적 정보처리이론의 일차적 목적은 현재 내담자의 진로문제 해결 및 진로의사결정을 위한 조력뿐 아니라 결정 후에도 의사결정 능력을 촉진시킬 수 있도록 진로문제 해결력과 진로의사결정 기술을 지속적으로 향상시키는 것이다. 또한 이론의 적용을 촉진함으로써 보다 향상된 진로서비스를 제공하는 데에 또 다른 목적이 있다(박미진, 최인화, 이재창, 2001).

(2) 주요 구성요소

인지적 정보처리이론은 크게 두 가지 중요한 구성요소로 이루어진 개념적 틀을 제시한다. 즉, 진로의사결정과 진로문제 해결의 내용을 의미하는 정보처리 영역 피라미드와 진로의사결정이나 진로문제 해결의 과정을 의미하는 CASVE 주기이다(황매향 외, 2013).

① 정보처리 영역 피라미드

인지적 정보처리이론에서 진로문제 해결 및 의사결정과 관련된 정보처리의 영역은 3단계 피라미드 형태로 개념화될 수 있다(Peterson et al., 1991, 1996).

첫째, 피라미드의 하단은 지식 영역으로 자기지식(self-knowledge)과 직업지식(occupational knowledge)으로 구성되어 있다. 자기지식은 자신의 가치, 흥미, 기술 등에 대한 개인의 지각을, 직업지식은 구체적인 직업과 교육 · 훈련 기회에 대한 이해를 포함하고 있다.

둘째, 하단의 지식 영역 위에는 의사결정기술 영역으로, 개인이 전형적으로 진로문제를 해결하고 의사결정을 하는 활동과 관련된 포괄적인 정보처리 기술이 포함된다. 이 영역에 해당되는 CASVE 주기는 문제해결 및 의사결정에 관한 구체적인 접근을 제시하고 있다. CASVE 주기는 의사소통(communication), 분석(analysis), 통합(synthesis), 가치부여(valuing), 실행(execution)으로 이루어진 일련의 순환절차로 이를 통하여 의사결정기술을 증진시킬 수 있다.

셋째, 피라미드의 상단은 실행과정 영역으로, 이 영역에는 초인지(metacognition)가 포함된다. 초인지는 진로문제 해결에 사용될 인지적 전략의 선택 및 지속을 조절하는 기능을 한다. 초인지 영역에서는 자기 말, 자각 그리고 통제와 감독의 세 가지 중요한 기술이 활용된다.

피라미드의 세 가지 영역은 서로 밀접한 관련성을 가지며, 초인지는 모든 영역의 내용 및 기능에 영향을 주고 의사결정기술은 지식 영역의 내용과 기능에 영향을 준다. 개인이 효과적인 진로문제 해결자와 의사결정자가 되기 위하여 자신의 능력을 개발하는 것은 정보처리 피라미드의 세 가지 영역의 균형 잡힌 조화와 성장에 달려 있다(고향자, 김영아, 2003).

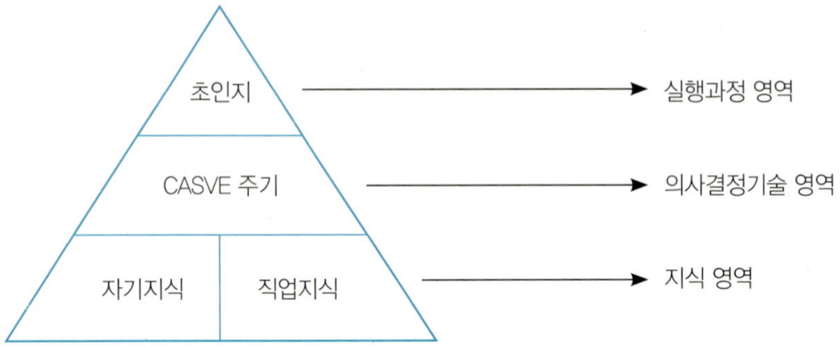

[그림 3-4] **인지적 정보처리 영역 피라미드(Peterson et al., 1991)**

② 인지적 정보처리 과정

인지적 정보처리 과정의 단계들은 단기기억에서 입력 여부를 선별하고, 번안해서 부호화한 뒤에 이것을 장기기억 속에 저장하고, 이후에 작업기억 속에서 입력정보를 활용하여 재생, 변형시킴으로써 문제해결에 도달한다. 인지적 정보처리이론에서 상담자는 내담자의 욕구를 분류하며, 내담자가 지식을 얻고 자기 욕구가 무엇인지를 인식할 수 있도록 조력하는 역할을 수행한다.

진로문제 해결을 일차적인 인지적 과정으로 볼 때, 인지적 정보처리 피라미드의 중간 영역인 의사결정기술 영역에서 의사소통, 분석, 종합, 평가, 실행으로 구성된 일련의 절차인 CASVE 주기를 통해서 의사결정 기술을 증진시킬 수 있다(Peterson et al., 1996). 진로 정보처리를 위한 CASVE 주기는 총 5단계인데, 1단계는 의사소통 단계로 진로의사결정을 해야 함을 인식하는 단계이다. 2단계는 분석 단계로 진로결정을 위하여 자신과 직업에 대한 이해의 단계이다. 종합 단계인 3단계에서는 자신과 직업에 대한 이해를 토대로 한 적합한 직업대안을 선택하는 활동이 이루어진다. 4단계는 평가의 단계로 종합 단계에서 선택한 3~4개의 직업을 좀 더 구체적으로 평가하는 단계이다. 마지막 5단계는 실행의 단계로 결정한 우선순위에 따른 취업 준비를 하는 단계이다. 만약 실행 단계에서 진로대안에 대한 전면적인 재검토가 필요하다고 판단되는 경우 1단계 의사소통 단계로 되돌아가서 CASVE 과정을 다시 거친다.

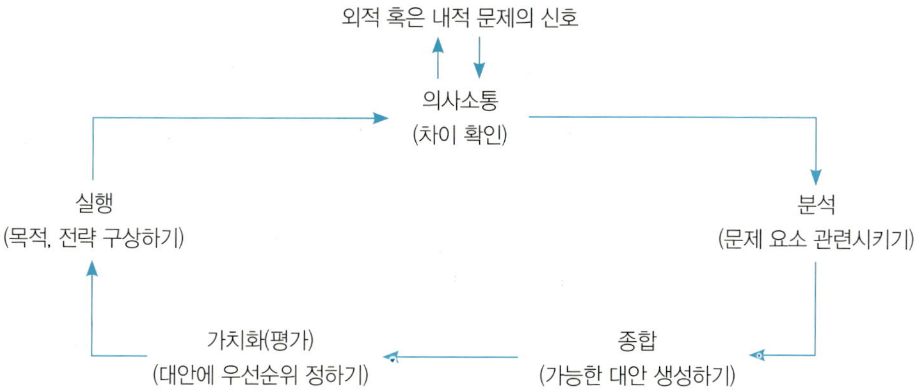

[그림 3-5] CASVE 주기(Peterson et al., 1991)

2) 이론의 적용

인지적 정보처리이론에서는 7단계로 구성된 진로상담 모형인 인지적 정보처리접근을 제안하였는데, 이 모형은 내담자가 진로상담을 통하여 어떻게 자신의 진로문제를 해결하고 진로의사결정을 하는지를 나타낸다. 이 모형은 문제해결과 의사결정을 위한 해결방법으로 개인 또는 집단을 대상으로 적용될 수 있고, 내담자의 호소문제나 상담방식에 따라 다소 다르게 적용될 수도 있으나 전체적인 과정은 다음과 같다(황매향 외, 2013; Peterson et al., 1991).

(1) 초기 면접

초기 면접에서 상담자는 내담자와 신뢰관계를 형성할 뿐만 아니라 내담자의 진로문제에 관한 정보를 수집한다. 이 단계에서 진로상담 서비스의 수준을 결정하기 위한 초기 평가도 이루어진다. 이때 상담자는 내담자 진로문제의 인지적 측면뿐만 아니라 정서적 측면에도 주의를 기울여 살펴보아야 한다.

(2) 예비 평가

내담자의 진로문제 해결과 의사결정을 위해 개인의 준비도를 평가하는 단계로, 이를 측정하기 위하여 진로사고검사(Career Thoughts Inventory)를 실시한다. 진로사고검사를 통하여 내담자가 지니고 있는 어떤 역기능적 사고 때문에 진로선택 과정에서 어려움을 겪고 있는지의 여부를 파악할 수 있다.

(3) 문제 규정 및 원인 분석

진로문제 해결을 위하여 내담자의 호소문제를 규정하고 원인을 파악하는 단계이다. 이 단계에서는 앞서 설명한 인지적 정보처리 영역 피라미드와 의사결정의 CASVE 과정을 사용한다. 즉, 피라미드의 네 가지 요인을 모두 적용하여 내담자의 문제가 어느 영역에서 발생하였는지를 진단하고, CASVE 과정을 적용하여 현재 내담자의 위치를 탐색할 수 있다. 이때 주의해야 할 사항은 내담자의 문제를 판단적인 말보다는 중립적인 말로 설명하고 진술하여야 한다는 것이다.

(4) 목표 설정

전 단계를 통하여 내담자의 문제가 파악되고 현재 상태를 이해한 후 문제를 해결하기 위한 목표를 설정하는 단계이다. 목표는 상담자와 내담자가 함께 설정하며, 서로 협력하여 달성 가능한 일련의 목표를 세운다. 행동적인 용어로 진술된 목표는 개별학습계획(Individual Learning Plan: ILP)에 기록되며, 이는 개입을 위한 융통성 있는 구조를 제공하고 상담자와 내담자 간의 계약으로 이용된다.

〈표 3-6〉 **개별학습계획(예시)**

개별학습계획

〈목표〉

1.
2.
3.
4.

목표	우선순위	활동	목적/결과

내담자 ____________ 상담자 ____________ 날짜 ____________

(5) 개별학습계획 개발

개별학습계획 개발을 위하여 상담자와 내담자 간의 협력적인 작업이 필요한 단계이다. 개별학습계획은 진로상담 목표를 달성하기 위한 것으로, 구체적인 학습계획을 통하여 내담자에게 진로문제 해결을 위한 구체적인 활동사항을 제공한다. 목표 달성을 위한 활동을 결정할 때 활동의 내용, 각 활동의 목표, 활동의 소요시간, 각 활동의 우선순위 등을 함께 고려해야 한다. 이는 구체적인 계획을 세울수록 목표 달성의 가능성이 높아지기 때문이다.

(6) 개별학습계획 실행

이 단계는 개발된 개별학습계획을 실행하는 단계로, 단회에 그치는 실행이 아닌 진로상담 목표가 달성될 때까지 계속해서 개발, 실행의 과정을 반복한다. 이때 상담자는 내담자가 개별학습계획을 지속적으로 수행할 수 있도록 실행 과정에서 내담자에게 용기를 주고 격려하며, 보다 많은 정보와 명료화 및 강화를 제공해야 한다.

(7) 요약, 반복 및 일반화

이 단계에서는 개별학습계획 실행의 결과를 평가해 보는 단계로서 상담목표를 달성했을 경우에는 상담을 종결할 수 있으나, 달성하지 못한 목표나 문제가 남아 있다면 남은 문제를 확인하고 원인을 파악하여 진로상담 과정을 반복하게 된다. 또한 이 단계에서는 내담자가 상담과정을 통하여 학습한 진로의사결정 방식을 미래의 진로문제 및 개인의 문제해결에 일반화할 수 있도록 도와주어야 한다.

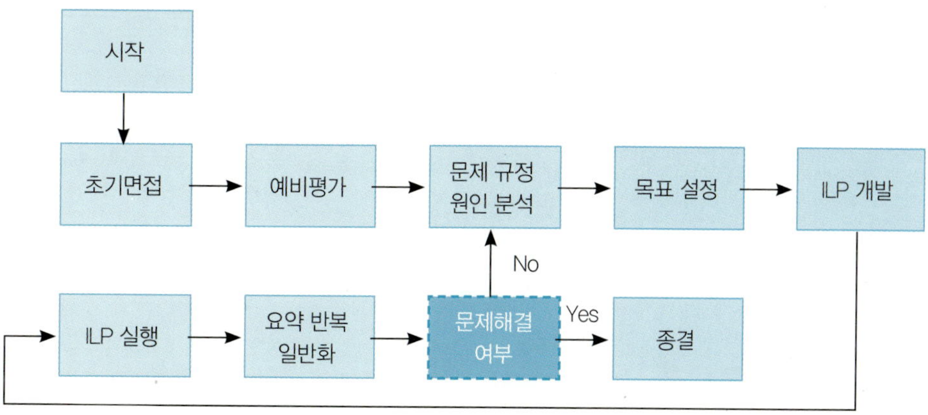

[그림 3-6] **인지적 정보처리접근 모형**(Peterson et al., 1991)

3) 이론의 평가

인지적 접근을 취하는 진로상담 이론은 내담자의 바람직한 진로사고를 형성하게 함으로써 비교적 단기간에 상담의 효과를 이끌어 낼 수 있다. 인지적 정보처리이론 역시 기존의 진로상담의 한계를 극복하고, 개인이 가진 진로문제의 해결과 효과적인 의사결정을 도울 수 있으며, 진로상담의 이론과 실제의 분리를 극복할 수 있는 포괄적인 진로상담 모형이다. 즉, 기존의 진로상담이 심리적인 문제와 과거의 문제를 다루는 것에 초점을 둠으로써 시간적·경제적으로 비효과적이었다는 한계점을 극복할 수 있게 한 모형이다. 이 이론에서 제시하는 상담과정은 상담자에게 내담자의 진로문제 해결과 의사결정을 도울 수 있도록 체계적이고 구체적인 단계를 제시하고 있다(고향자, 김영아, 2003).

인지적 정보처리이론은 진로상담을 하나의 학습과정으로 간주한다. 이 이론도 다른 이론들과 마찬가지로 의사결정 기술의 개발을 위하여 유사한 가정과 절차를 제안하고 있다. 그러나 다른 이론들과의 중요한 차이는 개인이 자신의 운명을 결정하고 통제하는 데 있어서 무엇보다도 인지의 역할이 중요함을 강조하는 것에 있다(김봉환 외, 2006).

참고자료

상담사례: 우연한 경험 속에서 발견한 진로의 단서

1. 내담자 정보

- 이름: 수진(가명)
- 나이: 21세
- 성별: 여
- 대학 2학년/경영학과 재학
- 호소문제: 전공과 진로에 대한 혼란과 불안감

2. 상담 초기 상황

수진은 "요즘 내가 뭘 하고 싶은지 모르겠고, 경영학이 나랑 잘 안 맞는 것 같아요. 주변 친구들은 다들 자격증 준비하거나 인턴도 하는데, 저는 뭐가 좋은지도 모르겠어요."라며 상담실을 찾았다. 그녀는 특별히 두드러진 흥미나 재능이 없다고 느끼며, "이 상태로 졸업하면 막막할 것 같아요."라는 말을 반복했다.

3. 상담목표

- 진로에 대한 막연한 불안감 완화
- 무의식적으로 지나친 우연한 경험의 의미 재조명
- 진로탐색 행동 촉진

4. 상담과정: 우연학습이론 적용

Krumboltz의 우연학습이론은 계획되지 않은 사건, 즉 '우연한 경험'이 개인의 진로발달에 중요한 영향을 줄 수 있으며, 이러한 경험을 인식하고 활용하는 능력이 진로결정에서 중요하다고 본다. 상담자는 수진이 지금까지 겪은 '우연한 경험' 중 주목할 만한 일이 있었는지를 함께 탐색하기 시작했다.

1) 경험 탐색

- 상담자: "최근에 특별한 계획 없이 해 본 일이 있었나요? 또는 누군가의 권유로 어쩌다 하게 된 활동이 있었나요?"

수진은 한참을 고민하다가 "얼마 전에 친구 부탁으로 학교 축제 때 플리마켓 부스를 함께 운영했어요. 그냥 심심해서 도와준 거였는데 의외로 재미있더라고요."라고 대답했다. 상담자는 그 경험에 대해 좀 더 자세히 이야기해 달라고 요청했다.

수진은 마켓을 준비하며 제품 가격표를 만들고, 손님과 직접 대화하면서 물건을 판매했던 경험을 떠올렸다. "고객이 어떤 걸 좋아하는지 바로바로 반응이 오니까 재미있었어요. 나중엔 인스타그램에 사진도 올리고 홍보도 했고요."

2) 의미화 작업

상담자는 이 경험이 단순한 일회성 활동이 아닌, 내담자가 관심을 느끼고 몰입한 경험이었다는 점을 짚었다. 또한 Krumboltz가 제시한 진로결정의 주요 요소 중 하나인 '탐색적 행동'이 바로 이런 우연한 기회로부터 나온다는 점을 설명했다.

- 상담자: "수진 씨가 마켓에서 재미를 느꼈던 건, 단순히 '팔았다'는 행위 때문만은 아닐 거예요. 사람들과 소통하고, 반응을 보며 전략을 바꾸는 그 과정 자체에 끌렸던 것 같아요. 그런 흥미는 마케팅, 브랜딩 같은 영역에서도 굉장히 중요하죠."

5. 인지적 재구성 및 행동 계획

수진은 처음에는 "이건 그냥 재미로 한 거예요."라고 말했지만, 상담이 진행될수록 "가만히 생각해 보니 그때는 정말 시간 가는 줄 몰랐던 것 같아요."라고 생각을 바꾸기 시작했다. 이후 상담자는 다음과 같은 개입을 통해 수진의 진로탐색을 구체화해 나갔다.

- 자기효능감 강화: "내가 흥미를 느끼는 활동에 자연스럽게 몰입할 수 있다면, 그건 진로 선택에 매우 중요한 단서입니다."
- 탐색 장려: 마케팅 · 브랜딩 관련 교내 동아리 또는 외부 프로그램을 적극적으로 알아보도록 안내
- 우연을 설계하기: 진로는 반드시 정해진 로드맵을 따라야 하는 것이 아니라, 다양한 경험 속에서 '길이 만들어지는 것'임을 재인식

6. 상담 이후 변화

수진은 상담 후 교내 마케팅 동아리에 지원했고, SNS 운영을 담당하게 되었다. 여름방학에는 지인의 추천으로 중소기업의 온라인 홍보 업무를 맡는 인턴십도 경험했다. 이전에는 불안감에 갇혀 아무것도 시도하지 못했지만, 이제는 '해 보다 보면 길이 생긴다'는 마음으로 다양한 기회를 시도하는 데 거부감이 줄었다고 말했다.

7. 상담적 의미

이 사례는 우연학습이론의 핵심인 '예측 불가능한 경험이 진로개발에 결정적인 영향을 줄 수 있다'는 점을 잘 보여 준다. 상담자는 내담자가 지나쳤던 '우연한 사건'에 주목하게 하고, 그것의 심리적 의미를 재구성함으로써 내담자의 자기인식을 확장시켰다. 이를 통해 수진은 자신에게 맞는 진로의 방향을 '찾는 것'이 아니라, 다양한 경험을 통해 '만들어 가는 것'이라는 진로 개념을 받아들이게 되었다.

참고문헌

강재태, 배종훈, 강대구(2003). **진로지도의 이론과 실제**. 서울: 교육과학사.

고향자, 김영아(2003). 대학생 진로상담에서 인지적 정보처리접근의 유용성 고찰. **한국심리학회지: 상담 및 심리치료**, 15(3), 383-402.

김봉환, 강은희, 강혜영, 공윤정, 김영빈, 김희수, 선혜연, 손은령, 송재홍, 유현실, 이제경, 임은미, 황매향(2018). **진로상담(2판)**. 서울: 학지사.

김봉환, 정철영, 김병석(2006). **학교진로상담(2판)**. 서울: 학지사.

김봉환, 이제경, 유현실, 황매향, 공윤정, 손진희, 강혜영, 김지현, 유정이, 임은미, 손은령(2010). **진로상담이론–한국 내담자에 대한 적용**. 서울: 학지사.

김완석, 김선희 역(2004). **커리어 상담**. 서울: 시그마프레스.

김진희(2012). 전공과 희망직업 불일치 대학생의 진로스토리에 나타난 진로결정경험. 홍익대학교 대학원 박사학위논문.

김혜영(2014). 한국 교사의 직무 및 삶의 만족에 대한 사회인지 진로이론 통합모형 검증. 전북대학교 대학원 석사학위논문.

박미애(2013). 진로장벽 깨뜨리기 프로그램이 여고생의 진로장벽 인식과 진로자기효능감에 미치는 효과. 경북대학교 대학원 석사학위논문.

박미진, 최인화, 이재창(2001). 고등학생의 진로결정유형에 관한 연구. **한국심리학회지: 상담 및 심리치료**, 13(1), 125-146.

손은령(2009). 진로선택과정에서 우연 혹은 기회의 역할고찰. **상담학연구**, 10(1), 385-397.

송병국(1999). 성인노동자의 직업선택과정에서 우연적 요인이 미친 영향 분석. **농업교육과 인적자원개발**, 30(4), 65-88.

여수진(2014). 인지적 정보처리 이론에 근거한 진로집단상담프로그램이 대학생의 진로신념과 진로태도성숙에 미치는 효과. 경북대학교 교육대학원 석사학위논문.

오현주(2012). 작업자의 계획된 우연과 기회전략이 직업안녕감에 미치는 영향. 경기대학교 대학원 박사학위논문.

이근매, 양종국(2015). **콜라주 진로상담**. 서울: 학지사.

이동혁, 황매향, 임은미 역(2013). **진로상담 과정과 기법**. 서울: 학지사.

이동혁, 황윤미, 정지희(2012). Krumboltz의 우연학습이론을 배경으로 한 과제접근기술, 진로정체감, 진로장벽, 진로성숙도 간의 관계. **상담학 연구**, 13(2), 855-875.

이상희, 신상수(2012). 진로선택에서의 우연요인에 대한 대학생의 개념도 분석. **인간이해**, 33(1), 1-20.

이현림, 송병국, 박완성, 어윤경, 김기홍, 박성미, 김순미, 이지연, 이동혁, 박가열, 변정현, 김민순(2013). **새롭게 보는 진로상담**. 경기: 교육과학사.

탁진국, 이은주, 임그린(2015). 경력적응성 척도의 타당화 검증. **한국심리학회지: 산업 및 조직**, 28(4), 591-608.

한국진로교육학회(2011). 진로교육의 이론과 실제. 경기: 교육과학사.

황매향, 김계현, 김봉환, 선혜연, 이동혁, 임은미(2013). 심층 직업상담. 서울: 학지사.

Bandura, A. (1986). *Social foundations of thought and action: A social cognitive theory.* NJ: Prentice Hall.

Brown, S. D., & Lent, R. W. (1996). A social cognitive framework for career choice counseling. *The Career Development Quarterly, 44*(1), 354-366.

Cochran, L. (1997). *Career counseling: A narrative approach.* Pacific Grove, CA: Thousand Oaks.

Grier-Reed, T. L., Skaar, N. R., & Conkel-Ziebell, J. L. (2009). Constructivist career development as a paradigm of empowerment for at-risk culturally diverse college students. *Journal of Career Development, 35*(3), 290-305.

Gysbers, N. C., Heppner, M. J., & Johnston, J. A. (2014). *Career counseling: Holism, diversity, and strengths* (4th ed.). Alexandria: American Counseling Association.

Hackett, G., & Betz, N. E. (1981). A self-efficacy approach to the career development of women. *Journal of Vocational Behavior, 18*(3), 326-339.

Kelly, G. (1955). *The psychology of personal constructs.* New York: Norton.

Krumboltz, J. D. (1979). A social learning theory of career decision making. In A. M. Mitchell, G. B. Jones, & J. D. Krumboltz (Eds.), *Social learning and career decision making.* Cranston, RI: Carroll Press.

Krumboltz, J. D. (2009). The happenstance learning theory. *Journal of Career Assesment, 17*(2), 135-154.

Krumboltz, J. D., Mitchell, A., & Gelatt, H. G. (1975). Applications of social learning theory of career selection. *Focus on Guidance, 8*(3), 1-16.

Lent, R. W., Brown, S. D., & Hackett, G. (1994). Toward a unifying social cognitive career theory of career and academic interest, choice, and performance. *Journal of Vocational Behavior, 45*(1), 79-112.

Lent, R. W., Brown, S. D., & Hackett, G. (2002). Social cognitive career theory. In D. Brown & Brooks (Eds.), *Career choice and development* (4th ed.). San Francisco: Jossey-Bass.

McMahon, M., & Patton, W. (2002). Using qualitative assessment in career counseling. *International Journal for Educational and Vocational Guidance, 2,* 51-66.

Mitchell, K. E., Levin, A. S., & Krumboltz, J. D. (1999). Planned happenstance: Constructing unexpected career opportunities. *Journal of Counseling & Development, 77*(2), 115-124.

Peterson, G. W., Sampson, J. P., & Reardon, R. C. (1991). *Career development and services: A cognitive approach.* Pacific Grove, CA: Brooks/Cole.

Peterson, G. W., Sampson, J. P., Lenz, J. G., & Reardon, R. C. (2002). A cognitive information processing approach to career problem solving and decision making. In D. Brown & Brooks (Eds.), *Career choice and development* (4th ed.). San Francisco: Jossey-Bass.

Peterson, G. W., Sampson, J. P., Reardon, R. C., & Lenz, J. G. (1996). Becoming career problem solvers and decision makers: A cognitive information processing approach. In D. Brown & L. Brooks (Eds.), *Career choice and development* (3rd ed.). San Francisco: Jossey-Bass.

Rojewski, J. W. (1999). The role of chance in the career development of individuals with learning disabilities. *Learning Disability Quarterly, 22*(4), 267-278.

Sampson, J. P., Jr., Reardon, R. C., Peterson, G. W., & Lenz, J. G. (2004). *Career counseling and services: A cognitive information processing approach.* Pacific Grove, CA: Brooks/Cole.

Savickas, M. L. (2005). The theory and practice of career construction. In S. D. Brown, & R. W. Lent (Eds.), *Career development and counseling: Putting theory and research to work.* New Jersey: John Wiley & Sons, Inc.

Savickas, M. L. (2009). Pioneers of the vocational guidance movement: A centennial celebration. *The Career Development Quarterly, 57*(3), 195-198.

Taber, B. J., Hartung, P. J., Briddick, H., Briddick, W. C., & Rehfuss, M. C. (2011). Career style interview: A contextualized approach to career counseling. *The Career Development Quarterly, 59*(3), 274-287.

Williams, E. N., Soeprapto, E., Like, K., Touradji, P., Hess, S., & Hill, C. E. (1998). Perceptions of serendipity: Career paths of prominent academic women in counseling psychology. *Journal of Counseling Psychology, 45*(4), 379-389.

제
3
부

진로상담 도구

여기에서는 상담자가 진로상담 진행 과정에서 유용하게 활용할 수 있는 도구들을 소개하고 있다. 먼저, 진로정보 영역에서는 직업정보, 교육정보, 직업훈련정보, 자격정보 등을 다루고 있다. 진로검사에서는 먼저 심리검사의 개요를 살펴보고, 적성검사, 흥미검사, 직업가치관검사, 진로성숙도검사 등을 논의한다. 진로카드에서는 직업카드, 학과카드, 진로가치카드, 진로이야기카드를 소개하고, 진로카드의 활용과 개발 방법을 논의한다. 제3부의 목적은 내담자의 특성, 호소문제의 종류 등에 따라서 상담자가 활용 가능한 도구들을 제대로 숙지하고 있다가, 적기에 적절한 것을 선별하여 적용할 수 있도록 도와주는 데 있다.

제4장

진로정보

무리 지어 피어 있는 꽃보다
두 셋이서 피어 있는 꽃이
도란도란 더 의초로울 때 있다.

두 셋이서 피어 있는 꽃보다
오직 혼자서 피어 있는 꽃이
더 당당하고 아름다울 때 있다.

너 오늘 혼자 외롭게
꽃으로 시 있음을 너무
힘들어하지 말아라.

-나태주, 「혼자서」-

정보의 홍수 속에서 상담자가 내담자에게 진정성 있는 변화를 이끌어 낼 수 있는 진로정보를 제공하는 것은 매우 중요하다. 이번 장에서는 먼저 진로정보의 정의와 기능을 확인한 후, 진로정보에서 다루는 주요 주제에는 어떤 것들이 있는지 알아볼 것이다. 또한 진로정보 제공 방법에서는 다양한 진로정보의 유형을 제시하고, 이들을 효과적으로 내담자에게 전달하기 위해 유념할 사항들과 제공단계에 대한 내용을 전달할 것이다. 다음으로는 좋은 진로정보를 가려내기 위한 여러 개의 진로정보 평가기준을 제시할 것이다. 이후에는 진로정보를 구성하고 있는 직업정보, 교육정보, 직업훈련정보, 자격정보 각각에 대해 간략히 알아보고 각 정보를 얻을 수 있는 공신력 있는 제공처와 제공되는 정보의 구체적인 내용에 대해 알아볼 것이다.

1. 진로정보의 개요

1) 진로정보의 개념

정보(information)란 얻어진 데이터, 지식, 첩보 등으로 정의할 수 있다. 이러한 정보는 사실이거나 의견일 수도 있고, 타당하거나 타당하지 않을 수도 있으며, 맥락에 적합하거나 적합하지 않을 수도 있다. 또한 최신이거나 오래된 것일 수도 있고, 유용할 수도 있고 유용하지 않을 수도 있다(Suddarth & Reile, 2012). 이와 같이 정보는 그 용도가 밝혀지지 않는 한 구체적인 특성으로 정의되기 어려우며 그 자체로는 단순한 도구일 뿐이다.

정보화 사회라 지칭되는 21세기를 살아가는 요즘 '진로'에 대한 사회적 관심이 더욱 증가됨에 따라 '진로정보(career information)'에 대한 중요성도 그 어느 때보다 커지고 있다. 진로정보는 여러 학자에 의해 다양하게 정의되고 있다. Peterson 등(2002)은 '진로정보란 한 개인이 진로 관련 문제해결 과정과 의사결정 과정에서 선택 가능한 진로 대안(option)에 대해 명확히 알기 위해 사용하는 직업(occupation), 교육(education), 훈련(training) 및 취업(employment)에 관련한 정보'라고 지칭하였다.

진로정보는 '개인이 진로개발 과정에서 어떤 선택이나 결정을 할 때 또는 직업적응이나 경력개발을 꾀할 때 필요로 하는 모든 자료를 총칭하는 개념'이며, 주로 직업 관련 사실들로 구성되는데, 일과 관련된 교육적 · 직업적 · 심리사회적인 정보로 분류된다고 규정되기도 한다(최수정, 정철영, 2009; 한국진로교육학회, 2011). 김승보 등(2014)은 진로정보를 '개인의 진로선택 및 결정 등 진로발달을 지원하는 메시지 혹은 서비스 기능을 갖춘 구조화된 자료'라고 언급하였다. 최근에는 진로정보가 수요자에게 얼마나 유의미하게 효과적으로 전달되는지가 중요해짐에 따라 진로정보를 일과 관련된 교육적 · 직업적 · 심리사회적인 정보를 총괄하는 개념에 더하여, 그 자료를 정보 수요자들에게 전달하는 방법 및 영향을 미치는 과정까지 포함하는 것으로 정의 내리려는 움직임이 있다(김승보 외, 2014).

이렇게 다양한 관점에 의해 정의되는 진로정보는 정보 이용자의 진로의사결정에 관여하여 몇 가지 대안 중 하나를 선택하게 한다는 점에서 진로데이터(career data)와 구별되는 특성을 지닌다. 따라서 정보의 홍수 속에서 살고 있는 현대인에게는 진로데이터에서 진로정보로의 전환 과정이 점점 더 중요해지고 있는 실정이다(Niles & Harris-Bowlsbey, 2005).

2) 진로정보의 기능

진로정보는 진로 관련 문제의 해결과 진로의사결정의 근간이라는 중요한 기본적 기능을 가진다. 부가적으로 기존 연구결과에서는 대중매체, 인터넷 등을 통해 접하는 진로정보가 청소년의 진로성숙에 긍정적인 효과를 나타내며(김병숙, 송성화, 최정은, 2012), 청년층과 성인들의 진로발달을 위해 필수불가결한 요소라는 점을 언급을 하고 있다(Hoyt, 2005). 또한 Gottfredson(1996)은 진로정보의 부족이 청소년에게 진로선택 범위의 축소를 유발한다고 하였다. Bodden과 James(1976)는 진로정보 자원을 활용한 직업탐색 프로그램 운영이 참여자의 직업선택 태도 및 능력을 긍정적으로 증가시키는 효과가 있음을 보고한 바 있다.

3) 진로정보의 주요 주제

진로정보에서 주로 어떠한 주제를 다루어야 할지는 매우 중요한 논의거리이며, 이에 대해 다양한 언급이 이어져 왔다. 대표적으로 미국의 플로리다 주립대학교의 진로센터는 1980년대 초반에 진로정보의 주요 주제로 ① 진로 및 생애 설계, ② 직업, ③ 교육 및 훈련, ④ 직업경험, ⑤ 잡 헌팅, ⑥ 취업정보 등의 여섯 가지가 포함되어야 한다고 제안한 바 있다. NACE(National Association of Colleges and Employers)는 '대학 커리어 서비스 표준'에서 진로정보의 주제를 ① 자기이해 및 진로 계획, ② 직업 및 노동시장 정보, ③ 대학원 진학 정보, ④ 잡 서치, ⑤ 직업경험 교육 및 인턴 관련 정보, ⑥ 고용주 정보 등의 여섯 가지로 분류한 바 있다(Epstein & Lenz, 2008).

Schutt와 Finkle(2008)에 따르면 진로정보는 수요자들이 ① 나는 누구인가? ② 내가 가고 싶은 곳은 어디인가? ③ 어떻게 목표한 곳에 도달할 수 있는가? 등의 세 가지 질문에 답하도록 구성되어야 한다고 언급하였다.

김승보 등(2014)은 자신에 대한 이해, 교육세계에 대한 이해, 직업세계에 대한 이해 등의 세 가지 영역을 진로정보의 기본적인 축으로 두어 각각 자기이해(흥미 · 적성 등)에 관한 정보, 대학(전공 · 학과) 선택에 관한 정보, 직업의 종류와 내용에 관한 정보로 개념화하였다. 또, 다음 단계로의 이행을 위해 요구되는 대학입시에 관한 정보, 직업에 이르는 경로(취업 등)에 관한 정보를 추가하여 총 다섯 가지의 진로정보 주제를 제시하였다.

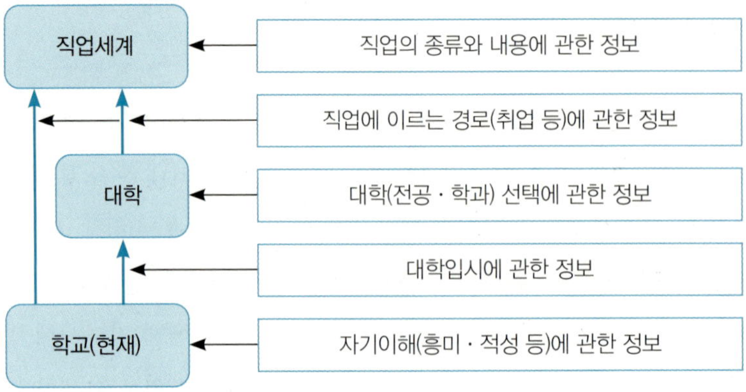

[그림 4-1] 진로정보의 주제 예시(김승보 외, 2014)

4) 진로정보 제공 방법

기존에는 진로정보 개발 시 어떻게 하면 수요자에게 적합한 정보를 추출 및 가공할 것인지에 대해 주로 논의가 되었던 반면, 최근에는 한발 더 나아가 수요자에 따른 진로정보의 제공 방식 및 전달의 효율성에 대한 문제로 확장되고 있다. 이는 수요자에 따른 정보 활용능력(information literacy)의 차이를 고려해야 한다는 것으로, 진로정보는 수요자의 인지 수준에 맞도록 전달될 때 가독성(legibility)이 높아진다는 주장과도 일맥상통하고 있다(김병숙 외, 2012; 김승보 외, 2014). 특히 김병숙 등(2012)은 청소년을 대상으로 한 연구에서 가장 선호하는 진로정보 매체는 인터넷이며 동영상, 인터넷, 만화, 인쇄물로 제공된 진로정보 중에서 동영상에 대한 가독성이 가장 낮았다는 연구결과를 발표한 바 있다.

인터넷 및 소셜 네트워크 서비스(SNS)의 확산으로 유통되는 정보의 양과 질 또한 빠른 속도로 증가함에 따라 진로정보 또한 다양한 형태를 띠게 되었다. 과거에는 진로정보가 주로 인쇄물 형태로 개발되었다면 이제는 점차 온라인 문서, 만화, 일러스트레이션 및 동영상, 인터넷과 모바일상의 심리검사, 사이버상담 등 새로운 매체 및 다양한 방식의 형태로 개발되고 있다(김승보 외, 2014).

진로정보의 수요자는 정보 이용 시 개인별로 정보 해독 능력 및 선호가 매우 다양하기 때문에 개별적인 요구를 충족시키려면 진로정보의 제공자인 상담자가 다양한 진로정보의 유형과 제공처를 알고 있어야 한다. 다양한 진로정보 유형 및 출처의 예시를 들어 보면 다음과 같다(Epstein & Lenz, 2008).

- 책, 팸플릿, 기사 등의 문서 정보
- 직업인과의 언어적 상호작용
- 실제 직업 체험 활동을 통한 실험적 활동
- TV, 라디오, 팟캐스트 등의 시청각 자료
- 웹사이트, 블로그 및 SNS 등의 웹기반 도구
- 진로정보 전달 시스템

상담자는 내담자의 특성에 맞게 초기 진로선택부터 직업탐색의 단계까지 각 단계별로 다양한 형태의 맞춤형 진로정보를 제공할 수 있어야 하며, 다양한 기술적 자원을 활용할 수 있어야 한다. 반면에 너무 많은 정보가 자칫 내담자를 압도하여, 실제 자신이 필요로 하는 정보를 얻지 못할 것이라는 절망감을 갖게 해서는 곤란하다. 일반적으로 상담자를 포함한 진로정보 제공자가 수요자에게 진로정보를 제공할 때는 다음의 4단계를 거치게 된다(Epstein & Lenz, 2008).

① 어떤 종류의 정보가 필요한 것인지 명확히 하라.
② 어디에서 해당 정보를 얻을 수 있을지 판단하라.
③ 해당 정보를 얻을 수 있는 곳에 어떻게 하면 접근할 수 있는지 제시하라.
④ 설명과 검색된 정보에 대한 피드백을 얻으라.

5) 진로정보 평가기준

방대한 진로정보들 속에서 상담자는 각 정보의 질을 평가해야만 하는데, 진로정보에 대한 몇 가지 평가기준에는 다음과 같은 것이 있다.

먼저, Hoppock(1976)는 진로정보 평가를 위해 ① 언제 만들어진 것인가? ② 어느 곳을 대상으로 한 것인가? ③ 누가 만든 것인가? ④ 어떤 목적으로 만든 것인가? ⑤ 자료를 어떤 방식으로 수집하고 제시했는가? 등의 다섯 가지 기준을 제시하였다. 다음으로 한국진로교육학회(2011)는 진로정보의 평가 기준으로 누가, 어느 시기에, 어떤 목적을 위해, 그리고 어떤 지역(혹은 장소)을 대상으로 만들었으며 자료는 어떤 방식으로 수집·가공했는지를 제시한 바 있는데, 이는 Hoppock(1976)의 기준과 거의 일치한다.

그러나 김승보 등(2014)은 진로정보의 평가를 위한 기존의 기준이 정보개발자의 입장에서 데이터의 가공 과정만을 염두에 둔 기준이라고 지적하였다. 아울러 진로정보가 수요자에게 진정성 있게 다가가기 위해서는 직업세계의 현장감 반영 정도, 접근의 효율성, 전달 체계의 구비성, 수요자와의 상호작용성, 수요자의 자기주도성 지원 정도 등도 기준에 제시되어야 한다고 언급하였다.

더 나아가 Bolles(2009)는 인터넷상의 진로 정보를 평가하는 다섯 가지 기준을 다음과 같이 제시하였다. ① 권한(Authority): 누가 왜 해당 정보를 제공하거나 작성하였는가? ② 신뢰성(Accuracy): 얼마나 증명 가능한 정보인가? ③ 객관성(Objectivity): 왜 해당 정보가 해당 위치에 존재하는가? 해당 정보가 혹시 다른 사이트를 홍보하고 있지는 않는가? ④ 최신성(Currency): 얼마나 최신의 정보인가? 작성 시기를 파악할 수 있는가? ⑤ 전문성(Professionality): 정보가 전문성 있게 제시되어 있는가? 오탈자가 없는가?

2. 직업정보

직업정보는 주로 한국직업능력연구원 및 한국고용정보원을 통해 생산되는데, 한국직업능력연구원이 학생들에게 유용한 직업정보에 초점을 두고 생산한다면, 한국고용정보원은 기존 직업 및 신직업에 대한 정보뿐 아니라 취업 및 고용과 관련한 정보도 생산하고 있다. 기관별로 보다 구체적인 설명은 다음과 같다(김승보 외, 2014).

〈표 4-1〉 **생산기관에 따른 직업정보 유형**

유형	한국직업능력연구원	한국고용정보원
직업 · 직장	• 직업정보서(직업사전, 미래의 직업 세계 소개, 서책 · 전자책 등) • 직업정보 웹 검색(주니어 직업정보, 분야별 직업, 인터뷰 등) • 직업동영상 • 직업카드 등	• 직업정보서(직업사전, 직업전망, 이색 직업서책 등) • 직업정보 웹 검색(직업전망, 직업사전, 직업탐방, 신 직업, 외국직업 등) • 직업동영상 • 직업카드 등
취업 · 고용	-	• 취업지원동영상 • 구인 · 구직 실시간 정보 매칭

출처: 김승보 외(2014).

1) 한국직업능력연구원

한국직업능력연구원은 국무총리 산하 국책연구기관으로서 그 아래에 '평생직업 · 진로교육연구본부'가 있고, 여기에 '국가진로교육연구센터'가 설치되어 있다. 국가진로교육연구센터에서는 각종 진로정보에 대한 연구뿐만 아니라 수요자가 직접 필요로 하는 진로정보를 생산하여 커리어넷 홈페이지(https://www.career.go.kr)를 통해 보급하고 있다. 청소년 진로상담 과정에서 유용하게 활용할 수 있는 예시는 다음과 같다.

(1) 직업백과

수요자가 궁금한 직업 이름을 '직업백과'에 입력하면 해당 직업에 대하여 직업개요, 직업탐색 및 준비, 직업현황 및 지표, 능력/지식/환경, 이 직업을 보는 회원특성 등에 대한 정보를 제공하고 있다.

[예] '바리스타'의 하는 일

- 바리스타는 원두에 대한 지식을 바탕으로 좋은 원두를 선택하고 커피 기계를 활용하여 고객이 원하는 커피를 만들어 서비스하는 일을 담당합니다.
- 고객의 주무에 맞게 추출된 에스프레소에 물, 우유, 각종 시럽 등을 첨가하여 커피를 만듭니다.
- 좋은 원두를 감별한 후 구입하고, 저장 및 재고 관리를 철저하게 합니다.
- 커피를 시음하여 새로운 맛의 커피를 만들어 내고, 기계 성능 유지를 위해 확인하고 식기류의 청결을 항상 점검하고 유지합니다.

(2) 직업인 인터뷰

직업인 인터뷰 검색어에 직업 이름을 입력하면 현재 해당 직업에서 일하고 있는 직업인이 몇 가지 궁금한 질문에 대하여 답을 해 주는 형식으로 직업정보를 제공하고 있다.

[예] 주얼리 디자이너

- 멘토님의 직업에 대해 소개해 주세요.
- 주얼리 디자이너가 되기 위해서 필요한 학력이나 자격이 있나요?
- 주얼리 디자이너가 되려면 구체적으로 어떤 능력이 필요할까요?
- 주얼리 디자이너가 되기 위해서 학창시절에 미리 해 두면 좋은 활동이 있을까요?

(3) 직업 · 학과 매트릭스

직업 · 학과 매트릭스는 '직업명 기준'과 '전공계열 기준'으로 나뉜다. '직업명 기준'에서 직업명을 선택하면 연관된 '직업+학과' 매트릭스를 확인할 수 있다. 예를 들어, '상담전문가'를 검색하면 심리학, 가족 · 사회 · 복지학, 교육학, 특수교육학, 유아교육학, 가정관리학 등과 매칭이 된다. '전공계열 기준'에서 전공계열을 선택하면 연관된 '학과+직업' 매트릭스를 확인할 수 있다. 예를 들어, 교육계열에서 '교육학'을 검색하면 경영컨설턴트, 대학교수, 인문과학연구원, 중고등학교 교사, 초등학교 교사, 특수교사, 사회단체활동가, 사회복지사, 상담전문가 등과 매칭이 된다.

2) 한국고용정보원

한국고용정보원은 고용노동부 산하기관으로 고용정보의 생산과 분석 · 제공, 진로지도 및 직업정보 제공, 고용서비스 선진화 지원, 국가고용정보망 운영 등의 업무를 수행하고 있다. 여기에서 생산된 직업정보는 고용24(https://www.work24.go.kr)와 임금직업포털(https://www.wagework.go.kr)을 통해 제공되고 있다. 진로상담 과정에서 유용하게 활용할 수 있는 예시는 다음과 같다.

(1) 한국직업정보

한국고용정보원에서 매년 실시하는 재직자조사를 바탕으로 우리나라 대표 직업들의 수행직무, 직무특성, 일자리 전망 등을 검색할 수 있다. 여기에는 검색된 직업에 대해서 비교적 상세한 정보를 제공하는 편이다. 예를 들어, '직업상담사'를 검색할 경우 하는 일, 관련학과, 관련자격, 훈련정보, 임금, 직업만족도, 전망, 업무수행능력, 지식, 환경, 성격, 흥미, 가치관, 업무활동, 일자리 현황, 관련직업 등에 대해서 알 수 있다.

(2) 한국직업사전

『한국직업사전』은 우리나라의 직업 총람으로서(직업 수 12,823개, 2019년 말 기준), 체계적 직무분석을 통해 수행하는 작업과정(수행직무)과 부가직업정보(정규교육, 숙련기간, 작업강도, 자격면허 등) 및 직업/산업분류 코드를 제공하고 있다. 상당히 많은 직업을 소개하고 있는 것이 장점이지만, 하나의 직업에 대한 소개가 너무 간단해서 청소년들에게 활용하기에는 어느 정도 한계가 있다. 그러나 새로 개설된 임금직업포털에서는 이와 같은 한계점을 개선하여 상당히 많은 직업에 대한 상세한 정보(하는 일, 교육 · 자격, 만족도 · 전망, 업무특성, 전직 가능직업, 채용정보, 훈련정보, 임금정보 등)를 제공하고 있다.

(3) 한국직업전망

『한국직업전망』은 우리나라 대표직업 약 200여 개에 대한 향후 10년간 일자리 전망을 담고 있다. 일자리 전망 외에 하는 일, 근무환경, 되는 길(교육 및 훈련, 관련 학과, 관련 자격 및 면허, 입직 및 경력개발), 적성, 흥미, 종사자의 성별 · 연령 · 학력 분포, 평균 임금 등의 정보도 확인할 수 있다. 하나의 직업에 대한 소개가 매우 상세하고, 미래 전망까지 기술되어 있어서 청소년 진로상담에 많은 도움을 준다.

[예] '직업상담사' 직업전망

향후 10년간 직업상담사의 고용은 다소 증가하는 수준이 될 것으로 전망된다. 직업상담사는 구직자나 미취업자에게 적절한 직업정보를 제공하고, 경력 설계, 직업선택, 구직활동 등에 대해 전문적인 도움을 준다. 또, 직업 전환, 직업 적응, 실업 및 은퇴 등의 과정에서 발생하는 다양한 문제에 대해 적절히 대처할 수 있도록 정보를 제공하고 전문적인 상담을 수행한다. 기업의 채용문화가 열린 채용, 직무중심 채용 등으로 다변화되면서 구인자 · 구직자 모두로부터 채용방식 변경에 따른 직업상담 수요가 증가하고 있다. 또한 베이비부머의 은퇴와 고령 인구 증가로 은퇴 이후에도 취업을 원하는 사람이 증가하고 있으며, 외국이민여성 등 외국인력 유입, 청년 실업자 증가, 경력단절여성 등의 취업과 진로상담 수요가 꾸준히 늘어나고 있다. 초 · 중 · 고등학교 학생을 대상으로 한 진로상담의 필요성이 증대하면서 직업상담사가 진로상담이나 강의 등을 제공하는 사례도 증가하고 있다. 다만 첨단기술의 발달로 인공지능(AI) 기반의 직업상담시스템이 개발되면서 직업상담사 업무를 일부 대체할 것으로 예상된다. 종합하면, 인구구성의 다양성 증가, 구직자의 요구 다양화, 진로상담 중요성 인식 제고, 공공고용서비스 확대, 재취업지원 서비스 법적 의무화 등의 긍정적 영향에 따라 향후 10년간 직업상담사의 일자리는 다소 증가할 것으로 전망된다.

(4) 직업인 인터뷰

여기에는 다양한 분야에서 자신만의 입지를 다지고 널리 이름을 알린 직업인들의 이야기가 담겨 있다. 이들의 일과 성공에 대한 이야기를 통해 청소년들이 꿈을 찾고 미래를 계획하는 기회로 삼도록 동기를 유발하는 데 적절하게 활용할 수 있다.

(5) 신직업 · 미래직업

신직업 · 미래직업은 아직 우리나라에 없거나 활성화 초기에 있는 직업 중에서 일자리가 새롭게 생겨나거나 인력 수요가 예상되는 직업을 말한다. 경영/기획/공공, 정보통신/과학, 건축/환경/안전, 교육/법률/사회복지, 의료/보건, 문화/예술/미디어, 개인서비스, 운송/설치/정비, 농림어업 등 9개 분야로 나누어서 신직업 · 미래직업을 소개하고 있다. 예를 들어, '개인서비스'에 속한 신직업 · 미래직업을 검색하면 기능성 식품상담사, 해양치유사, 디지털장의사, 생활코치, 노년플래너 등을 포함한 다양한 직업에 대해서 직업생성배경, 수행업무, 해외현황, 국내현황, 준비방법 등을 중심으로 소개하고 있다.

(6) 직업동영상

우리나라 전 산업분야에 걸친 다양한 직업을 선정하여 해당 직업의 생생한 현장 모습 및 인터뷰를 담고 있다. 직업동영상은 직업군별, 신직업, 국제기구, 기업직무소개 등 네 가지 범주로 구분하여 제공되고 있다.

3) 교육청 산하 취업지원센터

시 · 도 교육청 산하 취업지원센터는 특성화고등학교와 마이스터고등학교 재학생들의 취업을 지원하기 위해 설치되었다.

여기에서 제공하는 직업정보는 ① 구인 · 구직 정보, ② 고졸취업 지원정책 정보, ③ 취업준비교육 자료로 구분되며, 이 중에서 취업지원에 필요한 구인 · 구직정보 제공이 가장 핵심적이다.

인터넷 홈페이지를 개설한 취업지원센터는 모두 채용정보를 제공하고 있는데, 사업체명, 대표자 성명, 소재지, 업종, 근로자 수, 채용담당자 성명 및 연락처, 모집직종, 직무내용, 근무예정지, 우대조건, 고용 형태, 임금 수준, 근무시간 등에 관한 정보를 제공한다. 대다수의 센터에서는 고용24와 연계된 채용정보도 제공한다. 일부 센터는 구인 중인 기업의 정보를 함께 제공하기도 하는데, 특성화고등학교는 학생들의 현장실습, 진로 및 취업지도를 위해 지역 내 기업들과 산학협력을 맺고 기업정보를 수집할 필요가 있으므로 이러한 기업정보도 유용하게 활용될 수 있다.

구직자 정보는 「개인정보 보호법」으로 인해 제공하는 일이 쉽지 않아 일부 센터만이 제공 중이다. 서울특별시교육청 취업지원센터는 '하이잡–서울특별시교육청 사이트'에서 특성화고 소개 및 우수사례, 취업 정책, 연봉, 근무지역, 학교명, 학과명, 자격증 등의 정보를 제공한다.

선취업–후진학 정책에 관해서, 인천광역시교육청 취업지원센터는 선취업–후진학 정책, 병역제도 개선, 고졸채용 기업지원정책(기획재정부, 고용노동부, 병무청 정책) 등을 소개하고 있다. 또한 후진학 참여대학의 유형(재직자 특별전형, 전공심화과정, 산업체위탁교육, 방송통신대, 사이버대학, 계약학과, 기술대학, 사내대학), 후진학 참여대학의 학생모집 정보 등을 제공한다. 그 밖에도 행정안전부의 공직채용정보, 중소기업 청년취업 소득세 면제제도, 청년인턴사업 등에 관한 정보를 제공한다. 서울특별시교육청 취업지원센터는 고용노동부의 국민취업제도, 중소기업청의 특성화고–마이스터고 취업자를 위한 정책, 병무청의 산업기능요원제도, 일학습병행제, 후진학 우수사례, 재직자 특별전형 자료, 사내대학 자료, 계약학과 자료, 사이버대학 자료 등을 제공한다.

4) 진로진학정보센터

교육청 산하의 진로진학정보센터는 17개 시 · 도별로 하나씩 설치되어 있고, 센터의 명칭은 '진로진학정보센터', '진로진학지원센터', '진학정보센터', '진로교육지원센터', '진로교육센터', '학부모지원센터' 등으로 다양하다. 이하에서는 '진로진학정보센터'로 통칭하기로 한다.

진로진학정보센터들은 일부만이 자체적으로 직업 · 진로 정보를 수집 · 가공하는 역할을 하고 나머지 센터들은 커리어넷이나 고용24의 직업정보를 그대로 제공하거나 해당 인터넷 사이트로 바로 연결하는 방식을 취하고 있다.

특징적으로 진로진학정보센터가 직접 생산하는 정보로는 진로체험정보를 들 수 있는데, 이는 2012년 '진로교육 활성화 추진계획'으로 중학생의 진로체험이 의무화됨에 따라 학교 현장에서 진로체험처에 관한 정보 수집 수요가 크게 증가했기 때문이다. 진로체험정보는 학생들이 진로체험을 할 수 있는 교육 프로그램이나 체험처에 관한 것으로, 교육부의 인증을 받은 진로체험 프로그램 정보를 제공하며, 기관명, 소요시간, 운영기간, 참가 대상, 담당자 연락처 등을 안내하고 있다. 부산진로진학지원센터는 인터넷 홈페이지에서 관련 기관이나 전문가를 대상으로 진로체험 기부 신청 혹은 재능기부 신청도 받고 있다.

3. 교육정보

교육정보는 한국직업능력연구원, 한국고용정보원, 한국대학교육협의회 및 한국전문대학교육협의회를 중심으로 이루어지고 있다. 기관별로 제공하는 교육정보의 내용은 다음과 같다.

1) 한국직업능력연구원

한국직업능력연구원에서 운영하는 커리어넷을 통하여 제공되고 있는 대표적인 교육정보는 다음과 같다.

(1) 학교정보

학교정보에서는 우리나라에 소재하고 있는 초등학교, 중학교, 고등학교, 대학교, 특수학교, 기타 등을 학교명, 학교종류, 학교유형, 설립유형, 지역 등에 따라서 소개하고 있다.

(2) 학과정보

학과정보에서는 고등학교 학과정보, 대학교 학과정보, 학과 인터뷰 등으로 구분하여 정보를 제공하고 있다. '고등학교 학과정보'에 대해서는 학과개요, 주요교육내용, 개설학교, 적성 및 흥미, 진출분야 및 관련직업, 세부관련학과, 졸업자 성별 현황, 졸업 후 진학 및 취업 현황 등을 중심으로 소개하고 있다. '대학교 학과정보'에 대해서는 학과개요, 학과특성, 흥미와 적성, 관련 고교 교과목, 진로탐색 활동, 대학 주요 교과목, 관련 자격, 관련 직업, 졸업 후 진출 분야, 개설대학, 학과전망, 학과인터뷰 등을 중심으로 소개하고 있다.

2) 한국고용정보원

한국고용정보원에서 운영하고 있는 고용24에서도 다양한 교육정보를 제공하고 있다. 대표적인 예시는 다음과 같다.

(1) 학과 검색

수요자가 찾고자 하는 학과명을 검색창에 입력하면 상세한 정보가 제공된다. 해당 학과를 요약보기, 학과소개, 개설대학, 모집현황, 진출가능직업 등을 중심으로 설명하고 있다.

(2) 전공 진로가이드

전공 진로가이드에서는 대학의 각 전공에 대해서 전공소개, 주요직업, 융합직업, 대학원정보 등의 항목별로 소개하고 있다. 하나의 전공에 대해서 한 권의 책자(PDF 파일)를 통해서 소개하고 있기 때문에 대학의 전공에 대한 다른 어느 정보보다도 상세하다. 예를 들면, 심리학 전공에 대해서는 275쪽에 걸쳐서 소개하고 있다.

(3) 학과정보 FAQ

학과와 관련한 주요 정보를 문답식으로 구성하여 진로선택을 앞두고 있거나, 해당 학과에 재학하고 있는 학생들에게 보다 폭넓은 정보를 제공하고 있다. 질문을 몇 가지 예시하면 다음과 같다.

- 빅데이터 분야로 진출하고 싶은데 어떤 학과로 진학하는 것이 좋을까요?
- 전문대에서 대학원으로 바로 진학할 수 있나요?
- 진로목표를 정하지 못한 상태에서 학과를 선택하는 방법이 있을까요?
- 복수전공, 부전공, 전과 등은 어떻게 하나요?
- 자율전공학부에서는 무엇을 공부하나요?

(4) 학과정보 동영상

학과정보 동영상에서는 교수와 학과 선배인 멘토들의 이야기를 통해 해당 학과 졸업 후 진출할 수 있는 직업과 분야를 소개하고 취업을 위해 대학생활을 어떻게 계획하고 준비해야 하는지에 대해서 알려 주고 있다. 특히 최근 학과의 변화양상과 관련 산업구조의 변화 등을 소개하며, 다양한 진로 모색의 필요성과 새롭게 등장하거나 부각되는 진출 직업 및 분야를 소개해 주는 데 중점을 두고 있다.

3) 한국대학교육협의회

한국대학교육협의회는 「한국대학교육협의회법」에 따라 법인으로 설립된 공공성을 가진 기관으로서, 대학입학지원실을 중심으로 수요자에게 직접적으로 대학 및 입학 정보를 생산 · 제공하고 있다. 대학입학지원실은 입학기획팀, 입학지원팀, 대입공정성지원팀, 대입상담센터 등으로 구성되어 있다. 한국대학교육협의회 홈페이지에는 대입정보포털어디가 홈페이지(https://www.adiga.kr) 공간이 마련되어 있다. 여기에서는 직업정보, 대학정보, 학과정보, 전형정보, 대학성적분석, 학생부입력, 대입정보자료, 대입상담 등의 서비스를 제공하고 있다. 대입정보포털어디가의 '대입정보센터'에서는 대입제도안내, 대입일정, 대입소식, 대입박람회/설명회, 고교학점제, 대입정보자료실, 대학별 입시정보, 대학별 행사안내 등의 정보를 제공하고 있다.

대학의 정보가 궁금할 때는 대학의 주요 정보를 신속하고 정확하게 제공하고 있는 대학정보공시사이트인 '대학알리미(https://www.academyinfo.go.kr)'가 매우 유용하다. 여기에서는 공시정보(지역별 정보, 비교하기, 사립대학재정회계지표, 우리 대학 경쟁력, 대학주요정보), 학과정보(대학별 학과정보, 특성화 학과정보, 키워드별 학과정보, 표준분류 정보) 등을 포함한 여러 가지 사항을 제공하고 있다.

4) 한국전문대학교육협의회

한국전문대학교육협의회는 「한국전문대학교육협의회법」에 따라 설립된 법인으로서, 홈페이지(https://www.kcce.or.kr)를 통해 전문대학에 관한 정보 및 입학정보 등을 제공하고 있다. 주로 입학지원실(입학기획팀, 학사지원팀, 진학지원센터)을 통해 전문대학 입학전형 정보가 제작되고, 한국고등직업교육연구소(정책연구팀, 정책대응팀)를 통해서는 관련 정책 연구들이 이루어지고 있다.

전문대학포털-프로칼리지(https://www.procollege.kr)에서는 진로정보(진로 · 전공탐색, 대학 및 전공정보, 전문대학 직업세계), 입학정보(모집시기별 일정, 대학별 전형일정, 대학별 전형방법, 진학정보 자료실, 전년도 입시결과), 평생교육정보(평생교육원, 산업체 위탁, 학사학위전공심화), 진학지원(찾아가는 고교 진로 · 진학 설명회, 사이버상담) 등에 대한 상세한 정보를 제공하고 있다.

5) 진로진학정보센터

진로진학정보센터는 한국대학교육협의회와 한국전문대학교육협의회, 대학알리미 그리고 각 대학 홈페이지에서 제공하고 있는 전국 대학교와 전문대학의 입시정보를 취합하여 교사, 학부모, 학생들이 쉽게 이해할 수 있도록 통합하여 안내하는 역할을 하고 있다. 구체적으로 해당 지역의 학교 현장에서 가장 도움이 될 만한 정보들을 모아 찾기 쉽도록 분류하여 제공하기도 하고, 중요 정보만을 게시판에 올리는 방식으로 제공하기도 한다.

대입정보와 달리 고입정보는 전국적인 수준에서 정보의 생산을 담당하는 기관이 없는데 진로진학정보센터는 각 지역의 고교 입시정보를 직접 수집 · 가공하여 제공한다는 점에서 큰 의의를 가진다. 각 시 · 도의 진로진학정보센터가 해당 지역의 고교 입시정보를 제공하고 있다.

6) 취업지원센터

해당 지역에 소재하는 특성화고등학교에 관한 정보를 제공한다. '특성화고등학교와 마이스터고등학교란 무엇인가', '어떤 학생들이 진학하면 좋은 학교인가' 등과 같은 기본적인 정보부터, 센터에 따라 학교 소개, 학과 소개, 학교 현황, 학교 위치, 학교 소개 동영상 등의 정보가 제공되고 있다. 또한 전공계열별로 학교 목록을 제시하고, 그중 한 학교를 선택하는 경우 바로 학교 인터넷 홈페이지로 연결되도록 하고 있다.

4. 직업훈련정보

1) 직업능력개발의 필요성

고도로 전문화되고 급변하는 현대사회에서는 정규 교육과정만으로 기업에 필요한 인재를 양성 · 충족하기에 여러 가지 어려움이 있다. 개인의 입장에서도 지속적인 변화의 시대에 적응하기 위해서는 끊임없는 학습이 필요하며 이에 따라 '직업능력개발'의 필요성이 대두되었다.

우리나라에서는 '직업능력개발훈련'을 기술적 · 육체적인 작업의 일정한 목표와 기준에 도달되는 능력의 습득을 위한 반복적인 행위라고 정의하며, 국제노동기구(ILO)에서는 기술적 · 직업적 지식을 향상시킬 수 있는 모든 훈련방법이라고 정의한다.

2) 직업능력개발의 실제

우리나라는 직업교육훈련 및 자격제도가 산업현장과 괴리되어 기업이 인력을 채용하더라도 추가적인 재교육 기간 및 교육비용이 소요되어 왔다. 채용 · 승진 · 임금 등 노동시장에서의 보상이 직무능력이 아닌 학벌과 스펙에 따라 결정되어 노동시장 진입 이후 근로자들의 평생능력개발 참여율과 노동생산성이 저조한 상황에서, 교육훈련 시장과 노동시장의 단절을 해소하고 노동시장에서 필요로 하는 인적자원의 개발 · 육성을 위해 새로운 인적자원개발 인프라의 필요성이 제기되었다. 이러한 시대적 요구에 발맞춰 정부는 국가직무능력표준(National Competency Standards: NCS) 및 일학습병행제 확산, 지역 · 산업 맞춤형 인력양성, 직업능력개발 지원이라는 큰 틀에서 개인의 직업능력개발을 지원하고 있다.

(1) NCS 및 일학습병행제 확산

NCS는 산업현장에서 직무를 수행하기 위하여 요구되는 지식 · 기술 · 태도 등의 내용을 국가가 산업부문별 · 수준별로 체계화한 것으로 직업교육훈련 및 자격제도를 현장(일)에 맞도록 체계적으로 개편하고 기업의 능력중심 인사관리(채용 · 승진 · 임금 등)를 유도하는 기준이다. 즉, 모든 일자리 종사자에 대한 직무수행 명세서이자, 산업현장이 요구하는 인재양성 지침서이다. NCS 사이트(https://www.ncs.go.kr)에 방문하면 관련된 많은 자료를 얻을 수 있다.

일학습병행제는 고용노동부가 인력 미스매치 및 청년실업, 기업의 막대한 재교육비 등의 문제를 인력수요자인 기업에 의한 실무중심의 새로운 교육훈련제도를 통해 해결하고자 스위스 · 독일의 도제제도, 영국 및 호주의 견습제를 우리나라의 실정에 맞게 도입한 것이다. 구체적으로 기존의 학교중심의 직업교육훈련의 패러다임을 기업중심으로 전환하여 청년에게 장기간의 체계적인 현장훈련을 제공하고, 이를 국가나 해당 산업분야에서 자격(또는 학력) 등으로 인정하는 제도이다. 일주일에 3~4일은 기업에서, 1~2일은 학교에서 실무를 배우는 독일의 듀얼시스템처럼 세계적으로 확산되고 있는 일터 기반

학습(work based learning)을 한국의 현실에 맞게 설계한 것이다. 한국산업인력공단 홈페이지 일학습병행제 메뉴에서 관련 정보를 제공하고 있다.

(2) 지역 · 산업 맞춤형 인력양성

지역 · 산업 맞춤형 인력양성 사업은 지역의 산업 수요에 적합한 인력을 양성하여 고용을 촉진하고 지역 경제를 활성화하기 위한 정부 주도의 직업훈련 지원사업이다. 고용노동부가 주관하고 한국산업인력공단이 운영하며, 지역 내 대학, 상공회의소, 산업단체 등이 공동훈련센터로 참여한다. 이 사업은 지역 산업체의 인력 수요를 사전에 조사하여 그에 맞는 맞춤형 훈련과정을 개설하는 수요자 중심의 훈련 체계를 갖추고 있다. 훈련 대상은 중소기업 재직자, 구직자, 특성화고 및 전문대 학생 등 다양하며, 현장 실무 중심의 교육을 통해 즉시 활용 가능한 역량을 키운다. 재직자 직무능력 향상, 구직자 취업 지원, 전략산업 특화훈련 등으로 훈련 유형이 구분된다. 특히 지역 내 지자체, 산업계, 교육기관이 협력하는 거버넌스 구조를 통해 사업의 효과성과 지속가능성을 높이고 있다. 이를 통해 중소기업의 인력난을 해소하고, 지역 청년과 실업자의 취업 기회를 넓히며, 지역 산업의 경쟁력을 강화하는 데 기여하고 있다.

(3) 직업능력개발 지원

① 국민내일배움카드제

국민내일배움카드제는 국민의 직업능력 개발과 평생학습을 지원하기 위해 정부가 훈련비를 지원하는 통합 직업훈련 지원제도이다. 과거 실업자 · 재직자 · 자영업자 등으로 나뉘어 있던 여러 제도를 하나로 통합해 누구나 하나의 카드로 직업훈련을 받을 수 있도록 개선되었다. 만 15세 이상 구직자, 재직자, 특수형태근로종사자, 자영업자, 대학 졸업 예정자 등 대부분의 국민이 신청할 수 있으며, 일정 소득 요건을 충족할 경우 더욱 높은 지원을 받을 수 있다. 카드 한 장으로 5년간 최대 300만 원(일부 대상자는 100~200만 원 추가지원)의 훈련비를 지원받을 수 있으며, 훈련 참여자 부담률도 낮추어 접근성을 높였다. 지원 대상 훈련은 국가기간 · 전략산업직종, 디지털 신기술, 자격증 과정, 창업 및 경력개발 관련 교육 등 다양하다. 특히 개인의 생애주기별 경력 설계와 취업 · 이직을 효과적으로 지원하는 데 초점이 맞춰져 있다. 훈련 이력, 적성, 취업 목표 등을 반영한 맞춤형 상담과 훈련과정 안내도 함께 제공된다. 국민내일배움카드는 단순한 훈련비 지원을 넘어 평생직업교육 플랫폼으로 자리 잡아 가고 있으며, 디지털 전환 시대에 능동적으로 대응할 수 있는 역량 강화를 뒷받침하고 있다. 이를 통해 개인의 고용 가능성을 높이고, 노동시장 전반의 경쟁력도 함께 강화하는 것을 목표로 한다.

② 직업훈련생계비 대부제도

직업훈련생계비 대부제도는 직업훈련에 참여하는 실업자, 비정규직 근로자, 무급휴직자, 자영업자 등이 생계 부담 없이 훈련에 전념할 수 있도록 정부가 저금리로 생계비를 빌려주는 제도이다. 고용노동부가 주관하고 근로복지공단이 운영하며, 고용부가 인정하는 140시간 이상의 직업훈련과정에 참여할 경우 신청이 가능하다. 신청자는 가구 중위소득 80% 이하 등 일정한 소득 요건을 충족해야 하며, 월 최대 200만 원, 총 1,000만 원 한도 내에서 지원받을 수 있다.

③ 청년취업사관학교

청년취업사관학교는 청년들이 짧은 기간 안에 실무 역량을 갖추고 바로 현장에 취업할 수 있도록 지원하는 직업교육기관이다. 전통적인 학교 교육과 달리, 산업현장에 바로 투입될 수 있는 실무형 교육과정을 중심으로 구성되며, IT, 인공지능, 바이오, 디자인, 스마트제조 등 신산업 분야가 주된 훈련 대상이다. 교육은 2~6개월의 단기 집중훈련으로 운영되며, 취업 연계와 프로젝트 기반 실습이 강조된다. 지자체와 중앙정부가 협력하여 서울시(서울산업진흥원), 부산시, 인천시 등에서 다양한 형태로 운영되고 있다. 특히 교육비 전액 무료, 교육 중 수당 지급, 멘토링 및 취업 알선 등의 지원이 제공되어 청년층의 만족도가 높다. 훈련생들은 일반 대학이나 고등교육기관과는 다른 실전 중심의 커리큘럼을 통해 짧은 시간 안에 실무 역량을 갖추고, 실제 취업으로 이어지는 성과를 내고 있다. 이 제도는 취업에 어려움을 겪는 청년들에게 실질적인 대안으로 자리 잡고 있으며, 지역 산업 맞춤형 인재 양성이라는 측면에서도 큰 의미를 갖는다. 최근에는 민간기업과의 협업을 통해 채용 연계 교육과정도 활발히 운영되고 있다. 청년취업사관학교는 '청년을 위한 실전형 취업 등용문'으로 평가받으며 그 범위와 내용이 점차 확대되고 있다.

5. 자격정보

최근 채용의 트렌드가 NCS에 기반한 직무 역량을 기준으로 바뀌어 가고 있기 때문에 해당 직무와 관련된 자격증의 취득은 더욱 중요하게 되었다. 자격증은 개개인이 어떤 직무에서 요구되는 특정한 수준의 숙련이나 자질을 갖추었음을 공식적으로 인정하는 것으로, 해당자격이 없으면 당해 업무에 종사할 수 없는 업무 독점형 자격과 일정한 기능이나 지식을 소유하고 있음을 인정하는 능력 인정형 자격으로 구분될 수 있다.

또한 자격제도의 관리주체에 따라 국가자격과 민간자격으로 분류된다. 국가자격은 「국가기술자격법」에 의한 국가기술자격과 개별법령상의 국가전문자격으로 구분할 수 있고, 민간자격은 등록자격과 국가가 공신력을 인정한 공인자격, 그리고 기업이 소속 근로자의 특정기술 습득수준을 인증하기 위한 사업내 자격으로 구분할 수 있다. 자격증에 대한 구체적인 정보는 다음의 사이트들을 통해 얻을 수 있다.

1) 큐넷

한국산업인력공단의 자격정보시스템(https://www.q-net.or.kr)으로 국가자격시험, 전문자격시험, 자격정보, 자격증 · 확인서 등이 주요 메뉴를 구성하고 있다. 시험일정, 응시자격, 응시자격 자가진단 등에 관한 메뉴도 매우 유용하다.

2) 민간자격정보서비스

한국직업능력연구원에서 운영하는 사이트(https://www.pqi.or.kr)로 민간자격 등록 및 관리업무와 민간자격 국가공인에 관한 신청 서비스를 제공한다. 또한 국가공인 민간자격과 순수 민간자격으로 구분되어 있는 우리나라의 모든 민간자격에 관한 자격내용, 직무내용, 취득방법, 자격관리기관 등의 정보와 자격제도에 관한 연구 발간물 자료도 검색할 수 있다.

참고자료

인공지능전문가 이경전

경희대학교 경영대학 빅데이터응용학과에서 인공지능을 연구하고 있습니다. 최근에는 '사용자 중심 인공지능'이라는 분야를 연구하고 있는데, 그동안 빅테크 중심의 인공지능 시스템이 사용자의 데이터를 너무 많이 활용하고 뺏어 가서 중소기업의 힘을 오히려 약화시키는 측면이 있었습니다. 그래서 개인이나 중소 사업자, 약자들이 강해질 수 있는 인공지능을 연구하고 있습니다.

Q 인공지능(AI) 챗GPT에 대해 간단히 설명해 주세요.

2016년 '알파고'가 나왔을 때도 큰 충격을 받았지만, 그때는 우리가 알파고를 써 볼 수는 없어요. 하지만 2022년 11월 30일에 나온 챗GPT는 누구라도 마음만 먹으면 쓸 수 있는 기술이 되었습니다. 전 세계 사람들이 상당히 강력한 인공지능서비스를 거의 무료로 사용할 수 있다는 것이 특징이고 충격이었죠.

Q 챗GPT, 기존 인공지능(AI)과 무엇이 다른가요?

기존 인공지능과 다르다고 할 수는 없습니다. 챗GPT의 가장 중요한 특징은 언어모델입니다. 언어가 들어가면 언어가 나오는 거죠. 인공지능의 분야 중 자율주행차 같은 경우는 영상이 들어가서 운동, 자동차의 속도나 방향이 결정되는 것과 비교할 수 있죠.

챗GPT가 처음 나왔을 때 일단 선생님들이 굉장히 놀랐어요. 그동안 제가 과제나 시험으로 냈던 문제를 챗GPT에게 물어봤는데 대답을 무척 잘하는 거예요. 그러면 학생들이 챗GPT를 사용하는 것을 금지할 것인가, 아니면 허용할 것인가라는 물음이 생깁니다. 미래에는 인공지능을 곁에 두고 살아 나가야 할 테니 학생들에게 챗GPT를 금지하는 것은 좀 불합리하다고 여겼어요. 시험문제를 풀 때도 챗GPT를 사용할 수 있도록 했죠. 그리고 굉장히 재미있는 현상이 일어났습니다. 현재 GPT4는 이미지를 인식할 수 있는데 일반인들에게는 아직 그 기능을 허용하지 않고 있습니다. 그래서 이미지를 해석할 수 있는 기능이 현재는 없어요. 일부러 시험문제를 낼 때 이미지가 들어간 문제를 냈죠. 학생들에게는 챗GPT를 충분히 사용해도 된다고 했고요. 재미있는 것은 학생들이 그 이미지를 글로 풀어 챗GPT에게 질문을 해서 문제를 해결했습니다. 인공지능 과목이었는데, 인공지능에 대한 이해가 높은 학생이 그런 문제도 잘 풀이하고, 또 인공지능 도구를 잘 활용하는 것도 중요하다는 걸 알 수 있었습니다. 그래서 앞으로 인공지능 도구, 챗GPT 같은 것을 사용해 시험을 보고 업무를 한다는 것은 크게 두 가지 능력이 필요하다는 것을 알게 되었습니다. 해당 업무나 시험 분야의 지식이 있어야 하고, 또 인공지능 도구를 사용할 수 있는 능력도 필요하다는 생각을 하게 되었습니다.

기술은 매년 10배씩 크기가 늘어나고 있습니다. 2023년 현재 GPT4는 1조 7,000억 개의 파라미터 수를 갖습니다. 매년 10배씩 늘어난다고 가정해 보면 내년이나 후년에는 몇십 조 개의 파라미터 수를 갖는 인공지능이 나올 수 있겠죠. 2025년이나 2027년쯤 되면 아마도 100조 개 파라미터 단위의 인공지능이 나오는데, 우리 인간의 두뇌 시냅스 수가 100조 개라고 합니다. 그러니까 인간의 두뇌와 비슷하게 복잡한 인공지능 시스템이 2025년 정도면 나올 수 있다는 거죠. 그러면 과연 그 인공지능은 인간 두뇌와 똑같은 걸 할 것인가? 그럴 가능성은 없지만 그 정도의 복잡성이 있다는 거겠죠. 현재 GPT4는 이미지를 인식할 수 있습니다. 아마 2023년 말쯤 되면 일반인에게도 그 기능이 공개되지 않을까 해요. 그렇게 되면 우리가 아무 사진이나 찍어서 "이건 무슨 사진이야?" 또는 "어느 미술관에 있는 사진이야?" 물어볼 수 있겠죠. 우리는 계속 GPT4에게 묻고, GPT4는 계속 그걸 학습할 거예요. 인류가 만든 가장 큰 문화유산이 책이잖아요. 책에는 텍스트와 이미지가 있는데, GPT는 그것을 계속 학습하니까 학습능력이 더 높아질 거고, 인간은 더 많이 사용할 수 있게 되겠죠.

Q 챗GPT 외에 우리가 주목해야 할 인공지능 기술은 무엇일까요?

제가 연구하는 걸 소개해 볼게요. 그동안의 인공지능은 누가 만들었나요? 대기업의 영역이었죠. 지금은 거대 기업이 만드는 AI를 우리가 경배하면서 바라보지만 앞으로는 그 AI가 내 손안으로 들어올 거예요. 70년대 컴퓨터가 큰 기업의 전산실에만 있었지만 지금은 스마트폰, 퍼스널 컴퓨터, 노트북이 되어 내 손에 있는 것과 같죠. 모든 사람이 각자의 AI를 소유하는 시대가 올 거예요. 영화 〈아이언맨〉에 '자비스'가 토니 스타크의 곁에서 도와주는 것을 볼 수 있는데, 그런 시대가 현실화됩니다. 현재 오픈AI가 개발한 챗GPT나 GPT4는 엄청나게 큰 것 같지만 우리 각자의 컴퓨터에 설치할 수 있을 정도예요. 그렇게 크지 않아요. 단지 속도가 느리죠. 하지만 점점 컴퓨터의 속도와 용량이 높아지면 GPT4 같은 강력한 인공지능을 스마트폰에 꽂고 다니고, 이것이 나의 데이터를 학습해 나만을 위한 AI를 만들고, 또 다른 사람의 AI와 연합해 더 강력한 AI로 만들어져 사업이 될 수도 있습니다. 결국은 사람들이 자신만의 AI를 소유하고, 사업을 하고, 직업을 해 나가는 시대가 오지 않을까요? AI 기술이 무언가를 더 늘린다는 관점도 있지만, 민주화되는 거죠. 거대 기업과 돈 많은 사람만 향유하는 AI가 아니라. 지금은 AI의 아주 초기입니다. 큰 회사들만 만들고 AI 전문가들만 대우받고 있죠. 하지만 점차 대중화되고 민주화되어 많은 사람이 사용하는 구조로 가는 것이 AI의 발전 방향이 아닐까 생각해요.

출처: 고용24(https://www.work.go.kr). 직업인 인터뷰.

참고문헌

김병숙, 송성화, 최정은(2012). 청소년의 직업정보 매체 선호 및 가독성 분석. **진로교육연구, 25**(4), 183-198.

김승보, 유한구, 장현진, 방혜진, 신선미(2014). **진로정보의 현장활용 실태와 개선방안**. 서울: 한국직업능력개발원.

최수정, 정철영(2009). 사회연결망분석을 통한 우리나라 온라인 진로정보 네트워크 분석. **직업교육연구, 28**(3), 133-158.

한국진로교육학회(2011). **진로교육의 이론과 실제**. 경기: 교육과학사.

Bodden, J., & James, L. (1976). Influence of occupational information giving on cognitive complexity. *Journal of Counseling Psychology, 23*(3), 280-282.

Bolles, R. (2009). *What color is your parachute?* Berkeley, CA: Ten Speed Press.

Epstein, S. A., & Lenz, J. G. (2008). *Developing & managing career resources.* Broken Arrow, OK: National Career Development Association.

Gottfredson, L. S. (1996). The assessment of career status with the career attitudes and strategies inventory. *Journal of Career Assessment, 4*(4), 363-381.

Hoppock, R. (1976). *Occupational information.* New York: McGraw-Hill.

Hoyt, K. (2005). *Career education: History and future.* Broken Arrow, OK: National Career Development Association.

Niles, S. G., & Harris-Bowlsbey, J. (2005). *Career development in the 21st century* (2nd ed.). Upper Saddle River, NJ: Prentice-Hall, Inc.

Peterson, G. W., Sampson, J. P., Lenz, J. G., & Reardon, R. C. (2002). *A cognitive information processing approach to career problem solving and decision making. Career choice and development* (4th ed.). San Francisco, CA: Jossey-Bass.

Schutt, D. A. Jr., & Finkle, J. (2008). *How to plan and develop a career center* (2nd ed.). New York: Ferguson Publishing.

Suddarth, B. H., & Reile, D. M. (2012). *Facilitating career development* (3rd ed.). Broken Arrow, OK: National Career Development Association.

고용24(https://www.work24.go.kr)

국가직무능력표준(https://www.ncs.go.kr)

대입정보포털어디가(https://www.adiga.kr)

대학알리미(https://www.academyinfo.go.kr)

민간자격정보서비스(https://www.pqi.or.kr)

임금직업포털(https://www.wagework.go.kr)

전문대학포털-프로칼리지(https://www.procollege.kr)
커리어넷(https://www.career.go.kr)
큐넷(https://www.q-net.or.kr)
한국산업인력공단(https://www.hrdkorea.or.kr)
한국전문대학교육협의회(https://www.kcce.or.kr)

제5장 진로검사

산모퉁이를 돌아 논가 외딴 우물을 홀로 찾아가선 가만히 들여다봅니다.

우물 속에는 달이 밝고 구름이 흐르고 하늘이 펼치고 파아란 바람이 불고 가을이 있습니다.

그리고 한 사나이가 있습니다.
어쩐지 그 사나이가 미워져 돌아갑니다.

돌아가다 생각하니 그 사나이가 가엾어집니다.
도로 가 들여다보니 사나이는 그대로 있습니다.

다시 그 사나이가 미워져 돌아갑니다.
돌아가다 생각하니 그 사나이가 그리워집니다.

우물 속에는 달이 밝고 구름이 흐르고 하늘이 펼치고 파아란 바람이 불고 가을이 있고 추억처럼 사나이가 있습니다.

-윤동주, 「자화상」-

합리적인 진로 선택을 위해서는 개인의 적성과 흥미 등을 포함한 다양한 심리적 특성에 대한 이해가 선행되어야 한다. 이러한 자기이해를 돕는 유용한 도구로 진로심리검사가 활용된다. 심리검사는 상담자와 내담자 모두에게 풍부한 정보를 제공하는 수단으로, 상담자는 이를 통해 내담자의 문제를 보다 정확히 이해하고 평가하며, 적절한 상담적 개입을 위한 기초 자료를 확보할 수 있다. 내담자 또한 검사를 통해 자신을 보다 객관적으로 인식하고, 진로와 관련된 합리적인 의사결정이나 미래 계획 수립에 필요한 통찰을 얻을 수 있다. 이 장에서는 먼저 심리검사의 개념과 활용 목적을 살펴볼 것이다. 이어서 검사 도구의 양호도, 규준 등 심리검사에서 반드시 이해해야 할 기본 개념을 정리하였다. 아울러 진로상담 현장에서 자주 사용되는 적성검사, 흥미검사, 직업가치관검사, 진로성숙도검사 등 공공부문에서 개발된 것을 위주로 설명할 것이다. 마지막으로 심리검사의 실제 활용절차와 검사 결과 해석 시 유의할 점들에 대해 다룬다.

1. 심리검사의 개요

1) 심리검사의 개념

심리검사는 많은 학자에 의해 다양하게 정의되고 있다. 심리검사를 명확하게 이해하기 위해서는 심리검사에 대한 다양한 정의와 그러한 정의 안에 공통적으로 포함된 개념을 살펴보는 것이 필요하다.

심리검사에 대한 개념들 중 자주 언급되는 정의를 살펴보면, 황정규(1990)는 심리검사를 인간 행동에 관련된 현상을 관찰하고 수량척도나 고정된 유목을 이용하여 그것을 기술하기 위한 체계적 절차라고 하였으며, Anastasi(1997)는 한 인간의 행동표본을 객관적이며 표준화된 절차로 측정하고 진단하는 방법이라 정의하였다. 또한 Cronbach(1994)는 심리검사란 개인의 행동을 관찰하고, 그것을 수량적 척도나 유목척도로 기술하기 위한 하나의 체계적인 절차라고 하였으며, 강봉규(2012)는 인간의 성격, 능력 및 그 밖에 그 사람이 갖고 있는 심리적 특성의 내용과 그 정도를 밝힐 목적으로 일정한 조건하에 이미 마련한 문제나 혹은 작업을 제시한 다음 그 사람의 행동 또는 결과를 어떤 가정의 표준적 관점에 비추어 질적 혹은 양적으로 기술하는 조직적 절차라고 정의하였다. 이를 종합하면 심리검사는 개인의 특성을 이해하기 위해 인간의 심리적 특성(예: 성격, 적성, 흥미, 태도 등)을 표준화된 절차에 의해 간접적이고 객관적으로 측정하는 도구라고 할 수 있다. 이러한 도구들 중에서 특히 진로상담에서 중요하게 생각하는 내담자의 특성(예: 적성, 흥미, 직업가치관 등)을 측정하는 도구들을 '진로심리검사'라고 부른다. 즉, 심리검사는 실재하는 대상이 아닌 가설적인 심리적 구성개념을 측정하는 것으로, 이러한 정의에 내포된 공통된 구성개념은 다음과 같다.

첫째, 심리검사는 표준화된 절차를 지니고 있다. 여기에서 표준화된 절차란 검사시간, 검사실시, 검사채점 등이 모든 사람에게 동일하게 적용되는 것을 뜻한다. 이러한 검사의 표준화 절차가 보장되어야 측정 및 채점과정에서 생길 수 있는 검사의 편차를 가능한 한 작게 줄일 수 있다. 또한 관찰된 검사결과의 차이, 즉 점수 차이가 수검자의 독특성이라는 개인차를 정확하게 반영하게 되어, 여러 사람에게서 관찰된 점수 간의 상호비교가 가능해진다.

둘째, 심리검사는 간접적으로 측정된다. 인간의 심리적 특성은 눈으로 확인하기 어려운 개념으로 물리적인 대상의 측정과는 다른 방법을 사용한다. 즉, 지능, 태도 등과 같은 개념을 조작적인 정의에 의해서 개념화하고 이에 따라 측정하고자 하는 심리적 속성을 가장 잘 나타낼 수 있는 행동표본을 추출하여 측정하게 된다. 이때 주의할 점은 검사에서 측정하려는 행동표본이 얼마나 전체 행동을 잘 대표하는지의 여부이다.

셋째, 심리검사는 객관적으로 측정되어야 한다. 여기서 객관적이라는 것은 모든 사람에게 같은 규칙을 적용하여 채점을 한다는 것이다. 즉, 한 개인의 반응을 여러 사람이 채점하여 수량화하더라도 언제나 동일한 점수가 계산되어야 한다는 것이다. 이것은 피검자들이 동일한 반응을 했어도 채점규칙이 명확치 않아서 개인마다 점수에서 큰 차이가 있다면 그 검사는 올바른 심리검사라 할 수 없기 때문이다.

2) 심리검사의 활용 목적

진로상담에서 활용되는 심리검사의 목적은 매우 다양하지만, 이를 몇 가지로 요약해서 제시해 보면 다음과 같이 정리할 수 있다(김재은, 유기섭, 1990; 박성수, 1992; 이재창 외, 2014).

첫째, 자신에 대한 정보를 제공한다. 자신이 어떠한 적성을 갖고 있고 어떠한 활동을 할 때 흥미를 느끼는지 자신의 특성과 선호를 이해하고 있다면, 보다 정확하게 진로를 탐색하고 결정할 수 있다. 이처럼 자신의 이해를 돕기 위한 객관적인 정보를 제공하는 데 심리검사가 활용된다.

둘째, 가능성을 예측해 준다. 개인이나 집단이 여러 가지 결정을 할 때, 능력, 성취, 기타 변인을 근거로 미래에 어떻게 행동하게 될 것인가를 예측 내지 전망할 필요가 있다. 여러 가지 검사를 통하여 획득된 수량화된 자료에 근거하여 이루어지는 전망이나 예측은 단순한 짐작이나 바람에 근거하여 판단하는 것보다 훨씬 더 신뢰도가 높고 타당하다.

셋째, 개인의 성격이나 적성을 파악하는 데 도움을 준다. 개성이나 적성을 발견해서 그에 맞는 지도를 하고 적재적소에 배치하는 것을 목적으로 검사를 활용할 수 있다. 예를 들어, 학교나 회사 또는 공공기관에서 어떤 사람을 선발하고 배치해야 할 경우 검사는 개인 간의 차이를 수량적으로 제시할 수 있다.

넷째, 현재 자신의 진로와 관련된 문제영역을 진단해 볼 수 있다. 진로탐색을 위해 나는 지금 무엇을 해야 하며 어떤 것부터 해야 할지, 진로결정을 하지 못하는 이유가 무엇인지 등 진로에 대한 현재 자신의 상태를 알아보고, 특히 진로개발에 있어 해야 할 과업수행에 어려움이 있을 때 해결의 실마리를 제공할 수 있다.

이렇듯 심리검사는 진로상담 장면에서 유용하게 활용될 수 있다. 그러나 심리검사는 여러 가지 정보를 체계적으로 분석하여 단지 통계적으로 예측해 주는 것이므로 검사결과만을 맹신해서는 안 되며, 다양한 정보를 종합적으로 활용하여 합리적인 선택을 하도록 내담자를 지도하고 상담해야 한다.

3) 심리검사의 양호도

(1) 검사의 신뢰도

심리검사의 신뢰도는 검사실시를 통해 얻어진 검사결과가 얼마나 믿을 만한 결과인가에 대한 개념으로 좋은 검사는 신뢰를 줄 수 있어야 한다. 믿을 만하다 혹은 신뢰할 만하다는 개념은 어떤 개인이 동일한 검사를 여러 차례 반복하여 실시하였을 때, 얼마나 일관성이 있는 검사결과를 도출하는가를 의미한다.

신뢰도 분석의 유형은 크게 검사-재검사 신뢰도, 동형검사 신뢰도, 반분신뢰도, 문항내적 합치도 등이 있으며 이들 각각은 서로 다른 유형의 일관적 수행에 초점을 두고 있다.

첫째, 검사-재검사 신뢰도는 동일한 검사를 일정한 시간 간격을 두고 실시하였을 때, 서로 다른 시점에서 얼마나 일관성 있게 반응하는지를 알아보는 추정방법으로 검사점수의 안정성을 나타내는 지표이다.

둘째, 동형검사 신뢰도는 연구자가 개발한 검사와 검사문항은 다르나 동일한 지식이나 특성들을 측정하는 동형검사를 개발하고, 두 검사점수 간의 상관계수를 구해서 검사의 신뢰도를 알아보는 방법이다.

셋째, 반분신뢰도는 하나의 검사를 두 개의 반분-검사로 나누어 한 집단에 검사를 실시하는데 마치 두 개의 동형검사를 동시에 실시하는 것과 같다. 하나의 검사를 반분-검사로 나누는 방법은 여러 가지가 있으며, 가장 일반적인 것은 홀수번호 문항들과 짝수번호 문항들로 나누는 것이다.

넷째, 문항내적 합치도는 한 검사를 구성하는 문항 각각의 반응의 일치도를 나타내는 지표이다. 문항내적 합치도에서 신뢰도 계수를 추정하는 데는 여러 방법이 있으며, 그중 가장 많이 사용되는 방법이 Cronbach가 만들어 낸 '크론바흐 α'이다(탁진국, 2007). 문항내적 합치도 계수는 검사를 구성하고 있는 각 문항이 그 검사의 전체 점수와 관련되는 정도, 그리고 검사의 다른 문항들과 관련되는 정도를 의미한다.

(2) 검사의 타당도

검사의 타당도는 검사가 측정하고자 하는 바를 제대로 측정하는가를 나타낸다. 만약 새로운 흥미검사를 개발하였을 때 그 검사가 흥미라는 특성을 잘 측정하고 있는지 아니면 흥미와 무관한 다른 특성을 측정하는지를 알려 준다.

검사의 타당도를 분석하는 방법에는 여러 가지가 있으며, 크게 내용타당도, 구성타당도 및 준거타당도의 세 가지로 구분된다(탁진국, 2007).

첫째, 내용타당도는 검사문항들의 내용을 검토하여, 각 검사문항들이 검사에서 측정하고자 하는 내용영역을 제대로 측정하고 있는지 여부를 결정하는 것이다. 보통 내용타당도 분석은 그 분야의 전문성과 지식을 갖춘 사람에 의해 판단된다.

둘째, 구성타당도는 어떤 이론적 구성개념이나 특성을 측정할 수 있는 정도를 검증한다. 심리검사에서 측정되는 대상은 모두가 추상적 개념, 즉 구성개념이므로 심리검사가 심리적 구성개념을 제대로 측정하고 있는지를 평가해야 하는데, 이것이 구성타당도 분석이다. 구성타당도를 평가하는 방법에는 상관분석을 통한 수렴타당도와 판별타당도 분석과 요인분석을 활용한 타당도 분석이 있다.

셋째, 준거타당도는 심리검사점수와 준거점수와의 관련성을 분석하는 방법이다. 준거란 검사를 평가하기 위한 기준을 의미하며 준거점수로는 미래의 행동이나 다른 검사의 점수가 쓰인다. 준거타당도를 구하는 방법에는 예언타당도, 공인타당도 분석 등이 있다.

4) 심리검사의 점수

심리검사를 실시하면 다양한 수치의 결과표가 산출되는데, 검사결과에서 제시하는 이러한 수치들을 이해하고 있어야 검사결과의 해석이 가능하다. 검사결과에서 제시하는 점수는 크게 원점수와 규준점수로 구분된다.

먼저, 원점수는 검사결과를 통해 직접 얻은 수치, 즉 검사실시 후 채점되어 나오는 점수로 검사수행 결과 직접 얻어진 점수를 말한다. 예를 들어, '매우 싫어한다'에서 '매우 좋아한다'의 5점 Likert 척도로 이루어진 흥미검사의 경우, 각 문항에 대한 반응에 1~5점을 부여한 후 합산한 점수가 원점수가 된다. 그러나 원점수만으로는 개인의 검사점수를 의미 있게 해석하기 어렵다. 개인의 원점수는 그 자체로는 높은 점수인지 낮은 점수인지에 대해 표현할 수 있는 비교 기준을 갖고 있지 않기 때문이다.

이에 개인이 받은 점수를 의미 있게 해석하기 위해서 사용되는 점수체계가 요구되며, 이를 규준이라고 한다. 규준을 구하기 위해서는 규준집단이 정의되어야 하는데, 규준집단은 개인의 검사점수를 해석하기 위해 필요한 기준집단을 말한다. 예를 들어, 어떤 학생의 학업성취도 점수를 비교하기 위해서는 그 학생이 속해 있는 동일한 특성의 집단(예: 학년, 성별 등)을 기준으로 비교해야 하는데, 이를 규준집단이라고 한다. 규준점수는 규준집단에서 나타내는 검사의 점수분포에 따라 계산된 값으로 T점수와 백분위 점수가 여기에 속한다. 이렇게 검사의 점수를 규준점수를 통해서 해석한다는 것은 심리검사의 결과를 절대적 수치가 아닌, 상대적인 비교를 통해 더욱 유용하게 활용할 수 있다는 것을 의미한다.

2. 진로심리검사의 종류

1) 적성검사

(1) 개념

적성(aptitude)은 인간의 능력을 특정 분야나 활동 영역에 관련시킨 개념으로 개인이 어떤 특정 분야, 직업, 활동 등에 필요한 능력을 얼마나 가지고 있는가를 알아내어 이를 통해 미래의 수행에 대한 예언을 하고자 하는 개념으로 볼 수 있다(한국고용정보원, 2004a). 황정규(1988)에 의하면 적성의 개념은 다음의 세 가지 특징을 구성요소로 포함하고 있다. 첫째, 적성은 '미래의 예언'이란 속성을 가진다. 즉, 지능이나 학력이 현재의 어떤 상태를 지칭한다고 하면 적성이란 '미래의 어떤 분야에서의 성공여부를 예언'하기 위한 개념이라고 말할 수 있다. 둘째, 적성은 어떤 특정 분야, 활동, 영역에서의 지적 활동과 밀접한 관련을 가지는 개념이다. 셋째, 적성이란 개념 속에는 인간의 능력적인 특성뿐만 아니라 인간의 정의적인 특성도 포함된다는 것이다.

이에 적성검사는 개인이 학업이나 직업과 관련하여 가지고 있는 능력을 측정하고 향후 어떠한 분야에서 직무를 잘 수행할지 또 그 직무분야에 잘 적응할지를 예측하고자 하는 검사이다(이재창 외, 2014). 적성검사는 내용에 따라 각 적성요인을 총괄적으로 측정하여 어떤 직무에 적합한가를 알아보는 다면적성검사와 각 적성요인을 분리해서 개인이 어떤 특정 직무를 수행하는 데 필요한 능력을 갖추고 있는지의 여부를 측정하는 특수적성검사로 나눌 수 있고 검사의 목적에 따라서 학업적성검사와 직업적성검사로 나눌 수 있다(임언, 2000).

적성검사의 기능은 다음과 같이 요약할 수 있다(Gibson & Mitchell, 1981). 첫째, 개인이 미처 인식하지 못하고 있는 잠재력을 발견할 수 있다. 둘째, 개인의 특수능력이나 잠재력을 개발하도록 격려할 수 있다. 셋째, 학업이나 진로를 결정하는 데 있어서 중요한 정보를 제공할 수 있다. 넷째, 개인의 미래 학업이나 직업에 있어서의 성공가능성을 예측할 수 있다. 다섯째, 다른 발달이나 교육적인 목적에 따라서 학생들을 적성별로 분류할 수 있다.

(2) 우리나라의 적성검사

우리나라에서 주로 활용되고 있는 적성검사는 다면적성검사이며, 일부 특수적성검사가 개발되어 활용되고 있다. 우선 다면적성검사의 경우는 중·고등학생부터 대학생 및 성인에 이르기까지 다양한 연령대별로 개발되어 있으며, 크게 능력형 적성검사와 자기보고식 적성검사로 구분된다. 능력형 적성검사는 개인의 최대 수행능력을 평가할 수 있도록 설계되었고 각 문항에 정답이 있으며 시간제한이 있는 형식이다. 한국고용정보원(고용24)에서 개발되어 실시되는 검사의 대부분이 이러한 형태의 검사라고 볼 수 있다. 자기보고식 적성검사는 정답과 시간제한이 없고 각 문항에 대해 솔직하게 응답하는 형식으로 이루어지며 한국직업능력연구원(커리어넷)에서 개발하여 실시하는 검사가 여기에 해당된다.

우리나라의 다면적성검사에서 측정되는 하위영역은 능력형 적성검사인지 아니면 자기보고식 적성검사인지에 따라 다소 차이를 보인다. 능력형 적성검사의 경우는 언어, 수리, 공간, 지각, 기계(과학), 협응(손재능) 등을 기본으로 하고 있으며, 기존의 지능검사에서 다루고 있는 인지영역을 많이 포함하고 있다. 반면, 자기보고식 적성검사의 경우는 인지능력만이 아닌 신체 · 운동능력 등 다양한 적성영역이 포함되어 있다는 차이가 있다. 〈표 5-1〉에서는 능력형 적성검사에서 주로 측정하고 있는 적성요인에 대한 의미를 간략히 설명하고 있다.

특수적성검사의 경우 특정 직무 분야와 관련하여 개발되어 있으며, 한국고용정보원(고용24)에서는 'IT직무'와 '영업직무'에 관한 특수적성검사가 개발 · 활용되고 있다. 특수적성검사는 특정 직무에서 요구되는 능력들을 측정하기 때문에 다면적성검사에서와 같이 전반적인 능력을 모두 측정하지는 않으며, 각 직무마다 측정하는 능력들이 다르다. 이에 따라 적성요인으로 IT직무에서는 언어력, 추리력, 집중력을 측정하고 있으며, 영업직무에서는 언어력과 기억력을 측정하고 있다.

우리나라에서 주로 사용하고 있는 적성검사는 〈표 5-2〉에 간략히 소개하였다. 먼저, 한국고용정보원(고용24)에서 개발된 검사는 모두 능력형 적성검사로 볼 수 있으며, 개인별 능력수준을 측정한 프로파일을 제공하고 이를 통해 자신의 강점과 약점을 파악할 수

〈표 5-1〉 적성검사 하위요인

적성요인	적성요인에 대한 설명
1. 언어력	일상생활에서 사용되는 다양한 단어의 의미를 정확히 알고 글로 표현된 문장들의 내용을 올바르게 파악하는 능력
2. 수리력	사칙연산을 이용하여 수리적 문제들을 풀어내고 일상생활에서 접하는 통계적 자료(표와 그래프)들의 의미를 정확하게 해석하는 능력
3. 추리력	주어진 정보를 종합해서 이들 간의 관계를 논리적으로 추론해 내는 능력
4. 공간지각력	물체를 회전시키거나 재배열했을 때 변화된 모습을 머릿속에 그릴 수 있으며, 공간 속에서 위치나 방향을 정확히 파악하는 능력
5. 사물지각력	서로 다른 사물들 간의 유사점이나 차이점을 빠르고 정확하게 지각하는 능력
6. 상황판단력	실생활에서 자주 당면하는 문제나 갈등 상황에서 문제를 해결하기 위한 여러 가지 가능한 방법 중 보다 바람직한 대안을 판단하는 능력
7. 기계능력	기계의 작동원리나 사물의 운동원리를 정확히 이해하는 능력
8. 집중력	작업을 방해하는 자극이 존재함에도 불구하고 정신을 한 곳에 집중하여 지속적으로 문제를 해결할 수 있는 능력
9. 색채지각력	서로 다른 두 가지 색을 혼합하였을 때의 색을 유추할 수 있는 능력
10. 문제해결능력	문제 및 장애요소를 해결하기 위해 논리적 사고와 올바른 의사결정 과정을 통해 구체적인 행동으로 연계될 수 있는 해결방안을 찾아내는 능력
11. 사고유창력	주어진 상황에서 짧은 시간 내에 서로 다른 많은 아이디어를 개발해 내는 능력

출처: 고용24.

있게 도와주며, 개인의 능력에 따른 적합한 직업들을 제시해 준다. 또한 자신의 희망진로(학과, 직업 등)에서 요구되는 능력과 자신의 능력을 비교함으로써 개인이 보완하거나 더 노력해야 하는 부분이 무엇인지에 대한 정보를 제공하고 있다. 다음으로 한국직업능력연구원(커리어넷)에서 개발된 검사는 다중지능이론에 기반한 자기보고식 검사로 능력형 적성검사에서 측정의 한계가 있었던 신체·운동능력, 음악능력, 자연친화력 등에 대한 측정이 가능하다는 장점이 있다.

〈표 5-2〉 **적성검사의 종류**

검사명	대상	검사목적	하위영역	발행처
성인용 직업적성검사	만 18세 이상	자신의 적성에 맞는 직업분야 제시	① 언어력 ② 수리력 ③ 추리력 ④ 공간지각력 ⑤ 사물지각력 ⑥ 상황판단력 ⑦ 기계능력 ⑧ 집중력 ⑨ 색채지각력 ⑩ 문제해결능력 ⑪ 사고유창력	한국고용정보원 (고용24)
고등학생 적성검사	고등학생	직업적성에 적합한 직업 탐색	① 언어능력 ② 수리능력 ③ 추리능력 ④ 공간능력 ⑤ 지각속도 ⑥ 과학원리 ⑦ 집중능력 ⑧ 색채능력 ⑨ 사고유연성	
중학생 진로적성검사	중학생	학업적성에 적합한 학과 및 직업 추천	① 언어능력 ② 수리능력 ③ 공간능력 ④ 추리능력 ⑤ 지각속도 ⑥ 과학능력 ⑦ 색채능력 ⑧ 사고유연성	
IT직무 기본역량검사	만 18세 이상	IT직무 관련 적성 및 인성요인 측정	① 적성(언어력, 추리력, 집중력) ② 인성(근면, 자율, 적응력, 심미적 센스)	
영업직무 기본역량검사	만 18세 이상	영업직 분야 직무 수행 및 적합분야 제시	① 적성(언어력, 기억력) ② 인성(근면, 자율, 심리적 탄력, 사회성, 타인배려, 감정조절)	
직업적성검사	중2~고3	자아성찰과 진로 및 직업세계 탐색	① 신체·운동능력 ② 손재능 ③ 공간지각력 ④ 음악능력 ⑤ 창의력 ⑥ 언어능력 ⑦ 수리·논리력 ⑧ 자기성찰능력 ⑨ 대인관계능력 ⑩ 자연친화력 ⑪ 예술시각능력	한국직업능력연구원 (커리어넷)

출처: 고용24, 커리어넷.

2) 흥미검사

(1) 개념

흥미는 '어떤 현상이나 사물에 대한 관심 또는 어떤 활동에 적극적으로 참여하는 성향(propensity 혹은 disposition)'으로 정의할 수 있는데(서울대학교 사범대학 교육연구소, 1997), 이러한 흥미는 방향성을 띠며, 그 방향에 따라 직업흥미, 학업흥미 등으로 구분된다. 특히 직업흥미는 특정 직업이나 직업군, 또는 해당 직업에서의 전형적인 직무에 대한 선호 정도와 그 직업에서의 주된 활동을 취하려는 선호적 · 선택적 경향을 가리키는 것으로서 그 직종에서의 적응이나 성공가능성을 위한 일종의 준비도(readiness)라고 정의할 수 있다(성태제, 시기자, 2001).

직업흥미를 측정하는 직업흥미검사는 대체로 세 가지 종류로 대별된다(안창규, 1996). 첫째는 특정 직업군의 직업이나 활동에 대한 선호도의 패턴이 한 개인의 선호도와 일치하면 그 직업군의 흥미를 나타낸다고 하는 경험적 타당도에 의해서 개발된 Strong(1943)식의 직업흥미검사(Strong Vocational Interest Blank: SVIB)와 이것을 보다 발전시킨 Strong-Campbell의 직업흥미검사(Strong Campbell Interest Inventory: SCII)이다. 둘째는 특정 직업군에서 나타나는 동질적 내용의 활동들로 구성되는 문항들의 선호도로 결정하는 Kuder(1965)식의 직업흥미검사이다. 즉, Kuder 흥미검사는 Strong 흥미검사와는 달리 한 개인의 흥미가 어떤 직업집단의 흥미와 유사한가를 밝히는 것이 목적이 아니라, 그 개인이 여러 가지 활동 중 어떤 활동을 보다 더 좋아하는지를 기술하는 데 목적을 두고 있다. 셋째는 사람들의 성격과 직업생활의 유형을 분석하여 여섯 개의 유형, 즉 RIASEC으로 분류하여 개인의 성격, 흥미, 가치의 유형이 직업생활의 유형과 일치할 때 그러한 직업 유형을 선택하는 것이 바람직하다는 직업적 성격유형론에 바탕을 둔 Holland(1985, 1987)식의 직업흥미검사(Vocational Preference Inventory: VPI) 및 자기 탐색검사(Self-Directed Search: SDS)이다.

(2) 우리나라의 흥미검사

우리나라에서 사용되는 흥미검사 역시 앞에서 기술한 세 가지 형태로 개발되어 왔다. 먼저, Strong식 검사로는 어세스타의 'STRONG 진로흥미검사'를 들 수 있다. 'STRONG 진로흥미검사'의 세 하위척도는 일반직업분류, 기본흥미척도, 개인특성척도로 나뉘며, 일반직업분류는 Holland의 직업선택이론이 반영된 RIASEC의 여섯 개 주제로 구성되어 있다. 기본흥미척도는 일반직업분류를 보다 세분화하여 농업, 응용예술 등 다양하게 구분된 활동과 주제에 대해 다룬다. 개인특성척도는 개인이 처한 직업환경이나 학습환경과 자신의 흥미를 비교하는 정보를 제공한다.

둘째, Holland식 검사로는 한국고용정보원(고용24)의 청소년 직업흥미검사와 직업선호도검사, 한국직업능력연구원의 직업흥미검사(H) 등을 들 수 있다. Holland식 검사는 활동흥미, 직업흥미, 유능감, 일반성향 등에 의해 측정되며, 측정결과에서는 여섯 가지 흥미유형(RIASEC)에 대한 점수가 제시된다. 그리고 높은 점수를 기준으로 여섯 가지 흥미유형 중 자신에게 적합한 흥미유형과 그와 관련된 직업분야를 추천해 주고 있으며, 내담자의 흥미를 파악하기 쉽도록 흥미육각형을 제시하고 있다. 이러한 정보들을 통해 유형 간 상대적인 점수 차이 정도(변별성), 서로 다른 유형 간의 관계(일관성), 성격과 환경의 일치 정도(일치성), 개인이 가지고 있는 현재와 미래 목표의 안정성(정체성) 등을 함께 살펴보아야 한다.

셋째, Kuder식 검사로는 한국직업능력연구원의 직업흥미검사(K)를 꼽을 수 있다. 본 검사는 각 직업 내에서 수행되는 활동들의 유사성 및 수준에 따라 총 16개의 직업흥미영역을 분류하여 프로파일을 제공하고 있다.

〈표 5-3〉 흥미검사의 종류

검사명	대상	검사목적	측정내용	발행처
청소년 직업흥미검사	중 · 고등 학생	직업흥미 탐색 및 적합 직업과 학과 안내	① 활동 ② 자신감 ③ 직업	한국고용정보원 (고용24)
직업선호도검사 S형	만 18세 이상	흥미유형 및 적합 직업 탐색	① 현실형 ② 탐구형 ③ 예술형 ④ 사회형 ⑤ 진취형 ⑥ 관습형	
직업선호도검사 L형	만 18세 이상	흥미유형 및 성격, 생활사 특성을 측정하여 적합 직업 안내	① 흥미검사 ② 성격검사 ③ 생활사검사	
직업흥미검사 (K)	중 · 고등 학생	상대적으로 높은 흥미를 보이는 직업영역 제시	① 과학 기술 ② 행정 복지 ③ 예체능 ④ 경영 서비스 ⑤ 바이오 ⑥ 제조 물류 건설	한국직업능력연구원 (커리어넷)
직업흥미검사 (H)	중 · 고등 학생	흥미를 파악하고 그에 적합한 직업 탐색	① 현실형 ② 탐구형 ③ 예술형 ④ 사회형 ⑤ 진취형 ⑥ 관습형	

출처: 고용24, 커리어넷.

3) 직업가치관검사

(1) 개념

가치는 어떠한 방식으로 행동하는 것이 개인적 또는 사회적으로 좀 더 바람직한지에 대한 장기적으로 지속되는 믿음으로 정의할 수 있다(Nevill & Kruse, 1996). 즉, 자신의 삶에서 추구하는 것, 자신의 삶에서 방향성에 대한 기준이 되는 것을 일반적으로 가치라고 할 수 있으며, 이러한 개인의 가치는 자신의 진로방향을 설정하는 과정에도 영향을 미치게 된다. Dawis와 Lofquist(1984)는 개인의 가치가 충족될 수 있는 직업을 선택할 때 또 그러한 직업환경에서 일할 때 직업만족도가 높아진다고 하였다. 이처럼 가치는 진로선택 과정에서 매우 중요하게 고려되어야 할 요소이다.

특히 직업가치관이란 개인이 직업과 관련된 선택을 하거나 결정을 내릴 때 바람직하게 여기는 방향으로 행동하게 하는 원리나 믿음을 의미하며, 진로와 관련된 직업가치는 일반적인 가치에 비해서 좁은 의미를 갖는다. Kinnane와 Pable(1962)은 직업가치는 특정 직업이 아닌 일반화된 개념으로서의 직업에 대한 개인의 태도를 말하며, 이것은 가족, 학교, 직업 환경뿐만 아니라 다양한 매체와의 상호작용을 통하여 발달한다고 하였다.

(2) 우리나라의 직업가치관검사

우리나라에서 주로 사용되는 직업가치관검사는 한국고용정보원(고용24)과 한국직업능력연구원(커리어넷)에서 개발된 검사이다. 먼저, 한국고용정보원(고용24)에서 개발된 성인용 직업가치관검사는 만 18세 이상을 대상으로 하고 있으며 사회적 공헌, 변화지향, 성취 등을 포함한 9가지 가치 요인을 측정한다. 청소년용 직업가치관검사는 중3(만 15세)부터 고등학생까지 사용하는 검사로 성인용과 동일한 9가지 가치요인을 측정한다. 5점 Likert 척도('전혀 중요하지 않다'~'매우 중요하다')로 측정되며, 검사결과를 통해 개인이 추구하는 가치성향과 그에 적합한 직업을 안내해 준다. 또한 개인이 희망하는 직업에서 요구하는 가치점수와 자신이 가지고 있는 가치점수의 비교를 통해 희망직업의 가치와 자신의 가치 간 유사점과 차이점을 파악할 수 있게 도와준다.

다음으로 한국직업능력연구원(커리어넷)에서 개발된 직업가치관검사는 중・고등학생을 대상으로 하고 있으며, 안정성, 보수, 일과 삶의 균형 등을 포함한 12가지 가치요인을 측정하고 있다. 측정방식은 쌍비교방식으로 각각의 가치를 서로 다른 가치요인과의 쌍비교를 통해 우선순위를 결정하도록 되어 있다. 이를 통해 자신이 가장 중요하게 여기는 직업가치의 순위를 제시하며, 각 가치에 해당하는 직업들의 예도 함께 보여 주고 있다.

〈표 5-4〉 직업가치관검사의 종류

검사명	대상	검사목적	구성 요인	발행처
성인용 직업가치관검사	만 18세 이상	직업가치관 이해 및 적합 직업 안내	① 사회적 공헌 ② 변화지향 ③ 성취 ④ 경제적 보상 ⑤ 자기개발 ⑥ 일과 삶의 균형 ⑦ 사회적 인정 ⑧ 자율성 ⑨ 직업안정	한국고용정보원 (고용24)
청소년 직업가치관검사	만 15세 이상 중·고등 학생	직업가치관 이해 및 적합 직업 안내	① 사회적 공헌 ② 변화지향 ③ 성취 ④ 경제적 보상 ⑤ 자기개발 ⑥ 일과 삶의 균형 ⑦ 사회적 인정 ⑧ 자율성 ⑨ 직업안정	
직업가치관검사	중·고등 학생	선호하는 직업가치관 탐색	① 안정성 ② 보수 ③ 일과 삶의 균형 ④ 즐거움 ⑤ 소속감 ⑥ 자기계발 ⑦ 도전성 ⑧ 영향력 ⑨ 사회적 기여 ⑩ 성취 ⑪ 사회적 인정 ⑫ 자율성	한국직업능력연구원 (커리어넷)

출처: 고용24, 커리어넷.

〈표 5-4〉는 앞에서 설명된 직업가치관검사의 내용을 요약한 것이며, 〈표 5-5〉는 직업가치관검사에서 측정하고 있는 하위요인에 대한 설명이다.

〈표 5-5〉 직업가치관검사 하위요인

가치요인	가치요인에 대한 설명
사회적 공헌	일을 통해 다른 사람이나 사회에 도움이 되는 것을 중시
변화지향	업무가 고정되어 있지 않고 변화 가능한 것을 중시
성취	자신이 세운 목표를 이루고 달성해 나가는 것을 중시
경제적 보상	일에 대한 정당한 대가로서의 돈을 중시
자기개발	직업을 통해 지식, 기술, 능력 등을 발전시켜 성장해 나가는 것을 중시
일과 삶의 균형	일뿐만 아니라 자신의 삶에서도 만족할 수 있도록 적절한 균형을 가질 수 있는 것을 중시
사회적 인정	일과 관련하여 다른 사람에게 인정받는 것을 중시
자율성	자율적으로 업무를 해 나가는 것을 중시
직업안정	직업에서 오랫동안 안정적으로 일할 수 있는지를 중시

출처: 고용24, 커리어넷.

4) 진로성숙도검사

(1) 개념

'진로성숙'이라는 것을 최초로 개념화한 Super(1955)는 진로성숙이란 '탐색기에서 쇠퇴기에 이르는 직업발달의 연속선상에서 개인이 도달한 위치'라고 정의하였으며, 진로성숙이 일어나는 다섯 가지 차원(① 진로계획, ② 직업탐색, ③ 의사결정, ④ 직업세계에 대한 지식, ⑤ 선호하는 직업군에 대한 지식)에서의 상대적인 위치가 개인의 진로성숙 정도를 나타낸다고 보았다. Crites(1978)는 진로성숙이란 진로선택의 과정에서 나타나는 인지적·정의적 특성의 동일 연령층에서의 상대적 위치로서, 보다 일관되고 확실하며 현실적인 진로선택을 할 수 있는 능력이라고 설명하였다. 이러한 관점에서 진로성숙이란 발달적 개념이면서 다음 단계로 이행하기 위한 준비 정도라는 개념으로 종합할 수 있을 것이다.

(2) 우리나라의 진로성숙도검사

우리나라에서 주로 활용되고 있는 진로성숙도검사에는 한국고용정보원에서 개발한 고등학생 및 중학생 진로발달검사와 한국직업능력연구원에서 개발한 진로성숙도검사가 있다(〈표 5-6〉 참조).

〈표 5-6〉 진로성숙도검사의 종류

검사명	대상	구성요인	발행처
고등학생 진로발달검사(커리어up)	고등학생 (만 16~18세)	① 진로성숙도검사 ② 진로의사결정검사 ③ 종합검사	한국고용정보원 (고용24)
중학생 진로발달검사(커리어up)	중학생 (만 13~15세)	① 진로성숙도검사 ② 진로의사결정검사 ③ 종합검사	
진로성숙도검사	중1~고3 청소년	① 태도 ② 능력 ③ 행동	한국직업능력연구원 (커리어넷)

먼저, 한국고용정보원에서 개발한 진로발달검사는 고등학생용과 중학생용으로 구분된다. 두 검사 모두 구성요인은 진로성숙도검사, 진로의사결정검사, 종합검사를 포함하고 있다. 한국직업능력연구원에서 개발한 진로성숙도검사는 중학생과 고등학생이 함께 사용할 수 있으며 구성요인은 태도, 능력, 행동으로 이루어져 있다.

한국고용정보원에서 개발한 진로발달검사의 주요 하위검사는 진로성숙도검사와 진로의사결정검사이다. 여기에 포함된 하위요인과 세부요인 그리고 이에 대한 설명은 〈표 5-7〉과 같다.

〈표 5-7〉 진로발달검사 하위영역

하위검사	하위요인	세부요인	설명
진로성숙도 검사	태도	계획성	자신의 진로방향과 직업결정을 위한 사전 준비와 계획 수립 정도
		독립성	자신의 진로에 대한 탐색, 준비, 선택을 스스로 하는 정도
		일에 대한 태도	직업의 의미에 대한 올바른 인식과 일에 중요성을 부여하는 정도
	정보지식	자기이해	진로선택 시, 고려해야 할 자신의 능력, 흥미, 성격, 가치관 등 개인특성에 대한 이해 정도
		직업정보 이해	관심이 있는 진로와 관련된 정보, 특정 직업을 가지기 위한 방법 및 절차에 대한 지식을 확보한 정도
	행동	진로탐색행동	미래의 진로 의사결정에 반영할 목적으로 다양한 분야에서 여러 유형의 자원(정보, 도구, 제도 등)을 탐색하고 수집하는 행동의 수행 정도
진로의사결정 검사	동기	진로유연성	진로탐색을 유지해 나가며 예상치 않은 진로와 관련된 변화들을 수용하는 정도
		진로개방성	진로와 관련된 결정에서 가능한 다양한 시도와 가능성을 염두에 두는 정도
		심리적 독립	진로와 관련하여 부모(중요 타인)의 기대를 조율할 수 있으나 자신의 선호와 가치, 선택을 우선적으로 고려하고 존중할 수 있는 태도
	정보지식 부족	자기이해 부족	진로선택 시, 고려해야 할 자신의 능력, 흥미, 성격, 가치관 등 개인특성에 대한 이해 정도의 부족
		직업정보 부족	관심이 있는 진로와 관련된 정보, 특정 직업을 가지기 위한 방법 및 절차에 대한 지식을 확보한 정도의 부족
	갈등	자기갈등	자신의 능력, 특성 등과 선택 가능하거나 희망하는 직업(진로) 간의 갈등
		관계갈등	중요한 주변 타인(부모, 선생님, 친구, 형제 등)과 직업(진로) 간의 갈등
		환경갈등	성역할, 사회·경제적 문제, 직업 및 고용환경 문제 및 직업전망 등과 관련된 문제와의 갈등

출처: 고용24.

다음으로 한국직업능력연구원에서 개발한 진로성숙도검사는 진로관련 문제를 해결하고 대처해 나갈 수 있도록 준비되어 있는지를 알아보기 위한 것이다. 진로성숙도는 개인의 진로 선택과 결정에 대한 태도, 능력, 행동을 갖춘 정도로, 진로성숙도 검사 결과를 통해 개인이 진로발달을 위해 어떠한 영역을 개발하는 데 노력을 기울여야 하는지 확인할 수 있다. 본 검사에 포함된 하위요인과 이에 대한 설명은 〈표 5-8〉과 같다.

〈표 5-8〉 진로성숙도검사 하위영역

영역	하위요인	정의
태도	계획성	자신의 진로방향을 설정해 보고 직업결정을 위한 계획을 수립해 보는 태도
	독립성	진로결정에 있어서 스스로 진로를 탐색하고 선택하려는 태도
	직업에 대한 태도	직업이 갖는 의미와 중요성에 대한 올바른 인식 정도
	진로낙관성	미래사회의 직업 및 진로환경에 대한 낙관적이고 긍정적인 태도
능력	자기이해	능력, 흥미, 가치, 신체적 조건, 환경적 제약 등 개인이 진로선택에서 고려해야 할 개인적 특성을 이해하는 능력
	합리적 의사결정	자신의 진로를 합리적으로 선택할 수 있는 능력
	정보탐색	자신의 진로와 관련된 정보를 활용할 수 있는 능력
	희망직업 지식	자신이 관심을 갖는 직업에 대해 구체적인 정보를 알고 있는 능력
행동	진로탐색 준비행동	자신의 진로를 적극적으로 탐색하고 준비하는 능력

출처: 커리어넷.

3. 검사 활용절차

검사를 통해 내담자가 스스로에 대해 보다 잘 이해하고, 특정한 환경에 적합한지의 여부를 확인함으로써 상담의 진행과정을 증진시킬 수 있다는 증거는 여러 장면에서 확인되고 있다(Holland, 1987). 이처럼 진로상담에서 많이 활용되고 있는 검사가 내담자에게 도움이 되기 위해서는 내담자에게 필요한 검사도구가 적절하게 선정되어야 함과 동시에 검사 자체가 믿을 만한 검사여야 하며 표준화된 절차로 실시되어야 한다. 심리검사를 활용하는 일반적인 절차는 크게 검사의 선택, 검사의 실시, 검사의 채점, 검사의 해석으로 구분될 수 있으며, 이 절에서는 이러한 각 절차에서 고려해야 할 사항을 알아보고자 한다. 단, 검사의 해석은 다음 절에서 설명하고자 한다.

1) 검사의 선택

검사의 선택 단계는 심리검사 사용에서 가장 중요한 단계라 할 수 있다. 왜냐하면 목적에 부합하지 않는 심리검사나 부정확한 심리검사를 사용하게 되면 이후 여러 단계의 요구사항들을 철저히 준수하더라도 잘못된 결과를 얻을 수밖에 없기 때문이다(신석기 외, 2007).

따라서 이 단계에서는 우선 내담자가 추구하는 목적을 고려하여야 한다. 즉, 검사지를 선택하고 실시하는 데에 앞서 내담자가 바라는 목적을 정확하게 평가할 필요가 있다. 예를 들어, 내담자의 목적이 자신의 흥미에 적합한 직업을 규명하기 위한 것이라고 가정할 때 상담자는 일반적으로 직업흥미검사를 고려할 것이고, 이러한 경우 대체로 내담자에게 도움이 될 것이다. 하지만 성격검사는 이러한 목적에 직접적으로 도움이 되지 않을 것이다.

다음으로는 내담자의 목적에 부합하는 여러 표준화된 검사 중에서 어떤 것을 선택할 것인가의 문제이다. 우리나라에서 현재 직업흥미를 측정하고 있는 검사만으로도 여러 종류가 존재하며, 다양한 기관에서 개발·보급되고 있다. 이렇게 다양하게 개발된 검사를 어떠한 기준으로 선택할 것인가를 위해 고려해야 할 것에는 검사의 신뢰도, 타당도, 규준 등이 있다. 검사가 질적 우수성을 보장받기 위해서는 검사가 측정하고자 하는 목적에 적합하도록 구성되어야 하고 검사결과가 안정적으로 도출되어야 한다. 또한 검사의 규준집단이 표본의 적절성 및 대표성을 가지고 있는지, 낙후된 표본을 그대로 사용하고 있지는 않는지 등을 확인하여야 한다.

마지막으로 아무리 훌륭한 검사라 할지라도 실제 채점이 복잡하다든지 활용하기가 대단히 곤란할 경우에는 문제가 된다. 이와 관련된 것이 실용도로, 얼마나 경비와 시간과 노력을 적게 들이고 소기의 목적을 달성할 수 있느냐의 정도를 말하며, 검사의 기술적 측면과 더불어 검사의 실제적인 측면으로 고려되어야 한다.

2) 검사의 실시 및 채점

검사를 선택한 후 검사를 실시하기에 앞서 정확한 검사결과를 얻기 위해서는 무엇보다 내담자의 자발적 참여를 유도할 필요가 있다. 즉, 내담자가 검사에 대해 가질 수 있는 막연한 불안감을 없애 주고, 편안한 마음을 가지고 검사실시에 적극 협조할 수 있게 공감을 형성하는 것이 선행되어야 한다. 이를 위해서 가장 필요한 것은 검사의 실시목적, 검사를 받게 되면 좋은 점, 검사결과를 어떻게 전달받을지 등 내담자가 받는 검사에 대해 충분한 설명을 하는 것이다.

이러한 친절하고 상세한 설명으로 검사에 대한 내담자의 두려움과 거부감이 어느 정도 해소되었다면, 다음으로는 해당 검사에서 제시하고 있는 표준화된 절차에 따라 실제 검사를 실시한다. 이를 위해서 검사자는 검사실시요람을 사전에 숙지하거나 실시 전 검사를 자신이 직접 받아 봄으로써 검사실시요람에 제시된 지시문, 시간제한 및 기타 실시 과정상의 전반적인 내용에 익숙해질 필요가 있다. 또한 검사 실시과정에서 검사자는 중립적인 태도로 검사를 진행하여야 하며, 내담자의 반응을 관찰하여 검사결과에 영향을 주는 행동들은 없는지 파악하여야 한다.

검사가 완료되면 채점을 시작한다. 채점은 수기채점방식과 컴퓨터를 활용한 OMR방식 채점으로 구분될 수 있다. 컴퓨터의 발달로 최근의 표준화된 심리검사들은 거의 OMR 방식으로 채점되므로 이전에 비해서는 채점에 들어가는 시간과 노력을 줄일 수 있으며, 채점과정의 정확성을 기할 수 있게 되었다. 다만, 단체검사실시 시 응답표를 한꺼번에 처리하는 경우가 많으므로 실시된 응답표가 모두 수거되었는지, 개인을 식별할 수 있는 인적사항을 정확히 기입하였는지 등을 확인하여야 검사결과가 누락되거나 섞이는 경우를 예방할 수 있다.

4. 검사해석의 원리

1) 검사결과 해석 단계

검사결과 해석은 그 활용도에 따라 진로상담에 매우 긍정적인 효과를 미칠 수 있기 때문에 상담자는 검사해석 경험에 근거한 지식을 풍부하게 소유하고 있어야 한다. 일반적으로 검사결과 해석은 다음의 4단계로 이루어진다(한국고용정보원, 2001).

첫째, 해석준비기로 내담자가 검사 자체와 검사점수의 의미를 충분히 이해하고 있는지, 내담자의 교육, 가정환경 등 중요한 관련 정보와 검사결과가 어떻게 통합되는지 등을 점검한다. 또한 전형적인 형태의 검사결과들과 다른 형식에서 얻어진 정보들을 잘 통합하는 것도 중요하다.

둘째, 내담자가 검사결과 해석을 듣고 받아들이도록 준비시키는 것이다. 측정의 목적이 무엇이었으며 검사 응답 동안 어떤 경험을 했는지, 결과가 어떻게 나올 것으로 예상하는지 등을 함께 나누어 본다.

셋째, 검사정보를 실제적으로 전달하는 단계로 단순히 점수만 이야기하는 것이 아니라 점수 자체보다는 그 의미를 바르게 설명해야 한다. 예를 들어, 직업적성검사의 점수가 어떤 직업분야에 대해 생각보다 낮게 나왔을 경우, 성공하려면 더 많은 노력이 필요하다는 것이지 꼭 그 분야의 직업에서 성공할 수 없다는 것은 아니라고 이야기한다. 되도록 어려운 용어를 삼가며, 측정오차에 대한 설명도 함께 해 준다. 또한 검사결과에 대하여 내담자가 솔직하게 반응하도록 격려해 주어야 한다.

넷째, 공식적 해석이 끝나면 상담결과에 대한 의견을 같이 나누고 내담자가 결과를 어떻게 이해했는지 확인하며, 검사를 통해 알게 된 내용들과 다른 도구 활용 관련 결과를 잘 통합할 수 있도록 도와준다.

2) 검사해석의 일반원칙

심리검사 결과를 해석할 때 고려해야 할 원칙은 매우 다양하지만 특히 다음과 같은 몇 가지 원칙을 명심하는 것이 중요하다.

첫째, 검사결과 해석 시 내담자가 추구하는 목적을 고려하여야 한다. 검사결과를 해석하는 동안 검사결과의 정보들을 내담자가 알고 싶어 하는 것과 연결시켜 해석해 주어야 한다(한국고용정보원, 2004b). 이는 하나의 검사에 대한 동일한 검사결과라고 할지라도 내담자가 추구하는 목적에 따라 여러 가지 방법으로 해석될 수 있기 때문이다.

둘째, 검사의 정확성을 고려해야 한다. 내담자들은 상담을 받으러 올 때 검사결과가 매우 정확할 것이라고 생각한다. 하지만 검사결과는 절대적인 것이 아니다. 직접적인 검사방법을 사용한 신체검사나 체력검사 등을 제외하고서는 거의 간접적인 측정 방법을 사용하므로 실제와는 상당한 차이가 있을 가능성이 많다는 점을 유의해야 하며(김봉환 외, 2006), 이에 검사결과는 정확한 점수가 아니라 범위로 해석되어야 한다.

셋째, 해석에 대한 내담자의 반응을 고려해야 한다. 검사결과는 내담자와 연관되어야만 의미가 있는 것이기 때문에 내담자의 반응을 점검하는 것이 중요하다. 특히 내담자가 결과의 의미를 잘못 해석하거나 잘못 이해할 수 있으므로 지속적으로 세심한 관심을 가지고 반응을 유도하는 것이 필요하다.

넷째, 검사결과를 해석할 때에는 내담자가 이해하기 쉬운 언어를 사용해야 한다. 상담자는 검사결과에 제시된 표준점수 등을 해석할 때 대부분의 사람이 명확히 이해할 수 있는 용어(예: 최하, 평균, 최상 등)로 바꾸어 전달해야 하는데, 이와 같이 검사결과를 의미 있는 언어로 전달하는 것은 상담자의 책임이다(김병숙, 2008).

다섯째, 상담자는 검사결과에 대해서 중립적 입장을 취하고, 내담자를 평가하는 주관적 판단을 배제해야 한다. 낮은 점수나 부정적인 의미를 가진 점수를 해석할 때 상담자가 당황하는 모습을 보이지 말아야 하며, 어떤 수행수준을 보여도 내담자에게 낙인을 찍는 말은 삼가야 한다.

참고자료

상담사례

1. 내담자 인적사항

이름	박예서	진로결정여부	미결정, 불편함
연령	만 16세	학교생활만족도	만족
성별	여	학교성적수준	매우 높음
학력	일반고 1학년	가장 좋아하는 과목	역사
희망직업	외교관	가장 싫어하는 과목	과학
희망학과 1	법학과	희망학과 2	정치외교학과

2. 상담경위

고등학교 진학 후 자신이 기대한 것보다 성적이 나오지 않고 있어 이에 자신감이 다소 떨어진 상황이다. 흥미검사를 통해 장래희망이 자신에게 적합한지 확인하고 동기부여를 받기 원하고 있다.

3. 검사결과

학생의 상담목적에 적합한 검사로 직업흥미검사를 선정하였으며, 이에 해당하는 검사 중의 하나인 워크넷의 청소년 직업흥미검사를 실시하였다. 학생이 실시한 검사결과를 일반흥미를 중심으로 요약하면 다음과 같다.

① 흥미점수

구분	현실형(R)	탐구형(I)	예술형(A)	사회형(S)	기업형(E)	관습형(C)
원점수	34	44	46	42	67	52
표준점수	45	56	54	43	69	55

② 흥미유형: 첫 번째 기업형 E, 두 번째 관습형 C

4. 상담과정

내담자는 서울의 인문계 고등학교 1학년 여학생으로 학교성적이 매우 높은 편이며 외교관, 변호사 등의 뚜렷한 장래희망을 가지고 있었다. 다만, 고등학교에 올라와서 성적이 기대보다 높게 나오지 않고 있어 '내가 갖고 싶은 직업을 가질 수 있을까?' 불안해하고 있는 상황이며, 이에 대한 걱정이 많아지면서 자신감도 다소 떨어지고 있는 상태였다. 따라서 항상 하고 싶어 하던 외교관이나 변호사가 자신에게 적합한 직업인지를 확실히 확인하고 동기를 부여받고 싶어 하였다.

이에 내담자에게 적합하다고 판단된 청소년 직업흥미검사를 실시하였다. 그 결과 내담자의 육각형 모양은 크고 비교적 한쪽으로 튀어나와 있는 모양으로, 전반적으로 모든 유형에서 비교적 높은 흥미를 가지고 있으나 기업형, 관습형에서 상대적으로 뚜렷한 흥미를 가지고 있는 것으로 나타났다. 특히 내담자가 높은 성향을 보이는 기업형은 영업이나 마케팅, 정치활동이나 관리 및 감독 업무와 관련된 활동들을 선호하고 조직이나 개인의 목표를 설정하고 새로운 정책이나 상황들을 해결해 가는 활동 그리고 다른 사람들을 설득하여 영향력을 행사하는 직업활동을 좋아하는 유형이다. 이러한 검사결과로 보았을 때 내담자는 자신의 흥미에 대하여 잘 파악하고 있으며, 내담자가 희망하는 직업인 외교관은 내담자의 흥미에 적합하다고 볼 수 있었다.

내담자의 일반흥미, 기초흥미 분야가 비교적 한 방향으로 잘 발달되어 있고, 희망직업 및 희망학과와도 흥미가 높은 연관성을 보이고 있었다. 특히 기초흥미 분야에서 가장 높은 점수를 받은 관리, 언론 분야의 관련 학과에 내담자가 진학을 희망하는 법학과, 정치외교학과가 포함되어 있으며, 직업도 관련된 직업 분야가 나왔다. 이를 내담자에게 알려 주자, 내담자는 자신의 진로선택이 올바른 선택이었다는 확신을 갖게 되었다고 하였다.

5. 상담결과

현재 내담자의 성적이 상위권이기는 하지만 내담자가 희망하는 직업 및 학과가 매우 높은 수준의 성적을 요구한다는 점에서 내담자의 더 많은 노력이 필요함을 설명하였다. 내담자 역시 자신이 막연히 하고 싶었던 일들이 자신에게 적합하다는 결과에 자신감을 얻었으며, 불필요한 고민보다는 희망하는 직업에 진출하기 위해 학업에 집중할 필요가 있다는 것을 알게 되었다고 하였다.

참고문헌

강봉규(2012). **새로운 심리검사법**. 서울: 태영출판사.

김병숙(2008). **직업상담심리학**. 서울: 시그마프레스.

김봉환, 정철영, 김병석(2006). **학교진로상담**(2판). 서울: 학지사.

김재은, 유기섭(1990). **심리검사의 활용**. 서울: 중앙적성출판사.

박성수(1992). **생활지도**. 서울: 정민사.

서울대학교 사범대학 교육연구소(1997). **한국교육심리검사총람**. 서울: 프레스빌.

성태제, 시기자(2001). Holland와 Prediger의 직업흥미이론에 근거한 고등학생용 직업선호도 검사개발과 양호도 검증. **교육심리연구**, 15(4), 269-295.

신석기, 최태진, 박성미, 이은영, 김유미(2007). **심리검사의 이론과 실제**. 서울: 서현사.

안창규(1996). 진로탐색검사의 표준화를 위한 연구. **한국심리학회지: 상담 및 심리치료**, 8(1), 169-199.

이재창, 조봉환, 최인화, 임경희, 박미진, 김진희, 정민선, 최정인, 김수리(2014). **진로상담의 이론과 실제**. 서울: 아카데미플러스.

임언(2000). 적성검사 활용을 위한 과제 및 선택기준. **진로교육연구**, 12(1), 63-81.

탁진국(2007). **심리검사: 개발과 평가방법의 이해**. 서울: 학지사.

한국고용정보원(2001). **직업선호도검사 상담가이드**. 서울: 한국고용정보원.

한국고용정보원(2004a). **성인용 직업적성검사 실시요람**. 서울: 한국고용정보원.

한국고용정보원(2004b). **심리검사 운영 매뉴얼**. 서울: 한국고용정보원.

황정규(1988). **대학교육적성시험 개발을 위한 기초연구**. 서울: 중앙교육평가원.

황정규(1990). 학교장면에서 사용되는 현행 심리검사의 문제점. 한양대학교 학생생활연구소(편), **심리검사의 활용**(pp. 37-50). 서울: 한국가이던스.

Anastasi, A. (1997). *Psychological testing* (7th ed.). New York: Macmillan Publishing.

Crites, J. O. (1978). *Career maturity inventory: Attitude scale*. Monterey, CA: CTB/McGraw-Hill.

Cronbach, L. J. (1994). *Essentials of psychological testing* (5th ed.). New York: Harper & Row.

Dawis, R. V., & Lofquist, L. H. (1984). *A psychological theory of work adjustment: An individual differences model and its applications*. Minneapolis: University of Minnesota Press.

Gibson, R. L., & Mitchell, M. H. (1981). *Introduction to guidance*. New York: Macmillan Publishing.

Holland, J. L. (1985). *Manual for the vocational preference inventory*. Odessa, Fl: Psychological Assessment Resources.

Holland, J. L. (1987). *1987 Manual supplement for the self-directed search*. Odessa, FL:

Psychological Assessment Resources.

Kinnane, J. F., & Pable, M. W. (1962). Family background and work value orientation. *Journal of Counseling Psychology, 9*(4), 320-325.

Kuder, G. F. (1965). *Kuder preference records: Vocational manual.* Chicago: Science Research Associates.

Nevill, D. D., & Kruse, S. J. (1996). Career assessment and the value scale. *Journal of Career Assessment, 4*(4), 383-480.

Strong, E. K. (1943). *Vocational interest of men and women.* Stanford, CA: Stanford University Press.

Super, D. E. (1955). Dimensions and measurement of vocational maturity. *Teachers College Record, 57*(3), 151-163.

고용24(https://www.work24.go.kr)

커리어넷(https://www.career.go.kr)

제6장
진로카드

사람이 온다는 건
실은 어마어마한 일이다.
그는
그의 과거와
현재와
그리고
그의 미래와 함께 오기 때문이다.
한 사람의 일생이 오기 때문이다.
부서지기 쉬운
그래서 부서지기도 했을
마음이 오는 것이다—그 갈피를
아마 바람은 더듬어 볼 수 있을
마음,
내 마음이 그런 바람을 흉내 낸다면
필경 환대가 될 것이다.

-정현종, 「방문객」-

이 장에서는 진로상담에서 유용하게 활용되는 진로카드의 개념과 실제 적용 방법을 다룬다. 먼저, 진로카드의 정의와 종류를 소개하고, 국내에서 개발되어 사용 중인 직업카드, 학과카드, 진로가치카드, 진로이야기카드의 특징을 간략히 살펴본다. 이어서 진로카드분류 활동의 개요와 장점에 대해 정리하고, 분류 활동이 진로탐색 과정에서 어떤 의미를 지니는지를 설명하였다. 특히 현장에서 가장 널리 활용되는 직업카드를 중심으로 구체적인 활용 방법과 절차를 제시하였으며, 고등학생을 대상으로 구성된 활동지 예시도 함께 제시하여 실천적 이해를 도왔다. 이러한 활동은 학생들이 자신의 흥미와 적성, 가치관 등을 탐색하고, 그에 적합한 진로를 모색하는 데 효과적이다. 아울러 진로카드가 정형화된 도구만은 아니며, 필요에 따라 새롭게 개발·응용될 수 있다는 점에서, 진로카드 개발 과정을 단계별로 소개하였다.

1. 진로카드의 개요

진로카드란 일정한 크기의 카드에 진로에 관한 다양한 종류의 정보를 자극으로 하여 분류하는 과정을 통해 내담자들이 자신의 진로를 탐색할 수 있도록 돕기 위한 진로교육 및 상담에서 활용되고 있는 자기이해 촉진 도구이다. 기입되는 정보의 내용 및 대상에 따라 다양한 진로카드가 존재할 수 있고 내담자의 특성과 활용 목적에 따라 상담자가 취사선택하여 사용할 수 있다.

우리나라의 경우 2002년 최초로 직업카드가 개발된 이래, 지금까지 연구용 및 보급용으로 여러 종류의 카드들이 개발되었다(김봉환, 2011). 그 배경에는 진로카드분류의 편의성, 유희성, 효과성과 같은 활동상의 장점은 물론, 다른 진로상담 도구와 비교해서도 상대적으로 효과성이 높다는 점이 검증된 것도 이유가 될 수 있을 것이다(서현주, 2015). 개발된 직업카드에 국한하여 살펴보더라도 초등학생, 중학생, 고등학생 및 성인은 물론 여대생용, 성인여성용, 직업전환 실업자용 등 대상 면에서 다양하게 특화되어 있음을 알 수 있다.

상담자나 연구자는 필요할 경우 카드분류에 사용될 적절한 분류 방법과 활동지를 찾아보거나 일정한 절차에 따라 직접 개발도 가능하므로, 직업카드뿐만 아니라 그 밖의 다양한 진로카드의 개발과 활용은 진로지도 및 상담에 매우 유용한 도움을 주고 있다. 이 장에서는 직업카드를 포함한 학과카드, 진로가치카드, 진로이야기카드 등 진로지도와 상담 목적으로 개발된 카드 형태의 도구들을 총칭하여 진로카드라고 명명하였다.

2. 진로카드의 종류

현재까지 개발된 카드들을 내용 면에서 분류하여 살펴보면, 직업카드와 학과카드, 진로가치카드, 진로이야기카드 등으로 나누어 볼 수 있다. 종류별로 분류하면 직업카드가 가장 많은데, 향후 필요성과 목적에 따라 더욱 다양한 카드가 개발된다면 진로지도 및 상담에 매우 유용하게 사용될 수 있을 것이다.

내용의 차이는 있으나 형식에 따른 공통점이 있다. 첫째, 분류 활동이 주로 카드 앞면을 보며 행해지므로, 앞면은 내담자가 카드분류의 기초자료로 활용할 수 있는 단서를 기입하며 뒷면에는 좀 더 세부적인 정보를 기입하는 경향이 있다. 직업카드를 예로 든다면 앞면의 주요 기입 정보는 직업명이 되며, 뒷면에는 해당 직업에 대한 보다 자세한 설명이 기입된다. 이는 카드분류의 주된 목적이 정보취득보다는 자신의 진로 관련 이슈를 해결할 수 있는 이해나 통찰이라는 사실과 관련된다.

둘째, 각 카드별 카드의 개수는 카드에서 제공되는 정보의 양이 다양한 만큼 각기 다를 수밖에 없다. 기재된 세부 내용과 디자인은 주 활용 대상의 연령, 성별, 발달적 특징 등을 고려하여 개발 목적에 따라 결정된다. 다음에서는 각 카드별로 세분화하여 좀 더 구체적으로 살펴보기로 하겠다.

1) 직업카드

(1) 직업카드의 활용 목표

직업카드 관련 선행연구(Hartung, 1999)를 살펴보면 직업카드를 이용하여 직업흥미를 탐색하는 목표 이외에 다른 목표로도 직업카드를 사용하였음을 알 수 있다. 예컨대, 어떤 경우에는 여성들의 직업선택에 대한 폭을 넓히기 위해 직업카드를 특별히 고안하여 사용하였고, 또 다른 경우에는 직업카드를 이용한 여러 활동을 고안하여 진로발달을 촉진하는 도구로 사용하였다. Peterson(1998)은 직업카드를 내담자의 직업지식을 측정하는 도구로 사용하였고, Henderson, Hesketh와 Tuffin(1988)은 직업카드를 Gottfredson(1981)의 직업포부이론을 검증하는 데 사용하는 등 직업카드가 처음에는 직업흥미 탐색의 도구로 개발되고 주로 사용되었지만 최근에는 진로발달을 촉진하기 위한 활동의 도구나 진로이론 연구의 도구로도 사용되는 등 그 활용의 폭이 넓어지고 있다.

직업카드분류 활동은 직업홍미 탐색이라는 일차적인 목표와 더불어 직업선택의 폭을 넓히고, 진로 및 직업정보를 찾는 방법을 제공하는 활동을 추가함으로써 학생들의 진로발달을 보다 촉진할 수 있다. 카드분류 활동의 목표를 구체적으로 기술하면 다음과 같다.

첫째, 내담자의 직업흥미를 탐색한다. 내담자가 좋아하는 직업과 싫어하는 직업을 선택하게 하고 그 이유를 탐색함으로써 내담자가 자신의 직업흥미에 대해서 구체적으로 파악하도록 돕는다.

둘째, 내담자의 직업세계에 대한 이해를 높이고 직업선택의 폭을 넓힌다. 내담자가 관심을 보이는 직업분류나 직업유형에 속한 직업들을 폭넓게 탐색함으로써 내담자의 직업세계에 대한 이해를 높이고 직업선택의 폭을 확장시킨다.

셋째, 내담자에게 진로 및 직업정보를 찾는 방법을 제시한다. 내담자에게 직업정보나 진로심리검사, 기타 진로와 관련된 정보를 찾는 방법을 알려 줌으로써 내담자가 스스로 진로탐색활동을 할 수 있도록 돕는다.

(2) 직업카드의 기재 내용과 현황

개발 목적 및 대상의 발달적 특징에 따라 카드의 디자인과 기재 내용의 종류 및 어휘 수준이 달라질 수 있다. 〈표 6-1〉은 보급용 및 연구용으로 제작된 직업카드의 일부를 예시한 것인데, 직업카드의 기재 내용 및 현황을 파악하는 데 참고할 수 있을 것이다.

〈표 6-1〉 국내의 직업카드 현황

보급처 및 연구자	대상	개수	구성	기재 내용		활용방법
				앞면	뒷면	
학지사/ 김봉환, 최명운 (2003) 보급용	중, 고등 학생	94장	직업카드 90, 빈 카드 4	직업카드번호, WIC-OES코드, 직업명, 직업개요, 관련세부정보 (취업분야, 관련직업), 홀랜드유형, 직업분류	업무수행능력, 지식, 성격	분류단계, 주제찾기단계, 순위결정단계, 직업목록 탐색단계, 홀랜드유형 탐색단계, 진로정보요약 및 정보제공단계 (6단계 구성)

한국고용정보원 (2006) 보급용	중, 고등 학생	70장	직업카드 62, 빈 카드 8	직업명, 직업사진, 직업카드번호, 한국고용 직업분류의 직업코드, 직업흥미유형	직업개요, 학력 및 전공, 업무수행능력, 지식, 성격	준비단계, 분류단계, 직업선택이유찾기 단계, 순위결정단계, 직업분류/ 직업흥미유형탐색 단계, 활동결과정리단계 (6단계 구성)
한국직업상담협회, 김병숙 (2006) 보급용	청소년 및 일반인	210장	직업카드 200, 빈 카드 10	직업명	흥미유형 3코드, 카드일련번호, 직업에서 하는 일, 학력 및 자격, 요구조건, 유사직업명	출발, 카드분류, 모르겠음 재분류, 이유 또는 주제찾기, 직업의 선호도 탐색 (5단계 구성)
조유미 (2002) 연구용	초등 학생	67장	직업카드 63, 빈 카드 4	직업명, 직업사진, 홀랜드유형, 카드번호	직업소개, 되는 길	사전모임, 직업세계 이해, 직업흥미 탐색, 자기이해, 과제활동 (5단계 구성)
방혜진 (2003) 연구용	직업 전환 실업자	60장	직업카드 60	직업명, 카드번호	홀랜드코드, 직업사전분류코드, 직업설명, 교육수준, 관련직업명	분류단계, 주제찾기단계, 순위결정단계, 홀랜드코드계산단계, 진로정보요약단계 (5단계 구성)
노경란, 전연숙 (2009) 연구용	새터민	68장	직업명 60, 직업정보 8	관련 삽화, 직업가치관, 흥미유형	하는 일, 업무수행능력, 지식, 성격, 관련자격	준비단계, 분류단계, 직업선택이유 찾기단계, 순위결정단계, 활동소감 등 마무리단계 (5단계 구성)
김봉환 (2016) 보급용	대학생	120장	직업카드 113, 계열카드 3, 빈카드 4	카드번호, 홀랜드유형, 직업명, 하는 일, 직업 대분류	홀랜드유형, 교육 정도, 자격 요건, 업무수행능력 등	직업탐색 자기이해 의사결정 (3단계 구성)

문승규(2017) 연구용	대학생(진로 결정 단계)	68장	직업가치 61, 범주카드 5, 자유카드 2	직업가치 명칭 및 설명	카드명	카드분류 활동, 직업가치 명확화, 우선순위 결정(기본 3단계)
김영미(2023) 보급용	청소년 및 일반인	60장	이미지카드 60	이미지	번호	카드 제시, 자유 연상, 내러티브 구성, 상호작용 및 피드백(3단계 구성)

출처: 김봉환(2019) 수정·보완.

(3) 직업카드 예시

직업카드에 대한 이해를 돕기 위해 [그림 6-1]에 예를 제시하였다. 이것은 김봉환과 최명운(2010)이 개발한 청소년용 직업카드의 예이다. 청소년의 관심을 끌기 위해서 앞면에는 직업과 관련된 그림을 삽입하였으며, 직업분야와 Holland 코드가 기입되어 있다. 뒷면에는 Holland 직업성격 유형과 하는 일, 되는 길, 관련 학과 외에도 적성과 흥미가 기재되었다.

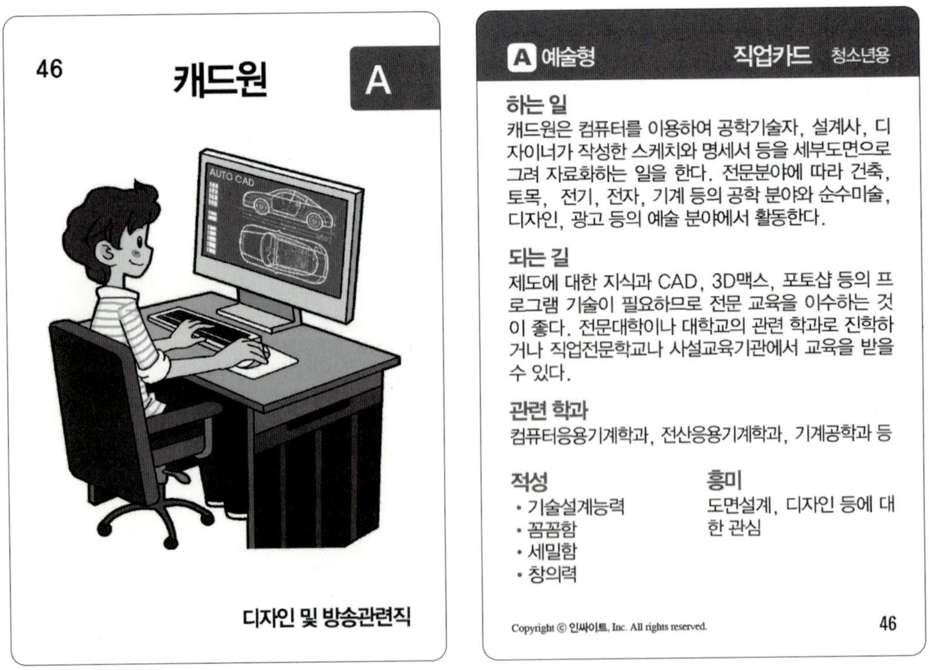

직업카드 앞면 직업카드 뒷면

[그림 6-1] 직업카드 예시

2) 학과카드

학과카드는 학생부종합전형 제도 및 청소년과 학부모들의 조기 진로준비에 대한 관심의 증가 등으로 다양한 학과와 학교의 종류에 대한 사전 이해가 중요해지는 추세에 맞추어 개발되었다. 이러한 사회적 변화와 진로지도 및 상담에 대한 요구에 따라 청소년 학과카드는 청소년들에게 풍부한 학과정보를 제공하고 이를 바탕으로 현명하게 학과를 선택하는 데 도움을 주고자 개발되었다. 학과카드에 대한 이해를 높이기 위해 김봉환 등(2010)이 개발한 학과카드를 예로 들어 목표와 기재 내용 등을 소개하면 다음과 같다.

(1) 학과카드의 활용 목표

첫째, 각급 학교의 종류를 이해하고 정보 수준을 높일 수 있다. 특히 고등학교(중학생용) 및 대학교(고등학생용)에 대한 정보를 접하고 익힐 수 있다.

둘째, 각급 학교에 설치된 다양한 학과에 대한 이해 및 정보 수준을 높일 수 있다. 특히 대학의 학과는 새롭게 신설되는 학과와 통합되거나 폐지되는 경우가 많아서 관심을 가지고 학습할 필요가 있다.

셋째, 학과카드분류 활동을 통해 자신의 학과흥미의 특성을 파악하고 학과 선택에 도움을 받을 수 있다. 또한 진로와 관련한 인터뷰 활동을 통해 진로탐색 활동을 촉진할 수 있다.

(2) 학과카드 기재 내용

학과카드에는 학과명과 계열명, 학과에 대한 안내와 전공교과목, 관련 직업 및 진출분야가 기재되어 있어 학과에 관련한 개략적인 정보를 알 수 있다.

(3) 학과카드 예시

김봉환 등(2010)에 의해서 개발된 청소년용 학과카드가 [그림 6-2]에 제시되어 있다. 관심계열별로 탐색활동이 가능하도록 색깔로 계열을 구분하였으며 앞면에는 학과명을 뒷면에는 해당 학과에 대한 세부정보를 기재하였다.

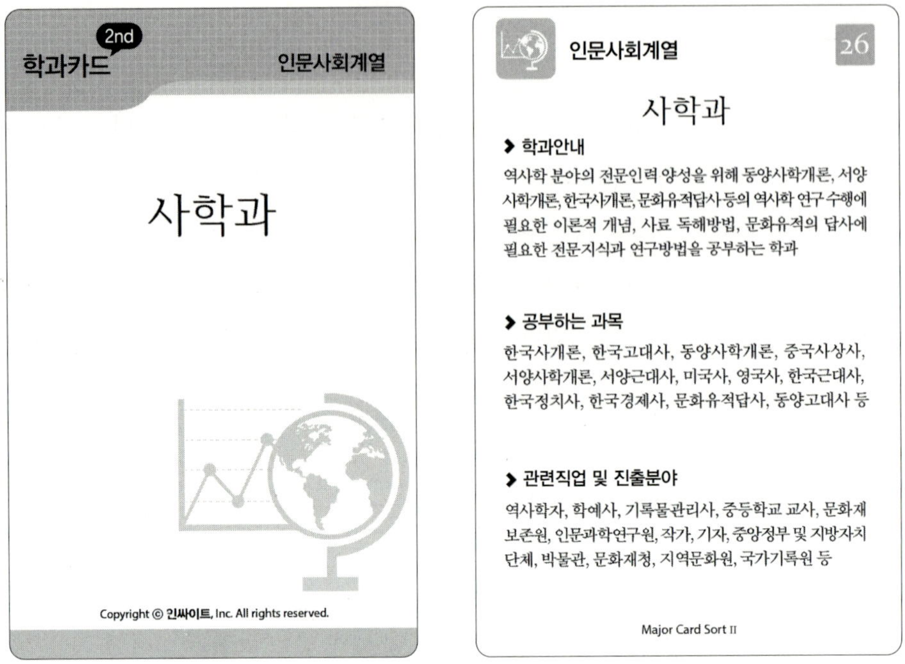

학과카드 앞면 학과카드 뒷면

[그림 6-2] **학과카드 예시**

3) 진로가치카드

진로발달 및 진로선택 과정에서 가치는 매우 중요한 역할을 한다. 가치는 흥미보다 본질적 · 근원적이며, 개인은 욕구와 조화를 이룰 수 있는 환경적 특성을 선택해 나가려는 경향을 지닌다(Dawis & Lofquist, 1984).

Brown(2002)은 진로탐색에 있어서 '가치 중심적 접근 모델'을 주장하였는데, 이 모델에 따르면 인간은 개인의 '가치 지향성'에 의해 흥미와 적성 등이 영향을 받는다고 가정한다. 어떤 확립된 행동기준이 발달과정이나 결정과정에서 중요하게 작용하는데, 이 행동기준은 '가치 지향적'인 것이며, 사회적 행위를 판단하는 원칙으로 보고 있다. 이 모델에서는 진로발달에 있어서 흥미를 강조하기보다 오히려 흥미가 진로의사결정에 그다지 큰 역할을 하지 않는다고 보고 있다. 왜냐하면 흥미는 가치에서 생겨나는 좋고 싫음을 보여 주는 중요 척도일 뿐이라는 것이다. 즉, 흥미란 가치가 명시화되는 한 형태이며 가치처럼 행동의 준거로 작용하는 것은 아니기 때문이다.

진로가치란 개인이 삶에서 직업으로부터 기대하는 보상이나 특질로 정의된다(김정숙, 2006). 따라서 이러한 진로가치는 직업포부나 진로선택에 영향을 미치는 중요한 요인이 된다. 특히 청소년의 진로가치관은 학령초기에 형성되어 미래의 진로의사결정에 영향을 미치는 주요 요인으로 작용하므로 비중 있게 다루어져야 할 변인임에 틀림이 없다.

진로가치카드는 카드분류 활동을 통해 자신의 진로 및 직업가치를 재미있게 탐색하고 가중치를 확인해 나가는 구조로 되어 있다. 이러한 도구를 통해서 진로 및 직업과 관련된 다양한 욕구 및 가치들에 대해 상대적으로 무엇을 얼마나 더 중요하게 여기는가에 대한 정보를 탐색할 수 있다. 우리나라에서는 현재 청소년과 성인용으로 구분되어 개발된 진로가치카드 혹은 직업가치카드 등이 진로상담 현장에서 활용되고 있다.

(1) 진로가치카드의 활용 목표

중학생용 진로가치카드를 개발한 윤재성(2015)은 그의 논문에서 그 활용 목표를 다음과 같이 세 가지로 제시하였다.

첫째, 내담자의 진로가치를 탐색한다. 내담자가 '매우 중요한 것', '중요한 것', '보통인 것', '싫어하는 것', '매우 싫어하는 것' 등으로 분류하여 자신이 중요시하는 진로가치에 대한 탐색을 구체적으로 알 수 있도록 돕는다.

둘째, 내담자에게 가치의 다양성에 대한 이해를 높이고 이를 통해 본인의 진로나 직업 선택 시 선택의 폭을 넓힌다. 내담자가 관심을 보이는 진로가치나 유형을 정리함으로써 진로에 대한 구체적인 행동을 가치로 설명할 수 있도록 도우면서 가치와 삶에 대한 가치의 연계성을 구체화하도록 돕는다.

셋째, 진로가치를 정립한 후 내담자에게 알맞은 진로·직업정보 탐색 방법을 제시한다. 내담자의 가치와 진로·직업탐색을 통해 연결하는 방법을 알려 줌으로써 내담자 스스로 진로를 설계할 수 있도록 돕는다.

(2) 진로가치카드 기재 내용

진로가치카드의 개발자는 다양하지만 카드에 기재된 내용은 거의 유사하다. 대체로 앞면에는 '진로가치카드'라는 이름이 모든 카드에 동일한 모양으로 새겨져 있다. 그리고 뒷면에는 상단에 진로가치의 이름(예: 시간적 자유, 높은 수입, 능력발휘, 안정성 등)이 적혀 있고, 하단에는 해당 가치에 대한 설명이 제시되어 있다.

(3) 진로가치카드 예시

김봉환, 김영미와 윤재성(2017)에 의해서 개발된 진로가치카드가 [그림 6-3]에 제시되

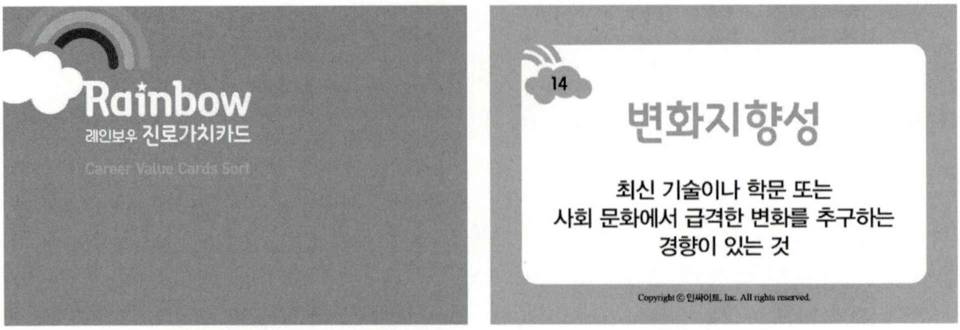

진로가치카드 앞면 진로가치카드 뒷면

[그림 6-3] **진로가치카드 예시**

어 있다. 앞면은 모든 카드가 동일한 모양이며, 뒷면은 진로가치의 이름이 상단에 적혀 있고 하단에는 해당 진로가치에 대한 설명이 서술되어 있다.

4) 진로이야기카드

진로이야기카드는 진로내러티브 구성 촉진을 위한 시각적 매체로, 사용자가 시각 이미지와 관련된 단어를 중심으로 자신의 과거 경험을 회상하고, 현재를 해석하며, 미래를 상상하고 계획할 수 있도록 돕는 진로상담 도구이다. 이는 구성주의 진로상담의 핵심 철학인 '개인의 삶을 이야기로 재구성하는 것(narrative identity)'에 기반하여 설계되었으며, 특히 내담자의 정체성 탐색과 자기 의미화 과정을 촉진하는 데 중점을 둔다. 진로이야기카드는 언어 중심의 전통적 진로상담 접근 방식에서 벗어나, 시각적 이미지와 감각적 자극을 통해 인지적 · 정서적 자기표현을 가능하게 하며, 상담 현장에서 보다 자연스럽고 몰입적인 진로탐색을 유도할 수 있다. 특히 언어적 표현이 미숙하거나 자기이해가 부족한 집단에게는 이미지라는 매체가 자기 탐색의 진입 장벽을 낮춰 주는 유의미한 촉매제가 된다.

김영미(2023)는 진로이야기카드를 '진로내러티브의 구성을 촉진하기 위한 매체로서, 이미지들을 생성하고 그것을 전체의 의미망 속에서 맥락화하는 데 활용하는 도구'라고 정의하였다. 여기서 '의미망 속에서 맥락화한다'는 것은, 내담자가 선택한 이미지가 단일한 상징에 그치지 않고, 자신의 생애사적 맥락에서 해석되고 연결되어야 한다는 점을 강조한다. 즉, 진로이야기카드는 내담자의 생애 에피소드들 속에서 진로와 관련된 '의미'를 감각적으로 구성할 수 있도록 돕는 것이다.

또한 진로이야기카드는 기존의 진로구성상담에서 발생할 수 있는 인지적 부담이나 언어 표현의 한계를 완화하는 역할을 한다. 자전적 글쓰기나 말하기 중심의 진로상담은 높은 인지부하와 감정적 소진을 유발할 수 있으나, 이미지 기반 접근은 보다 직관적이며 비선형적인 방식으로 접근이 가능하다. 이는 내담자가 정서를 체험하고 통합하는 데 효과적이며, 긍정정서를 활성화하여 진로설계에 대한 동기를 증진시키는 데 기여한다.

실제로 진로이야기카드는 '진로적응력'의 하위 요소(진로관심, 진로통제, 진로호기심, 진로자신감)와 연계된 단어들을 이미지화한 60장의 카드로 구성되었으며, 각 카드는 내담자가 선택한 후 자신만의 해석과 이야기를 덧붙일 수 있도록 설계되었다. 카드의 앞면에는 이미지가, 뒷면에는 자유롭게 메모할 수 있는 공간이 제공되어 진로탐색 활동과 글쓰기, 그룹 토론 등 다양한 방식으로 활용된다.

이 도구는 다음과 같은 세 가지 주요 기능을 지닌다. 첫째, 내면의 감정과 이미지적 체험을 촉발함으로써 감각적 자기이해를 가능하게 한다. 둘째, 자기표현의 은유적 도구로 작동하여 자기소개, 강점 탐색, 미래 비전 구성 등 다양한 진로 활동의 기반이 된다. 셋째, 상호작용적 소통 매개로서 집단상담이나 협력적 탐색 활동에서 타인의 이야기와 공감대를 형성하는 데 기여한다.

종합적으로 진로이야기카드는 진로상담의 목표가 단순한 진로선택을 넘어 자기이해, 정체성 확립, 의미 구성에 있다는 점에서, 내러티브 정체성 형성의 매개로서 유용한 도구이며, 특히 고등학생을 비롯한 청소년에게 효과적인 진로상담 도구로서의 가능성을 지닌다. 진로이야기카드는 점수(scores) 중심의 진로상담에서 이야기(stories) 중심의 진로상담으로 전환하기 위한 실천적 매개체라 할 수 있다.

(1) 진로이야기카드의 활용 목표

진로이야기카드는 진로내러티브(narrative) 구성 능력의 향상을 주요 목적으로 하는 시각적 매체로, 진로탐색 및 자기이해 과정을 보다 정서적 · 경험적으로 확장할 수 있도록 설계되었다. 본 도구의 활용 목표는 단순한 정보 제공이나 직업군 제시에 그치는 것이 아니라, 사용자가 자기 삶의 경험을 이미지와 연결하여 해석하고 재구성하는 활동을 통해 삶과 진로를 통합적으로 고찰할 수 있도록 돕는 데 있다. 활용 목표를 구체적으로 살펴보면 다음과 같다.

첫째, 진로내러티브 구성 능력을 함양하는 데 있다. 진로내러티브는 개인이 자신의 과거 경험과 현재 상황, 미래 기대를 시간의 흐름에 따라 통합적으로 설명하는 이야기 구조를 의미한다(Savickas, 2011). 진로이야기카드는 내담자가 이미지를 선택하고, 그 이미지에 대해 자유롭게 연상하고 해석하는 과정을 통해 자전적 기억을 탐색하고 새로운 의미를 구성할 수 있도록 지원한다. 특히 단일 이미지가 하나의 상징체계를 넘어서 개별적 삶의 맥락과 결합됨으로써, 내담자는 자신의 정체성을 서사적으로 통합하고 진로 주제를 조직할 수 있는 기회를 얻게 된다.

둘째, 긍정정서를 자극하여 진로탐색의 정서적 몰입과 자기효능감을 향상시키는 데 있다. Fredrickson(2001)의 확장-구축 이론(broaden-and-build theory)에 따르면, 긍정정서는 사고와 행동의 레퍼토리를 확장하고, 장기적으로 개인의 심리적 자원을 구축하는 데 영향을 미친다. 진로이야기카드는 내담자가 자신의 바람직한 미래를 시각적으로 형상화하도록 유도함으로써, 자신감과 기대감을 고양시키며 진로설계에 대한 주체적인 태도를 형성하는 데 도움을 준다. 실제 연구에서는 진로이야기카드를 활용한 프로그램 참여자들이 활동 전보다 긍정정서가 유의미하게 향상되었음을 확인하였다.

셋째, 언어 표현이 어려운 내담자들에게 대안적 자기표현 경로를 제공하는 데 있다. 시각적 이미지는 언어적 서술에 비해 더 직관적이며 즉각적인 감정 반응을 유도하기 때문에, 내담자가 자신의 감정이나 생각을 이미지에 투영하여 표현할 수 있도록 돕는다. 특히 청소년의 경우, 자아 인식이 형성되는 시기로 감정의 언어화가 미숙할 수 있는데, 이미지 기반 도구는 비언어적 감각을 동원함으로써 자발적 참여를 유도하고 표현의 장벽을 낮춘다. 이는 상담자가 내담자의 심층 심리 상태를 파악하고 정서적 공감대를 형성하는 데도 유리하게 작용한다.

넷째, 사용자가 진로에 대한 내적 동기를 강화하고 자기주도적으로 진로를 탐색하도록 촉진하는 데 있다. 진로이야기카드를 활용한 프로그램에서는 참여자의 자기 탐색 태도가 향상되고, 진로문제에 대한 인식의 폭이 넓어졌다는 점이 관찰되었다.

(2) 진로이야기카드 기재 내용

김봉환, 김영미와 윤재성(2024)에 의해서 개발된 진로이야기카드 디자인은 내담자의 다양한 연상을 촉진하도록 단어나 번호를 표기하지 않고 앞면에는 이미지를, 뒷면에는 [그림 6-4]와 같이 아무런 표식을 하지 않았다. 따라서 단면으로 이미지카드를 제작하고 모서리만 라운딩 처리하였다.

진로이야기카드 앞면

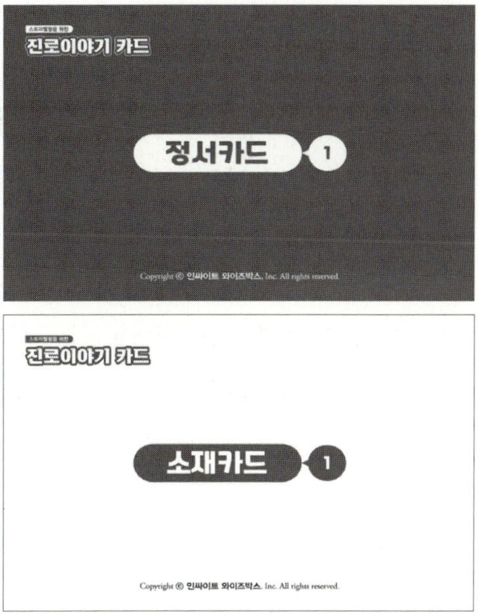

진로이야기카드 뒷면

[그림 6-4] **진로이야기카드 예시**

3. 진로카드의 분류

진로카드란 카드분류 방법을 통해 진로성숙도를 높이기 위한 진로지도 및 상담의 도구이므로 진로카드의 분류법은 대체로 유사하다. 따라서 이 장에서는 여러 진로카드 중에서 가장 오랜 역사를 지니면서 널리 사용되고 있는 직업카드를 예로 들어 카드분류의 방법에 대해서 살펴보고자 한다.

직업카드분류란 직업카드를 분류하는 활동을 통해서 미리 설정된 진로지도와 상담의 목표를 달성하기 위한 방법을 의미한다. 외국의 선행연구에서는 이를 vocational card sort 또는 occupational card sort라고 표현하고 있다.

직업카드분류는 타일러 직업카드분류(Tyler Vocational Card Sort: TVCS), 미주리 직업카드분류(Missouri Occupational Card Sort: MOCS), 직업흥미카드분류(Occupational Interest Card Sort: OICS) 등 이미 개발된 여러 직업카드분류를 통칭하는 용어로 사용되고 있다.

직업카드분류는 진로평가의 영역 중 기존의 표준화검사로 대표되는 표준화 평가, 전통적 평가, 객관적 평가와 대비되는 개념인 질적 평가, 대안적 평가, 자기평가의 영역에 속하며, 특히 개인의 대표적인 특성 중의 하나인 흥미를 알아보는 평가도구로 시작되었다.

1) 카드분류의 개관

대부분의 표준화된 도구와는 달리 카드분류는 점수를 부여하지도 않고, 규준을 가지고 있지도 않다. 여기에서 제시되는 카드분류는, 예를 들면 직업 제목들이 적힌 직업카드를 내담자에게 주고, 세 묶음으로 분류하라는 것이다: ① 좋아하는 것, ② 무관심한 것, ③ 싫어하는 것. 그다음 단계는 내담자들로 하여금 이 세 묶음 중 하나를 선택하여 어떤 공통 주제에 근거해 더 작은 묶음으로 나누어 분류해 보라고 하는 것이다. 예를 들면, 내담자는 하나의 묶음에 들어 있는 직업카드들을 보면서 그 직업들이 공통적으로 가지고 있는 직업지위, 수입, 일하는 방식 등을 생각할 수 있다. 또 다른 주제는 수학이나 숫자를 사용하는 것과 관련된 직업 제목들을 생각해 보는 것이다. 주제로 생각해 볼 수 있는 것은 무궁무진하며 종종 상담자가 아닌 내담자가 아주 유용한 주제를 제안하기도 한다. 이렇게 될 수 있는 한 가지 이유는 카드분류 방법이 비표준화된 것이기 때문이다. 각 개인은 자신의 생각을 조직할 수 있는 독특한 방식을 가지고 있다.

2) 장점

카드분류는 사람들은 자신이 무엇을 원하는지에 관한 아이디어를 가지고 있으며 상담과정을 통해 이에 대해 이야기하면서 자신의 진로관련 이슈에 대한 통찰이나 이해에 도달할 수 있다는 가정에 근거한다(Gysbers et al., 2014). 즉, 내담자의 능동적 참여가 가능하도록 한다는 점이 첫 번째 장점이라 할 수 있다. 기존의 표준화된 심리검사는 내담자가 검사결과를 통보받는 수동적인 입장으로 참여하게 되는 데 반해, 카드분류는 내담자가 직접 카드를 분류하는 신체활동을 통해 통제감을 가지게 된다. 또한 직업흥미를 정해진 범주의 문항에 따라 반응하는 대신 내담자에게 각자 자신만의 독특한 직업흥미의 이유와 범주별로 카드를 묶어 보게 하고, 그 이유를 자신의 언어로 표현하게 함으로써 내담자가 능동적으로 진로탐색 활동의 주체로서 참여하도록 한다.

두 번째 장점은 즉각적인 피드백을 제공한다는 점이다. 즉, 전체 평가 시간 중 2/3 정도의 시간을 카드분류를 완료하는 데 사용하고, 나머지 시간 동안 그 결과를 곧바로 해석하는 시간을 가질 수 있다. 따라서 채점된 결과를 기다려야 하는 지필검사에 비해 유리하다고 할 수 있다.

세 번째 장점은 상담자가 내담자의 여러 특징에 대한 의미 있는 정보를 얻을 수 있다는 점이다. 교사나 상담자는 내담자가 카드분류를 하는 과정을 통해서 내담자의 자아개념, 직업세계관, 진로성숙의 정도, 의사결정 유형, 직업세계의 이해정도 등에 대해 파악할 수 있다. 이러한 것들은 진로상담에 있어 매우 중요한 정보들로 내담자에게 어떤 정보를 제공하고 상담을 어떻게 진행하여야 할지에 대한 상담자의 결정에 도움이 된다.

네 번째 장점은 유연성이다. 표준화검사는 규준집단이 다를 경우 사용에 제한이 있고 내담자가 제한적으로 반응하도록 구성되어 있는 데 반해, 직업카드분류는 다양한 문화, 인종, 민족적 배경을 가진 사람들에게 적용할 수 있다는 점, 상담자나 연구자가 자신의 목적에 적합하도록 변형하여 활용할 수 있다는 점, 내담자의 선택과 표현이 자유롭다는 점 등 여러 측면에서 유연성을 가지고 있다.

다섯 번째 장점은 구조가 있다는 점이다. 대부분의 사람이 쉽게 따라 할 수 있으며 편안하게 접근하는 이유는 이전의 카드게임과 관련된 경험들이 있기 때문일 것이다. 카드분류 방법은 복잡한 과제로 혼란스러워하는 내담자에게 한 단계 한 단계 접근할 수 있는 방법이 된다.

여섯 번째 장점은 친밀한 관계 형성에 도움을 준다는 점이다. 카드분류 방법은 진로상담의 초기에 사용될 수 있는 다른 것들에 비해서 작업동맹 형성에 매우 유용하다. 컴퓨터 프로그램화된 진로시스템의 이용, 지필검사, 진로관련 자료를 읽는 것 등은 인간관계적인 측면이 덜 요구되며, 어떤 점에서는 상담자와 내담자의 유대감이 없어도 사용될 수 있다. 카드분류 활동은 내담자와의 유대관계를 형성하는 데에도 도움될 뿐 아니라, 내담자의 욕구, 동기, 탐색 스타일 등을 알아보는 데도 도움이 된다.

4. 진로카드의 활용

직업카드를 예로 들어 분류 활동의 과정을 소개하고, 활용의 예를 통해 이해를 높이고자 한다.

1) 직업카드분류 활동의 과정

여기에서는 카드분류 과정을 도입 단계, 분류 단계, 주제찾기 단계, 순위결정 단계, 직업확장 단계, 진로정보 요약 및 정보제공 단계 등의 6단계로 구성하여 소개하기로 한다.

카드분류 과정은 대상 및 목적에 따라 차이가 있을 수 있으며, 이에 대해서는 〈표 6-1〉을 참고할 수 있다. 여기에서는 고등학생들을 대상으로 활용하는 상황을 가정하여 카드분류 과정을 기술하였다.

(1) 도입 단계

학생들로 하여금 카드분류 활동의 준비도를 높이고 효율적인 진행을 위해 설정한 단계이다. 도입 단계에서는 학생들에게 카드분류 활동의 목표와 진행과정을 설명해 주고 직업카드의 구성내용, 빈 카드 사용법 등을 설명한 뒤, 학생들에게 카드를 살펴볼 시간을 잠시 주고 궁금한 점이 있으면 질문을 받는 일들을 한다.

(2) 분류 단계

분류 단계는 직업카드를 좋아하는 직업과 싫어하는 직업 그리고 미결정 직업의 세 가지 범주로 나누어 보는 단계이다. 이 단계에는 각 카드군의 개수를 활동지에 기입하는 과정이 있는데, 이는 학생들이 어떤 군의 직업이 많은지 또는 적은지에 대해 그 이유를 생각해 보도록 유도하기 위함이다.

(3) 주제찾기 단계

주제찾기 단계에서는 싫어하는 직업카드군의 카드를 이유별로 재분류하여 소그룹을 짓게 한 다음 각 소그룹의 카드 개수를 헤아려 해당되는 카드의 개수가 많은 순으로 그 이유를 활동지에 정리하게 한다. 좋아하는 직업카드군에 대해서도 같은 방식으로 진행한다.

이 단계는 카드분류 과정에서 가장 중요한 단계로 학생들이 특정 직업에 대해 막연히 좋다 또는 싫다고 생각하던 것에서 그 이유를 보다 구체적으로 명료화시킴으로써 자신의 직업흥미를 심층적으로 탐색해 보게 하는 핵심적인 과정이다. 따라서 상담자는 학생들이 자신의 직업선호 이유에 대해서 충분히 탐색할 수 있도록 도와주어야 한다.

(4) 순위결정 단계

순위결정 단계는 좋아하는 직업 중 5개만 순위를 정하고 직업명과 그 이유를 활동지에 기입하는 단계이다.

(5) 직업확장 단계

직업확장 단계는 자신의 직업홍미 경향을 파악하고, 직업목록을 이용하여 직업카드에 제시되어 있지 않은 다른 직업들에 대해서 살펴보는 단계이다. 직업목록은 『한국직업전망』의 직업명을 직업분류별과 유형별로 재정리한 보조 자료로, 관심 가는 직업들을 체크해 두었다가 이들 직업에 관한 자세한 정보를 인터넷 등을 이용해 찾아볼 때 사용한다. 직업확장 단계에서 상담자는 학생들이 필요한 직업의 정보들을 찾아볼 수 있도록 『한국직업전망』 책자나 인터넷 접속이 가능한 컴퓨터를 준비해 둘 필요가 있다.

(6) 진로정보 요약 및 정보제공 단계

이 단계는 학생들이 카드분류 활동을 통해서 발견한 여러 가지 진로정보를 정리하도록 돕는 단계이다. 진행과정은 다음에 제시된 미완성 문장의 질문에 대해 구두로 답하거나 문장으로 써 보게 함으로써 자신의 진로정보들을 요약하도록 한다.

- 내가 홍미 있어 하는 직업의 특징은 ______________________
- 내가 홍미 없어 하는 직업의 특징은 ______________________
- 내가 지금 가장 홍미 있어 하는 직업은 ______________________
- 이번 활동을 통해 새롭게 관심이 가는 직업에는 ______________________
- 이번 진로탐색 활동을 통해 나는 ______________________

이상의 요약과정이 끝나면 상담자는 본 활동 후 학생들이 스스로 진로정보들을 찾아볼 수 있도록 무료로 홍미검사를 하거나 직업정보들을 찾아볼 수 있는 웹사이트(예: 고용24, 커리어넷 등)를 소개해 준다.

2) 직업카드 활동지 예시

다음의 직업카드 활동지는 두 가지 종류로 구성되어 있다. 첫 번째의 직업홍미분석은 전형적인 직업카드분류 활동을 통해 자신의 직업홍미를 탐색해 나가고 자기이해를 촉진하기 위한 활동지이다. 두 번째의 좋아하는 직업에 대해 더 알아보기 활동지는 카드분류 활동을 바탕으로 홍미를 확인했던 직업에 대한 정보탐색 활동을 통해 직업의 이해를 촉진하여 진로발달 및 선택을 돕기 위한 것으로 볼 수 있다. 두 번째의 직업정보 탐색 활동은 첫 번째 흥미 탐색 활동에 이어 과제로도 활용 가능하다.

직업흥미분석 활동지 1

이름:

1. 분류하기

자신이 가진 직업카드를 '좋아하는 직업', '싫어하는 직업', '결정할 수 없는 직업'의 세 그룹으로 분류해 보세요. 싫어하는 직업그룹의 카드 개수가 적을 경우 결정할 수 없는 직업군의 카드를 다시 살펴보고 그중 싫어하는 직업을 다시 한번 분류해 보세요.

'좋아하는 직업'의 개수: 개

'싫어하는 직업'의 개수: 개

'결정할 수 없는 직업'의 개수: 개

2. 싫어하는 직업군 흥미 분석하기

앞에서 분류한 싫어하는 직업군의 직업카드를 선택한 이유가 같은 것끼리 다시 분류한 후 그 이유와 해당 카드의 직업명을 아래에 기입해 보세요. 그런 다음 본인이 제시한 이유가 어떤 점에서 중요한지 다시 한번 생각한 뒤 옆의 중요한 이유를 쓰는 란에 적어 주세요(다음 표의 첫째 줄에 있는 예를 참조하세요).

선택한 이유	해당 직업명	중요한 이유
(예) 지루하고 반복적인 일을 하는 직업들이라고 생각된다.	목공 용접원 자동차정비원	나는 새로운 아이디어를 생각해 내고 근무조건이 쾌적한 곳에서 일하고 싶다. 나는 같은 일을 반복해서 하는 것을 잘 견디지 못한다.

3. 좋아하는 직업군 흥미 분석하기

앞에서 분류한 좋아하는 직업군의 직업카드를 선택한 이유가 같은 것끼리 다시 분류한 후 그 이유와 해당 카드의 직업명을 아래에 기입해 보세요. 그런 다음 본인이 제시한 이유가 어떤 점에서 중요한지 다시 한번 생각한 뒤 옆의 중요한 이유를 쓰는 란에 적어 주세요(다음 표의 첫째 줄에 있는 예를 참조하세요).

선택한 이유	해당 직업명	중요한 이유
(예) 시간적 여유가 많은 직업들이라고 생각된다.	일반공무원 교사 작가 미술가	일에만 치여 살기보다는 보수는 적어도 여유 있는 삶을 살고 싶다. 우리 부모님이 돈을 좀 더 벌기 위해 인생을 즐기는 여유를 포기하고 사는 것을 보는 것이 안타까웠다. 난 다르게 살아 보고 싶다.

4. 좋아하는 직업카드 중 현실적인 조건을 고려하여 5개를 골라 순위를 정하고, 그 이유를 적어 보세요.

순위	직업명	선택한 이유
1		
2		
3		
4		
5		

5. 직업카드에는 제시되지 않았지만, 찾아보고 싶은 직업에는 무엇이 있나요?

출처: 김봉환, 최명운(2010).

좋아하는 직업에 대해 더 알아보기

직업카드분류 활동에서 선택했던, 본인이 좋아하는 5개의 직업 중 한 가지를 선택하여 그 직업에 관한 다음의 내용을 고용24(https://www.work24.go.kr)에서 찾아보세요.

직업명	
하는 일	
되는 길	
관련 학과	
관련 자격	

업무수행능력	
지식	
업무환경	
성격	
직업 가치관	

출처: 노경란 외(2009).

카드분류의 성패는 보통, 첫째, 내담자들이 자신들의 세계를 생각하는 패턴을 언어화할 수 있는 능력, 그리고 그 패턴을 이해할 수 있는 능력에 의해 좌우된다. 둘째, 이는 종종 말하기를 좋아하는 내담자의 성향보다는 상담자가 가지고 있는 기술에 의해 그 효과가 더 많이 좌우된다. 즉, 카드분류는 내담자가 자신에 대해 이야기하고, 자신이 원하는 진로에 대해 이야기하게 해 주기 때문에 자신의 삶의 패턴을 잘 이해할 수 있도록 해 준다.

따라서 학급 단위 등 대규모로 진로카드분류 활동을 실시할 경우, 사전에 친밀한 관계 형성 등이 잘되어 있는 편이 보다 효과적이다. 상담자는 교육자 및 진행자의 역할뿐 아니라 촉진자로서 참여자들 개개인의 진로탐색 활동을 어떻게 촉진할 것인지에 대한 배려가 필요하다.

5. 진로카드의 개발

모든 대상에게 동일한 직업카드를 일괄적으로 적용하는 것은 현실적으로 한계가 있다. 대상자의 발달 수준, 진로 관심도, 상황적 여건에 따라 적합한 진로카드가 달라질 수 있기 때문이다. 이에 따라 교사나 상담자는 실제 교육 및 상담 현장에서 필요에 따라 특정 집단에 맞춘 진로카드를 직접 개발해야 하는 상황에 직면하기도 한다. 이러한 맥락에서 여기에서는 김봉환(2016)의 「대학생용 직업카드 개발과 타당화」 연구에서 활용한 절차와 내용을 소개하고자 한다.

1) 개발위원회 구성

본 연구에서는 대학생용 직업카드의 체계적 개발을 위하여 개발위원회를 구성하였으며, 이는 이론과 실천 양 측면에서 전문성을 갖춘 총 6인의 상담 · 교육 전문가로 이루어졌다. 이들은 모두 교육학 또는 심리학 전공의 석 · 박사 학위자로, 대학원 수준의 전문교육을 이수하고 청소년, 대학생, 성인을 대상으로 진로 및 직업상담 실무를 수행해 온 경험자들이다. 개발위원들의 자격은 다음과 같다.

- 한국상담심리학회 상담심리사 1급: 2인
- 한국산업인력공단 직업상담사 2급: 2인
- 한국상담학회 전문상담사 1급: 1인
- 한국상담심리학회 상담심리사 2급: 1인

이와 같은 전문성은 직업카드의 내용 타당도(content validity) 확보는 물론, 교육 및 상담 현장에서 실제 활용 가능한 도구를 개발하는 데 중요한 기반이 되었다. 개발위원회는 직업선정 기준 수립, 직업 후보군 선정, 카드 기입 항목 구성, 시안 설계 등 카드 개발의 전 과정을 총괄하는 핵심적 역할을 수행하였다. 특히 이들의 실천적 경험은 직업카드의 현장 적합성과 실용성 확보에 중요한 기여를 하였다.

2) 자문위원 선정

본 연구에서는 대학생용 직업카드의 전문성과 타당성을 확보하기 위하여 총 4인의 자문위원단을 구성하였다. 자문위원은 직업카드 개발 및 활용과 관련된 연구 및 현장 경험을 고루 갖춘 전문가들로 선발되었으며, 직업정보의 공공성, 현장성, 산업 전문성 등을 균형 있게 반영할 수 있도록 구성하였다.

첫째, 진로상담 및 직업카드 관련 연구 경력이 풍부한 상담 전공 교수 1인을 포함시켜, 개발 과정 전반에 걸친 이론적 자문 및 학문적 정합성을 확보하였다.

둘째, 한국고용정보원 소속 연구원 1인을 위촉하여, 공공 직업정보 체계와의 연계성 및 정보 활용의 실효성을 높이고자 하였다.

셋째, 대학생 및 성인을 대상으로 10년 이상의 진로상담 실무 경험을 가진 전문가 1인(진로상담 전공 석사, 직업상담사 1급 자격 소지자)을 선정하여, 상담 현장 중심의 실천적 조언을 확보하였다.

넷째, 컴퓨터 및 통신 분야의 공학박사 1인(국내 대기업 근무 경력 13년 이상)을 포함시켜, 특히 공학계열 직업군에 대한 전문적이고 산업현장에 기반한 자문을 제공받을 수 있도록 하였다.

이와 같이 구성된 자문위원단은 이론적 타당성, 공공성, 실천성, 산업현장성을 균형 있게 반영함으로써 직업카드 개발의 내용 타당도를 제고하고, 결과물의 현장 적용 가능성을 높이는 데 기여하였다.

3) 직업선정 기준 설정

직업카드에 수록할 직업을 선정하기 위해 본 연구에서는 공공성이 확보된 신뢰도 높은 직업정보를 기준으로 선정 절차를 설계하였다. 자문위원단의 공통된 의견에 따라, 정부 및 정부 산하 기관에서 제공하는 공공 직업정보를 1차 자료로 활용하였으며, 정보의 최신성, 대표성, 체계성, 접근성 등을 고려하여, 『한국직업사전』(한국고용정보원, 2012a)과 『한국직업전망』(한국고용정보원, 2013), 『한국직업정보』(한국고용정보원, 2012b) 등이 검토되었다.

이 중에서 『한국직업전망』이 본 연구에 적합하다고 판단하였는데, 그 이유는 다음과 같다. 첫째, 최신의 직업정보가 반영되어 있으며, 둘째, 종사자 수가 일정 규모 이상이거나 청년층과 구직자의 관심도가 높은 직업이 포함되어 있다. 셋째, 공공성과 실효성이 높은 대표 직업군이 수록되어 있고, 넷째, 대학생들의 진로선택에 실질적인 도움이 되는 다양한 직업정보가 체계적이고 교육적으로 활용 가능한 형태로 제공되고 있기 때문이다. 또한 본 연구에서는 기존에 개발 · 보급된 직업카드 및 관련 연구를 참고하여 기준 설정에 반영하였다. 더불어 직업세계의 변화와 미래 전망을 고려하여 한국고용정보원이 제시한 「신생 · 이색 직업 목록」의 직업군도 함께 검토하였으며, 변화하는 산업 구조를 반영한 미래 유망 직업군도 1차 선정 대상에 포함하였다. 최종적으로 본 연구에서 설정한 직업선정 기준은 다음과 같다.

첫째, 해당 직업 종사자의 과반수가 전문대학 졸업 이상의 학력을 보유할 것
둘째, 향후 고용전망이 긍정적이거나 최소한 현상 유지를 기대할 수 있는 직업일 것
셋째, 대학생들에게 대표성이 있으며 진로상담 및 지도에서 활용 가능한 직업일 것

이러한 기준은 대학생의 발달 단계와 직업세계의 흐름을 반영하여 설정된 것으로, 실질적이고 교육적 활용도가 높은 직업카드 개발의 기초가 되었다.

4) 직업선정

본 연구에서는 직업카드에 수록할 직업을 선정하기 위하여 앞서 설정된 기준에 따라 1차 직업선정, 전문가 평정, 자문위원 자문 및 2차 직업선정의 절차를 구성하였다.

우선, 개발위원회는 총 세 차례의 회의를 통해 『한국직업전망』(한국고용정보원, 2013)에 수록된 직업 중 선정 기준에 부합하는 119개의 직업을 1차 선정하였다. 여기에 「신생 · 이색 직업 목록」에서 43개의 직업을 추가로 선별하여, 총 162개의 직업이 1차 후보군으로 구성되었다.

다음 단계로 진로상담 분야에서 활동 중인 전문가 15인(대학 커리어센터 상담전문가 6명, 고용센터 직업상담원 2명, 청소년 커리어코치 5명, 진로상담 전공 교수 2명)을 대상으로 5점 Likert 척도를 활용한 전문가 평정을 실시하였다. 평정 항목은 직업명, 직업정보 서술의 적절성, 교육적 활용 가능성 등을 포함하여, 직업카드 수록 항목의 타당성과 실용성을 다각적으로 검토할 수 있도록 하였다.

전문가 평정 결과를 바탕으로 자문위원단의 자문을 받아 2차 직업선정이 이루어졌다. 이 과정에서 입직 가능성이 낮은 직업이나, 직무 특성이 상이함에도 하나의 카드로 통합된 직업(예: 치과위생사 및 간호사)은 분리 또는 제외하였다. 또한 홀랜드(Holland) 흥미유형의 일관성을 유지하기 위하여, 한국고용정보원에서 제공하는 공공 데이터 기반의 흥미코드를 우선적으로 적용하였다. 특히 신생 · 이색 직업의 경우에는 일시적 유행에 그칠 가능성이 있는 직업은 제외하고, 중장기적으로 고용 수요가 지속될 가능성이 높은 직업군만을 선별하여 직업정보의 지속성과 실효성을 제고하였다.

이러한 절차를 거쳐 최종적으로 113개의 직업이 대학생용 직업카드에 수록될 직업으로 확정되었으며, 이는 직업군과 계열별로 균형 있게 구성되었다. 선정된 직업들은 교육적 활용도와 실제 상담 장면에서의 적용 가능성을 고려하여 체계적으로 결정되었다.

5) 카드 개수 결정

본 연구에서는 직업카드의 개수를 결정함에 있어 카드의 활용 효율성, 분류 활동의 편의성, 그리고 홀랜드유형 및 계열 간의 균형성을 종합적으로 고려하였다. 개발위원회와 자문위원단의 논의를 바탕으로, 교육 및 상담 현장에서 카드 수가 과도할 경우 활동의 집중도와 몰입도가 저하될 수 있다는 점을 감안하여, 총 120매 내외의 카드 구성이 적절하다는 결론에 도달하였다.

전문가 평정 및 자문을 통해 직업명이 기입된 카드 113매가 최종 선정되었으며, 학습자의 자유로운 직업 추가와 개인 기록을 위한 빈 카드 4매, 그리고 계열별 직업 목록을 제시하는 카드 3매(인문 · 사회 · 교육 계열, 자연 · 공학 · 의약 계열, 예체능 계열 각 1매)를 포함하여 총 120매의 직업카드 세트가 구성되었다.

계열별 카드 분포는 인문 · 사회 · 교육 계열 55매(48.7%), 자연 · 공학 · 의약 계열 44매(38.9%), 예체능 계열 14매(12.4%)로 나타났다. 또한 홀랜드의 여섯 가지 흥미유형에 따라 분류하면 현실형(Realistic, R) 21매(18.6%), 탐구형(Investigative, I) 16매(14.2%), 예술형(Artistic, A) 18매(15.9%), 사회형(Social, S) 26매(23.0%), 기업형(Enterprising, E) 14매(12.4%), 관습형(Conventional, C) 18매(15.9%)로 나타났다.

이 중 사회형(S)의 비율이 상대적으로 높은 이유는 의사, 약사, 간호사, 소방관 등 보건 및 공공서비스 관련 직업들이 한국고용정보원의 분류 체계에 따라 사회형으로 분류되었기 때문이다. 본 연구에서는 직업의 흥미유형 분류에 있어 전문가의 주관적 판단보다는 다수의 직무 종사자 응답을 바탕으로 분류된 한국고용정보원의 공공 데이터(흥미코드)를 우선 적용함으로써, 자료의 객관성과 공공성을 확보하고자 하였다.

이와 같이 결정된 카드 수와 직업 분포는 대학생의 진로탐색 활동에서 실용성과 균형성을 높이고, 진로지도 및 상담 장면에서의 적용 가능성을 고려한 결과이다.

6) 카드 기재 내용 결정

직업카드에 포함될 기재 항목은 대학생의 진로선택 과정에서 고려되는 주요 요인들을 반영하여 선정되었다. 이를 위해 본 연구에서는 기존의 직업카드 개발 관련 연구(이윤우, 2010; 이현정, 2005; 최윤정, 2012)를 참고하고, 개발위원회 및 자문위원단과의 논의를 통해 항목의 타당성과 활용 가능성을 중심으로 최종 기재 항목을 확정하였다.

초기 단계에서는 카드에 수록 가능한 정보로 직업명, 카드번호, 홀랜드유형, 직업개요(하는 일), 교육 정도, 자격 요건, 업무수행능력, 임금 수준, 유사 직업, 직업 전망, 적성 등 다양한 항목이 검토되었다. 이후 항목별 타당성과 교육적 활용도를 기준으로 항목을 선별한 결과, 다음과 같은 최종 구성이 도출되었다.

직업카드의 앞면에는 카드번호, 홀랜드 1차 코드, 직업명, 직업개요(하는 일), 한국직업전망의 직업 대분류가 수록되었으며, 뒷면에는 해당 직업의 교육 정도, 자격 요건, 업무수행능력에 대한 정보가 포함되었다. 이러한 구성은 학습자가 진로탐색 과정에서 직업에 대한 핵심 정보를 명확하고 체계적으로 이해할 수 있도록 설계한 것이다.

7) 카드 계열 분류

본 연구에서는 대학생용 직업카드의 활용 편의성과 교육적 효과를 높이기 위해, 수록된 직업들을 계열별로 분류하였다. 이는 학습자가 자신의 진로 관심 분야를 명확히 인식하고, 직업 간 비교와 탐색 활동을 체계적으로 수행할 수 있도록 돕기 위함이다.

계열 분류 체계는 『한국직업전망』(한국고용정보원, 2013)의 직업 대분류 기준을 참고하되, 대학생의 진로발달 단계와 교육 현장에서의 지도 편의성을 고려하여 세 가지 계열로 단순화하였다. 구체적으로, 첫째, 인문 · 사회 · 교육 계열, 둘째 자연 · 공학 · 의약 계열, 셋째 예체능 계열로 구성하였다. 각 계열은 직업군의 특성, 학문적 기반, 교육과정과의 연계성 등을 중심으로 구분하였으며, 카드 외곽에 고유한 색상을 적용하여 계열별 시각적 구분이 용이하도록 디자인하였다. 학습자는 이러한 색상 구분을 통해 활동 중 직업의 계열 소속을 직관적으로 파악할 수 있으며, 계열 간 유사성과 차이점을 비교 · 탐색하는 활동의 효율성 또한 향상될 수 있도록 설계하였다. 계열별 최종 분류 결과는 앞에서 언급된 바와 같다.

이러한 계열 분류 방식은 직업카드를 활용한 진로지도 및 상담 장면에서 정보 구조화, 흥미 기반 분류, 계열 간 비교 활동 촉진에 기여하며, 교육적 실용성과 조직적 활용 가능성을 높이는 데 의의가 있다.

8) 카드 규격과 디자인

본 연구에서는 직업카드의 활용성과 정보 전달력을 높이기 위해 카드의 규격과 디자인을 체계적으로 설계하였다. 카드 크기는 대학생이 손쉽게 분류할 수 있도록 가로 7.2cm, 세로 10.2cm로 설정하고, 모서리는 라운딩 처리하여 안전성과 내구성을 고려하였다.

글꼴과 정보 배치는 가독성과 논리적 흐름을 고려하여 설계되었으며, 학습자가 혼란 없이 정보를 파악할 수 있도록 하였다. 또한 계열별로 테두리 색상을 구분하고, 홀랜드 유형은 앞뒷면에 영문 약자 및 고유 색상으로 표기함으로써, 직업 간 구분과 분류 활동의 효율성을 높였다. 이러한 디자인 요소들은 단순한 시각적 효과를 넘어 직업카드의 교육적 효과성과 활동 참여도를 높이는 데 기여하였다.

참고자료

진로내러티브 구성 촉진을 위한 진로이미지카드 개발 및 타당화

우리나라의 고등학생은 주된 삶의 공간인 학교에서 그 어느 때보다 주도적인 진로 설계와 실천 능력을 요구받고 있다. 그러나 대학입시라는 현실적인 목표를 비롯하여 학교 및 학부모의 요구가 복잡하게 얽힌 조건과 맥락은 학생이 자신만의 진로내러티브를 의미 있게 구성하기 어렵게 만든다. 따라서 학교진로상담은 '점수'에서 '이야기'로 진로에 대한 관점을 확장하여 과거의 경험을 의미 있게 해석하고 미래를 구성할 수 있도록 조력해야 할 필요성이 있다.

진로구성상담에서 중요한 목표 중 하나가 내러티브 능력을 향상하는 것이다. 내러티브를 통해 분절되고 의미 없던 사건들도 새로운 의미가 형성되고 새롭게 형성된 의미는 미래의 진로를 재구성해 나가는 토대가 되기 때문이다. 내러티브는 자전적 추론을 통해 모순된 관점과 이해할 수 없는 행동, 일치하지 않은 진로 주제를 통합하고 창조하는 데 중요한 진술 방법이다. 그러나 실제로 내러티브 접근은 자전적 글쓰기나 말하기 등을 통해 구현되기에 정신적 에너지뿐만 아니라 긴 시간이 소요되어 인지부하의 문제로 이어진다. 예컨대, 진로구성상담에서 자전적 이야기와 글쓰기는 미래의 꿈이나 목표를 상상하고 자신이 원하는 것과 가고자 하는 길에 대해서 실제 상황처럼 생각하고 그 상황을 이미지로 떠올리는 심상과 연결된다. 이미지는 시각적 심상이란 점에서 물리적인 한계를 극복하여 움직임까지 상상하도록 촉진할 수 있기에 수행을 증진한다는 측면에서 언어의 부족이나 인지부하에 대한 문제를 해결하는 중요한 실마리가 될 수 있다.

같은 맥락에서 내러티브를 위해 이미지를 활용하는 방법이 오랜 기간 지지되어 왔다. 실제 진로상담에서 마인드 매핑(mind mapping), 이미지(guided imagery), 공상(daydreaming) 등의 개입 방법이 소개되었으며, 시각적 접근인 콜라주 기법도 과거, 현재, 잠재적 미래를 재구성할 수 있도록 진로내러티브를 개발하는 데 그 효과가 검증되었다. 텍스트보다는 이미지와 이모티콘 등의 시각적 콘텐츠를 활용하여 자신의 감정을 표현하고, 이를 통해 소통하는 것을 선호하는 현대인의 삶을 고려한다면 시각적 이미지는 고등학생뿐 아니라 다양한 세대에 걸쳐 자전적 기억의 표상들을 수월하게 인출하고 과거, 현재 그리고 잠재적 미래를 재구성하도록 돕는 데 유용한 매체임을 추론할 수 있다.

이러한 맥락에서 본 연구는 긍정정서를 촉발하여 진로내러티브 구성을 촉진하는 진로이야기카드를 개발하고, 이를 타당화하는 데 목적이 있다. 이와 같은 연구목적에 따라 설정한 연구문제는 다음과 같다. 첫째, 진로이야기카드는 어떻게 개발되어야 하는가? 둘째, 개발된 진로이야기카드는 타당한가? 연구문제를 달성하기 위한 연구방법은 다음과 같다. 먼저 이미지카드 개발에 관한 선행연구가 부재하여, 직업카드와 진로가치카드 개발 절차를 분석하여 이를 기반으로 진로이야기카드의 개발 모형과 절차를 수립하였다. 진로이야기카드를 개발하는 구체적인 연구절차와 방법은 크게 두 개의 차원으로 설계하였다. 첫 번째 차원은 이미지 디자인의 질료가 되는 단어의 개발 과정으로서, ① 시중에 개발되어 있는 교육 및 상담카드의 단어 목록을 분석하고, ② 이미지의 질료가 되는 단어 목록을 선정하고, ③ 자문위원의 검토를 거쳐 최종 단어를 선정하는 것이다. 두 번째 차원은 이미지 개발 단계로서, ① 이미지 개발 방침을 마련하고, ② 단어 목록에 적합한 이미지의 초안을 시각디자이너가 디자인하고, ③ 자문위원의 검토를 통해 진로이야기카드를 개발하는 것이다. 이렇게 개발된 진로이야기카드의 타당성을 검증하는 방법은 세 가지 측면에서 시행하였다. 첫 번째는 전문가 패널을 통한 델파이 검증이고, 두 번째는 고등학생을 대상으로 개발한 진로이야기카드를 활용한 진로프로그램의 시행 전과 후의 긍정/부정정서의 변화를 t 검증하는 것이며, 진로이야기카드를 활용해 본 경험에 대한 인터뷰를 통해 타당성을 확보하는 것이다. 마지막으로 참여자의 활동 결과물을 토대로 진로이야기카드의 상담적 기능에 대해서 분석하였다.

연구결과는 구체적으로 다음과 같이 나타났다. 이미지를 디자인하기 위해 먼저 이미지의 질료가 되는 '단어'를 개발하였다. 이를 위해 선행연구와 유사 도구 분석, 그리고 진로적응력척도를 분석하여 60개의 단어를 선정하였다. 그 후 두 차례의 자문위원 평가를 거쳐 단어를 검토하였으며, 13개의 단어(22%)를 수정 및 변경하여 최종 단어를 선정하였다. 이후, 진로이야기카드의 '이미지'를 개발하기 위해 최종 선택한 60개의 단어에 해당하는 이미지의 초안을 디자인하였다. 총 3회에 걸쳐 이미지 개발 자문위원의 온라인 평가를 진행하고, 60개 이미지 중에서 27개(45%)의 이미지를 수정하고 보완하여 이미지 디자인을 완료하였다. 이때 객관적인 검토를 위해 ① 이미지 내 단어의 내포성, ② 이미지와 긍정정서의 연계성, ③ 이미지의 풍부한 연상 가능성 등을 평가하는 '진로이야기카드 평가 척도'를 마련하였다. 진로이야기카드의 규격은 현장 의견을 수렴하여 가로160×세로140mm의 크기로 결정하였다. 다음으로, 개발된 60개의 진로이야기카드의 타당성을 검증하기 위해, 첫째, 11명의 전문가가 델파이 패널로 참여하여 평가를 진행하였다. 먼저 60개의 진로이야기카드 초안에 대한 전문가들의 1차 델파이 평정은 Likert 7점 척도에서 ① 이미지 내 단어의 내포성(평균=5.88, CVR=0.78), 이미지와 긍정정서와의 연계성(평균=6.19, CVR=0.81) 및 이미지의 풍부한 연상 가능성(평균=6.17, CVR=0.80)으로 나타났다. 그리고 세부 항목으로 CVR 값이 0.59 미만인 5개의 항목에 대해 검토 및 수정 후 2차 델파이를 진행하였다. 수정된 5개의 진로이야기카드에 대한 Likert 7점 척도에서 평균=6.16, CVR=0.86으로 나타났다. 둘째, 1학년 고등학생 202명을 대상으로 개발한 진로이야기카드를 활용하여 진로프로그램을 진행하고 개발한 진로이야기카드의 ① 긍정정서 및 부정정서에 대한 효과성 검증과 ② 참여자의 만족도 검사를 시행하였다. ① 효과성에 대한 검증으로 긍정 및 부정정서의 사전-사후검사를 실시하였다. t 검증 결과, 프로그램 적용 전과 후에 평균은 통계적으로 유의미한 차이가 있었다. 긍정정서는 평균값이 53.54에서 56.47로 상승하고, 부정정서는 평균값이 49.62에서 48.95로 감소함으로써 유의미한 결과가 나타났다. ② 진로이야기카드 활용에 대한 참여자의 만족도검사에서 Likert 5점 척도를 사용한 3개의 객관식 문항의 평균점수가 높게(M=4.22, SD=0.83) 나타났다. 개방형 응답에서는 진로이야기카드가 '내러티브의 촉진'과 '긍정정서 고양' 및 '자기상에 대한 상상과 구체화'에 도움이 되었다는 의견이 나타났다. 셋째, 참여자가 제출한 활동 결과물들을 분석하여 개발한 진로이야기카드의 타당성 및 효과에 대해서 검증하였다. 참여자의 활동 결과물을 분석한 결과 '은유를 통한 자기표현'과 '공감을 통해 함께 이야기하기', '이미지적 체험을 통한 감각 형성하기' 등으로 세 개의 테마를 도출할 수 있었다.

이러한 결과를 통해 본 연구에서 개발한 진로이야기카드의 상담적 기능에 대한 논의점은 다음과 같다. 첫째, 진로구성상담에서 감각을 형성하는 것(sense making)은 이미지적 체험을 바탕으로 정서적 자기구성과 맥을 같이한다. 기존의 진로상담에서 자기구성은 경험의 의미를 이해하거나 규명하도록 하는 인지적 방식이 주를 이루면서 정작 자기구성의 본질이라 할 수 있는 내면의 이미지 자체에 대한 체험은 소홀히 다루어진 측면이 있다. 진로이야기카드를 활용하는 진로상담은 이미지 자체로부터 파생되는 정서나 느낌을 체험할 수 있게 하여 정서적 감흥을 일으키는 데에 도움이 된다. 이는 '필요'로부터 '목표'로 가는 캐릭터 아크의 구성을 촉진하므로 감각 형성에 유용하다. 둘째, 진로이야기카드를 통해 이야기를 만드는 것이 '구성행위'라는 점에서 진로이야기카드는 이미지 기반의 내러티브 구성 능력 신장에 도움이 된다. 내담자는 경험적 기반을 토대로 진로이야기카드를 접하고 선택하기에 내담자가 생성한 이미지는 단순한 의미망의 형성에서 머무르지 않고, 개별 이미지들을 연결하여 개연성을 확보한다. 서로 달라 보이는 요소들을 통합하고, 인지를 확장하여 창의적인 사고를 견인할 뿐 아니라, 개인의 경험에 대한 새로운 묘사를 발견하고 조직한다. 셋째, 진로이야기카드는 긍정적 상상의 사고 추동을 돕는다. 내담자가 상담자의 요구에 따라 진로이야기카드를 보면서 이미지들을 생성하고 변형하는 과정에서 내담자의 능동적 참여와 상상력이 요구된다. 개별 내담자에 따라 동일한 이미지를 대할 때 생성하는 이미지나 체험의 결과가 달라지는 것은 이미지가 수용되는 과정에서 내담자의 상상력이 개입한다는 사실을 방증한다. 따라서 내러티브를 통해 구성하는 의미의 세계가 단순히 이미지 내에 그려진 세계를 '재현'하는 수준을 넘어 창조적인 '재구성' 단계에 도달하는 것을 의미한다. 마지막으로 본 연구는 진로구성이론을 이론적 배경으로 하여 진로이야기카드를 타당한 절차로 개발하였고, 한국에서 진로구성상담을 지원하는 첫 도구로서 의미가 있다. 따라서 진로이야기카드가 시사하는 바는 진로내러티브의 구성을 촉진하는 데 유용한 도구로서 가치 있으며, 사용이 쉽고, 창의적이며 유연한 요소들을 포함하고 있어서 고등학생뿐 아니라 다양한 내담자를 대상으로 활용할 수 있다.

출처: 김영미(2023).

참고문헌

김병숙(2006). **직업카드**. 서울: 한국직업상담협회.

김봉환(2011). 진로교육에서 직업카드 활용의 현황과 과제. **열린교육연구**, 19(1), 175-196.

김봉환(2016). 대학생용 직업카드 개발과 타당화. **교육연구논총**, 37(1), 181-205.

김봉환(2019). **진로상담의 이론과 실제**. 서울: 학지사.

김봉환, 김영미, 윤재성(2017). **진로가치카드**. 서울: 학지사.

김봉환, 김영미, 윤재성(2024). **진로이야기 카드를 활용한 '나의 레몬 이야기'**. 서울: 학지사.

김봉환, 박진영, 박현옥, 이재희, 최명운(2010). **청소년용 학과카드 전문가 지침서**. 서울: 학지사.

김봉환, 최명운(2003). **중 · 고 · 대학생용 직업카드**. 서울: 학지사.

김봉환, 최명운(2010). **진로진학 상담을 위한 청소년용 직업카드 전문가 지침서**. 서울: 학지사.

김영미(2023). 진로내러티브 구성 촉진을 위한 진로이미지카드 개발 및 타당화. 숙명여자대학교 대학원 박사학위논문.

김정숙(2006). 학생의 직업가치에 관한 연구. **한국청소년연구**, 17(1), 79-102.

노경란, 서현주, 이정원, 정시원(2009). **청소년용 직업카드 활용 매뉴얼**. 서울: 한국고용정보원.

노경란, 전연숙(2009). 입국 초기 새터민의 진로개발을 위한 직업카드분류법의 적용 연구. **직업교육연구**, 28, 135-156.

문승규(2017). 대학생용 직업가치카드 개발 및 타당화. 한국기술교육대학교 테크노인력개발전문대학원 박사학위논문.

방혜진(2003). 직업흥미검사도구 실시방법이 직종선정 명확성에 미치는 효과 분석. 경기대학교 행정대학원 석사학위논문.

서현주(2015). 직업카드를 활용한 진로지도프로그램의 효과에 대한 메타분석. **진로교육연구**, 28(2), 122-147.

윤재성(2015). 진로가치탐색을 위한 중학생용 진로가치카드개발. 한신대학교 대학원 석사학위논문.

이윤우(2010). 여자대학생의 진로탐색활동을 위한 직업카드개발. 건국대학교 대학원 박사학위논문.

이현정(2005). 중학생용 직업카드 개발과 이를 활용한 진로상담 프로그램이 중학생의 진로성숙도에 미치는 영향. 한국교원대학교 대학원 석사학위논문.

조유미(2002). 직업카드를 활용한 초등학생 진로지도 프로그램 개발과 효과. 한국교원대학교 대학원 석사학위논문.

최윤정(2012). 지적장애 고등학생의 진로교육을 위한 직업카드 개발 연구. 한국교원대학교 대학원 석사학위논문.

한국고용정보원(2006). **청소년의 직업진로지도를 위한 직업카드**. 서울: 한국고용정보원.

한국고용정보원(2012a). **2012 한국직업사전**. 서울: 한국고용정보원.

한국고용정보원(2012b). **2012 한국직업정보**. 서울: 한국고용정보원.

한국고용정보원(2013). 2013 **한국직업전망**. 서울: 한국고용정보원.

Brown, D. (2002). The role of work and cultural values in occupational choice, satisfaction, and success: a theoretical statement. *Journal of Counseling & Development, 80*(1), 48-56.

Dawis, R. V., & Lofquist, L. H. (1984). *A psychological theory of work adjustment.* Minneapolis, MN: University of Minnesota Press.

Fredrickson, B. L. (2001). The role of positive emotions in positive psychology: The broaden-and-build theory of positive emotions. *American Psychologist, 56,* 218-226.

Gottfredson, L. S. (1981). Circumscription and compromise: A developmental theory of occupational aspirations. *Journal of Counseling Psychology, 28*(6), 545-579.

Gysbers, N. C., Happner, M. J., & Johnston, J. A. (2014). *Career counseling: Holism, diversity, and strengths* (4th ed.). Alexandria: American Counseling Association.

Hartung, P. J. (1999). Interests assessment using cards sorts. In M. L. Savickas, & A. R. Spokane (Eds.), *Vocational interests: Meaning, measurement, and counseling use.* Palo Alto, CA: Davies-Black.

Henderson, S., Hesketh, B., & Tuffin, K. (1988). A test of Gottfredson's theory of circumscription. *Journal of Vocational Behavior, 32*(1), 37-48.

Peterson, G. W. (1998). Using vocational card sort as an assessment of occupational knowledge. *Journal of Career Assessment, 6*(1), 49-67.

Savickas, M. L. (2011). *Career counseling.* Washington, DC: American Psychological Association.

제
4
부

진로상담 방법

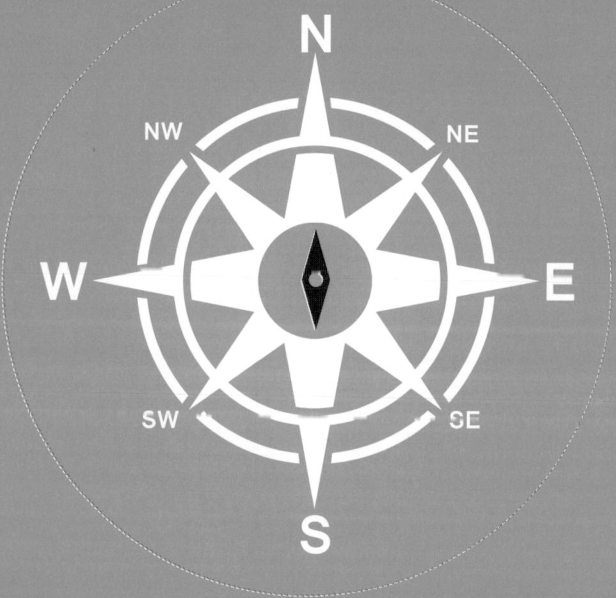

제4부의 내용 중 진로상담 과정에서는 진로상담이 진행되는 절차를 여섯 단계로 나누어 설명한다. 내담자 유형분류에서는 내담자 유형분류의 의미와 내담자 유형분류의 다양성 그리고 유형별 상담 개입전략을 정리하고 있다. 진로가계도에서는 먼저 진로가계도의 의미 및 이론적 배경을 소개하고, 이어서 진로상담 과정에서 진로가계도를 사용하는 방법을 자세하게 설명한다. 생애진로사정(LCA)에서는 LCA의 개요와 이론적 배경, LCA의 구조 그리고 LCA의 활용 사례를 소개하고 있다. 진로의사결정에서는 진로의사결정의 개요와 진로의사결정 이론을 살펴보고 난 후, 진로의사결정 유형 및 진로결정 척도에 대해서 논의한다. 집단진로상담 부분에서는 집단진로상담의 개요, 준비, 진행 등을 차례로 살펴보고 이어서 집단진로상담자 윤리와 집단진로상담의 내용을 학교급별로 소개한다. 마지막으로 사이버 진로상담에서는 먼저 사이버 진로상담의 의미, 특징, 장점, 한계 등을 다루고 있다. 사이버 진로상담의 실제에서는 진로정보 부족, 자신에 대한 이해 부족, 진로의사결정의 어려움, 부모와의 갈등을 예로 들어서 설명하고 있다. 제4부의 목적은 상담자로 하여금 다양한 진로상담 방법을 체득하여 상담현장에서 필요에 따라 자유롭게 이들을 적용할 수 있는 능력을 함양시키는 데 있다.

제7장

진로상담 과정

나의 주인은 나다.
맑은 그 소리 용솟음칠 때
그대는 이미 숙녀이다.

어제의 길이 오늘 지도에서 사라져도
그대는 항해를 시작한다.

길 없는 바다가 그대의 대지이기에.

보라.
우리는 한 별에 산다.
모두 간절히 꿈꾸는 세상을
그대가 앞장서 펼치고 있지 않은가.

-최시한, 「숙녀에게」-

이 장에서는 진로상담이 어떠한 과정을 거쳐 진행되는지를 단계별로 살펴본다. 진로상담의 과정이 반드시 일정한 단계로 고정되어야 하는 것은 아니며, 다양한 이론과 상황에 따라 변형될 수 있다. 이 장에서는 대표적인 진로상담 과정의 예로 6단계 모델을 중심으로 설명하고자 한다. 이 여섯 단계는 상담관계 형성, 문제 평가, 목표 설정, 개입, 실행 및 평가, 종결로 구성된다. 각 단계에서 중점을 두어야 할 요소들을 소개하고, 상담 장면의 대화를 예시로 제시하여 실천적 유의점을 함께 논의한다. 또한 실제 사례를 통해 이 6단계 과정이 어떻게 적용되는지를 구체적으로 살펴봄으로써 진로상담의 실제적 흐름을 이해하는 데 도움을 주고자 한다.

1. 상담관계 형성하기

일반적인 상담과 마찬가지로 진로상담에서도 가장 먼저 해야 할 일은 내담자와의 관계 형성이다. 상담자는 내담자를 따뜻하게 맞이하고, 공감과 경청을 통해 내담자가 자신의 문제를 이야기할 수 있겠다는 신뢰감을 갖도록 해야 한다. 또한 내담자가 안전하게 자신의 문제를 탐색할 수 있는 환경을 제공하고, 반영을 하거나 명료화하는 과정을 통해 내담자의 이야기에 대해서 관심을 표현해 주어야 한다. 내담자는 상담자와의 관계를 통해 자기내면의 메시지에 접촉하고 자기 안에 있는 힘을 발견하게 되며, 자신의 능력을 활용하게 되기 때문이다.

상담관계를 형성하는 단계에서 진로상담의 목표, 과정, 방식 등에 관해 구조화한다. 시작 단계에서의 구조화는 상담에 대한 내담자의 동의를 확인하고 내담자의 기대와 상담자가 제공하는 서비스 두 가지를 조율함으로써 조기 종결을 예방하고 상담의 성과를 높이는 효과가 있다. 상담자는 내담자가 진로상담에서 기대하거나 요청하는 사항을 듣고, 내담자에게 진로상담 과정에 적극적으로 참여하고 과제를 충실히 해 오기를 바라는 자신의 기대를 전달한다.

▶ 상담관계 형성하기의 주요 목적

- 심리적 안정감 제공: 내담자가 진로 고민을 이야기할 수 있는 편안한 분위기 조성
- 신뢰와 지지의 관계 구축: 상담자와 내담자 간의 신뢰, 존중, 협력적인 동맹 형성
- 진로상담의 목표와 과정에 대한 이해 공유
- 내담자의 기대와 요구 탐색

상담관계를 형성하는 것이 언제나 쉬운 일은 아니다. 상담자는 내담자가 저항하는 이유가 있다면 그것을 이해해야 하고, 보다 긍정적인 관계를 이어 가도록 노력해야 한다. 이러한 것이 가능해지려면 대화 과정에서 방어적이지 않고 개방적인 논의가 이루어져야 하며, 공감이 표현되어야 하고 진로상담에서 서로의 역할과 책임에 대한 정보가 제공되어야 한다.

▶ 상담자가 상담관계를 형성할 때 사용하는 핵심 기법

- 적극적 경청: 내담자의 이야기를 판단 없이, 온전히 귀 기울여 듣기
- 공감적 반영: 내담자의 감정이나 말의 의미를 따뜻하게 되짚어 주기
- 개방형 질문: 내담자가 자신의 경험과 생각을 깊이 탐색할 수 있도록 유도
- 라포 형성: 언어적 · 비언어적 친밀감을 통해 편안한 분위기 조성
- 상담 구조화: 상담목표, 시간, 비밀보장 등에 대한 안내를 통해 안정감 제공

이러한 상담관계는 진로상담의 전 과정을 거쳐서 발달한다. 처음에 일정 수준의 관계가 형성되지만, 시간이 갈수록 관계는 깊어지고 또 다른 단계로 나아가게 된다. 상담에서의 상담자와 내담자 관계는 '작업동맹(working alliance)'으로 정의되며, 이는 바람직한 상담 성과를 위한 상담자와 내담자 사이의 긍정적이고 능동적인 협력관계를 말한다(Bordin, 1979). 작업동맹은 한번 확립된 후 다음으로 넘어가는 것이 아니라 [그림 7-1]에 제시된 바와 같이 진로상담의 모든 과정에 영향을 미친다(Gysbers et al., 2014).

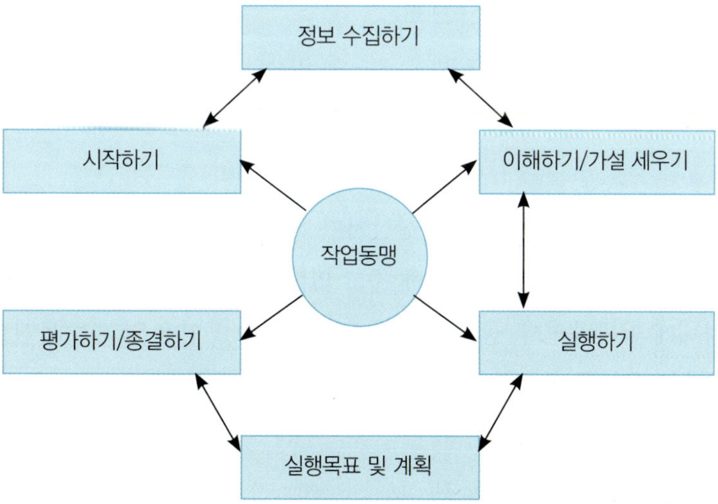

[그림 7-1] **진로상담의 구조(Gysbers et al., 2014)**

▶ 상담관계를 형성하는 실제 대화 예시

상담자: 안녕하세요. OO 씨. 오늘 이렇게 상담을 신청해 주셔서 감사합니다. 상담실은 편하게 이야기하실 수 있는 공간이에요. 우선, 어떤 마음으로 이 자리에 오시게 되었는지 이야기해 주실 수 있을까요?

내담자: 네……. 음……. 제가 요즘 진로 때문에 너무 머리가 복잡해서요. 주변 친구들은 다 뭔가 하고 있는 것 같은데 저는 아직 잘 모르겠어요.

상담자: 친구들이 뭔가를 준비하는 걸 보면서, 본인은 아직 방향이 안 잡힌 느낌이 드셨군요. 그럴 때 많이 조급하고 불안한 마음이 들 수 있어요. 요즘 특히 힘들게 느껴지는 부분은 어떤 점일까요?

내담자: 그냥……. 뭘 하고 싶은지도 모르겠고, 뭘 잘하는지도 모르겠어요. 전공도 딱히 흥미가 없고요. 그래서 그런지 뭘 해도 확신이 없어요.

상담자: 무언가를 해야 할 것 같긴 한데, 마음이 따라 주지 않는 느낌이 드셨겠어요. ○○ 씨의 진로 고민은 단순히 정보가 부족해서라기보다는, 자신을 더 알고 싶은 마음에서 비롯된 것 같아요.

내담자: 맞아요. 남들이 정해 준 길 말고, 내가 뭘 원하는지 알고 싶어요. 근데 그걸 생각하면 더 모르겠어서 걱정만 커지는 것 같아요.

상담자: 지금처럼 솔직하게 이야기해 주셔서 고마워요. 앞으로 몇 회기 동안 우리가 함께할 작업은 바로 그런 고민을 하나씩 풀어 보는 과정이 될 거예요. ○○ 씨가 스스로에 대해 더 알아 가고, 어떤 선택이 자신에게 의미 있을지를 찾아가 보는 시간을 만들어 보려고 해요.

내담자: 네……. 그렇게 할 수 있다면 좋겠어요.

상담자: 괜찮아요. 급하게 결론을 내릴 필요는 없어요. 오늘은 ○○ 씨가 겪어 온 경험들, 고민했던 순간들부터 천천히 나눠 보면서 출발해 보면 좋을 것 같아요.

이 사례에서는 개방형 질문을 통해 상담자가 처음 상담실에 방문한 내담자의 막막한 심정에 적극적 경청과 공감적 반영을 해 주고 있다. 더불어 상담자는 앞으로 해야 할 일들을 내담자에게 안내하면서, 상담하는 장소가 안전한 곳임을 알리는 동시에 상담자와 내담자의 작업동맹을 이끌어 내면서 라포 형성을 하고 있다.

▶ 상담관계 형성 단계에서 확인할 것

- 내담자가 상담자와 안정적인 정서적 유대를 느끼고 있는가?
- 내담자가 자신의 이야기를 검열 없이 표현하고 있는가?
- 상담의 목적과 구조에 대해 내담자가 이해하고 수용하고 있는가?

▶ 상담관계 형성 시 주의할 점

- 너무 빠른 진로 정보 제공이나 진단적 접근은 관계 형성을 방해할 수 있다.

- 내담자의 불안, 긴장, 방어적 태도를 잘 관찰하고 수용적으로 반응해야 한다.
- 내담자의 언어뿐 아니라 비언어적 신호(표정, 몸짓 등)도 민감하게 읽어야 한다.

2. 문제 평가하기

초기 상담관계가 형성되고 나면 내담자의 문제를 이해하고 파악하는 단계로 접어든다. 내담자의 호소문제를 평가하는 것은 작업동맹을 맺는 것과 함께 시작되며, 평가 결과에 따라 상담자는 개입방법과 개입시기를 정할 수 있고, 내담자가 바라는 의사결정이나 해결책 등을 모색할 수 있다. 문제 평가하기에서는 두 가지를 고려해야 한다. 첫째, 진로문제의 유무를 확인하고 진로문제에 있어서도 진로결정의 명료성과 진로계획의 적절성, 진로행동의 진척성 등을 탐색해야 한다. 둘째, 여러 가지 영역의 정보를 바탕으로 문제를 정교화해야 한다. 또한 이 단계에서 의사결정수준에 따라 내담자를 몇 가지 유형으로 분류할 수 있으며 유형에 따라 상담목표와 개입의 방향이 달라진다.

1) 문제 이해하기

내담자들은 문제에 대해서 언급하고자 할 때 자신의 상황을 설명하고자 이야기하는 경향이 있다. 이러한 이야기 속에 어려움에 대한 호소와 문제의 원인이 함축되어 있다. 이 과정에서 상담자의 질문은 "진로와 관련해서 궁금한 것은 무엇입니까?", "진로와 관련해서 상담하고 싶은 문제는 무엇입니까?", "상담을 받고 나서 어떻게 달라졌으면 하십니까?" 등에 초점을 맞추어 진행한다(정의석, 2013). 상담자가 어떤 이론적 관점을 지향하고 있는가에 따라 호소문제의 인식과 개입방식에 차이가 나타나게 된다. 하지만 대개의 경우는 내담자의 발달수준과 진로 관련 문제의 영역에 따라 정보들이 평가될 필요가 있다(김봉환 외, 2018).

또한 다른 종류의 영역이 추가될 수 있다. 가령, 음주, 약물남용, 게임중독, 정신 병리와 같은 문제를 겪고 있는 내담자는 초기에 구분할 필요가 있다. 이 영역은 전통적인 진로상담 영역 밖에 있기는 하지만, 직업선택과 가능성을 제한하고 취업에 영향을 미치기도 한다. 이 경우 청소년상담복지센터, 정신건강증진센터 혹은 건강가정지원센터와 같은 지역사회 내 다른 서비스 영역에 의뢰를 하도록 한다.

내담자는 자기 문제를 이야기할 때 항상 상세하게 표현하지 않는다. 그러므로 상담자가 해야 할 일 중 하나는 문제에 대한 완전한 진술이 이루어지도록 탐색 과정을 촉진하는 것이다. 또한 초점을 맞추어야 할 문제가 단지 하나가 아닌 경우도 많다. 이때에는 내담자가 호소하는 모든 문제를 동시에 다루는 것은 불가능하기 때문에 취사선택이 필요하다. 상담자는 내담자와 함께 다루어야 할 문제의 우선순위를 정할 수 있다.

2) 문제 정교화하기

내담자의 호소문제를 충분히 이해하기 위해 먼저 관련된 상황이 어떻게 전개되어 왔는지를 자세하게 파악해야 한다. 상황의 전개를 파악하기 위해서는 여러 가지 영역에 대한 정보가 필요하다. 진로문제에 관한 것뿐만 아니라 내담자의 성격, 지능, 학업성적, 사고·정서·행동을 포함하는 내담자의 심리상태, 가정환경, 진로성숙도, 자아정체감, 의사결정 양식, 진로의사결정의 상태, 교육·훈련 경험, 경력 등을 광범위하게 평가해야 한다. 이러한 정보는 내담자와의 상담이나 내담자의 가족·교사와의 면담, 적절한 검사 도구를 이용한 평가 결과를 통해 얻을 수 있다. 김봉환 등(2006)은 이를 보다 구체적인 내용으로 구분하면서 내담자 문제 평가를 위한 정보를 크게 세 가지 항목으로 제시하고 있다.

(1) 일반적인 정보

내담자가 가지고 있는 진로문제나 목표를 이해하기 위해 필요한 것으로 학업성적, 지능, 적성, 흥미, 직업가치관, 진로정체감, 내담자가 진술하는 직업적·교육적·개인적 영역의 문제, 불안의 정도, 자신감의 정도, 정서 상태 등에 대한 정보이다.

(2) 진로계획과 관련된 정보

내담자의 유형을 분류하기 위해 필요한 정보로서 진로문제 해결 능력, 진로신화 혹은 편견, 진로결정에 대한 압력, 학업능력에 대한 자신감 정도, 일의 세계에 대한 지식의 수준, 기타 진로 방해 요소(예: 미성숙한 성격, 가정에서의 심각한 갈등) 등에 대한 것이다.

(3) 진로발달에 관한 정보

내담자의 진로경험이나 의식, 진로탐색 및 실천을 하는 데 필요한 능력이나 준비도 등을 평가하기 위한 것으로서, 내담자가 가지고 있는 일에 대한 경험, 교육이나 훈련 경험,

생활양식, 여가 이용 방식 등에 대한 정보이다. 또한 내담자의 강점이나 자원, 극복해야 할 장애 요소를 확인해야 한다.

문제 평가의 과정에서 필요에 따라 다양한 검사를 실시한다. 검사 실시에 있어서 내담자가 검사에 동의하면 이전 검사 경험을 확인할 수 있다. 검사도구의 선정은 상담자가 일방적으로 하기보다는 내담자와 함께하는 것이 바람직하다. 즉, 어떤 검사가 내담자의 문제를 해결하는 데 도움을 줄 수 있는 적합한 검사인지를 협의하여 결정하는 것이 좋다. 현재 우리나라에서 심리검사를 개발 · 제공하고 있는 공신력 있는 기관의 검사목록을 참고하여 선택할 수 있을 것이다. 상담기관의 규정된 절차나 내담자의 상태를 고려하여 검사결과에 대한 해석은 한꺼번에 이루어질 수도 있고, 다음 상담회기에 순차적으로 이루어질 수도 있다. 여기서 중요한 것은 면담과 검사를 통해 수집된 정보가 내담자 문제의 평가를 정교화하고 다음 단계의 목표 설정에 연결되도록 통합되어야 한다는 점이다.

3) 진로 의사결정수준에 따른 내담자의 분류

문제의 평가에서 또 다른 과제는 내담자를 분류하는 것이다. 왜냐하면 내담자들의 다양한 특성과 욕구에 따라 차별적으로 진단하고 차별적으로 개입할 때 개인의 진로 욕구에 적절한 상담이 제공될 수 있기 때문이다. 진로의사결정 상태에 따른 내담자의 유형과 각 유형별 내담자의 욕구는 다음과 같다(Sampson, Peterson, Lenz, & Reardon, 1992).

(1) 진로결정자(the decided)

- 자신의 선택이 잘된 것인지 명료화하기를 원하는 내담자
- 자신의 선택을 이행하기 위해 도움이 필요한 내담자
- 진로의사가 결정된 것처럼 보이나 실제로는 결정하지 못한 내담자

[진로결정자 사례 예시]

- 이름: 김○○(22세, 남성)
- 배경: 대학 4학년 심리학과 재학 중
- 진로 고민: 임상심리 전문가 또는 조직 컨설턴트 중 선택에 갈등을 느끼고 있다.
- 상황: 김○○은 1학년 때부터 다양한 진로를 탐색해 왔다. 방학마다 병원 인턴, 상담센터 봉사, 기업 인사팀 서포트 등의 경험을 쌓았다. 스스로 진로와 관련한 정보를 조사하고, 진로 로드맵을 만들어 교수 및 선배들에게 피드백을 받는 등 계획적으로 진로를 준비해 왔다.

※ 진로결정자의 특성

- 자기이해가 높고, 자발적으로 경험을 추구한다.
- 현실적인 장단점을 고려하여 진로를 좁혀 간다.
- 김○○은 최종적으로 임상심리 대학원 진학을 목표로 준비 중이다.

(2) 진로미결정자(the undecided)

- 자기이해, 직업정보 혹은 의사결정 능력이 부족한 내담자
- 다양한 적성으로 지나치게 많은 기회를 갖게 되어 진로결정이 어려운 내담자
- 진로결정을 하지 못했지만 성격적으로는 문제가 없는 내담자

[진로미결정자 사례 예시]

- 이름: 정○○(23세, 남성)
- 배경: 대학 경영학과 3학년
- 진로 고민: 학과에 흥미가 없고, 졸업 후 무엇을 해야 할지 모르겠다.
- 상황: 정○○은 부모님의 권유로 경영학과에 진학했지만 전공 수업에 흥미를 느끼지 못한다. 스스로 무엇을 좋아하는지 잘 모르겠고, 주변 친구들이 인턴이나 자격증 준비를 하는 모습을 보면 조바심이 들면서도, 어떤 방향으로 나아가야 할지 감이 오지 않아 계속 미루고 있다. 진로에 대해 생각하면 막막하고 불안하다.

※ 진로미결정자의 특성

- 자기이해가 부족하다(관심, 강점, 가치 등이 모호함).
- 탐색 경험이 부족하다(실습, 인턴, 비교과프로그램 등).
- 결정을 회피하거나 미루는 태도가 있다.
- 진로와 관련된 대화나 활동에 대한 회피 경향이 있다.
- 정서적으로 불안이나 위축감을 동반할 가능성이 있다.

(3) 우유부단형(the indecisive)

- 생활에 전반적인 장애를 주는 불안을 동반한 내담자
- 일반적으로 문제해결 과정에서 부적응적인 성격을 지니고 있는 내담자

[우유부단형 사례 예시]

- 이름: 임○○(24세, 여)
- 배경: 대학 국문과 4학년, 휴학 반복
- 진로 고민: 여러 가지 진로대안이 떠오르지만 아무 것도 확신이 없다.
- 상황: 임○○은 글쓰기를 좋아해서 국문과에 진학했지만, 졸업이 가까워질수록 출판, 교직, 상담, 마케팅, 외국 대학원 유학 등 다양한 진로를 놓고 고민하고 있다. 하지만 어느 하나도 결정하지 못하고, 선택했다가도 '이게 맞나?' 하는 생각에 다시 처음으로 돌아온다. 진로 선택이 자신의 인생을 좌우할 거라는 압박감 때문에 쉽게 결정을 내리지 못하며, 결정 후에도 자주 번복하고 후회하는 경향이 있다.

※ 우유부단형의 특성

- 진로 정보는 탐색하지만, 결정 자체에 대한 불안이 크다.
- 한 가지를 선택하면 다른 선택지를 놓치는 것 같아 고민이 깊어진다.
- 자기비판, 실패에 대한 두려움, 완벽주의 경향이 있다.
- 선택 후에도 후회와 번복이 반복된다.

3. 목표 설정하기

상담자는 상담관계 형성과 문제 평가 과정을 통해서 내담자에 대한 많은 정보를 수집하게 된다. 이렇게 수집된 정보들, 즉 내담자의 성장 배경, 가족관계, 경력, 심리검사 결과, 행동관찰 등의 정보들은 상담목표를 세우기 위해 통합되어야 한다. 그리고 다음과 같은 질문들에 대해 답을 찾아 나가는 과정에서 상담목표가 설정될 수 있다. 상담자는 '내담자의 주요 문제는 무엇인가? 문제의 원인은 무엇인가? 그 문제를 평가하기에 가장 적절한 상담이론은 무엇인가? 그 이론에 따르면 어떤 목표가 적절한가? 상담목표를 달성하기 위한 구체적 전략은 무엇인가?' 등을 결정해야 한다(정의석, 2013). 이 과정은 반드시 내담자와 함께 논의되어야 한다. 논의를 거쳐 상담목표를 협의하게 되면, 내담자들

은 진로상담을 하는 이유와 방향을 인식하고 이후의 실행계획을 세울 수 있으며 동기와 의욕을 유지할 수 있다. 상담목표는 앞서 분류한 내담자의 유형에 따라 다음과 같이 설정될 수 있다.

1) 진로결정자를 위한 목표

진로결정자는 본인의 진로를 나름대로 결정한 사람들이다. 여기에 속하는 내담자들은 보다 구체적이고 세부적인 진로정보를 찾거나 혹은 결정이 잘못된 것이 아닌지를 확인하고 싶어 한다. 가능한 목표들을 예시해 보면 다음과 같다.

- 진로를 결정하게 된 과정을 탐색하는 일
- 진로정보를 충분히 활용하고 있는지를 확인하는 일
- 합리적인 과정으로 명백하게 내린 결정인지 확인하는 일
- 결정된 진로를 위해 실행계획을 세워 실천을 돕는 일
- 내담자의 잠재된 가능성을 확인하는 일

2) 진로미결정자를 위한 목표

진로미결정자는 진로를 선택하지 않았거나 선택을 미루고 있는 사람들이다. 이들은 자기이해나 직업정보가 부족한 사람들이거나 오히려 여러 가지 진로를 추구할 수 있는 다양한 적성을 가진 사람들이기도 하다. 가능한 목표들을 예시해 보면 다음과 같다.

- 진로에 대한 탐색
- 구체적인 직업정보의 활용
- 현재 자신의 능력에 대한 구체적인 파악
- 자기이해를 위한 탐색
- 직업 정보의 제공
- 의사결정 과정 연습

3) 우유부단형 내담자를 위한 목표

우유부단형은 진로에 대한 결정을 미룬다기보다는 어느 것도 선택할 수 없는 사람들이다. 이들은 역기능적인 신념을 가지고 있거나 자존감이 저하되어 있을 수 있고, 모호성을 참기 어렵고 실패에 대한 두려움 때문에 결정을 회피하는 경우가 많다. 가능한 목표들을 예시해 보면 다음과 같다.

- 불안이나 우울의 감소
- 불확실감의 감소
- 동기의 개발
- 기본적 생활습관의 변화
- 긍정적 자아개념의 확립
- 자아정체감의 형성
- 타인의 평가에 대한 지나친 민감성의 극복
- 자존감의 회복
- 열등감의 완화
- 가족의 기대와 내담자의 바람 간 차이 인정
- 가족 갈등의 해소
- 부모나 사회에 대한 수동-공격성의 극복

어떤 유형이든 목표는 구체적이고 그 결과를 가시적으로 평가할 수 있는 형태로 설정되어야 한다. 그렇지 못하면 상담자는 상담의 효과를 평가할 수 없고, 내담자는 자기의 노력을 투입할 구심점을 잃게 된다. 구체적이고 가시적인 목표가 설정되면, 내담자는 문제가 해결될 수 있다는 희망을 가질 수 있고 목표를 달성하기 위해 가능하고도 명확한 실행 계획을 세울 수 있다.

4. 개입하기

상담목표가 설정되면 개입하기 단계로 접어들게 된다. 이때 개입방법은 문제의 원인과 상담목표에 따라 달라진다. 목표가 직업 결정인 경우, 비합리적 진로신념의 수정인 경우, 학습경험의 증진인 경우, 의사결정기술의 습득인 경우, 바람직한 자아개념의 형성인 경우 등에 따라 개입방법은 차이가 난다. 또한 개입방법은 목표의 상이성과 함께 상담자 자신이 선호하는 진로상담 이론에 의해 결정된다(정의석, 2013). 개입은 상담자의 입장에서 서술된 용어이며 필요할 경우 지시적인 태도를 취할 수도 있지만 내담자가 스스로 상담목표에 따라 실행계획을 세우고 실천하면서 주인의식을 느끼도록 돕는 것이 더 중요하다. 내담자의 유형에 따라 각기 어떤 개입이 유용한지 사례와 함께 다음에 제시하였다. 내담자에게 모든 방법을 적용할 필요는 없으며 설정된 상담목표에 따라 선택적으로 활용할 수 있다.

1) 진로결정자를 위한 개입

- 자신의 진로결정을 구체적으로 준비할 수 있도록 현장 견학이나 실습의 기회를 갖도록 한다.
- 결정한 목표를 향하여 더 치밀하게 정보를 수집하고 구체적인 실천방안을 모색할 수 있도록 한다.
- 결정된 진로를 재확인하고 직업에 대해 구체적으로 탐색하도록 한다.
- 진로결정 과정에서 수반되는 불안을 줄이고 자신감을 향상시키기 위한 개입을 한다.
- 결정된 진로를 실천하는 과정에서 부딪히는 문제들을 해결하도록 조력한다.
- 잠재된 능력을 개발해 효과적으로 진로개발 과정에 적응하게 한다.

다음은 진로를 결정한 내담자의 사례이다. 어떤 개입이 필요한지 살펴보자.

상담자: 실내건축 디자이너가 되고 싶다고 했는데 그에 대한 정보를 어느 정도 알고 있는지 궁금합니다.

내담자: 아버지가 건축사로 일하시기 때문에 어릴 때부터 보긴 했었어요.

상담자: 아버지가 평소에 건축사에 대해서 어떤 이야기를 해 주셨나요?

내담자: 사실 집에서는 일 얘기 별로 안 하세요. 그냥 아버지 사무실에 몇 번 찾아갔을 때 일하시는 모습을 본 적은 있어요.

상담자: 아버지가 일하시는 모습을 보고 디자이너가 되고 싶었나 보네요. 그것 말고 실내건축 디자이너라는 직업에 대해 알아본 적이 있으세요?

내담자: 오래 전에 선생님이 숙제를 내주셔서 인터넷에서 실내건축 디자이너에 관한 정보를 찾아본 적이 있어요. 발표도 했고요. 커리어넷인가? 학교 선생님이 거길 찾아보라고 하셨거든요. 뭐……. 고용24 이런 데도 봤고요.

상담자: 그러셨군요. 그럼, 실내건축 디자이너에 대해 알고 계신 정보를 말씀해 주시겠어요?

이 내담자의 경우 상담자는 희망직업에 대한 보유정보 수준을 확인하고 있다. 우선, 필요한 심층 직업정보의 종류가 무엇인지 목록화하는 작업이 필요하다. 실내건축 디자이너에게 필요한 능력은 무엇인지, 작업 환경은 어떠한지, 실내건축 디자이너가 되기 위해 어떤 과정을 거쳐야 하는지, 또 창의력은 어느 정도 요구되는지, 창의력을 계발할 수 있다면 그 가능성은 어느 정도이며, 방법은 무엇인지 등에 대한 상당히 자세한 정보가 필요하다. 상담자와 내담자 간에 탐색해야 할 심층 직업정보의 목록에 대해서 어느 정도 협의가 되면, 그다음에는 그러한 정보를 어떠한 방법으로 수집할 것인가에 대해 논의해야 한다. 서적, 동영상 자료, 현직 직업인들이 만든 홈페이지, 관련기업 및 학과 홈페이지 등 인터넷 검색, 관련 분야에 종사하고 있는 직업인 직접 인터뷰, 중 · 고등학생의 경우 자유학기제 기간이나 방학 기간에 제공되는 직업별 체험학습프로그램, 아르바이트나 자원봉사활동, 무급 인턴십으로 현장 실습 등을 권장할 수 있다.

2) 진로미결정자를 위한 개입

- 진로를 결정하지 못하는 것이 단순한 정보의 부족 때문인지 혹은 심리적인 문제 때문인지를 확인한다.
- 경우에 따라 체계적인 개인상담을 통하여 실제 결정 과정을 도와준다.
- 자기이해에 필요한 정보를 수집하여 진로결정의 범위를 점점 좁히고 스스로 선택할 수 있도록 조력한다.
- 진로결정의 필요성을 인식시키고 자신의 능력과 바람을 일깨워 줌으로써 진로 의사결정을 할 수 있도록 준비시킨다.
- 지나치게 많은 관심 분야를 가지고 있을 때에는(예: 모라토리엄 단계에 있는 청소년) 의사결정 기술을 익히게 한다.

진로미결정자의 경우 희망하는 직업이 있으나 결정을 위해 정보탐색이 더 필요한 경우와 원하는 직업이 없는 경우로 나눌 수 있다. 후자의 경우 그들이 원하는 것이 무엇인지 모르거나 '하고 싶다'는 욕구를 일으킬 만한 직업을 발견하지 못했을 수도 있다. 다음은 진로를 결정하지 못한 내담자의 사례이다. 어떤 개입이 필요한지 살펴보자.

내담자: 장래희망이 무엇이라고 말하는 친구들이 부러워요. 저는 마음에 끌리는 직업이 없거든요. 어떤 직업이 있는지도 잘 모르겠고…….

상담자: 그렇군요. 아직 하고 싶은 일을 발견하지 못해 답답하시겠어요. 알고 있는 직업 중에서는 마음에 끌리는 직업이 없을 수도 있을 겁니다. 하지만 잘 모르는 직업들 중에 혹시 ○○ 씨가 갖고 싶은 직업이 있을지도 모르겠습니다. 희망 직업을 발견하기 위해 직업카드분류 기법이라는 것이 있는데, 우리 같이 한번 해 볼까요?

내담자들은 '하고 싶은' 직업 혹은 '되고 싶은' 꿈이 없을 때, 자신을 다른 사람보다 열등하거나 뭔가 부족한 사람으로 인식하기도 한다. 이때 상담자는 하고 싶은 직업이 '없는' 것이 아니라 아직 '발견하지 못한' 것이라고 다르게 말해 줌으로써 내담자의 부정적인 자기인식을 바꾸도록 도울 수 있다. 또한 다양한 직업에 대한 폭넓은 탐색을 통해 희망 직업을 발견할 가능성이 얼마든지 있으므로 내담자가 그저 답답해하는 대신, 어떻게 행동해야 할지 알려 줄 수 있다. 특히 시간상의 이유 등으로 여러 회기에 걸친 지속적인 상담이 어려운 내담자일 경우, 비교적 시간이 오래 걸리는 자기 탐색을 상담주제로 정하기보다는 먼저 직업정보 탐색을 하도록 한 후, 진로계획을 세우도록 유도할 수 있다.

진로미결정자의 의사결정을 돕는 방법은 다음과 같다. 우선 앞의 예시처럼 직업카드를 분류해 보게 하거나 내담자에게 일반 직업정보를 탐색하게 한다. 그중 관심이 가는 직업을 몇 가지 정해서 하는 일, 되는 방법, 보수, 필요한 역량 등에 대해 서술하게 하면 자신의 관심 직업을 일차적으로 선별할 수 있고, 획득한 정보를 보다 명확히 지각할 수 있다. 또한 내담자가 선별한 잠재적 직업들의 장점과 단점 목록을 만들어 비교하고, 각 직업 대안들이 내담자의 흥미, 가치, 능력, 성격, 학력, 경력 등과 맞는지 살펴볼 수 있다. 또 다른 방법은 내담자에게 두 가지 목록, 즉 한 목록에는 고려하고 있는 모든 직업 대안을 적고 다른 한 목록에는 발전 가능성, 급여 만족도, 고용 안정성, 근무 조건, 사회적 평판, 수행 직무 만족도 등과 같이 직업에서 고려할 사항을 중요도를 따져 순위를 정하여 적도록 한다. 그런 다음 몇몇 고려 사항에 맞지 않는 직업 대안을 삭제하게 함으로써 선택의 폭을 좁혀 나갈 수 있다.

3) 우유부단형 내담자를 위한 개입

우유부단형 내담자는 계획 없는 회피형과 정보를 가지고 있는 우유부단형으로 세분화할 수 있고 두 유형에 대해서 차별화된 개입이 필요하다. 우선 계획 없는 회피형의 경우 다음과 같이 개입할 수 있다.

- 단기적이고 구조화된 개입보다는 비구조화된 개입, 지지적 상담이 우선으로 고려되어야 한다.
- 문제와 관련된 심리적인 장애, 예를 들어 우울감이나 부정적인 자아개념 등을 다루기 위한 심리상담을 실시한다.
- 내담자의 장점, 진로상담을 요청하게 된 욕구, 진로와 관련해서 내담자가 적응적인 모습을 보였던 때를 적극적으로 탐색하여 진로계획을 위한 내담자의 동기를 촉진한다.

다음은 우유부단형의 내담자에게 개입하는 사례이다. 어떤 개입이 필요한지 살펴보자.

상담자: ○○ 씨는 앞으로 어떻게 살고 싶으세요?

내담자: 누구나 다 똑같은 거 아닐까요. 당연히 행복하게 살고 싶죠.

상담자: 시원스럽게 말씀하시네요. 어떻게 하면 ○○ 씨 인생이 행복하다고 할 수 있을지 궁금해지네요.

내담자: 멋진 직업에 좋은 차, 여자 친구…….

상담자: ○○ 씨의 행복한 인생에는 멋진 직업이 필요하네요. 멋진 직업이라……. 어떤 직업이 멋진 것일까요?

내담자: 아……. 뭐 돈 많이 벌고…….

상담자: 돈을 많이 벌 수 있고, 또 어떤 것이 있나요?

이 경우 어떻게 살고 싶은지와 관련된 내담자의 자기이해에 초점을 맞추고 있다. 인생 목표를 생각해 보게 함으로써 직업의 필요성을 탐색하도록 유도한다. 이때 '멋진 직업'이 갖추어야 할 요소들에 대해 구체화시키고 그것을 실현할 수 있는 직업 목록을 함께 작성해 볼 수 있다. 내담자의 자기이해를 촉진시키기 위한 질문들은 다음과 같다.

- 학교에서 어떤 과목이 재미있었나요?
- 아동기에 몰입했던 활동에는 어떤 것이 있었나요?
- 정말 활력이 느껴졌던 상황은 언제였습니까?
- 인생에서 보람 있는 성취를 했던 경험을 얘기해 보세요.
- 존경하는 사람이나 닮고 싶은 사람이 있다면 그 사람에 대해 얘기해 볼까요?

한편, 정보를 가진 우유부단형의 내담자를 위한 개입방법으로는 다음과 같은 것을 고려할 수 있다.

- 추가적인 정보를 제공해도 도움을 받지 못하기 때문에 자신에 대한 부정적인 지각을 중심적으로 다룬다.
- 내담자 자신의 의사결정 과정이나 방법에 초점을 맞추고 의사결정을 지체시키는 요소를 제거한다.

다음은 희망하는 진로가 있고 정보도 가지고 있으나 부모와의 갈등으로 인해 의사결정을 미루거나 포기하고 있는 내담자의 사례이다. 어떤 개입이 필요한지 살펴보기로 한다.

상담자: 부모님께서 반대하신다 했는데, 뭘 반대하시는지 궁금하네요.

내담자: 저는 컴퓨터를 좋아하거든요. 컴퓨터 관련 직업을 가지길 원하는데, 부모님은 컴퓨터 하면 공부를 못하게 된다고 공부 열심히 해서 대학부터 가라고 하세요.

상담자: 그 얘기는 본인은 대학에 가기보다는 취업을 하고 싶다는 얘긴가요?

내담자: 예, 우선 컴퓨터 관련 일을 해 보고 싶어요. 그 후에 더 공부할 필요가 있다고 생각되면 그때 대학 가서 배우려고요. 그런데 부모님은 제가 공부하기 싫어서 그런다고 무조건 대학은 가라고 하세요. 그러니까 아무것도 하기 싫고 종일 게임만 하게 돼요.

상담자: 그러니까 부모님은 컴퓨터 관련 직업을 가지는 것이 곧 공부를 하지 않는 것이라고 생각하시는가 보네요.

내담자: 예, 제가 아무리 그런 거 아니라고 해도 들으려고 하시질 않으시니 저도 이제 포기했어요.

상담자: 부모님이 이해를 못해 주시니 답답한 심정이겠네요. 그런데 본인은 어떻게 먼저 취업을 해야겠다는 생각을 하게 되었나요?

이 경우 내담자의 계획에 대해 구체적으로 탐색하고 부모와의 갈등을 일으키는 부분에 대해 세심하게 분석해 보아야 한다. 부모가 컴퓨터 관련 직업을 가지는 것을 반대하는 이유가 컴퓨터를 하면 공부를 하지 않을까 하는 걱정 때문이라는 사실을 짐작할 수 있으며, 이와 동시에 내담자가 부모님에게 공부 문제에 관해 신뢰감을 주지 못했다는 사실 또한 유추할 수 있다. 또한 내담자는 갈등상황에서 주로 회피전략을 사용하여 더욱 신뢰감을 떨어뜨리고 있다. 이때 개입은 내담자가 컴퓨터 관련 직업에 관심을 갖게 된 계기나 취업에 우선순위를 두게 된 의미에 초점을 맞추어 내담자의 동기와 의욕을 촉진시키는 것이 될 수 있다. 그리고 원하는 직업에 대해 구체화하고 '선취업 · 후학습'을 지원하는 교육정책 등 부모와의 갈등에 절충안이 될 수 있는 방법을 모색하여, 회피하려는 내담자의 태도에 제동을 거는 것이 필요하다. 또한 부모의 반대 속에 숨은 긍정적인 의도를 탐색하도록 하고 자신의 생각에 대해 좀 더 넓은 관점에서 점검할 수 있도록 도와주는 것도 중요하다. 아무리 부모를 설득하기 위해 노력해도 부모와의 갈등이 심화될 경우, 진로결정의 주체는 결국 부모가 아닌 자기 자신이라는 것을 내담자에게 인지시킴으로써 회피하려는 내담자를 도울 수 있다.

5. 실행 및 평가하기

실행 및 평가는 개입 과정의 연장이라고 할 수 있다. 앞서 설정한 목표에 도달하기 위한 실행계획이 진척될수록 목표는 더 정교화되고 실행계획은 보다 틀이 잡힌다. 실행 과정에서 때때로 내담자는 새로운 의뢰처로 갈 수도 있고 다른 프로그램, 다양한 교육기관이나 일자리로 나아갈 수도 있다. 그리고 실행계획 과정에서 플랜 B, 즉 대안 계획을 세워 두는 것이 실행 단계에서의 성취 가능성을 높인다. 플랜 B는 노동시장의 불확실성을 고려하는 현실적인 수단일 뿐 아니라 목표 달성에 있어서 내담자의 성급한 좌절을 예방하는 장치가 된다.

더불어 실행에 대한 평가는 내담자가 자신이 성취해 온 성과나 변화에 대해서 파악하기 위한 것이다. 평가를 통해 상담자는 내담자의 실행을 점검하고 격려할 뿐만 아니라 어떤 개입이 가장 효과적인지, 어떤 문제를 집중적으로 다루어야 할지, 플랜 B로의 전환이 필요한지에 대한 분석이 가능해진다.

1) 실행하기

실행하기는 내담자의 의지 및 자발성과 밀접히 관련되어 있다. 실행에 도움이 되는 요인에는 개인적 태도, 자기이해, 다른 사람들의 지지, 유연성, 명료한 목표, 거시적 관점, 재정적 지원 등이 있다. 한편, 실행계획을 실천하는 데 방해가 되는 것에는 개인적 수준에서는 낮은 동기, 부정적 감정, 경험 부족, 능력 문제, 건강 문제 등이 있고, 사회 맥락적 측면에서는 상담기관, 기업, 차별, 재정적 곤란, 다른 사람의 지원 부족 등이 있다(Borgen & Maglio, 2007).

내담자가 만약 실행계획을 실천하고도 목적을 달성하지 못했거나 실행 자체를 하지 못했다면 그 이유에 대한 심층적인 탐색이 필요하다. 실행을 했는데도 원하는 성과를 얻지 못했을 경우에는 계획을 수정할 필요가 있으나, 실행 자체를 하지 않았을 때는 목표설정과 실행계획 과정에서 내담자가 억지로 합의를 했거나 심리적인 문제와 관련된 경우일 수 있으므로 이에 대한 탐색과 공감, 재점검이 필요하다. 여기서도 평가적이지 않고 지지적인 상담관계가 바탕이 되어야 함은 물론이다.

다음은 진로결정자의 사례로 내담자가 실행계획을 실천하지 못한 경우이다. 어떤 개입이 필요한지 살펴보자.

상담자: 지난번에 동네 애견숍에 찾아가 애견미용사와 인터뷰를 하기로 했는데 어떻게 되었는지 궁금합니다.

내담자: 못했어요. 시간이 없어서…….

상담자: 뭔가 사정이 있었나 봅니다.

내담자: 네, 지난주에는 과제도 많았고, 아르바이트도 해야 했고, 게다가 빠질 수 없는 모임이 많았어요.

상담자: 많이 바쁘셨네요. 하지만 지난번에 애견미용사에 대해서 알아보는 것이 상당히 중요한 일이기 때문에 시간을 내서 애견미용사에 대한 정보를 탐색하고 싶다고 했었던 것 같은데……. 일정을 맞추어 다시 계획을 세워 보는 게 어떨까요?

내담자: 인터뷰는 정말 해 보고 싶어요. 그런데……. 찾아가서 어떻게 해야 할지 모르겠어요. 거절당하면 어떡하죠?

상담자: 그럼 찾아가기 전에 여기에서 연습을 좀 해 볼까요?

이 경우에는 우선 새로운 사람과 접촉하거나 새로운 장소에 방문하는 일이 누구에게나 쉬운 일은 아니라는 상담자의 공감과 인정이 필요하다. 그리고 다시 한번 더 시도해 볼 것인지, 시도를 해 보기 위해 연습을 해 볼 것인지, 아니면 계획을 수정할 것인지를 내담자와 협의해야 한다. 내담자가 원할 경우 상담자가 인터뷰 대상자에게 전화로 협조를 구하는 방식으로 내담자의 인터뷰 실행을 도울 수 있다.

실행 단계의 지원은 내담자의 필요에 따라 다양하게 진행될 수 있다. 내담자에게 필요한 책과 훈련 정보를 제공하는 것에서부터 자기소개서 쓰는 법을 가르쳐 주거나 면접 시연을 하게 하고 피드백을 주는 것까지 지원할 수 있다. 또한 상담자의 역량과 업무 범위에 따라 실행계획에 맞도록 내담자를 직접 지도할 수도 있고 집단 프로그램을 소개하거나 보다 전문적인 서비스를 받을 수 있는 곳으로 의뢰할 수도 있다.

다음은 진로미결정자의 가상사례로 내담자가 실행계획을 실천하지 못한 경우이다. 어떤 개입이 필요한지 살펴보자.

상담자: 지난 시간에는 흥미 있는 분야를 찾기 위해 여러 경험을 되짚어 봤죠. 그중에서 지금 가장 관심 가는 분야는 어떤 쪽이었나요?

내담자: 음……. 아직 확신은 없는데, 그래도 콘텐츠 만드는 거나, 사람들 앞에서 발표하는 건 좀 재미있다고 느껴요.

상담자: 콘텐츠나 발표 활동에서 재미를 느꼈다는 건 중요한 단서예요. 만약 그걸 바탕으로 진로를 탐색해 본다면, 어떤 것들이 떠오르세요?

내담자: 기획이나 교육 쪽이 괜찮지 않을까……. 그런 생각은 해 본 적 있어요. 근데 어떻게 준비해야 할지 잘 몰라서…….

상담자: 그럼 오늘은 그걸 조금 더 구체적으로 생각해 볼까요? '기획'이나 '교육' 관련된 진로를 체험하거나 준비하려면 어떤 단계를 밟을 수 있을까요?

내담자: 음……. 자격증이 필요할지도 모르겠고……. 뭔가 인턴 같은 걸 해 보면 좋을 것 같긴 해요.

상담자: 좋아요. 그럼 '인턴 경험'이라는 키워드를 중심으로 실제로 할 수 있는 일들을 같이 정리해 볼게요. 가령, 학교 홈페이지나 취업 포털에서 어떤 키워드로 검색해 볼 수 있을까요?

내담자: 콘텐츠, 교육, 기획, 운영 같은 단어요?

상담자: 아주 잘 떠올리셨어요. 그럼 우리가 할 수 있는 작은 실행계획을 세워 보죠. 예를 들어, 이번 주 안에 콘텐츠 관련 인턴 공고 5개 찾기 그리고 마음에 드는 공고를 하나 선택해서 자기소개서 초안 작성하기……. 이런 식의 작고 구체적인 계획은 어때요?

내담자: 음……. 그 정도면 해 볼 수 있을 것 같아요. 막막하던 게 조금 덜한 느낌이에요.

상담자: 좋아요. 계획이 구체적일수록 마음이 훨씬 덜 부담스럽고, 행동으로도 옮기기 쉬워지거든요. 혹시 지금 떠오르는 걱정이나 방해 요소가 있을까요?

내담자: 제가 이걸 해도 진짜 의미가 있을까? 괜히 시간만 낭비하는 건 아닐까……. 그런 생각이 들어요.

상담자: '해도 소용없다'는 마음이 방해할 수 있겠군요. 그 생각은 과거에 어떤 경험과 연결돼 있을까요?

내담자: 예전에도 뭔가 하다가 결과가 없으면 괜히 기대한 내가 바보 같다는 생각을 자주 했거든요…….

상담자: 그때 많이 속상하셨겠어요. 하지만 지금은 혼자 고민하는 게 아니라 함께 계획을 점검하고 조정할 수 있으니까, 실패해도 그건 과정일 뿐이에요. 이번 실행은 '완벽한 성과'가 아니라 '한 걸음을 떼는 것'이 목표예요.

내담자: 음……. 그렇게 생각하니까 조금은 덜 부담스러워요. 한 걸음이라는 말이 와닿아요.

상담자: 오늘 정말 중요한 변화가 있었네요. 다음 회기에는 실행한 경험을 같이 되짚어 보고, 어떤 점이 도움이 됐는지 함께 나눠 보면 좋겠어요.

내담자: 네, 한번 해 보고 올게요. 감사합니다.

이 경우는 진로미결정자의 사례로 자기이해와 실행 경험이 부족한 내담자이다. 상담에서는 관심 진로 영역에 대한 실행 단계의 구체화를 돕고, 실행을 막는 내적 장애가 무엇인지 탐색하며, 자기효능감 증진을 위한 개입을 구체적으로 하고 있다.

2) 평가하기

실행하기 단계에서의 평가는 내담자의 실행을 점검하고 촉진하는 것뿐 아니라 예기치 않은 상황의 발생에 적절히 대처할 수 있게 해 주기 때문에 중요하다. 진로상담이 진행되면서 내담자의 목표가 바뀌는 경우도 고려해야 한다. 내담자의 목표는 과거와 현재 상황의 변화와 다중 역할 갈등 등 진로 이외의 문제가 나타나면서 달라질 가능성이 있다(Anderson & Niles, 1995). 만약 내담자의 목표가 변했다면, 상담자는 내담자에게 진로문제를 '생애'라는 맥락에서 검토하는 것이 보다 합리적이고 때로는 더 현실적이라는 것을 이해하도록 도와줄 수 있다(이동혁 외 역, 2013). 상담자는 상담 중에 내담자의 관심이 변화되는 것을 알아차려야 하고, 새롭게 나타난 관심이나 문제가 이미 세운 진로상담의 목표에 어떤 점을 시사하는지에 대해 내담자와 함께 탐색해야 한다. 이렇게 함으로써 상담자는 진로상담의 전 과정을 통해 내담자의 요구에 보다 적절히 개입할 수 있다.

다음은 진로상담 과정에서 상담자를 통해 정서적 어려움이 해소되어 상담목표를 바꾸게 되는 내담자의 사례이다.

상담자: 지난번에 새로운 일자리들을 선택했고 몇 군데 이력서를 넣어 보기로 했었는데 어떻게 되었는지 궁금합니다.

내담자: 아, 그런데 몇 회기 상담을 받으면서 지금 하고 있는 일에 대한 불만이 많이 해소되었어요.

상담자: 그러셨군요. 근무환경이 매우 열악해 힘들어하셨는데요.

내담자: 네, 생각해 보니 환경을 좀 바꾸어 달라고 의견을 낼 수도 있겠다 싶어졌어요. 그래서 요구사항을 잘 얘기할 수 있는 방법을 알고 싶고, 스트레스를 해소하는 법도 알고 싶어요.

상담자: ○○ 씨가 현재 상황을 견뎌 보겠다고 결정한 것 같습니다. 그럼 자기 주장과 스트레스 관리 기술을 습득하는 것으로 상담목표를 조정해야겠군요. 어떻게 생각하세요?

이 경우, 내담자가 초기에 가지고 온 호소문제가 해결되었기 때문에 종결할 것인지 목표를 수정하여 다른 개입을 할 것인지 결정해야 한다. 새롭게 대두된 문제가 진로상담 과정에서 다루어질 수 있는 문제인지도 평가해야 한다. 또한 당면한 상황을 버티면서 돌파구를 찾은 내담자에게 칭찬과 격려를 해 줌으로써 작업동맹을 강화시켜 나가는 것도 잊지 말아야 한다.

6. 종결하기

종결 단계에서는 상담목표의 달성 정도를 평가해야 하고, 그동안 형성해 온 상담관계를 잘 마무리해야 한다. 또한 내담자가 학습한 것에 대해 강화하고 예상되는 어려움에 대해서도 언급해야 한다. 여기서는 우선 종결의 다양한 원인을 포함하여 종결의 맥락을 논의하고, 조기종결과 같은 특별한 경우를 살펴본다. 마지막으로 종결 이후에 내담자의 향상을 점검하고 상담자로서 진로상담의 효과성을 확인할 수 있는 추수지도에 대해 알아본다.

1) 종결의 맥락

종결은 다양한 시점에서 다양한 이유로 일어난다. 첫째, 상담자와 내담자가 초기에 설정한 상담목표가 달성되었을 때 이루어지는 종결로 가장 바람직한 경우이다. 예를 들어, 내담자가 자신의 전공이나 진로 선택에 대해 분명해지거나 일을 하면서 느꼈던 어려움을 견뎌 내게 된 경우이다. 종결 단계에서 해야 할 중요한 일은 내담자가 목표를 달성한 과정을 검토하는 것이다(이동혁 외 역, 2013).

둘째, 내담자는 실행 단계에서 다음에 무엇을 해야 하는지 알고 있지만 그 시점에 실행계획을 행동으로 옮기지 않을 수 있다. 내담자는 자신의 흥미, 적성, 가치가 명확하고 어떤 행동을 취해야 할지를 정확히 알고는 있지만, 여러 가지 이유로 인해 현재 시점에서 그 행동을 할 수 없는 것이다. 내담자가 실행하고자 하는 동기나 자신감, 통제감 등이 부족할 경우 행동으로 옮기지 못하는 이유를 탐색하도록 돕고 내담자 스스로 심리적인 문제를 다루어 볼 의향이 있는지 확인한다. 재정 문제나 가족 문제와 같은 상황적 변인들 때문에 행동으로 옮기지 못하는 경우라면 내담자의 현재 문제가 해결된 이후 실행하도록 격려하고 진로상담을 마치게 된다. 어떤 경우이든 내담자가 행동으로 옮기지 못하는 것 때문에 비난받는다는 느낌을 갖지 않게 하고 내담자가 내린 결정을 지지해 준다.

셋째, 종결은 내담자가 상담에서 도움을 받고자 했던 어려움이 줄어들면서 상담에 대한 동기도 줄어들 때 올 수 있다. 이러한 어려움은 실직에 따른 스트레스, 직장 동료 간 갈등, 전공이나 진로영역을 결정하지 못해서 나타나는 불안 등으로 야기되었거나 육아로 인한 경력 단절이나 임박한 은퇴 등 삶의 중요한 전환기로 인한 것일 수 있다. 몇 회기 동안 내담자가 상담자에게 이것을 토로하면서 카타르시스를 느끼고, 문제가 해결되지 않을지라도 처음과 같은 강한 정서반응을 더 이상 느끼지 않을 수 있다. 이때 내담자들은 상담관계를 끝내고 싶을 수 있다. 상담자는 종결로 인해 내담자가 받을 영향에 따라 이러한 형태의 종결을 어떻게 다룰지 결정해야 한다. 대다수의 내담자는 현재의 문제들을 견뎌 낼 만큼 어느 정도 즉각적인 도움을 받았기 때문에 상담을 종결할 수 있다. 만약 앞으로도 문제가 반복해서 나타날 경우에는 다시 상담을 받을 수도 있을 것이다. 그러나 내담자의 근로 상황이 신체적 혹은 심리적인 위험이 있는 경우라면 처음 상담에 가져온 문제가 나아졌다 하더라도 상담자는 상담을 계속 받도록 내담자를 격려할 필요가 있다. 이런 경우에 상담자는 내담자에게 앞으로 예상할 수 있는 불가피한 결과들을 알려 주는 것이 좋다. 다음은 종결 단계 회기의 예시이다.

상담자: ○○ 씨, 오늘이 마지막 회기인데요, 그동안 함께한 여정을 돌아보면 어떤 생각이 드세요?

내담자: 처음엔 뭘 해야 할지도 모르겠고, 그냥 너무 막막했어요. 그런데 지금은 적어도 제가 뭘 좋아하는지는 알게 된 것 같아요.

상담자: 막막함에서 출발했지만, 지금은 '좋아하는 것'을 발견하셨군요. 가장 기억에 남는 변화나 순간이 있다면 무엇일까요?

내담자: 음……. '내가 선택을 두려워하는 사람'이라는 걸 인정한 거요. 전에는 자꾸 진로문제를 뒤로 미루는 제 자신이 한심하게 느껴졌는데, 지금은 그런 마음도 자연스럽게 받아들일 수 있게 되었어요.

상담자: 스스로를 이해하고 받아들이는 태도가 생긴 것이군요. 그것이야말로 진로를 넘어 삶 전체에 의미 있는 변화라고 느껴져요. 지금 ○○ 님은 어떤 방향으로 진로를 계획하고 계신가요?

내담자: 일단 콘텐츠 기획 관련 인턴을 준비 중이에요. 전에는 이력서 쓰는 것도 부담스러웠는데, 요즘은 오히려 내가 가진 경험을 정리하면서 나만의 이야기를 만들어 가는 느낌이 들어요.

상담자: 자신의 이야기를 주체적으로 써 내려가기 시작하신 거군요. 상담을 통해 변화된 모습 속에서 ○○ 님이 가장 자랑스러운 점은 무엇인가요?

내담자: 이제는 '정답'을 찾기보다, '내가 가고 싶은 방향'을 스스로 만들어 가야겠다는 생각을 해요. 그게 꼭 정해진 길이 아니어도 괜찮다는 확신이 생겼어요.

상담자: 진로에 '정답'이 없다는 걸 받아들이는 건 쉬운 일이 아니죠. 하지만 그 과정을 통해 ○○ 님은 훨씬 단단해지셨고, 앞으로 어떤 길을 가더라도 스스로 조정하고 선택할 힘이 생기신 것 같아요.

내담자: 네. 사실 상담 시작할 땐 이런 결말을 상상도 못 했는데……. 이제는 혼자서도 잘해 볼 수 있을 것 같아요. 감사합니다.

상담자: ○○ 님이 보여 주신 용기와 성장은 저에게도 깊은 인상을 남겼어요. 앞으로의 걸음도 충분히 잘 해내실 거예요. 필요하면 언제든 다시 찾아와 주세요. 저도 감사했습니다.

이 사례에서는 종결 회기를 통해, 그동안 진로상담을 통해 느꼈던 것을 탐색하고 구체적으로 실행된 면을 이야기해 보면서 어떤 부분에서 성취가 있었는지 탐색하며 종결을 다루고 있다.

2) 조기종결

조기종결(premature termination)이란 상담자는 종결하기에는 아직 이르다고 생각하는데, 내담자가 상담을 마쳐야겠다는 결심을 하는 것이다. 조기에 종결되는 경우는 내담자가 자신의 목표를 이루었다고 믿을 때, 상담과정에서 무엇이 드러날지 두려울 때, 상담이 내담자의 기대를 충족시키지 못할 때, 상담에 대한 내담자의 참여가 부족할 때 등이다(Brown & Brooks, 1991). 내담자가 약속된 상담 장면에 나타나지 않을 때(no show) 혹은 내담자가 불현듯 종결을 요구할 때 상담자는 차분하게 상황들을 점검하면서 결정을 내려야 한다. 상담실에 나타나지 않은 내담자에게는 전화로 왜 종결 결정을 내리게 되었는지 혹시 상담자나 상담기관에 대한 불편함이 있었는지 알아본다. 필요할 경우 다른 상담자나 기관에 의뢰할 수 있으며 내담자가 다시 상담을 시작할 마음이 생겼을 때 언제든지 올 수 있도록 안내한다.

3) 추수지도

추수지도는 종결 후에도 내담자가 진로 선택과 의사결정에 대해 만족하고 있는지를 확인하고 필요한 경우 만족이 지속되도록 조력하는 것을 말한다. 문제는 '언제 추수지도를 하는가' 하는 시간의 문제이다. 주어진 업무를 정상적으로 하면서 추수지도를 할 시간을 내기란 쉬운 일은 아니다. 그러나 추수지도를 하지 못하면 내담자에게만 해가 되는 것이 아니라 상담자에게도 좋지 않다. 왜냐하면 추수지도는 진로상담 결과에 대한 사후 평가가 되기 때문이다. 이러한 정보를 통해 상담자는 더 용기를 얻게 되고 진로상담자로서 역량을 키워 나갈 기회를 갖게 된다(이동혁 외 역, 2013). 추수지도에서 점검해 볼 요소는 다음과 같다.

- 결정한 학과를 선택했는가?
- 결정한 진로준비를 잘하고 있는가?
- 진로상담이 실제의 진학이나 취업에 도움이 되었는가?
- 상담과정에서 배운 의사결정 방식을 실제 생활에서 실천하고 있는가?

참고자료

상담사례

다음은 이 장에서 제시한 진로상담의 6단계 과정에 따라 진행된 진로상담사례이다. 내담자에 대한 간략한 정보는 다음과 같다. 김지영 씨(가명)는 대학교 4학년으로 중국어 전공이며 학점은 3.0에 못 미친다. 2학년 때는 중국으로 어학연수를 다녀왔다. 내담자는 외동딸이며 아버지는 연구원, 어머니는 교사로 주 양육자는 할머니였다. 어려서부터 혼자 보내는 시간이 많았고 현재 뚜렷한 진로목표가 없으며 불안과 무기력 증상 때문에 학교수업을 따라가기도 힘든 상태이다.

1단계: 상담관계 형성하기

지영 씨로서는 상담실 문을 두드린 것만으로도 큰 용기를 낸 것이다. 따뜻하게 환대하고 관심을 보여 주는 것이 우선이다. 첫 회기에는 지영 씨에게 자신의 이야기가 수용될 수 있고 어떤 이야기를 해도 안전할 것이라고 느끼게 해 주어야 한다. 그리고 첫 회기를 마치고 나갈 때는 자신의 어려움이 다소간 해결될 수 있겠다는 희망과 함께 상담실을 찾은 자신의 선택에 만족할 수 있어야 한다. 이런 상태가 잘 맺어진 상담관계에서 드러나는 모습이다. 그런 다음 상담자는 호소문제를 들으면서 내담자에게 위로와 기대를 제공한다.

내담자: 열정을 가지고 구직활동을 하는 친구들이 부러워요. 저는 하고 싶은 직업이 없거든요. (고개를 떨구며) 사실 제가 뭘 좋아하는지 뭘 잘하는지도 모르겠어요.

상담자: 그렇군요. 아직 하고 싶은 일을 발견하지 못해 답답하시겠어요. 그리고 자신을 잘 알지도 못하는 것 같아 혼란스럽고 실망스러울 것 같습니다.

내담자: 네, 한심한 것 같아요.

상담자: 사람들이 자신이 뭘 좋아하는지, 뭘 잘하는지 잘 모르는 경우가 많습니다. 그런데 모르는 것과 없는 것은 다르지요.

내담자: 저는 하고 싶은 마음이 생겨야 열심히 할 수 있어요. 지금 학과 공부도 의미를 찾기가 힘들어서

버겁기만 해요.

상담자: 지영 씨에게는 '하고 싶은 마음'이 있는 것이 중요한 것 같네요. 그럼 우리 앞으로 같이 찾아볼까요?

2단계: 문제 평가하기

내담자의 호소문제를 잘 들으면서 문제에 대한 평가가 시작되었다. 지영 씨는 자기이해가 부족하고 자신에 대한 확신이 없었다. 결과적으로 자존감이 낮아졌고 성취경험을 쌓을 만큼 적극적으로 활동하지 않았을 것으로 추론되었다. 내담자의 분류체계에 따라 지영 씨는 진로미결정자 혹은 우유부단형일 수 있다. 폭넓은 평가과정을 거쳐 어떤 유형인지 드러날 것이며 유형에 따라 상담목표가 결정될 것이었다. 평가는 내담자가 우선적으로 호소한 문제, 진로결정과 관련된 정보 탐색에서부터 시작하였다. 지영 씨가 모르겠다고는 하지만 4학년이 되었으므로 진로에 대한 고민은 여러 형태로 많이 했음이 드러났다. 상담을 통해 동아리 활동, 아르바이트, 봉사활동, 어렸을 때 희망 직업, 부모님의 희망 직업, 전공 선택의 이유, 알아본 직업의 종류 등 진로와 관련된 정보를 수집하였다. 이어 학점, 적성, 흥미, 직업가치관, 불안이나 정서 상태 등 일반적인 정보를 탐색하였다. 지영 씨의 경우, MBTI와 직업선호도 검사는 이전에 했던 자료를 가지고 오게 해서 검토하였고, 가치 평가를 위해 직업가치관 검사 그리고 무기력과 불안에 대한 심층적인 탐색을 위해 MMPI-2, 진로성숙도와 진로탐색행동 평가를 위해 진로준비도검사를 실시하였다. 그 외 진로개발에 대한 정보탐색 결과 지영 씨가 애니메이션 동아리 활동을 꾸준히 하고 있으며 동아리 친구들과는 편안한 관계를 유지한다는 것을 알게 되었다. 혼자 있는 시간이 많았던 그녀는 컴퓨터게임에 열중했는데 컴퓨터게임의 그래픽에 관심이 많아 게임회사에서 주최하는 게임그래픽 대회에서 수상한 경력도 있었다. 또한 생활양식 평가에서 의존성과 수동성이 드러났다.

한편, 지영 씨는 자신에 대한 얘기를 할 때 몹시 꺼리는 경향이 있었는데 이것은 그녀의 심리적 문제를 암시하는 것이었다. 내담자의 민감한 부분에 대한 깊이 있는 탐색은 돈독한 작업동맹이 바탕이 되어야 한다. 회기가 진행되면서 지영 씨는 그림 그리는 것에 취미가 있었고 혼자 그림을 그리며 노는 것을 매우 즐거워했으며 곧잘 했다는 것을 기억해 냈다. 중학교 때 예술고등학교에 진학하고 싶었으나 어머니의 거센 반대에 부딪혀 꿈을 접게 되었다. 이때부터 자신이 좋아하는 것에 대해 회의를 갖기 시작하였고 그것은 자기 부정으로 이어졌으며 동시에 자존감도 추락하였음을 짐작할 수 있었다. 그 이후 매사에 의욕을 잃었고 인문계 고등학교 진학 후 공부에 집중할 수 없었다. 대학은 성적에 맞춰 입학하였으나 부모님은 명문대가 아니라는 것에 큰 실망감을 표시하였고 지영 씨는 자책하고 위축되었다. 지영 씨는 전공에 흥미도 없었고 학교 친구들과도 편안하게 어울리지 못했으며, 교내 · 외 활동에도 소극적으로 참여하다가 금방 그만두었다.

심리적 문제의 평가 결과 충족되지 못한 의존 욕구, 경험되는 자기와 이상적 자기와의 큰 괴리, 새로운 자극을 두려워하고 의존적인 의사결정 양식, 안정적인 환경을 선호하는 기질, 해도 안 될 것이라는 역기능적인 신념 등이 발견되었다. 지영 씨는 진로미결정자라기보다 우유부단형에 가까웠다. 의사결정을 방해하고 있는 개인 내적 · 외적 장애물을 제거하는 것이 급선무였다.

문제 이해하기 단계에서 간과해서는 안 되는 부분이 바로 내담자의 자원과 강점을 찾는 것이다. 지영 씨는 우수한 인지적 기능, 중국어 실력, 그리기에서 나타나는 창의성, 할머니의 정서적 지지, 비교적 풍족한 경제적 지원 등이 있었다.

3단계: 목표 설정하기

지영 씨의 경우 상담목표는 장기적으로는 불안 · 무기력의 감소와 더불어 긍정적 자아개념을 확립하는 것이 될 것이다. 상담 회기의 제한 때문에 졸업 후 진로를 결정하는 것으로 단기적 목표를 설정하였다. 우선 졸업 요건을 충족시키는 데 필요한 동기를 회복시키고 불안해하기보다는 진로탐색부터 시작하여 진로준비를 차분히 해 나갈 수 있도록 하는 것이었다. 단기 목표가 성취되면 하나의 성공경험으로 지영 씨 내면에 자리 잡고 있는 무기력을 극복하고 긍정적인 자기상 확립에 도움이 될 것이다.

4단계: 개입하기

지영 씨는 그림에 재능이 있고 애니메이션 그리기를 좋아하였으며 전시회에도 작품을 내는 등 꾸준히 관련된 활동을 하고 있었다. 무기력한 중에도 그림을 그릴 때만큼은 몰입하는 모습을 보였다. 이때 상담자는 지영 씨의 작품을 보여 달라고 하고 피드백을 주는 등 실제로 관심을 갖는 것이 중요하다. 지영 씨는 이 과정에서 자신에 대해 조금씩 더 노출하였으며 동시에 자신에 대한 이해의 폭을 넓혀 갔고 자신의 흥미와 적성을 수용하기 시작했다. 진로결정을 위해 그림 관련된 일들(예컨대, 애니메이션작가, 일러스트레이터, 웹디자이너, 컴퓨터그래픽디자이너 등)을 함께 찾아보고 필요한 역량이나 훈련경험, 직업 전망, 작업환경, 보수 수준 등 세세한 정보 탐색은 과제로 부여하였다. 주변에서 관련된 영역 쪽에서 멘토가 될 만한 사람을 찾아보도록 하였다. 또한 예술 관련된 전공으로 대학원 진학에 대해서도 논의하였고 지영 씨는 유학을 생각해 본 적도 있다고 털어놓았다.

5단계: 실행 및 평가하기

지영 씨는 이따금씩 상담 중 제시된 과제를 안 해 오거나 불편한 마음을 드러냈다. 자신의 그림에 대한 관심이나 활동이 밖으로 알려지는 것을 극도로 꺼렸다. 앞서 지영 씨의 성격은 보수적이고 안정적인 것을 추구하는 것으로 평가되었다. 지영 씨 자신도 부모님이 싫어하는 것을 한다는 것과 예술을 하면서 불안정한 생활을 감당할 자신이 없다고 고백하였다. 이때 상담자는 상담목표를 재고해야 하며, 의사결정을 돕기 위해 한 가지 선택에 따른 기회비용을 감내해야 하는 현실을 부드럽게 직면시켜야 한다. 우유부단형 내담자의 경우 선택이 지체되는 것은 어느 것도 잃어버리고 싶지 않은 마음에서 나오는 경우가 있다. 지영 씨는 자신의 흥미와 적성보다는 직업을 통해 얻고 싶은 '안정성'이라는 가치를 따르기로 결정하였다. 상담자는 그 결정을 확인 및 존중하였고 지영 씨가 하고 싶지 않았지만 해 왔던 그동안의 학업적 · 학업 외적인 성취 결과들을 발견하고 격려해 주었다. 지영 씨의 경우, 큰 열정은 없었지만 인문계 고등학교를 거쳐 대학에 입학했고 중국으로의 어학연수와 중국문화원에서 문화행사 도우미를 했던 경험을 성취경험으로 재구성할 수 있도록 하였다. 결과적으로 지영 씨는 중국 관련 공공기관 취업으로 진로를 선회하였다. 지원하고 싶은 기관과 직종을 조사하여 채용 요건과 자격을 탐색하도록 조력하였다.

6단계: 종결하기

진로결정으로 단기적 상담목표는 달성되었지만 진로목표를 달성하기 위해서는 다시 시작하는 지점에 서게 된다. 지영 씨의 경우 진로가 결정되었으므로 진로를 향한 실행계획, 가령 HSK(한어수평고시)와 컴퓨터 관련 자격증 준비, 중국의 정치 · 경제 · 사회 관련 지식 쌓기, 구체적 취업기술 훈련 받기 등을 정하고 이를 꾸준히 실천할 수 있도록 격려하였다. 이때 내담자가 혼자 할 수 있다는 결심에 대한 확인이 되면 상담과정 동안 내담자가 배운 것, 노력한 것에 대한 칭찬과 앞으로 있을 수 있는 난관에 대해 언급하고 추수지도를 남기고 종결한다.

그러나 내담자가 실행계획을 실천하는 데 있어서 불안해하고 도움을 필요로 한다면 상담기관과 상담자의 상황을 고려해서 결정된 진로준비를 차질 없이 해내는 것으로 상담목표를 다시 설정하고 앞 단계로 돌아갈 수 있다. 지영 씨의 경우 진로를 결정하고 나서 호소했던 불안과 무기력이 완화되었으며 진로상담이 진행되는 동안 무사히 한 학기를 마치게 된 것에 대해 매우 안도하였다. 지영 씨의 동의하에 상담은 종결되었고 한 달 후 이어진 추수지도에서 중국 관련 문화 · 무역 기관의 기획홍보 관련 직무 쪽으로 취업준비를 차근차근 잘해 나가는 것을 확인하였다.

참고문헌

김봉환, 강은희, 강혜영, 공윤정, 김영빈, 김희수, 선혜연, 손은령, 송재홍, 유현실, 이제경, 임은미, 황매향(2018). **진로상담(2판)**. 서울: 학지사.

김봉환, 정철영, 김병석(2006). **학교진로상담(2판)**. 서울: 학지사.

이동혁, 황매향, 임은미 역(2013). **진로상담 과정과 기법**. 서울: 학지사.

정의석(2013). **상담심리전공자를 위한 진로상담의 이론과 실제**. 서울: 시그마프레스.

Anderson Jr, W. P., & Niles, S. G. (1995). Career and personal concerns expressed by career counseling clients. *The Career Development Quarterly, 43*(3), 240-245.

Bordin, E. S. (1979). The generalizability of the psychoanalytic concept of the working alliance. *Psychotherapy, 16*(3), 252-260.

Borgen, W. A., & Maglio, A. S. T. (2007). Putting action back into action planning: Experiences of career clients. *Journal of Employment Counseling, 44*(4), 173-184.

Brown, D., & Brooks, L. (1991). *Career choice and development*. San Francisco: Jossey-Bass.

Gysbers, N. C., Heppner, M. J., & Johnston, J. A. (2014). *Career counseling: Holism, diversity, and strengths* (4th ed.). Alexandria: American Counseling Association.

Mitchell, L. K., & Krumboltz, J. D. (1990). Social learning approach to career decision making: Krumboltz's theory. In D. Brown et al. (Ed.), *Career choice and development: Applying contemporary theories to practice* (2nd ed.). San Francisco: Jossey-Bass.

Parsons, F. (1909). *Choosing a vocation*. Boston: Houghton Mifflin Company.

Peterson, G. W., Sampson Jr, J. P., & Reardon, R. C. (1991). *Career development and services: A cognitive approach*. Pacific Grove, CA: Brooks/Cole.

Rounds, J. B., & Tracey, T. J. (1990). From trait-and-factor to person-environment fit counseling: Theory and process. *Career counseling: Contemporary topics in vocational psychology*, 1-44.

Sampson, J. P. Jr., Peterson, G. W., Lenz, J. G., & Reardon, R. C. (1992). A cognitive approach to career services: Translating concepts into practice. *The Career Development Quarterly, 41*(1), 67-74.

Super, D. E. (1980). A life-span, life-space approach to career development. *Journal of Vocational Behaviour, 16*(3), 282-298.

Williamson, E. G. (1939). *How to counsel students*. New York: McGraw-Hill.

Zunker, V. G. (2014). *Career counseling: Applied concepts of life planning*. Pacific Grove, CA: Brooks/Cole.

제8장

내담자 유형분류

꽃들은 자기만의 리듬에 맞춰 차례대로 피어난다
누구도 더 먼저 피겠다고 달려가지 않고
누구도 더 오래 피겠다고 집착하지 않는다
꽃은 남을 눌러 앞서 가는 것이 아니라
자기를 이겨 한 걸음씩 나아갈 뿐이다

자신이 뿌리내린 그 자리에서
자신이 타고난 그 빛깔과 향기로
꽃은 서둘지도 않고 게으르지도 않고
자기만의 최선을 다해 피어난다

꽃은 달려가지 않는다

-박노해, 「꽃은 달려가지 않는다」 중에서 -

이 장에서는 먼저 내담자 유형분류의 의미와 발전과정, 내담자 유형분류의 다양성을 개관하였다. 그 후 내담자 유형분류의 활용과 활동지 예시를 통해 진로상담에서 내담자 유형분류 활동의 실제를 이해하도록 하였다. 그리고 내담자 유형분류를 활용한 개인상담 사례를 제시하는 것으로 마무리하고 있다. 구체적으로는, 첫째, 내담자 유형분류의 의미와 유용성을 알아볼 것이다. 둘째, 내담자 유형분류의 발전과정을 요약하여 살펴볼 것이다. 셋째, 다양한 내담자 유형분류 방식과 내용을 설명하여 내담자 유형분류에 대한 이해의 폭을 넓히도록 하였다. 넷째, 앞에서 예시된 내담자 유형분류 중 하나를 선택하여 내담자 유형을 분류해 보고 유형별 개입방법을 탐색하여 상담에 활용할 수 있도록 하였다.

1. 내담자 유형분류의 의미

진로상담을 받으러 오는 사람들의 특징은 무엇인가? 그들이 상담에서 주로 호소하는 어려움은 무엇이며, 실제로 문제가 되는 것은 무엇인가? 진로상담 내담자의 성, 연령, 학력, 성장배경, 가족 및 문화적 배경, 신체적 특징, 심리적 특징, 사회경제적 배경, 직업경험, 라이프 스타일 등 그 특징은 얼핏 생각해도 매우 다양함을 알 수 있다. 여기에 각 내담자마다 처한 상황과 호소하는 문제 등을 고려한다면 우리가 만나는 내담자는 동일한 사례가 하나도 없다 해도 과언이 아닐 것이다. 이렇듯 저마다 살아온 삶이 다른 내담자들의 다양한 진로문제 해결을 도우려면 그 다양성의 방대함에 길을 잃지 않고 보다 효율적으로 문제를 이해하여 접근할 수 있는 전문적인 노력이 요구된다.

유형화란 어떤 현상을 공통적 유사성에 따라 체계적으로 분류하는 것을 말한다. 이는 일정한 원리에 의거하여 조직적으로 전형적인 유형을 결정하고, 그에 의하여 다양한 문제를 정리하고 분류함으로써 문제에 대한 이해를 용이하게 하고자 하는 것이다. 이러한 유형화는 다양한 영역에서 활용되고 있는데, 이를 진로상담 내담자에 적용하여 유형화하면 진로문제를 이해하는 데 편리할 뿐 아니라 문제해결을 위해 효율적으로 접근할 수 있다. 반면, 유형화를 지나치게 맹신함으로써 내담자들이 실제로 가지고 있지 않은 특성을 가지고 있는 것으로 지각하는 결과를 빚기도 하고 그 반대의 결과를 초래하기도 하므로 유형화의 오류를 범하지 않도록 유의하여 내담자들의 문제를 고정적 · 정태적으로 보지 않아야 한다.

2. 내담자 유형분류의 발전과정

진로상담의 이상적인 모습은 Phillips(1992)가 지적했듯이 '문제가 없는 선택(problem-free choosing)'을 하도록 내담자를 도와주는 것이다. 진로상담 연구자들과 실천가들은 이를 위하여 다양한 노력을 병행해 왔는데 이들이 공유한 생각은 '차별적인 진단과 차별적인 처치(differential diagnosis and differential treatment)'로 요약될 수 있다. 즉, 진로문제를 고민하고 있는 내담자들에게 동일성 신화(uniformity myth)에 입각해서 동일한 처치를 하기보다는 내담자 각각의 특성과 그들이 처한 상황에 맞는 가장 적합한 상담전략을 선택하여 도움을 제공한다는 것이다. 이를 위해서 먼저 해결해야 할 과제는 진로상담 내담자들에 대한 차별적인 진단이었다.

이와 같은 판단에 이르러 진로상담 연구자 및 실천가들은 차별적인 진단을 구안하기 위해 많은 노력을 기울여 왔다. 그 첫 번째 시도로 이들이 행한 것은 진로를 결정한 사람들과 미결정 상태에 있는 사람들 간의 차이를 밝히는 것이었다. 그러나 이렇게 시도된 연구의 결과들은 상호 일치성이 부족한 것으로 나타나 이 분야의 연구에 관심을 가진 사람들은 이러한 이분법적 구분에 만족하지 않았다.

그러다가 일부의 연구자들이 진로결정수준을 객관적으로 측정할 수 있는 도구의 개발로 관심을 전환하였다. 예컨대, CDS(Career Decision Scale; Osipow, Carney, & Barak, 1976), VDS(Vocational Decision Scale; Jones & Chenery, 1980)와 같은 측정도구를 떠올릴 수 있다. 이처럼 진로결정수준을 측정하는 도구가 개발되자 많은 연구자는 이를 이용하여 진로결정수준과 여러 가지 변인과의 관계를 탐색하는 연구를 수행하였다. 이와 같은 측정도구들의 제작을 전후로 진로결정수준과 관련하여 중요하게 다루어진 변인들에는 불안, 진로정체감, 내외통제성, 자아존중감, 의사결정 유형 등이 있다.

이와 같은 단계를 거친 후 연구자들은 미결정 상태에 있는 사람들을 다양한 하위유형으로 분류하고자 하는 생각에 이르렀다. 먼저, Holland와 Holland(1977)는 진로미결정 내담자들이 다양한 하위유형으로 구성되는 이질적인 집단으로 개념화될 수 있다고 제안함으로써 진로미결정에 관한 연구를 새로운 영역으로 확장시켰다. Salomone(1982)은 연구자들이 '미결정(undecided)'과 '우유부단(indecisive)'을 구별할 필요가 있다고 제안함으로써 진로미결정의 논의영역을 세분화하였다. 여기에서 미결정은 발달적으로 적절한 것인 반면, 우유부단은 성격적인 특성을 반영하는 것이라고 주장하였다. 이러한 노력을 좀 더 구체화하려는 맥락에서 Jones와 Chenery(1980)는 '진로결정상태모형(career decision status model)'을 제안하였다. 이 모형은 개인의 진로결정수준, 그에 대한 만족의 정도, 그리고 결정 혹은 미결정의 이유 등 세 가지 차원으로 구성되어 있다. 그 이후에도 진로미결정의 유형을 밝혀 보려는 연구들이 다양한 형태로 풍부하게 시도되었다.

3. 내담자 유형분류의 다양성

진로상담에서 내담자들이 보이는 진로선택 문제의 특징이나 진로결정의 수준, 진로미결정의 하위유형, 진로준비행동의 수준, 상담의 목표 등 다양한 분류 기준에 따라 내담자의 유형이 분류될 수 있다. 몇 가지 분류 방법을 살펴보기로 하겠다.

1) 기술적(記述的) 분류

Williamson(1939)은 진로상담에서 내담자들이 보이는 진로선택 관련 문제에 따라 다음과 같이 내담자 유형을 분류하였다.

첫째, '진로 무선택' 유형이다. 내담자가 자신은 진로를 선택 또는 결정한 바가 없다고 말하거나, 선호하는 진로가 몇 가지 있기는 하지만 어느 것을 선택할지 모르겠다고 말하는 유형이다.

둘째, '불확실한 선택' 유형이다. 내담자가 선택한 진로는 있으나 자신감이 없으며 타인으로부터 자기가 그 직업에서 성공할 것이라는 확신과 위안을 받으려고 추구하는 유형이다.

셋째, '흥미와 적성 간의 모순이 되는 선택' 유형이다. 내담자가 흥미를 느끼는 직업이 있으나 그 직업을 가질 능력이 부족한 경우 또는 내담자의 적성이 있는 직업에는 흥미가 적고, 흥미가 있는 직업에는 적성이 낮은 경우에 해당되는 유형이다.

넷째, '현명하지 못한 선택' 유형이다. 능력이 낮고 동기수준이 낮은 사람이 높은 능력과 높은 동기수준을 요구하는 직업을 희망하는 경우이다. 내담자가 특별한 재능을 필요로 하는 직업을 가지려 하지만 그러한 특수재능이 부족하다거나, 흥미가 별로 없는 분야를 택하는 경우, 현실적으로 자리가 많지 않은 직업을 바라고 있는 경우, 자신의 능력보다 훨씬 낮은 능력을 요하는 직업을 선택하는 경우에 해당되는 유형이다.

2) 정신역동적 분류

Bordin(1984)은 정신역동적 이론과 개입의 원리에 근거한 진로상담을 발전시키면서 정신역동적 측면뿐만 아니라 내담자의 욕구와 발달과정을 강조하며 다음과 같이 다섯 가지로 내담자의 문제를 유형화하였다.

첫째, '의존성'이다. 이는 내담자가 의존적이어서 자신이 겪는 진로문제를 스스로 책임지고 해결하는 것이 어렵다고 느껴 내담자로 하여금 문제해결이나 의사결정을 위한 적극적 노력을 못하게 하는 경우를 말한다.

둘째, '정보의 부족'이다. 이는 내담자가 적합한 정보를 접할 기회가 없기 때문에 진로 의사결정과 관련된 정보를 얻지 못함으로써 현명한 선택을 하지 못하거나, 체험 폭의 제한, 체험의 부적절성, 필요한 기술을 습득할 기회의 부족과 같은 어려움을 겪는 경우를 말한다.

셋째, '내적 갈등'이다. 내담자의 자아개념과 다른 심리적 요소 간의 갈등으로 인하여 진로결정에 어려움을 겪는 경우이다.

넷째, '선택에의 불안'이다. 내담자가 진로선택과 관련하여 여러 대안 가운데 선택을 못하고 불안을 경험하는 경우를 말한다. 특히 자신이 하고 싶어 하는 일과 중요한 타인이 기대하는 일이 서로 다를 경우 불안과 갈등을 심하게 느낀다.

다섯째, '불확신' 유형이다. 이는 내담자가 선택은 하였으나 자신의 선택에 대한 확신이 없거나 부족한 경우로, 현실적으로 타당한 진로선택을 한 경우에도 타인들로부터 확신을 구하고자 상담실을 찾는다.

3) 상담목표에 따른 분류

Phillips(1992)는 내담자들과 수립하게 되는 진로상담 목표에 따라서 다음과 같이 다섯 가지의 유형으로 분류하였다.

첫째, '자기 탐색과 발견' 유형이다. 이 유형은 내담자들이 자신의 능력이 어느 정도인지, 어떤 분야의 직업을 원하는지, 왜 일하는 것이 싫은지 등의 고민이 있는 경우에 해당한다.

둘째, '선택을 위한 준비' 유형이다. 이 유형은 내담자에게 자신의 적성 및 성격과 직업 간의 관계에 대한 이해가 필요하거나 관심 있는 직업에 관한 정보 등이 필요한 경우의 상담목표이다.

셋째, '의사결정 과정' 유형이다. 이 유형은 내담자가 진로선택 및 결정방법을 습득하고, 선택과 결정과정에서 장애요소를 발견하여 대안을 찾는 등의 의사결정을 위한 기술을 발달시키는 것이 필요한 경우에 해당한다.

넷째, '선택과 결정' 유형이다. 이 유형은 내담자가 진로를 선택해야만 하는 상황에 직면한 경우인데, 여러 가지 여건을 고려하여 최선의 선택을 하고 만족할 만한 결정을 내리도록 돕는 것이 중요할 때 필요한 상담목표에 해당한다.

다섯째, '실천' 유형이다. 이 유형은 내담자의 선택에 대한 만족과 불만족 또는 선택에 대한 확신과 불확신이 중요한 주제가 되는 경우에 해당하는 상담목표이다.

4) 진로결정수준에 따른 분류

진로결정수준에 따른 분류는 왜 어떤 사람들은 자신의 진로에 대해 확실한 결정을 하는 반면, 또 다른 사람들은 불확실한가에 의문을 두고 그 차이점에 대하여 연구하여 분류한 결과이다. 여기에 속하는 대표적인 유형으로는 앞 장에서 살펴본 Sampson 등(1992)이 분류한 것을 그 예로 들 수 있다.

첫째, '진로결정자(the decided)' 유형이다. 자신의 선택이 잘된 것인지 명료화하기를 원하는 경우, 자신의 선택을 이행하기 위해 도움을 필요로 하는 경우, 결정된 것처럼 보이나 실제로는 미결정(undecided)인 경우 등이 포함될 수 있다.

둘째, '진로미결정자(the undecided)' 유형으로 발달적 미결정자 그룹으로 볼 수 있다. 자신의 특성에 대한 이해가 부족하거나 직업 지식 혹은 의사결정을 위한 지식이 부족한 경우, 다양한 능력으로 지나치게 많은 기회를 갖게 되어 도움이 필요한 경우가 여기에 해당하며 이들은 성격적인 문제를 가지고 있지 않은 사람들이다.

셋째, '우유부단(the indecisive)' 유형이다. 이들은 만성적 미결정자 그룹으로 생활에 전반적인 장애를 주는 역기능적인 불안을 동반하는 내담자들이다. 일반적으로 문제해결에서 부적응적인 성격을 가지고 있는 경우가 여기에 해당한다.

5) 진로미결정의 이유에 따른 분류

Wanberg와 Muchinsky(1992)는 내담자들이 진로를 결정하지 못하는 미결정의 이유를 네 가지로 분류하여 제시하였다.

첫째, '자기명료화의 부족'이다. 자신이 무엇을 하고 싶은지 혹은 하고 싶지 않은지, 무엇을 잘하는지 혹은 못하는지, 중요하게 생각하는 가치가 무엇인지 등 자신에 대한 이해가 명료하지 못하여 진로에 대한 의사결정을 내리지 못한 경우이다.

둘째, '직업에 관한 정보의 부족'이다. 어떠한 직업들이 있는지, 구체적으로 하는 일은 무엇이고, 작업환경이나 근로 조건은 어떠한지, 앞으로의 발전 가능성이나 위험은 무엇인지 등 직업에 관한 정보가 없거나 부족하여 의사결정이 어려운 경우이다.

셋째, '결단성 부족'이다. 자기 자신의 특성을 잘 알고 있고, 직업에 관한 정보가 충분함에도 불구하고 내담자의 결단성 부족으로 인하여 의사결정을 내리기 어려운 경우이다.

넷째, '진로선택의 중요성에 대한 인식의 부족'이다. 내담자가 자신의 진로를 선택해야 할 필요성을 자각하지 못하거나 피상적 수준에서 이해하여 당장에 필요한 일로 받아들이지 않는 경우 등이 여기에 속한다.

6) 진로미결정 내담자의 하위유형분류

Larson 등(1988)은 진로미결정자 그룹을 분석하여 그 하위유형을 다음과 같이 네 가지로 분류하여 제시하였다.

첫째, '계획 없는 회피형(planless avoiders)'이다. 진로선택이나 결정을 위한 정보 수집 등의 별다른 계획을 가지고 있지 않으면서 문제 자체를 회피하고 있는 내담자가 여기에 해당한다.

둘째, '정보 있는 우유부단형(informed indecisive)'이다. 진로결정의 필요성도 알고 있고 그를 위한 정보 수집 등도 하면서 준비를 하고 있지만 의사결정에 대한 불안 등으로 진로에 대한 결정을 어려워하는 유형이 여기에 속한다.

셋째, '정보 없는 확고형(confident uninformed)'이다. 정보가 없으면서도 근거 없는 자신감으로 진로를 결정하지 않은 내담자가 이 유형에 해당한다.

넷째, '정보가 없는 형(uninformed)'이다. 진로의사결정을 위해 필요한 정보가 없어서 미결정 상태에 있는 내담자를 지칭한다.

7) 진로결정상태모형에 따른 분류

(1) Jones와 Chenery의 모형

Jones와 Chenery(1980)는 내담자의 진로결정상태를 결정성, 편안성, 이유 등의 세 차원으로 구성하여 진로 결정자와 미결정자의 진로결정상태(vocational decision status)를 규정하였다. '결정성'은 진로에 대한 완전한 결정의 지각에서부터 완전한 미결정의 지각에 이르는 연속적인 변인이며, '편안성'은 개인의 감정이 진로결정이나 향후 진로행동에 영향을 미칠 것으로 생각되어 포함된 변인이고, '이유' 변인은 진로미결정에 대하여 ① 자기 명료성, ② 직업과 교육훈련에 대한 지식, ③ 결단성, ④ 진로선택의 중요성이라는 네 가지 하위영역에서 개인이 제시하는 내용이다. Jones와 Chenery가 제시하는 네 가지 진로결정상태의 유형은 [그림 8-1]과 같다.

첫째, '결정-편안' 유형이다. 진로를 결정하였다고 지각하고 있으며 이에 대한 감정 상태가 편안하다고 보고하는 내담자가 여기에 해당한다.

둘째, '결정-불편' 유형이다. 진로를 결정하였다고 하면서도 이에 대한 감정 상태가 불편하다고 이야기하는 경우가 이에 속한다.

셋째, '미결정-편안' 유형이다. 진로를 결정하지 않은 상태이지만 감정적으로는 편안하다고 이야기하는 내담자가 여기에 해당한다.

넷째, '미결정-불편' 유형이다. 진로를 결정하지 않았다고 지각하고 있으면서 이에 대하여 감정적으로 불편하게 느끼고 있는 내담자가 여기에 속한다.

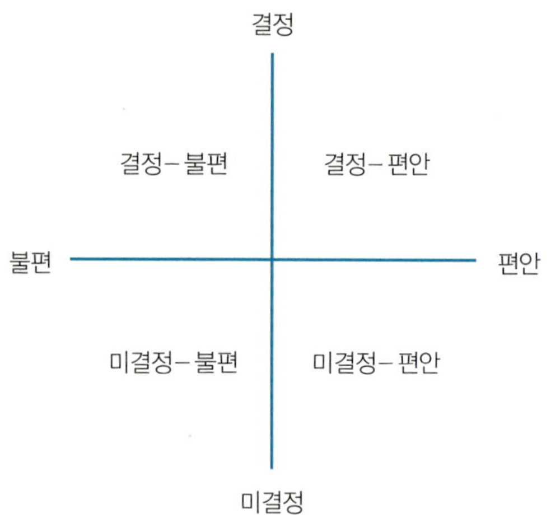

[그림 8-1] **결정성과 편안성에 따른 유형분류**

(2) 홍혜경의 모형

홍혜경(1997)은 우리나라 대학생들을 대상으로 진로결정상태, 특성불안, 진로정체감, 통제의 소재 등을 측정하여 군집분석을 실시한 결과 여섯 가지 유형을 도출하였다.

첫째, '안정결정형'은 진로결정에 있어서 가장 안정된 집단으로 비교적 확고하게 진로를 결정한 유형이다. 이 유형의 경우에는 진로상담을 요청할 가능성이 거의 없지만, 이들이 진로상담에 응할 경우 자신이 결정한 진로에 대해 외부로부터 지지와 확신을 얻기를 바라고 있을 가능성이 높으므로 흥미, 적성검사를 통해 이를 객관적으로 확인하는 개입방법이 적절하다.

둘째, '다재다능형'은 일단 직업을 결정하기는 했지만 다른 많은 분야에 관심과 능력을 가지고 있어서 자신이 원하는 하나의 이상적인 직업이 무엇인지를 모색하고 있는 경우이다. 이 유형의 경우 직업에 대한 태도를 검토한 후, 직업과 더불어 여가를 이용한 취미생활을 함께 고려하여 다양한 분야에 대한 자신의 적성과 흥미, 가치관을 다각적으로 재고해 보도록 하는 접근이 유용하다.

셋째, '잠정결정형'은 진로를 결정했고 결정 상태를 다소 편안히 느끼고 있지만, 똑같이 호감이 가는 다른 직업들이 있어서 아직 확고한 결정에 이르지 못한 유형이다. 이 유형의 경우 전통적인 진로상담 접근법에 따라 내담자의 적성, 흥미, 가치관을 객관적으로 평가한 후, 잠정적으로 결정한 직업 및 호감을 느끼고 있는 다른 직업들에 대해 충분한 정보를 수집하고 검토해 보도록 할 수 있다.

넷째, '불안결정형'은 선택에 대한 부담으로 인해 자신의 흥미나 다양한 직업에 대한 충분한 정보가 없이 심리적 불안에 쫓겨 조급하게 진로를 결정한 유형으로 진로정체감은 낮은 수준이다. 이 유형의 경우 진로문제와 관련한 심리적 불편감의 원인을 설명해 주고, 진로 관련 문제를 다루기 전에 불안을 적정 수준으로 낮출 수 있는 상담서비스를 제공한다. 이어 진로정체감 수준이 매우 낮은 것을 고려하여 이미 결정한 직업을 중심으로 자신의 진로에 대한 태도 및 흥미, 적성, 가치관을 검토한 후 다양한 직업정보를 수집, 검토하는 작업으로 옮겨 간다. 어떤 경우에는 심리상담적 개입이 필요할 것이다.

다섯째, '혼돈미결정형'은 진로결정에 있어서 가장 곤란을 느끼고 있는 유형으로, 정체감 및 정서상의 문제 때문에 혼돈 속에서 진로결정을 미루고 있는 경우이다. 이 유형은 불안결정형과 마찬가지로 높은 특성불안 및 낮은 진로정체감 수준을 보이므로 불안결정형과 유사한 접근법을 적용할 수 있다.

여섯째, '수행불안형'은 진로를 어느 정도 분명히 결정하기는 했으나 자신이 선택한 진로를 어떻게 수행해 나갈지에 대하여 걱정이 많은 경우이다. 이 유형의 경우에는 우선 직업에 대한 태도 및 자신이 선택한 직업에 대해 높은 적성을 갖추고 있는지를 검토해 본 후, 태도 및 적성이 적절한 경우 그 직업을 수행하는 데 필요한 준비 과정들은 어떠한지에 대해 구체적으로 정보를 수집하고 행동계획을 세워 보도록 조력하는 것이 도움이 된다.

8) 행동차원을 강조한 내담자 유형분류

김봉환과 김계현(1997)은 진로결정수준과 진로준비행동의 발달을 준거로 내담자를 이차원적으로 유형화하여 네 가지로 제시하였다.

첫째, '진로결정-준비 활발'에 속하는 A 유형(Ideal Type)이다. 가장 이상적인 유형으로, 진로결정수준과 진로준비행동수준이 모두 높고, 진로성숙도가 높으며, 합리적인 의사결정 방식을 지니고 있고, 불안의 수준도 낮은 내담자가 여기에 해당한다.

둘째, '진로결정-준비 부진'에 속하는 B 유형(Pseudo Type)이다. 진로결정수준과 진로성숙도가 높으며 불안의 수준은 낮고 합리적인 의사결정 방식을 지니고 있는데, 진로준비행동수준이 낮은 상태이며 행동으로 실천하지 않고 있는 내담자가 여기에 해당한다.

셋째, '진로미결정-준비 활발'에 속하는 C 유형(Behavioral Type)이다. 여기에 해당되는 내담자는 진로준비를 위한 탐색활동 등을 열심히 행동으로 보이고 있으나 진로결정수준과 진로성숙도가 낮고, 불안 수준은 높은 특성을 보인다.

넷째, '진로미결정-준비 부진'에 속하는 D 유형(Immature Type)이다. 진로결정수준과 진로준비행동수준이 모두 낮고 특성불안이 높은 미성숙한 유형의 내담자가 여기에 해당한다.

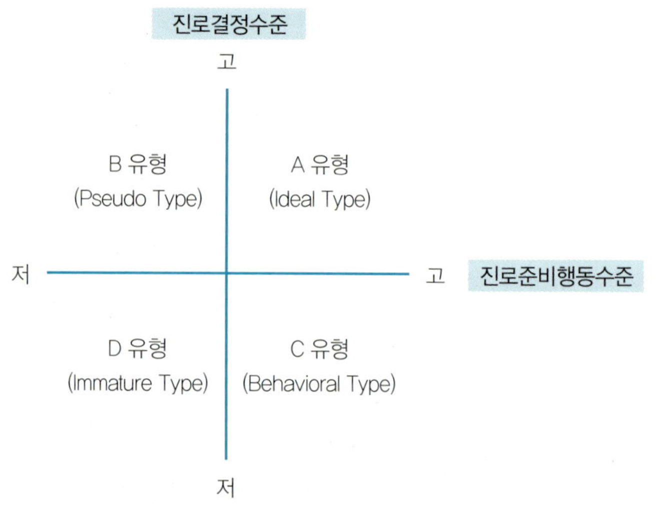

[그림 8-2] 진로결정수준과 진로준비행동수준에 따른 유형분류

9) 대학생 진로상담에 특화된 유형분류

이제경 등(2012)은 대학생을 대상으로 설문조사와 개방형 질문지, 심층인터뷰를 진행하여 진로문제를 일곱 가지로 유형화하고, 전문가 델파이 조사를 통해서 각 유형별 개입 방안을 제안하였다.

진로문제 제1유형은 '구체적 진로대안이 없음'이다. 이에 대해 제안된 상담전략은 다음과 같다. 첫째, 적성, 흥미, 성격, 가치관 검사를 실시한다. 둘째, 진로결정을 방해하는 요인을 탐색해서, 만약 타당하지 않다면 방해요인에 대한 두려움을 탐색하고 이를 견뎌낼 수 있도록 돕는다.

진로문제 제2유형은 '전공이 나의 적성에 맞지 않음'이다. 이에 대해 제안된 상담전략은 다음과 같다. 첫째, 전공이 적성에 맞지 않는다는 것이 어떤 의미인지 탐색한다. 둘째, 결정한 진로 진입을 위한 현실적인 전략 수립을 돕는다.

진로문제 제3유형은 '취업에 대한 걱정'이다. 이에 대한 상담전략으로 제안된 것은 취업과정에서 어렵게 생각되는 점, 자신 없는 것이 무엇인지를 명료화시키는 것이다. 다시 말해서 취업에 대한 걱정의 내용이 무엇인지를 구체적으로 탐색하여, 그 걱정의 내용을 자세히 열거해 보도록 하는 것이 필요하다. 일반적으로 취업에 대한 걱정과 불안을 가진 경우 그 걱정에 대한 공감과 이해를 하거나 혹은 격려를 하는 경우가 많은데, 적절한 상담개입 방안으로는 이러한 걱정이 과연 무엇을 뜻하는 것인지에 대한 구체적인 탐색이 추천되고 있다.

진로문제 제4유형은 '직업선택 및 구직방법 모름'이다. 이에 대해 제안된 상담전략은 현재의 진로와 관련된 생각을 정리하도록 돕는 것이다(현재 어떤 단계인지, 선택을 못했는지, 선택은 했는데 방법을 모르는지). 제4유형에는 직업을 선택하는 것과 그 직업으로 진입하는 방법을 모르는 두 가지의 경우가 포함된다. 이 두 가지 중 어떤 문제가 보다 시급한지에 대한 사정이 가장 먼저 필요한 상담개입으로 가정된다. 이것이 이루어질 경우 진로를 탐색하거나, 직업목표를 정하거나, 취업준비 계획을 수립하거나 혹은 교내의 취업지원 서비스에 참여하는 등 구직과 관련된 행동을 하도록 돕는 것이 합리적인 상담개입 방법이 될 수 있다.

진로문제 제5유형은 '진로결정 시 부모와 의견차이로 인한 갈등'이다. 이에 대해 제안된 상담전략은 다음과 같다. 첫째, 내담자의 갈등과 이로 인한 어려움을 공감해 주는 것이다. 제5유형의 경우 다른 진로문제 유형과는 달리 상담자의 이해와 공감이 가장 중요하다. 따라서 진로문제로 부모와 갈등을 겪는 내담자를 만났을 때, 상담전략은 이들이 경험하는 좌절, 갈등, 걱정, 불안, 죄책감 등을 충분히 이해하고 공감하는 심리적인 차원에서의 도움을 주어야 한다. 둘째, 자신이 원하는 취업목표가 제대로 결정된 것인지 확인하도록 하는 것이다. 진로의사결정과 관련하여 부모와의 갈등이 있지만, 이를 무시하기보다는 부모의 의견을 고려할 수 있도록 자신의 결정을 다시 한번 확인하고 부모의 의견을 재고할 수 있도록 도와주는 상담자의 전략이 필요함을 시사한다.

진로문제 제6유형은 '진로계획을 실천에 옮기지 못함'이다. 이에 대해 제안된 상담전략은 다음과 같다. 첫째, 우유부단형에 해당되는지, 다재다능형인지 파악한다. 둘째, 정보탐색 후 현실적으로 자신의 적성, 흥미, 가치관 등을 반영한 직업을 몇 가지로 추리고, 잠정적인 직업을 선택하게 한다. 셋째, 자신이 희망하는 직업에 대한 공통분모를 알게 하고, 그것에 맞는 직업을 갖기 위한 실천계획을 세워 보도록 한다. 넷째, 대학 내 커리어센터 서비스를 활용하도록 안내한다.

진로문제 제7유형은 '성적이 좋지 않음'이다. 이에 대해 제안된 상담전략은 희망하는 진로목표를 수립하도록 조력하는 것이다. 많은 경우 성적이 나쁠 때 학생들은 진로에 대한 전체적인 희망을 버리고 낙담하기 쉽다. 따라서 자신의 성적과 무관하게 원하는 진로목표를 세우도록 돕는 것이 바람직하다는 것이 전문가들의 제언이다. 진로목표가 결정되면 그 진로에서 원하는 것이 성적만이 아님을 알게 함으로써 자기효능감을 높이고 성적 이외의 것을 이룰 수 있도록 노력하는 것이 그다음으로 필요한 상담개입 전략이다.

10) 직업상담을 위한 구직자 유형분류

고용노동부 고용복지플러스센터는 구직자를 포함한 직업상담 내담자를 직업능력과 취업의욕 수준이라는 두 차원을 활용하여 네 가지 유형으로 분류하고 각 유형에 필요한 차별화된 개입과 서비스를 제공하고 있다. 취업의욕 수준은 일자리 수용성이나 구직활동의 정도, 경제적 곤란도 등을 통하여 판단하며, 직업능력은 희망직종과 전공 및 경력의 유사성, 관련 자격 유무, 구직기술의 준비도 등을 통하여 판단하고 있다.

첫째는 '의욕 높고–능력 많은' Ⅰ유형이다. 취업을 하고자 하는 의욕이 높고 직업능력도 잘 갖추고 있어서 일자리 소개 및 활발한 구직활동을 통해 즉시 취업이 가능한 내담자가 여기에 해당한다.

둘째는 '의욕 높고–능력 적은' Ⅱ유형이다. 취업을 하고자 하는 의욕이 높은 반면, 희망하는 진로나 직업에 관련된 전공이 불일치하고 경력이 없거나 혹은 구직기술이 부족한 내담자가 여기에 해당한다.

셋째는 '의욕 낮고–능력 많은' Ⅲ유형이다. 희망진로에 취업하기 용이한 직업능력을 갖추고 있으면서도 취업을 하고자 하는 의욕이 낮아 적극적으로 일자리를 알아보지 않는 내담자가 여기에 속한다.

넷째는 '의욕 낮고-능력 적은' Ⅳ유형이다. 가장 열악한 조건의 내담자이며 취업이 문제가 아니라 현재 겪고 있는 심리적 혹은 사회경제적 어려움 등을 탐색하여 지원과 조력이 필요한 내담자가 여기에 해당한다.

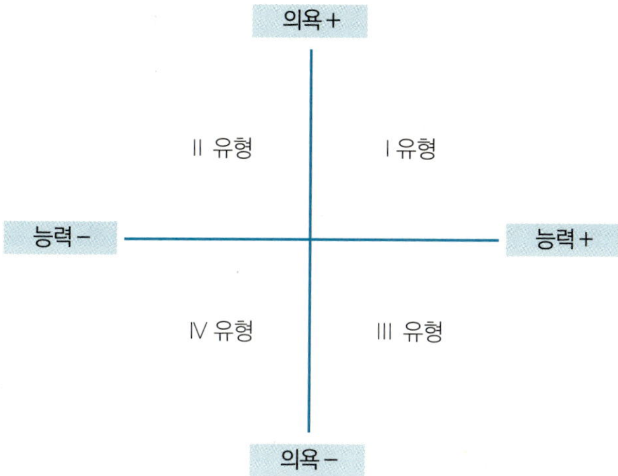

[그림 8-3] 직업능력과 취업 의욕 수준에 따른 유형분류

4. 내담자 유형분류의 활용

진로상담을 활용하여 취업에 성공하도록 돕기 위한 실제 상담사례를 통해서 취업의욕과 직업능력을 기준으로 내담자의 유형을 분류하고 개입 전략을 세우는 워크숍 활동의 과정을 소개함으로써 내담자 유형분류의 활용에 대한 이해를 높이고자 한다. 여기에서 소개하는 워크숍은 고용노동부의 위탁을 받아 서울대학교에서 진행한 '고용서비스 전문가 과정'에서 필자가 담당했던 부분을 예시한 것이다.

1) 내담자 유형분류 및 활용의 과정

(1) 내담자 유형분류의 연습 단계

이 단계에서는 먼저 취업의욕이 높고 원하는 분야에 관련된 직업능력도 높은 상태에 있는 전형적인 내담자 사례(인적사항, 호소문제, 상담자가 파악한 내담자 문제, 심리평가 결과 등)를 구성하여 제시하고 워크숍에 참여한 상담자들에게 이 내담자를 어느 유형으로 분류할 수 있는지, 그리고 그렇게 판단한 이유가 무엇인지 탐색하도록 한다.

그다음에는 취업의욕이 높고 직업능력은 낮은 유형, 취업의욕이 낮고 직업능력은 높은 유형, 취업의욕과 직업능력이 모두 낮은 유형 등의 내담자 사례를 구성하여 제시한 후 같은 작업을 반복함으로써 동일한 사례를 같은 유형으로 분류할 수 있도록 연습한다.

이러한 연습을 한 후에 다양한 사례를 보여 주면서 워크숍에서 분류하고 있는 기준에 따라 내담자를 어느 유형으로 분류할 수 있는지 질문하고 참여자들의 의견을 들으면서 그렇게 분류한 이유를 묻고 진행자가 요약 및 정리하여 분류 유형을 바로잡거나 공유한다.

이때 시간적 여유가 있는 경우, 같은 유형의 다른 사례를 몇 가지 더 분류해 볼 수 있도록 함으로써 분류에 대한 판단기준을 공유하고 판단에 대한 일치도를 높인다.

(2) 유형에 맞는 전형적 사례 만들기 단계

워크숍에 참여한 상담자들에게 지금까지의 상담사례를 떠올려 보면서 각 유형에 해당하는 사례를 하나씩 적어 보도록 한다. 이때 내담자의 인적사항, 주 호소문제, 상담자가 파악한 문제, 심리평가 결과, 상담전략 및 결과에 대한 예상 등의 내용을 포함하여 정리하도록 유도한다.

앞의 작업이 완료되면 4~6명 정도의 팀 단위로 모여 서로 이야기를 나누도록 하고 이 활동을 통해 다시 한번 유형분류 기준에 대한 이해 및 분류의 일치도를 높이도록 숙달한다. 어느 정도 분류의 일치도를 숙달한 후에는 팀 단위 활동을 통해 각 팀에서 각 유형별 전형적인 사례를 선정하고 개입전략을 구상하도록 한다. 이 과정에서는 예상되는 어려움과 결과를 함께 포함하도록 함으로써 유형별 특성을 충분히 이해하여 실제에서 활용할 수 있는 상담전략을 탐색하고 정리할 수 있도록 격려한다.

(3) 유형별 상담 개입전략 탐색 및 정보제공 단계

앞의 단계를 마치고 나면 팀별로 작성한 결과를 워크숍 참여자 전체를 대상으로 요약하여 발표하도록 한다. 내담자 유형별로 문제해결을 위해 개입할 수 있는 상담전략에 대한 아이디어와 제안 이유, 구체적 방법을 정리하고 공유할 수 있도록 한다. 진행자가 유형별로 종합 정리하여 재전달하며 이후 자료로 만들어 제공한다.

2) 내담자 유형분류 활동지 예시

(1) 내담자 유형분류 연습 사례 예시

실제의 사례를 요약하여 사용해도 좋고, 내담자 보호를 위해 전형적 사례를 가상으로 구성하여 제시하여도 무방하다.

〈표 8-1〉 **취업의욕 낮고-직업능력 높은 내담자 유형 사례**

- 성명: 이철수(29세, 남성)
- 학력 및 자격사항: 전문대졸(전산, 컴퓨터공학), 운전면허증(1종 보통)
- 직업이력: 전산소모품 유통 및 물류관리(2년), 의류물류관리(1년)
- 희망직종 및 급여: 물류관리직(월 350만 원)
- 실직기간 및 구직욕구: 실직기간 10개월, 구직욕구 매우 낮음
- 주 호소문제: 고용센터에서 취업 관련 프로그램에 참여했으나 무엇을 해야 좋을지 모르겠고 적성과 흥미에 맞는 일을 찾아보고 싶음(한번 쉬면 계속 쉬는 경향이 있다고 함. 부모님의 권유에 의해서 상담을 받게 됨)

(2) 유형에 맞는 전형적 사례 만들어 보기

지금까지 본인이 경험한 상담사례를 회상하여 각 유형에 해당하는 사례를 정리해 보도록 한다. 사례를 정리할 때에는 인적사항, 상담경위 및 호소문제, 상담자가 파악한 주요 문제, 주요 진로심리검사 결과, 유형분류 결과, 해당 유형으로 분류한 이유, 상담개입 전략, 예상되는 어려움 및 상담결과 등을 포함하도록 한다.

(3) 유형별 상담 개입전략 탐색 활동

예시된 사례의 내담자에게 가장 효과가 높을 것으로 예상되는 개입전략이 무엇인지 '차별적 진단과 차별적 처치'라는 관점에서 아이디어를 제안하고, 아이디어 제안자는 해당 아이디어가 적절하다고 판단되는 이유를 설명하도록 한다. 설명이 모두 끝난 후에는 함께 논의하여 최선의 개입방법을 합의하고 공유한다.

3) 유형별 상담 개입전략 정리 및 정보제공 예시

(1) 취업의욕이 높고 직업능력도 높은 유형

취업의욕이 높고 직업능력도 높은 유형은 내담자가 희망하는 직종이나 사업장 규모,

급여 수준, 복지 수준, 그 밖의 다양한 근로 여건 등 내담자의 요구를 정확히 파악하는 것에서 출발한다. 이후에 해당되는 조건의 구인정보를 탐색하여 기업체에서 요구하는 제반 요건을 확인하고 정보를 제공하거나 적극적으로 소개하는 개입이 도움이 된다.

또한 SWOT분석 등의 방법을 활용하여 내담자의 합리적인 의사결정을 돕고, 희망직종에 따른 이력서, 자기소개서 작성 및 면접을 포함한 구직기술을 확인하고 단기특강, 클리닉 등을 통해 지속적 피드백을 제공하면서 구직기술의 향상을 지원하고 구직활동의 과정을 관리한다. 이를 통해 내담자의 구직활동을 계속 점검하고 애로사항에 대하여 경청하면서 취업하지 못한 경우 취업의욕이 상실되지 않도록 계속적으로 조력하며, 상담자의 관심과 격려를 적극적으로 표현한다. 내담자가 취업에 성공한 이후에도 새로운 직장에 잘 적응하고 직무 수행을 잘하고 있는지 점검할 필요가 있다.

상담개입 시 무엇보다 유의할 점은 내담자의 취업희망 조건이 현실성이 없거나 너무 높을 경우 노동시장의 채용정보를 제공하는 등 상담을 통해 눈높이를 조정하도록 권유할 필요가 있다. 상담개입 후 3개월이 경과하거나 많은 정보제공과 소개를 받았음에도 불구하고 취업에 성공하지 못하였다면 다시 상담을 실시하고 내담자의 유형을 재조정해 볼 필요가 있다.

(2) 취업의욕은 높으나 직업능력이 부족한 유형

취업의욕은 높으나 직업능력이 부족한 유형은, 먼저 내담자의 부족한 직업능력이 어떠한 영역인지 탐색한다. 예를 들어, 의사소통능력, 수리능력, 문제해결능력, 자기관리능력, 자원활용능력, 대인관계능력, 정보능력, 조직이해능력, 기술능력, 직업윤리 등과 같이 어느 직장, 어느 직무에서도 필요한 직업기초능력이 부족한 것인지 혹은 희망 직무를 수행하는 전문적인 능력(직무수행능력)이 부족한지 혹은 이력서, 자기소개서, 면접과 같이 취업을 지원하는 과정에 필요한 구직기술이 부족한 것인지를 확인한다.

그다음으로는 부족한 직업능력 개발을 위한 개입이 필요하다. 이를 위해서는 부족한 능력에 대한 객관적 평가를 통해 '어떤 능력이 부족한가? 그 원인은 무엇인가? 능력을 획득할 수 있는 가능성은 어느 정도인가?' 등에 대한 파악이 필요하다.

그리고 부족한 능력에 대하여 내담자가 받아들일 수 있도록 수용을 촉진하고, 능력 향상을 위해 노력하고자 하는 동기를 높이도록 격려한다. 그리고 부족한 직업능력 향상을 위한 교육프로그램 정보를 찾아 자세히 안내하고 참여할 수 있도록 돕는다. 이때 직업훈련, 구직기술향상, 직업기초능력 향상 등에 관련된 교육프로그램의 정보뿐만 아니라 그

교육과정의 질에 대한 정보도 같이 수집하여 제공하는 것이 좋다.

상담개입 시 무엇보다 유의할 점은 내담자가 당장 취업을 하기에 자신의 능력이 부족하다는 사실 자체를 받아들이기 힘들어할 수 있으므로 부족한 능력을 지적하기보다 스스로 깨닫고 수용할 수 있도록 유도해야 한다는 점이다. 그리고 부족한 능력에 대한 수용을 용이하게 하기 위해 내담자의 자존감을 유지하도록 하는 상담적 접근을 시도하는 것도 필요하다.

(3) 취업의욕은 낮고 직업능력이 높은 유형

취업의욕은 낮고 직업능력이 높은 유형의 경우는 진로미결정의 상태에 놓인 내담자이기 때문에 개인 진로상담의 전형적인 절차가 적용되어야 할 것이다. 그 절차의 한 예로 관계수립, 문제의 평가, 목표의 수립, 문제해결을 위한 개입, 종결과 추수지도를 생각할 수 있다.

먼저, 관계수립 단계에서는 작업동맹을 잘 형성하는 것이 중요하다. 작업동맹을 효과적으로 형성하기 위해 상담자가 고려해야 할 요소에는 목적(goal), 유대감(bond), 과업(task) 등이 있다.

문제의 평가 단계에서는 내담자가 호소하는 문제, 상담자가 파악한 문제, 진로심리검사 결과 등을 종합하여 내담자 문제를 객관적으로 이해하는 것이 중요하다.

목표수립 단계에서 본 유형에 해당하는 상남목표로 고려할 수 있는 것은 불안 및 우울의 감소, 불확실감의 감소 및 동기유발, 긍정적 자아개념의 확립 및 자존감 회복, 구체적인 직업정보의 활용, 현재 자신의 능력에 대한 객관적인 파악, 의사결정 과정의 연습 등이다.

문제해결을 위한 개입 단계에서는 상담자가 보유하고 있는 상담역량 중에서 이 유형의 내담자에게 해당되는 상담목표 달성에 도움이 되는 것들을 선별하여 적용하는 것이 중요하다. 특히 취업의욕을 고취시키기 위한 다양한 방법을 우선적으로 고려해야 할 것이다. 이를 위해서 생애곡선 그리기, 생애진로무지개 활용 등도 좋은 대안이 될 수 있다. 경우에 따라서는 내담자에게 도움이 될 것으로 기대되는 프로그램에 참여하는 것을 권유할 수도 있다(예: 구직욕구 증진 프로그램).

종결과 추수지도 단계에서는 내담자의 변화에 대한 평가, 진로상담 과정에서 일어났던 변화에 대한 내담자의 요약과 상담자의 의견 첨가, 목표달성 정도에 대한 평가, 미해결과제(남아 있는 문제)에 대한 예측과 논의, 종결에 대한 내담자의 태도 평가 등이 중요한 상담 내용으로 등장할 수 있다.

(4) 취업의욕이 낮고 직업능력도 부족한 유형

취업의욕이 낮고 직업능력도 부족한 유형은 분류된 유형 중 가장 자원이 부족한 내담자로 좌절상태에 있는 경우가 많다. 따라서 바로 취업정보를 제공하거나 일자리를 소개하기에는 곤란한 상태이다. 이 유형의 내담자는 가장 많은 도움을 필요로 하지만, 조력의 효과가 가장 낮아 상담자를 무력감에 빠지게 할 우려가 높은 편이다.

이들은 자신이 도움이 필요하다는 것을 인식하지 못한 상태에 있거나, 정신병리로 인해 현실 검증력이 손상된 상태의 내담자가 포함될 수 있으며 비자발적으로 의뢰되어 상담에 오는 경우가 많다.

이 유형의 내담자에게는 자신감을 북돋아 주는 것에 집중하여 어느 정도 자신감을 회복한 후 유형이 변화되면 개입을 적용하는 것도 좋은 방법이다. 또한 내담자의 심리적 자원을 확인하고 다른 조력체제와의 협력 또는 의뢰에 대한 판단과 실행이 요구된다. 이때 정서적인 문제를 일차적으로 다루어야 하는 내담자와 교육이 필요한 내담자를 구분하여 개입할 필요가 있다. 아직 진로가 결정되지 않은 경우에는 진로미결정의 원인을 먼저 파악하여 그 원인에 따른 상담개입이 필요하다.

상담개입 시 무엇보다 유의할 점은 내담자의 취업의욕을 제고하기 위하여 사소한 것이라도 시도해 보도록 격려하고 성공경험을 가지게 함으로써 스스로 자신감을 회복하도록 하는 것이다. 내담자에게 적합한 구체적인 실천 가능한 목표를 세우고, 이를 실천해 나가는 과정을 함께 점검하는 것이 필요하다. 특히 상담자는 이 유형의 내담자에게는 빠르게 변화되기를 요청하지 않는 것이 중요하며, 변화속도가 느리더라도 인내심과 희망을 버리지 말고 한결같은 자세로 대해 주어야 한다. 상담자는 내담자가 설령 아주 쉽고 작은 목표를 성취하지 못하더라도 실망감을 표현하지 말아야 하며, 실패의 원인을 찾아보고 성취를 위해 조력할 부분을 먼저 찾으려고 애쓰는 자세가 필요하다.

참고자료

상담사례

이 사례는 내담자 유형분류를 성인 대상의 직업상담에 활용한 예이다. 내담자 김철규 씨는 30대 후반의 미혼 남성으로 실직을 하고 2개월이 흘렀는데 그동안 몇 군데 지원을 해 봐도 소식이 없자 불안감을 호소하며 상담센터에 내방하였다. 말의 속도가 빠르고 얼굴에 홍조를 띤 채 연신 손가락을 움직이며 이야기하여 불안과 긴장감이 느껴졌다. 상담자와 눈 마주침을 어려워하였고 이야기하는 도중에 흘깃거리며 쳐다보았으며 상담실 내부를 여기저기 관찰하면서 내부 인테리어나 상담자에 대한 자신의 생각과 인상을 주저함 없이 표현하였다.

김철규 씨가 작성해 온 상담신청서를 보면서 글씨체가 작고 여성스럽다는 인상을 받았으며 작성해야 할 내용을 꼼꼼히 기록하였음을 확인할 수 있었다. 몇 가지 경력을 확인하기 위한 상담자의 질문에 처음에는 두서없이 답변을 하였으나 차츰 중요한 내용을 정리하여 잘 표현해 주어 내담자가 면접 장면에서 어떤 모습을 보여 줄지 예상할 수 있었다.

그는 현재 광고디자이너로 취업을 희망하고 있으며 급여는 낮아도 들어갈 수만 있다면 좋고, 취업을 해서도 부족한 업무능력을 기르기 위해 노력하겠다는 적극적 의지를 보였다. 지방의 4년제 대학에서 관심도 없던 농업학을 전공하였다는 김철규 씨는 대학을 졸업한 이후 평소 관심이 있었던 디자인 계통의 일을 해 보고자 편집디자인 직업훈련 과정을 1년 받고 나서 종이제품을 개발하는 디자인 벤처 기업에 취업하여 1년 정도 편집디자인 업무를 해 보았다. 재미도 있고 회사의 분위기도 좋았는데 안타깝게도 회사가 문을 닫게 되어 그만두게 되었고, 이후에는 일간지 신문사의 사업팀에서 자료를 사진으로 촬영하여 정리하는 업무를 2년 정도 하였다. 사업이 완료되어 팀이 해체되면서 이와 유사한 업무를 하는 공공기관 계약직으로 옮겨 4년간 자료전산화 작업을 하였다. 이때 구체적으로 담당하였던 업무는 지방을 돌아다니면서 교량의 사진을 찍고 전산화하는 것이었다. 일이 힘들지는 않았고 단순한 업무이지만 지방을 돌아다닐 수 있어서 내담자는 좋았다고 한다. 계약기간이 만료되어 일자리를 잃게 된 김철규 씨는 해 오던 일은 아니었지만 캐드를 사용하는 기계설계 직종으로 취업을 하여 6개월 정도 일했다. 그런데 단순한 캐드 작업만 해 왔던 김철규 씨로서는 복잡한 기계캐드를 수행해 내기 어려웠으며, 비정규 계약직으로만 일을 해 오다 보니 중간 관리자가 되어야 할 나이에 걸맞은 업무경험을 쌓지 못했다는 것을 알게 되었다. 업무능력도 부족하고 나이에 맞는 역할도 어려워 힘들어했는데 기업체에서 먼저 퇴사를 권유하여 이번에 실직을 하게 되었다고 한다.

전공이 디자인 계통도 아니었고 과거에 1년 정도 이수한 직업훈련만으로는 실력과 경력 모두 부족하지만 시각디자인이나 광고디자인 분야에서 일을 해 보고 싶다는 김철규 씨는 나이에 비해 부족한 실력과 경력 탓에 취업이 어려워서 고민이라고 호소하였다.

처음부터 두서없이 빠르게 쏟아내는 내담자의 이야기 내용과 관찰을 통해 수집되고 있는 정보는 너무나 다양하고 많아서 내담자에 대한 이해와 취업을 돕기 위한 자료정리가 필요하다고 판단되었다. 이에 상담센터에서 내담자 유형을 분류하는 기준을 적용하여 김철규 씨에 대한 유형을 진단하고 분류해 보았다.

먼저, 내담자의 취업하고자 하는 의욕에 대한 평가이다. 김철규 씨의 경우는 들어갈 수만 있다면 낮은 급여도 감수할 것이며 취업 이후에도 부족한 능력을 기르기 위해 노력하겠다는 의지를 보이고 자발적으로 직업상담을 신청하여 방문한 내담자이다. 또한 이야기를 통해 실직 이후에 구인정보를 매일 찾아보고 이력서를 제출하며 지원해 보고 있었다는 사실을 확인하여 취업을 위한 노력을 활발하게 행동으로 옮기고 있음을 알 수 있었다. 이만하면 취업하고자 하는 의욕은 높다고 판단하였다.

다음으로는 내담자의 직업능력에 대한 평가이다. 희망진로 분야에서 전문적인 직무수행을 잘 해낼 수 있는 능력에 대하여 평가해 본다면 다소 낮다는 판단이 내려졌다. 전공이 다르고 몇 년 전에 수료한 1년간의 직업훈련이 전부이며, 그동안의 직업경험도 크게 도움되는 업무는 아니었기 때문이다. 또한 김철규 씨의 경우 다소 여성적이고 예민한 편이어서 남성보다는 여성들과 이야기를 편하게 하고 남성들과는 오히려 관계를 맺거나 이야기를 나누는 것에 어려움을 겪었다는 점을 통해 조직 내에서의 의사소통과 대인관계를 위한 훈련이 필요하다는 판단을 하였다. 종합하면 직업기초능력이나 직무수행능력 면에서 부족하다는 평가를 내리게 되어 '취업의욕은 높으나 직업능력이 부족한' 유형으로 분류하였다.

유형분류 이후의 개입방향은 명료해지고 속도는 빨라지는데, 김철규 씨의 경우 부족한 디자인 능력을 키우기 위하여 디자인 관련 직업훈련 과정에 대한 정보를 제공함으로써 취업 전부터 교육을 받기 시작하여 취업 이후에도 주말이나 야간시간을 활용하여 끝까지 교육을 받을 수 있는 교육과정에 들어갈 수 있었다. 또한 팀 작업이 많은 업무의 특성상 다양한 배경을 지닌 사람들과의 의사소통과 관계맺음 경험을 하는 것이 도움이 될 것으로 판단되어 '의사소통 능력 증진 집단상담 프로그램'에 참여하도록 권유하였다. 김철규 씨는 다양한 연령의 다른 참여자들과 1주일 동안 함께 지내며 의사소통 훈련을 받았는데 이를 통하여 자신감을 얻고 모임의 동아리 총무를 맡아 돌아오는 변화를 보였다. 이후의 이력서 작성이나 자기소개서 작성 및 면접 준비 과정은 훨씬 더 쉽게 진행이 되었는데 집단상담 프로그램 형식의 참여 방식을 통해 의사소통 능력도 강화되고 자신감이 생기면서 스스로 하는 구직활동이 더 활발하게 되었다.

상담을 시작하고 약 2개월이 흐르는 사이에 김철규 씨는 변화가 눈에 띌 정도로 표정이 밝아지고 목소리에 힘이 넘쳤다. 여전히 직업훈련을 받고 있는 상태이긴 하지만 두 곳의 기업체에서 합격 통보를 받았다고 하였다. 처음 상담을 시작할 때는 무엇을 먼저 해야 할지 막막하고 불안했는데 지금은 당장의 취업뿐 아니라 취업 이후에도 자신이 노력해야 할 점이 무엇인지를 명확히 잘 알고 있어 편안하다는 말로 상담을 마무리하였다.

참고문헌

김봉환, 김계현(1997). 대학생의 진로결정수준과 진로준비행동의 발달 및 이차원적 유형화. **한국심리학회지: 상담 및 심리치료**, 9(1), 311-333.

이제경, 선혜연, 김선경, 김명선, 노수화(2012). **대학생의 효율적 진로상담 체계 구축을 위한 진로문제 유형분류와 개입방안**. 충남: 한국기술교육대학교.

홍혜경(1997). 진로결정상태모형에 의한 대학생의 진로결정상태의 유형화. 이화여자대학교 대학원 석사학위논문.

Bordin, E. S. (1984). Psychodynamic model of career choice and satisfaction. In D. Brown, L. Brooks, & Associates (Eds.), *Career choice and development*. San Francisco: Jossey-Bass.

Holland, J. L., & Holland, J. E. (1977). Vocational indecision: More evidence and speculation. *Journal of Counseling Psychology, 24*(5), 404-414.

Jones, L. K., & Chenery, M. F. (1980). Multiple subtypes among vocationally undecided college students: A model and assessment instrument. *Journal of Counseling Psychology, 27*(5), 469-477.

Larson, L. M., Heppner, P. P., Ham, T., & Dugan, K. (1988). Investigating multiple subtypes of career indecision through cluster analysis. *Journal of Counseling Psychology, 35*(4), 439-446.

Osipow, S. H., Carney, C. G., & Barak, A. (1976). A scale of educational-vocational undecidedness: typological approach. *Journal of Vocational Behavior, 9*(2), 233-243.

Phillips, S. D. (1992). Career counseling: Choice and implementation. In S. D. Brown, & R. W. Lent (Eds.), *Handbook of counseling psychology*. New York: Wiley.

Salomone, P. R. (1982). Difficult cases in career counseling: II-the indecisive client. *Personnel and Guidance Journal, 60,* 496-500.

Sampson, J. P. Jr., Peterson, G. W., Lenz, J. G., & Reardon, R. C. (1992). A cognitive approach to career services: Translating concepts into practice. *Career Development Quarterly, 41*(1), 67-72.

Wanberg, C. R., & Muchinsky, P. M. (1992). A typology of career decision status: Validity extension of the vocational decision status model. *Journal of Counseling Psychology, 39*(1), 71-80.

Williamson, E. G. (1939). *How to counsel students*. New York: McGraw-Hill.

제9장

진로가계도

어느 날 당신은 알게 되었다.
자신이 무엇을 해야만 하는지.
그리고 마침내 그 일을 시작했다.
주위의 목소리들이 계속해서
잘못된 충고를 외쳐 댔지만
집 식구들은 불안해하고
과거의 손길이 발목을 붙잡았지만
저마다 자신의 인생을 책임지라고 소리쳤지만
당신은 멈추지 않았다.
자신이 무엇을 해야만 하는지
알고 있었기에.

거센 바람이 불어와 당신의 결심을 흔들고
마음은 한없이 외로웠지만,
시간이 이미 많이 늦고
황량한 밤, 길 위에는
쓰러진 나뭇가지와 돌들로 가득했지만
조금씩 앞으로 나아가는 동안
어둔 구름들 사이로
별들이 빛나기 시작했다.
그리고 어떤 목소리가 들려왔다.
당신이 세상 속으로 걸어가는 동안
언제나 당신을 일깨워 준 목소리.
당신이 할 수 있는 단 하나의 일이 무엇인지
당신이 살아야 할 단 하나의 삶이 무엇인지를.

-메리 올리버, 「단 하나의 삶」-

이 장에서는 진로상담 도구로서 진로가계도의 개념을 살펴보고, 진로상담 과정에서 이를 어떻게 활용할 수 있는지에 대해 개괄적으로 소개하고자 한다. 진로가계도는 내담자의 진로 선택에 영향을 미치는 가족 요인과 배경을 구조화하여 이해할 수 있도록 돕는 유용한 도구이다. 이 장에서 다루는 구체적인 내용은 다음과 같다. 첫째, 진로가계도의 개념과 이론적 배경을 살펴본다. 진로가계도를 이론적으로 뒷받침할 수 있는 틀로는 진로발달이론, 욕구이론, 가족체계이론, 직업포부이론 등이 있다. 둘째, 진로상담에서 진로가계도를 실제로 어떻게 사용할 수 있는지를 설명한다. 진로가계도의 작성법, 해석 시 고려해야 할 주요 범주, 작성 절차, 활용상의 장점 등을 중심으로 다룬다. 셋째, 진로가계도의 다양한 활용 가능성을 소개한다. 특히 다문화 가계도, 결혼-진로가계도 등 상담 현장의 특수한 맥락에 맞춘 확장된 형태를 통해 진로가계도의 응용 가능성을 제시한다.

1. 진로가계도의 개요

대부분의 진로상담 프로그램은 공통적으로 자신의 흥미와 적성을 발견하고 다양한 직업세계를 탐색할 수 있는 교육적 활동으로 이루어진다. 하지만 이러한 접근은 여전히 교사나 상담자의 주도 아래 미리 준비된 진로교육 내용을 가르치는 교육적 접근 방식이다. 반면, 상담적인 접근은 교사나 상담자가 교육 자료를 미리 준비하는 것이 아니라, 학생이나 내담자 자신의 경험이 교육 자료로 활용된다는 점에서 차이가 있다(오인수, 2008). 진로가계도를 활용한 상담 기법은 바로 이러한 상담적인 접근의 하나로, 학생이나 내담자의 경험을 활용하여 진로 인식을 촉진하는 데 도움을 준다.

1) 진로가계도의 의미

진로가계도는 진로상담에서 활용될 수 있는 하나의 도구로서 진로상담의 '정보 수집' 단계에서 유용한 일종의 질적 평가 과정이다. 진로가계도는 가족상담에서 많이 활용되는 Bowen(1980)의 가계도를 진로상담 과정에 활용한 것이다. 실제 이러한 가계도를 내담자의 진로인식 촉진에 최초로 활용한 사람은 Okiishi(1987)이다. 이후 여러 연구자와 실천가가 진로상담의 한 기법으로 진로가계도 활용에 대한 가능성을 제시하였고, 최근에는 비교적 다양한 내담자를 대상으로 활발하게 적용되고 있다.

가계도라는 용어에 '진로'라는 단어를 추가한 이유는 내담자들이 자신의 사회화 과정에 대해 이야기하는 과정에서 특히 진로에 관하여 다양하면서도 유용한 탐색을 할 수 있도록 그 단서를 제공해 줄 수 있기 때문이다(Brown, 2007; Chope, 2005). 진로가계도는 3세대에 걸친 내담자 가족의 윤곽을 그리는 형식으로 이루어진다. 진로가계도를 통해 상담자는 내담자의 진로정체성 발달 과정을 탐색할 수 있으며, 가계도를 그려 나가는 과정에서 내담자의 진로의사결정에 영향을 주는 요인들이 무엇인지 객관적으로 살펴볼 수 있도록 도움을 준다(Chope, 2005). 따라서 진로가계도는 그것을 완성해 나가는 과정이 최종적으로 그려진 결과만큼이나 중요하다.

Dagley(1984)는 진로가계도가 내담자들에게 자기 가족, 즉 그들의 사회적 · 심리적 · 문화적 · 경제적 유산의 맥락을 깊이 이해하는 데 도움을 준다고 주장한다. 또한 진로가계도는 일과 진로에 대한 내담자의 태도와 관련된 정보를 설명해 줄 수 있다(Kakiuchi & Weeks, 2009). 그리고 진로가계도는 내담자의 현재와 과거를 연결하여 현재 내담자의 역동을 더욱 심층적으로 이해할 수 있도록 도움을 준다.

2) 이론적 배경

본래 가계도는 가족상담 분야에서 내담자 가족의 역동과 유형을 파악하는 데 사용되는 도구이다. 가계도는 3세대 이상의 가족관계 및 특성을 기록하는 방법으로 가족 간의 관계나 자신이 어떠한 구조에 들어가 있는지를 파악하도록 도움을 준다(김미애, 김영호, 2009). 가족 내의 구조적 변화에 초점을 두고 개인변화, 가족체계, 가족역동 등을 이해하는 데 가계도가 탁월한 역할을 하여 가족상담 분야에서 유용한 도구로 활용되어 온 것이다. 이렇듯 가족 구조 안에서 개인을 이해하는 데 도움이 되는 가계도는 진로상담에서도 점차 그 활용도가 증대되고 있다. 개인의 진로 인식이 가족 간의 관계 경험을 통해 영향을 받는다는 여러 진로이론에 근거하여 진로상담에서도 가계도 활용의 중요성과 그 의미가 커지고 있는 것이다. 오인수(2008)가 소개한 진로가계도를 뒷받침해 줄 만한 진로이론을 요약하면 다음과 같다.

(1) Super의 진로발달이론

Super(1980)의 진로발달이론에 따르면 개인은 삶의 전 과정을 통해 진로발달이 이루어지는데 개인적 특성은 환경과의 상호작용, 즉 개인을 둘러싼 부모와 교사, 또래와의 상호작용을 통해 자신과 일에 대한 인식이 발달한다고 보았다. 특히 진로발달 단계상 성장기에 해당하는 초등학생 시기는 가정과 학교에서 주요 인물과의 동일시를 통해 진로에 관한 기초적인 개념을 발달시킨다. Trice와 Tillapaugh(1991)는 직장에 만족하는 부모의 자녀들은 부모와 같은 직업을 미래에 갖고 싶어 한다는 점을 확인하였다. 이는 가족 구성원들의 직업 인식이 한 개인의 직업 인식에 영향을 준다는 Super의 이론을 뒷받침한다.

(2) Roe의 욕구이론

욕구이론(Roe, 1957)에서는 부모와 자녀 간의 관계가 직업선택에 핵심 역할을 하는 것으로 보았다. 초기의 경험은 가정환경에 의해 주로 영향을 받으며 특히 부모와의 관계에 의해 영향을 받기 때문에 Roe는 부모 행동에 대해 관심을 기울였다. 발달 초기의 부모 행동은 다음과 같이 개념화될 수 있다. 첫째, 자녀에 대한 감정적인 집중은 과잉된 보호나 지나친 요구로 이어질 수 있다. 둘째, 자녀에 대한 회피는 감정적 무시와 거부로 표현된다. 셋째, 자녀에 대한 수용은 무관심한 수용과 애정적인 수용으로 나타난다.

직업군의 선택은 부모-자녀의 관계 속에서 형성된 개인의 욕구 구조에 의해서 결정된다. 여기에서 욕구 구조는 유전적 특성과 함께 어렸을 때 경험하는 좌절과 만족에 의해 형성된다. 예를 들어, 따뜻한 부모-자녀의 관계에서 성장한 사람은 어렸을 때부터 어떠한 필요나 욕구가 있을 때 사람들과의 접촉을 통해서 그것을 만족시키는 욕구 충족 방식을 배우게 되는데, 이것이 결국 인간지향적인 성격을 형성하도록 하며, 나아가서는 직업선택에 반영된다. 그 결과 그들은 인간지향적인 직업(서비스직, 비즈니스직 등)을 선택하려 한다는 것이다. 반면, 차가운 부모-자녀의 관계에서 성장한 사람은 어렸을 때부터 부모의 자상한 배려나 관심을 받지 못하고 자랐기 때문에 자신에게 어떤 문제가 있을 때 부모나 주위 사람에게 도움을 청하지 않고(청해도 대부분 들어주지 않으므로) 사람과의 접촉이 배제된 다른 수단을 통해서 해결하는 방법을 터득하게 된다. 그 결과 그들은 자연히 비인간지향적인 직업(기술직, 옥외활동직 등)을 선택하게 된다는 것이다. 이러한 측면에서 본다면 진로가계도는 가족 간의 관계 유형을 탐색하는 데 유용한 도구가 될 수 있다.

(3) Gladding의 가족체계이론

가족체계이론(Gladding, 2006)은 개인에게 미치는 부모의 영향을 체계이론에 바탕을 두어 설명하였다. 가족체계이론에 따르면, 한 개인의 행동은 개인을 둘러싼 가족 구성원의 의사소통 방식, 상호작용의 패턴, 심리적 거리감, 구성원의 독립심, 구성원 간의 일체감 등으로 구성된 체계적 특징과 관련이 있다. 즉, 가족이라는 하나의 시스템 안에서 개인이 어떤 경험을 했는지 체계적 관점에서 관계를 정의하는 것은, 관계의 질을 보다 넓은 맥락에서 이해하는 데 도움을 준다. 결국 진로가계도는 가족 간의 관계 특징이 개인의 직업인식 형성에 미친 영향을 탐색하는 데 효과적인 진로상담 도구이다.

(4) Gottfredson의 직업포부이론

Gottfredson(2002)은 개인이 어린 시절에 형성하는 성에 대한 역할과 본인이 지각하는 사회적 위신이 진로결정에 결정적인 영향을 준다고 보았다. 발달 특성상 어린 시절(6~9세)에는 성역할에 대한 인식이, 이후(9~13세)에는 사회적 배경과 위신이 진로 인식에 보다 큰 영향을 끼친다고 보았다. 예를 들어, 여학생이 경찰관의 포부를 접거나 혹은 남학생이 간호사의 포부를 포기하는 경우는 자신의 직업적 포부를 성에 제한시키는 경우에 해당한다. 그리고 농촌의 저소득층에서 성장한 개인은 주변에서 농업과 관련된 직업만을 경험하다 보니 다양한 진로를 모색할 수 있는 기회가 제한되기 쉽다. 이는 개인이 처한 사회적 배경과 환경적 요인이 개인의 진로 인식에 영향을 줄 수 있음을 보여 준다. 이 이론에 근거하면 진로가계도의 활용을 통해 직업과 성별과의 관계를 고려하는 과정에서 개인이 인식하는 성역할에 따른 직업적 포부를 확인할 수 있고, 개인이 처했던 가족 환경이 자신의 직업을 어떻게 제한할 수 있는지에 대한 통찰을 얻을 수 있다.

앞에 서술된 이론들은 진로상담에서 가계도의 활용이 어떠한 의미와 가치를 지닐 수 있는지에 대한 근거를 제공해 준다. 진로상담을 진행하면서 개인의 진로 인식에 대한 이해와 진로결정 과정의 적절성을 파악하고자 할 때 가계도를 활용하면 많은 도움을 받을 수 있다. 즉, 한 개인을 둘러싼 부모와 가족 그리고 사회적 환경에 따른 상호작용 패턴과 주변 환경의 영향이 향후 개인의 진로 인식과 결정에 어떠한 영향을 주고 있는지에 대한 통찰과 이해에 도움을 줄 것이다.

2. 진로가계도의 활용

1) 진로가계도에서 사용되는 기호들

가족 구성원들 간의 관계를 정해진 기호와 선으로 표기한 그림이 가계도이다. 이것은 가족 구성원들 간의 상호작용 양식뿐만 아니라 심리적 관계까지 드러내 준다. 이렇듯 구성원과 구성원들 간의 관계를 표시하기 위해 가계도에서는 이를 상징할 수 있는 기호를 사용한다. 예를 들어, 남성은 사각형, 여성은 원, 중심인물은 두 겹의 원을 사용하여 가계도를 그린다. 또한 사망한 가족의 경우는 ×표를 사용하여 구분한다. 세대 간의 위치는

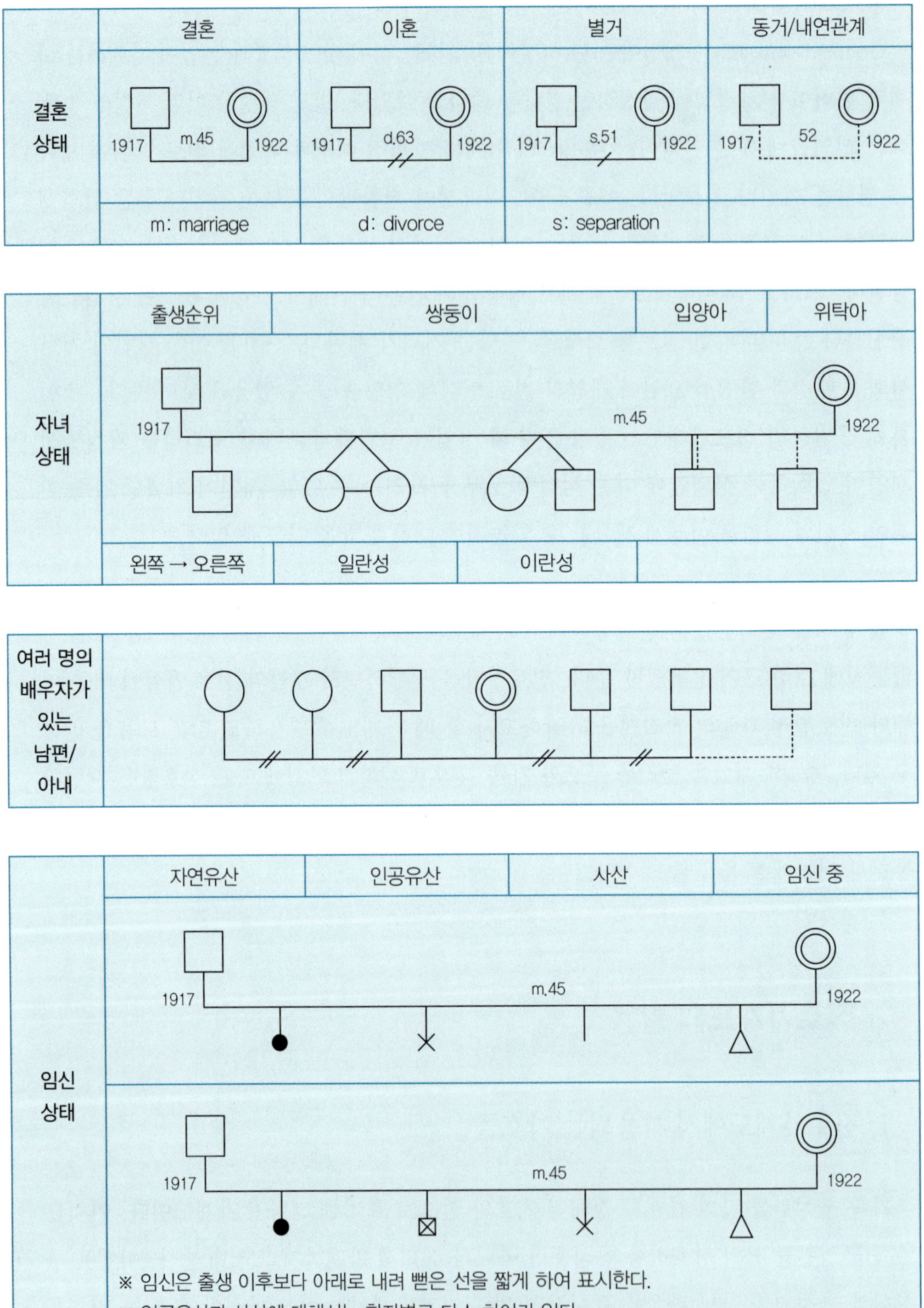

[그림 9-1] 진로가계도에 활용되는 부가적 기호들(이영분 외 역, 2005)

위에서 아래로 내려갈수록 다음 세대를 말하는 것이다.

가족 구성원들 간의 외형적 관계는 기호를 통해 표시한다. 반면, 가족 구성원들 간의 심리적 관계는 선을 통하여 구성원들 간의 상호작용의 유형을 상징한다. 예를 들어, 가족 구성원들 간에 지나치게 밀착된 관계는 세 겹의 선으로, 친밀한 관계는 두 겹의 선으로, 소원한 관계는 점선으로, 갈등적 관계는 꺾은선으로 표시하여 관계의 질을 차별화하여 표현한다(오인수, 2008).

진로가계도를 그리는 과정에서 상담자가 유의해야 할 점은 오늘날 매우 다양한 가족의 패턴(한부모 가족, 혼합 가족, 양부모 가족 등)이 있다는 것을 잊지 말아야 한다. 그렇기 때문에 진로가계도를 적절히 구성하기 위해서 몇 가지 부가적인 기호들을 알아 두어야 한다. [그림 9-1]은 이영분 등(2005)이 번역하여 제시한 내용에서 일부를 발췌하여 재인용한 것으로 추가적으로 상담자들이 알아 둘 필요가 있는 기호들이다.

2) 진로가계도 해석의 범주

완성된 가계도를 해석할 때 알아 두어야 할 몇 가지 범주가 있으며, 상담자는 이러한 몇 가지 범주를 활용하여 가족의 유형과 기능을 탐색할 수 있다. 이영분(1997)은 가계도를 해석할 때 활용할 수 있는 범주를 여섯 가지로 정리하였는데, 오인수(2008)는 이 범주 중에서 진로상담과 관련지을 수 있는 네 가지를 수정하여 다음과 같이 제시하고 있다.

(1) 가족의 구조

가계도의 선과 기호가 어떻게 연결되어 있는지 탐색함으로써 가족의 구조를 확인한다. 가족 형상과 형제 순위 등의 가족관계를 확인하여 가족의 전체적인 구조를 이해한다.

(2) 세대 간 반복되는 유형

가족유형은 세대를 거쳐 반복되는 경향이 있는데 이러한 유형은 직업유형에서도 나타날 가능성이 높다. 가계도상에서 반복되는 직업의 유형은 그 유형이 현재와 미래에도 영향을 준다는 것을 시사한다. 따라서 세대 간 반복되는 직업유형을 탐색하고 이를 인식한다.

(3) 가족의 역할과 직업

가족 구성원의 역할과 이들 직업 사이의 관계를 알아보는 것은 직업이 생활에 미치는 영향을 탐색하는 과정이다. 가계도를 탐색하면서 가족의 역할과 관련하여 직업의 사회・경제적 지위와 직업적 특성을 이해한다.

(4) 가족의 관계유형

가족 상호작용의 유형을 설명하는 선(예: 두겹선, 세겹선, 점선 등)을 탐색하여 밀착, 친밀, 소원, 갈등적인 관계를 이해한다. 관계유형은 특정 직업에 대한 긍정적 혹은 부정적인 인식을 심어 줄 수 있다. 직업과 관계유형을 탐색하는 과정은 직업에 대한 객관적인 인식을 돕는다.

3) 진로가계도를 그리는 절차

다음은 진로상담 과정에서 진로가계도를 작성하는 절차에 대한 자세한 설명이다. 우선 진로상담에서 진로가계도를 시작해서 완성하는 것은 3단계로 구성된다.

1단계는 내담자와의 신뢰관계를 형성한 후 진로가계도의 목적에 대한 안내 등이 이루어지는 단계이다. 2단계는 진로가계도를 그리는 단계이다. 3단계에서는 상담자의 일련의 질문들과 이에 따른 상호작용과 토의를 통해 만들어진 내담자의 진로가계도에 대하여 그 의미를 어떻게 해석하고 분석할지에 초점을 맞추게 된다.

(1) 1단계: 신뢰관계 형성과 실시 목적 안내하기

진로가계도를 활용한 상담을 시작하기 전에 상담자는 내담자와의 신뢰관계를 형성하는 데 주의를 기울여야 한다. 상담자와 내담자 간의 신뢰관계가 제대로 형성되지 않을 경우 진로가계도를 그리는 과정이 피상적이거나 형식적인 과정으로 이어질 수 있기 때문이다. 따라서 상담자는 내담자의 비언어적인 메시지(내담자의 표정, 목소리 톤, 몸짓, 자세)에 민감해야 하며, 적극적인 경청 기술을 활용하여 내담자에게 적합하게 반응하면서 함께할 수 있어야 한다.

어느 정도 내담자와의 신뢰관계가 형성되었다고 판단될 때 상담자는 내담자에게 진로가계도를 실시하는 목적에 대해 설명한다. 상담자는 내담자에게 진로가계도는 조부모를 포함한 원가족의 역동에 대한 통찰을 제공해 줄 것이라고 안내한다. 특히 진로가계도를 통해 내담자들이 성장하면서 경험했던 진로, 일, 성역할, 환경적 장벽 등과 같은 주제에 대해 통찰을 얻을 수 있고, 내담자가 다양한 삶의 역할을 어떻게 통합하고 다루어 왔는지 등에 대하여 이해를 높일 수 있음을 설명한다.

(2) 2단계: 진로가계도 그리기

첫 번째 단계에서 상담자와 내담자 간의 신뢰관계가 형성되고 진로가계도를 그리는 목적에 대한 안내가 이루어지고 나면, 두 번째 단계로 상담자는 내담자가 진로가계도를 그릴 수 있도록 안내해야 한다. 이 과정에서 유의해야 할 점은 내담자가 주도적으로 가족관계를 표현할 수 있게 해야 하며, 내담자가 가계도를 그리는 데 집중할 수 있도록 상담자는 적절히 촉진하는 역할을 해야 한다.

다음은 상담자가 내담자에게 진로가계도를 그리는 과정을 안내하는 대화의 예이다.

상담자: 진로가계도는 조부모를 포함하여 당신과 당신의 원가족을 이해하는 데 도움을 줄 수 있습니다. 자……. 우선, 당신의 부모님과 더불어 원가족을 그려 보겠습니다. 당신 앞에 있는 테이블 위에 놓여 있는 흰 종이 위에 그려 보세요(칠판이나 다른 가능한 필기도구 등이 사용될 수 있다). 종이 하단에서 2/3 지점에 다음처럼 아버지와 어머니를 상징 기호로 표시해 보세요. 상징 기호 아래에 부모님의 이름을 적으세요. 그렇게 완성된 그림은 다음과 같습니다.

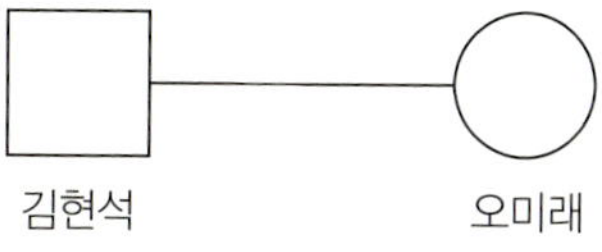

[그림 9-2] **부모**

상담자: 만일 당신의 부모님들이 돌아가셨을 경우에는 상징 기호 안에 ×표를 그려 넣고, 다음으로 당신 자신과 형제자매를 그려 넣으세요. 해당 기호 아래에 그 기호에 해당되는 형제자매들의 이름을 적으세요. 당신의 형제자매에 해당되는 진로가계도를 그린다고 가정해 봅시다. 당신의 이름은 김현철이고, 누나의 이름은 김현정이고, 형의 이름은 김현수라고 했을 경우, 가계도에 당신과 형, 누나의 생년월일을 적어 보세요. 이렇게 진행하여 완성된 진로가계도는 [그림 9-3]과 같이 될 것입니다.

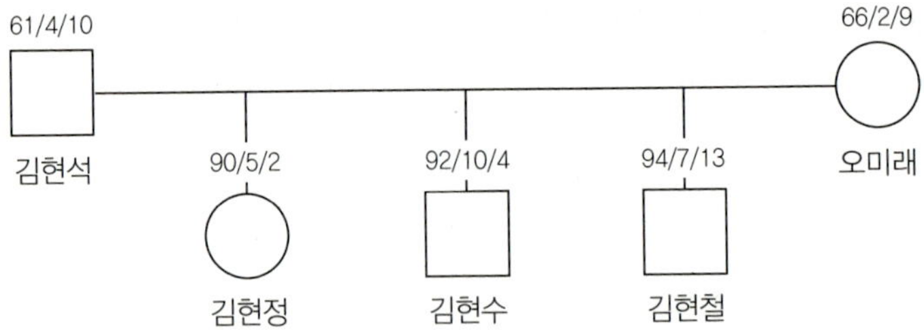

[그림 9-3] **부모와 형제자매**

상담자: 그다음 작업은 조부모님과 이모, 고모, 삼촌들을 적어 넣는 것입니다. 또한 원가족과 확대가족이 과거에 종사했거나, 지금 종사하고 있는 직업을 적으세요. 그러면 당신의 진로가계도는 [그림 9-4]와 같이 될 것입니다.

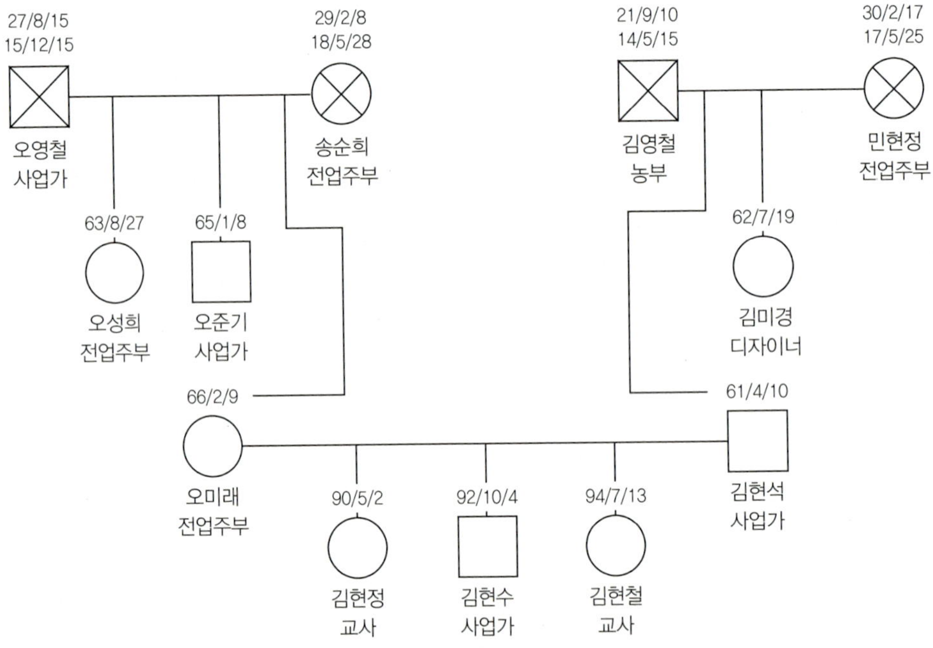

[그림 9-4] **확대가족**

(3) 3단계: 분석하기

3단계인 분석하기는 진로가계도를 활용한 진로상담의 핵심적 단계이다. 내담자와의 신뢰관계와 완성된 진로가계도를 바탕으로 내담자의 진로 인식이 가족들과의 상호작용 속에서 어떻게 발달하여 왔는지 확인할 수 있는 단계이다.

상담자는 먼저 내담자로 하여금 진로가계도에 나타난 가족원(형제, 부모, 조부모)에 관한 정보(생년월일, 사망, 이혼, 직업 등)들을 확인하고, 가계도를 활용하여 내담자가 성장하는 과정에서 무슨 일들이 있었는지를 면밀히 탐색할 수 있어야 한다. 그러므로 상담자가 내담자에게 어떤 질문을 하느냐는 가족들과의 상호작용 및 성장 과정 속에서 진로 인식이 어떻게 형성되었고, 직업에 대한 입장이 어떠한지를 발견하는 데 매우 중요한 역할을 한다.

진로가계도를 활용하여 상담자가 내담자에게 물어볼 수 있는 일반적인 질문들의 예는 다음과 같다.

- 당신이 성장해 온 가정을 어떻게 묘사할 수 있을까요?
- 당신이 부모 아래에서 성장했을 경우, 당신 아버지의 직업은 무엇입니까? 당신 어머니의 직업은 무엇입니까?(내담자 부모의 또 다른 직업 경험, 교육 및 훈련, 진로 만족과 이루지 못한 꿈들에 대해 질문하기)
- 당신의 어머니와 아버지는 어떤 분이셨습니까? 그들을 묘사한다면 어떠한 형용사를 적용해 볼 수 있을까요? 그들의 부부관계는 어땠나요?
- 형제자매의 직업은 무엇입니까? 동생들은 무엇이 되고 싶어 하나요? 당신의 형제자매는 어디에 살고 있나요? 각각 그들의 생활양식을 기술해 보세요(가족이 가까이 사는지를 물어보고, 사촌들과의 관계도 질문하기).
- 할머니의 직업은 무엇입니까? 할아버지의 직업은 무엇입니까?
- 이모, 고모, 삼촌의 직업은 무엇인가요?
- 가족 내에서 당신의 역할은 무엇입니까?(현재 그리고 성장할 때)
- 과거 당신 어머니, 아버지와의 관계는 어떠했고, 현재는 어떤가요?(부모님이 내담자가 무엇이 되기를 바라는지 질문하기)
- 가족 중 누구를 제일 좋아하나요?(누가 누구를 보살피는지, 애착 관계는 어떠한지에 대해 물어보기)
- 배우자와 당신 가족의 관계는 어떠한가요?

진로가계도를 전개해 나가는 데 활용할 수 있는 질문의 예로 Dagley(1984)가 제안한 것은 다음과 같다.

- 원가족 내에서 가장 지배적인 가치는 무엇입니까?
- 직업생활에서 가치를 두는 특정한 '사명'이 있나요?
- 가족 내에서 기준으로 인정되는 '옳은 역할'에 대한 지침이 있나요?
- 세대에 걸쳐 내려오는 신화나 오해가 있나요?
- 가족의 '미해결된 작업'으로부터 나온 심리적 압력이나 기대들로는 어떤 것들이 있나요?
- 경제적 가치와 선호 경향에 대한 내담자의 설명이 가족 역사와 일치하나요?
- 가족을 삶의 세 가지 영역(학습, 일 그리고 놀이)이라는 관점에서 보면 어떤가요? 세 가지 영역 간의 균형이 잘 맞는 편인가요?
- 세대가 흘러감에 따라 가족 간의 상호작용 규칙과 관계의 경계는 어떠했나요?
- 내담자의 가족에 대한 기억에 공백은 없나요? 만약 있다면 그 공백은 중요한가요?
- 내담자는 '우리 것'이라고 할 수 있는 가족 전통 의식을 갖고 있나요?
- 가족구성원들의 사랑, 일, 우정 등 주요 인생 과업들은 어떻게 전개되고 있나요?
- 진로선택 및 발달과정과 관련하여 어떤 패턴들이 나타났나요?

교육 및 훈련과 관련된 주제들에 초점을 맞출 경우, Rita와 Adejanju(1993)가 제안하는 질문들은 다음과 같다.

- 교육 및 학업적 성공과 관련하여 가족 내의 명시적/암묵적 메시지는 무엇인가요?
- 학업적 노력이나 성공에 있어서 누가 눈에 띄게 침묵했나요?
- 학업적 노력과 관련하여 누가, 어떤 방식으로 가장 고무적이고 혹은 누가, 어떤 방식으로 좌절하였나요?
- 학업적 성취에 대해서는 어떻게 격려받았나요? 좌절감을 느꼈나요? 억압을 받았나요? 한 세대 안에서만 그랬나요? 아니면 세대 간에 그랬나요?
- 학업적 성공과 관련하여 어떤 질문에 답하기가 주저되나요? 누가 그 대답을 할 수 있을까요? 어떻게 그 대답을 발견할 수 있을까요?
- 성공에 대한 당신 가족의 '규칙', '비밀' 그리고 '신화'로는 어떠한 것들이 있었나요?

- 이러한 질문을 다른 가족 구성원에게 했다면 무엇이라고 얘기했을까요? 이러한 주제, 사건, 경험들은 어떠한 영향을 미쳤나요? 한 세대 안에서만 그랬나요? 아니면 세대 간에 그랬나요? 당신은 이와 관련하여 누구와 얘기를 나누고 싶은가요? 이 문제를 어떻게 하고 싶은가요?
- 당신의 학업적 노력과 성공에 대한 소망을 이루기 위해 이 가계도를 어떻게 바꾸고 싶은가요?

4) 진로가계도 활용의 장점

진로가계도 활용의 장점을 요약하면 다음과 같다.

첫째, 진로가계도는 내담자에게 여러 가지 주제(내담자의 세계관, 문화적 장벽, 개인-직업-가족 역할갈등, 인종적 정체성 수준과 문제, 문화 순응 정도 등)를 밝혀 줄 수 있는 틀을 제공해 주기 때문에 유용하다.

둘째, 내담자가 잘 알고 있는 자기 자신과 어린 시절에 관해 이야기할 기회를 갖게 됨으로써 진로가계도는 신뢰와 호기심을 불어넣어 주며, 상담자와 내담자 간의 작업동맹을 더 견고하게 해 줄 수 있다.

셋째, 내담자 스스로 자신의 내적인 사고와 감정에 대한 통찰을 얻는 데 진로가계도가 도움을 줄 수 있다.

넷째, 진로가계도는 내담자가 자신의 성장 경험을 이전에 인식하지 못했던 색다른 방식으로 통합할 수 있도록 구조를 제공한다.

3. 진로가계도 활용의 다양성

내담자의 어떠한 이슈에 주목하느냐에 따라 진로가계도의 활용은 다양하게 적용될 수 있다. 이러한 관점에서 Gysbers 등(2014)은 다문화, 결혼, 군인 등 세 가지 진로가계도의 활용 방안을 제안했는데, 그중에서 다문화 및 결혼 진로가계도를 소개하고자 한다(김봉환 역, 2017).

1) 다문화 가계도

다문화 가계도의 목적은 인종, 민족, 종교적 지향성 등이 내담자에게 끼친 영향을 밝히는 데 있다. 인종적 · 민족적 배경과 이러한 배경이 개인의 삶에 어떠한 영향을 끼쳤는지 가족 구조 안에서 생각할 수 있도록 내담자를 돕는 데 다문화 가계도가 활용될 수 있는 것이다.

다문화 가계도를 작성하고, 실시하는 절차들은 앞에서 제시한 일반적인 진로가계도 작성과 유사하지만, 분석 과정에서는 다소 차이가 있다. 상담자는 내담자의 인종적 · 민족적 배경이 자신의 현재 그리고 미래의 삶에 어떤 의미를 지니는지 탐색하기 위한 질문들을 사용하여 다문화적 배경에 대한 내담자의 이해를 돕는다. 내담자의 다문화 가계도 분석을 위해서 활용할 수 있는 질문은 다음과 같다.

- 당신의 인종적 · 민족적 뿌리는 어디에 있나요?
- 그러한 유산의 어떤 부분이 오늘날의 당신을 가장 잘 나타내 주나요?
- 당신의 특정한 진로 행동 혹은 현재 직업은 당신의 인종적 · 민족적 유산과 관련이 있다고 생각하나요?
- 당신의 인종적 · 민족적 배경 때문에 경험했던 인종주의적 편견은 무엇인가요?
- 가족 구성원들이 다른 집단에 대해 행하고 있는 인종주의적 편견은 무엇인가요?
- 원가족에게 맨 처음 배워 당신에게 전해 내려온 인종주의적 편견이 무엇인지 당신은 알고 있나요?
- 당신의 문화적 배경은 당신이 하는 일에 어떻게 장점과 단점으로 작용했나요?

2) 결혼-진로가계도

결혼-진로가계도는 일과 가족문제로 연결될 수 있는 결혼생활의 어려움을 경험하고 있는 내담자를 위해 활용될 수 있는 가계도이다. 결혼-진로가계도를 사용함으로써 상담자는 내담자가 연애에서 결혼으로 그리고 아이가 태어날 때까지의 과정을 탐색할 수 있다. 상담자는 결혼-진로가계도의 목적을 설명하고, 내담자가 결혼-진로가계도를 그릴 수 있도록 안내해 준다.

결혼-진로가계도를 통해 결혼에서부터 자녀의 출산에 이르기까지 부부의 역사를 살펴볼 수 있으며, 가족의 행동양식과 서로 스트레스를 받고 긴장하는 지점도 드러날 수 있다. 이 과정에서 상담자는 내담자의 직업 세계와 가족의 행동양식이 서로 어떤 연결성을 가지고 있는지를 알고 이해할 수 있어야 한다.

그러나 상담자는 내담자의 결혼생활과 관련한 내용을 듣는 과정에서 다른 배우자의 생각도 함께 듣지 못할 경우, 특정한 사람의 이야기에 매몰될 우려가 있다. 따라서 균형 잡힌 시각으로 내담자의 이야기를 들을 필요가 있다. 실제로 결혼-진로가계도는 부부 상담에도 사용될 수 있으며, 그러한 경우 부부가 함께 결혼-진로가계도를 작성하고 만들어 갈 수 있다.

결혼-진로가계도에서 상담자가 내담자의 일과 가족에 대한 탐색을 위해 활용할 수 있는 질문들은 다음과 같다. 질문의 유형은 크게 세 가지로, 첫째, 결혼하기 전, 둘째, 결혼 후 자녀가 없을 때, 셋째, 결혼 후 자녀가 있을 때 등으로 나뉜다.

(1) 결혼하기 전 질문목록

- 연애 기간은 얼마나 되나요?
- 서로에게 어떤 점이 끌렸나요?
- 커플로서 얼마나 많은 시간을 함께 보냈고, 서로 커플이 되는 것을 어떻게 결정했나요?(커플 관계에서 누가 더 많이 함께하려고 하고, 누가 더 떨어져 있으려 했는지 질문하기)
- 서로가 서로에게 몰입된 관계가 되었을 때, 친구들과의 우정은 어떠했나요?
- 부모님은 당신들의 관계를 어떻게 생각하셨나요?
- 혹시 서로 사귀기 전에 결혼한 적이 있었나요? 만약 그러한 경우 아이는 있었나요?

(2) 결혼 후 자녀가 없을 때 질문목록

- 결혼을 하도록 이끌었던 요인은 무엇인가요?
- 결혼 후 현재까지 두 사람의 관계를 어떻게 설명할 수 있을까요?
- 개인적으로 보내는 시간과 친구들과 보내는 시간에 대하여 각각의 특징을 설명해 보세요.
- 당신의 라이프스타일 측면에서 볼 때, 배우자와 공유한 사회적인 활동이나 교육적인 시간은 얼마나 되었나요?

(3) 결혼 후 자녀가 있을 때 질문목록

- 아이를 갖기로 결정하게 된 계기는 무엇이었나요?
- 아이가 태어남으로써 결혼 관계는 어떻게 달라졌나요?
- 아이가 태어난 이후 당신의 개인적 역할들은 어떻게 변화했나요?
- 큰아이부터 막내까지 당신의 아이들에 대하여 이야기해 주세요.
- 누가 누구를 돌보고, 누가 누구와 놀며, 누구와 누구랑 가장 많이 다투고, 누가 누구랑 가장 많이 닮거나 혹은 가장 많이 다른가요?

참고자료

가계도를 활용한 상담사례

다음의 상담사례는 오인수 교수가 초등학교 교사로 재직하던 시절에 실시했던 진로상담사례를 바탕으로 재구성된 것이다. 교사가 6학년 여학생과의 상담에서 가계도를 활용하여 어떻게 진로상담을 실시하였는지 구체적인 과정이 소개되어 있다.

1. 상담의 과정 1단계: 신뢰관계 형성

교사는 학생이 허용적 분위기를 느끼고 신뢰 관계를 빠르게 형성하도록 돕기 위하여 가계도를 설명하기 이전에 도입 활동을 실시하였다. 교사와 학생이 교대로 엠엔엠(M&M) 초콜릿을 봉투에서 하나씩 꺼내어 각기 다른 색깔이 나올 때마다 가족 구성원의 직업, 취미, 성격 등에 대해 답을 하는 활동이다. 같은 색깔이 나오면 서로에게 묻고 싶은 질문을 할 기회를 준다. 다음의 예시는 학생이 활동에서 순서대로 제시한 가족 구성원의 직업들을 정리한 것이다.

밤색: 아버지는 서울시 공무원이며 매사에 꼼꼼하고 정확하다.

노랑: 어머니는 중학교 국어 교사이며 매우 엄하다.

연두: 막내 이모는 디자이너로 여성 의류를 디자인하는 일을 한다.

주황: 외숙모 역시 교사로 초등학교에서 근무한다.

파랑: 외삼촌은 정형외과 의사로 대학병원에서 일한다.

빨강: 고모는 유치원 교사로 아이들을 좋아한다.

교사는 최대한 허용적인 분위기 속에서 학생이 자유롭고 편하게 활동에 임할 수 있도록 분위기를 조성하였다. 학생의 답변을 적극적 경청(active listening) 기술을 사용하여 들었고 학생의 비언어적 행동에 주목하였다. 학생이 의사인 외삼촌을 소개할 때 목소리 톤과 표정에서 자랑스러워하는 모습을 보였지만, 꼼꼼하고 엄한 부모님을 소개할 때는 다소 냉소적인 표정을 보인 점에 주목하였다. 또한 학생이 소개한 6명의 구성원 중 4명이 외가 쪽 식구라는 사실을 기억하였다. 도입 활동 과정에서 교사는 학생 가족의 다양한 직업을 파악하는 것보다는 학생이 이후의 상담과정에 신뢰감과 편안함을 느낄 수 있도록 하는 데 초점을 두었다.

2. 상담의 과정 2단계: 가계도 작성

가계도를 상담회기 중에 작성하기보다는 과제의 형태로 가정에서 부모와 함께 작성하도록 하였다. 이를 위해 이전 회기에 가계도를 작성하는 방법과 가계도의 예시를 제시하여 부모의 도움을 얻어 학생 스스로 작성할 수 있도록 준비하였다. 이처럼 과제로 제시하면 상담회기 중 가계도 작성에 드는 시간을 줄일 수 있으며, 상담활동에 학부모를 참여시킴으로써 학부모의 관심이 증가되는 이점이 있다. 또한 부모의 도움으로 보다 정확하고 자세한 가족과 친척의 직업 정보를 얻을 수 있는 장점이 있다.

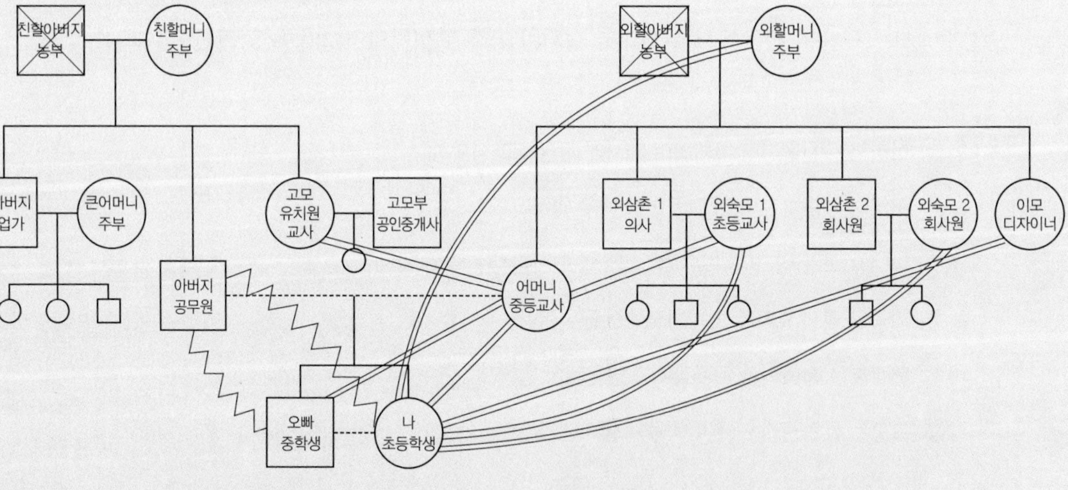

이 그림은 학생이 부모의 도움을 얻어 작성한 진로가계도이다. 비교적 자세하게 가족 구성원의 직업이 표시되어 있다. 가계도는 3세대에 걸친 15명의 직업을 포함하고 있다. 가족 구성원과의 관계를 나타내는 선은 과제로 제시하지 않고 상담과정 중에 학생 스스로 표시하도록

유도하였다. 학생들은 종종 부모와 갈등 관계를 겪거나 소원한 상태로 관계를 표시하는 경우가 있기 때문에 가정에서보다는 상담회기 중에 관계선을 표시하도록 하였다. 내담자인 학생은 어머니(중등교사), 외숙모 1(초등교사), 외숙모 2(회사원), 이모(디자이너) 및 외할머니(주부)와 친밀한 관계를 맺고 있다고 표시하였다. 친밀한 관계를 맺고 있는 구성원은 모두 외가 쪽 여성인 점에 주목하였다.

3. 상담의 과정 3단계: 진로인식 탐색

이 단계는 학생의 진로 인식을 탐색하는 시기로, 가계도를 활용한 진로상담의 핵심적 단계이다. 이때 신뢰관계를 바탕으로 완성된 가계도를 활용하여 학생이 가족과의 상호작용 속에서 어떻게 다양한 직업을 인식했으며 진로 인식을 발달시켰는지 확인한다. 그 과정을 살펴보면, 먼저 교사는 학생으로 하여금 가계도에 나타난 직업의 종류와 유형을 파악하도록 유도하였다. 학생은 이미 부모와 가계도를 완성하는 과정에서 가족 구성원의 직업의 종류와 특징을 파악하고 있었다. 학생은 반복되는 직업의 유형을 묻는 말에 어렵지 않게 교직(3명)과 회사원(2명)을 대답하였고 주부(3명)는 직업으로 인식하지 않고 있었다. 추가 질문을 통하여 탐색하는 과정에서 학생은 다음과 같은 직업의 유형과 특징들을 스스로 발견하였다.

- 가족 중에 교사가 가장 많고 모두 여성이다.
- 할머니들은 직업이 없었다.
- 가족 중에는 남자 직업이 여자 직업보다 돈을 더 많이 번다.
- 같은 직업을 가진 사람들끼리(예: 어머니와 고모, 그리고 외숙모) 친하다.

이처럼 가계도를 통하여 학생이 스스로 발견한 직업의 유형과 특징들을 바탕으로 교사는 학생의 진로 인식 향상을 위하여 상담을 진행하였다. 예를 들어, 할머니들이 직업이 없었다는 사실을 통해서 조부모 세대와 부모 세대 그리고 현세대의 직업적 변화가 있음을 학생이 인식하도록 도왔다. 또한 남자들이 여자들보다 경제적 지위가 높은 직업을 가지고 있다는 인식에 대해서는 그렇지 않은 사례를 제시함으로써 학생이 다양한 시각을 가지도록 도왔다. 같은 직업을 가진 사람들끼리 친하다는 생각에 대하여 그 이유를 학생에게 물었을 때 학생은 이들의 관심과 직업 활동이 비슷하기 때문이라고 대답했다. 교사는 같은 종류의 직업일수록 공통적인 활동과 가치관을 소유할 가능성이 높다는 설명으로 학생의 인식을 도왔다.

한편, 학생이 가족과의 생활을 통해서 관찰한 가족들 직업의 특징에 대한 인식은 매우 피상적이었다. 예를 들어, 서울시 공무원인 아버지의 직업에 대하여 아버지가 근무하는 부서를 알고 있지만, 그 이외에는 직업적 특징을 알지 못했다. 이와 같은 제한된 인식은 큰아버지(사업가), 고모부(공인중개사), 외삼촌 1(의사)과 외삼촌 2(회사원)에도 동일했다. 반면, 어머니(중등교사), 외숙모 1(초등교사), 외숙모 2(회사원), 이모(디자이너), 고모(유치원 교사)의 직업에 대해서는 보다 구체적인 직업적 특징을 알고 있었다. 교사는 이와 같은 인식의 차이가 학생이 형성하고 있는 가족과의 관계와 관련이 있다고 가정하였다. 가계도에서 친밀한 가족이라고 표시된 가족들의 직업은 보다 자세하게 인식하고 있었기 때문이다. 교사는 제한된 인식을 가진 직업의 특징(예: 공무원, 공인중개사)을 조사하도록 과제를 주었고 그 직업을 지닌 가족을 직접 인터뷰하는 방법을 제시하였다.

상담과정 중에 교사는 학생이 아버지의 직업에 대하여 강한 비호감을 가지고 있는 점을 주목하였다. 학생은 또한 일반적으로 남자들이 여자들보다 경제적 지위가 높은 직업을 갖고 있다는 것을 발견하면서 아버지가 어머니보다 수입이 적은 사실을 말할 때 겸연쩍은 웃음을 보였다. 이에 교사는 아버지와의 관계와 아버지의 직업에 관한 질문을 하였고 아버지가 공무원이라는 사실을 부끄럽게 여기는 점을 발견하였다. 학생이 표현한 아버지의 직업은 다음과 같다.

- "돈을 너무 못 벌어요. 수입이 적다고 엄마가 항상 불평해요."
- "사람들이 공무원이라고 하면 다 싫어하는 것 같아요."
- "요즘에 공무원 비리에 대해서 TV에서 많이 나오잖아요."
- "공무원은 좀 답답한 것 같아요."

이와 같은 표현은 학생이 공무원이라는 직업에 대한 편견이 있음을 보여 준다. 특히 가계도에 의하면 아버지와 학생은 갈등 관계를 형성하고 있었다. 이에 교사는 학생이 인식하고 있는 공무원의 부정적 모습이 아버지와의 관계와 관련이 있는지 탐색하였고 아버지에 대한 부정적 인상을 공무원이라는 직업에 투사(projection)하고 있음을 확인하였다. 교사는 학생이 공무원이라는 직업에 대하여 객관적인 인식을 하도록 돕기 위하여 공무원의 역할을 함께 탐색하였고 공무원이라는 직업의 장점을 조사하는 과제를 제시하였다.

직업의 선호도를 묻는 일련의 질문에 학생은 뚜렷한 선호를 가지고 있지 않으나 교직에 대한 선호도가 상대적으로 높다고 답하였다. 이어진 탐색을 통해서 교사는 학생의 어머니와 고모, 외숙모가 모두 교직에 있고 이들과 학생이 친밀한 관계를 맺고 있어서, 이러한 친밀감이 학생의 교직 선호도에 반영되어 있다고 가정하였다. 학생 또한 가족들 모임에서 "여자는 역시 교직이 최고야."라는 말을 많이 들었다고 회상하였다. 교사는 가족 중에서 교직을 가진 가족이 많은 점과 학생이 그 가족들과 좋은 관계를 형성한 사실이 오히려 학생의 진로 인식의 범위를 제한할 수 있음에 주목하였다. 특히 학생의 발언에 비추어 보아 가족들이 교직에 부여하는 강한 성역할이 학생의 진로 인식을 왜곡할 가능성이 있다고 보았다. 이에 교사는 교직에 남성과 여성의 비율이 균등하지 않은 점은 교직이 여성적 특징을 요구하기보다는 여성들이 교직을 선호하기 때문이라는 관점에서 설명하였다.

가계도를 바탕으로 교사가 학생의 진로 인식을 돕는 과정에서 학생은 스스로 다음과 같은 점들을 발견하며 자신의 진로 인식을 향상시킬 수 있었다.

- 세대별로 직업 유형에 차이가 있음을 알게 되었다.
- 성별에 따라 남녀 간 선호하는 직종이 다를 수 있음을 깨닫게 되었다.
- 남 · 여의 직업에 경제적 지위의 차이가 있을 수 있음을 발견하였다.
- 유사한 직종의 직장인은 유사한 흥미와 가치를 추구하는 경향이 높을 수 있음을 발견하였다.

학생들은 일반적인 진로교육 활동을 통해서도 이와 같은 점들을 배울 수 있다. 하지만 가계도를 활용한 진로상담적인 접근은 학생이 가족관계를 통해서 직접 관찰하고 경험한 내용을 구조적이고 깊이 있게 발견하도록 돕는 장점이 있다. 사례에서 보듯이 학생의 진로 인식은 학생이 형성한 가족관계와 매우 밀접한 상관관계가 있다. 예를 들어, 친밀한 관계를 형성하고 있는 외가 쪽 식구들에게 학생은 그 직업에 대해서도 호감을 가지고 있었으며, 갈등 관계를 겪고 있는 아버지와는 그 직업에 대해서도 강한 편견을 가지고 있었다. 이러한 점들은 가계도를 통하여 파악할 수 있는 관계적 특성이다. 이처럼 가족관계가 학생이 형성한 진로 인식에 어떠한 영향을 주고 있는지 파악하는 것은 진로상담의 매우 중요한 요소이다. 진로 인식에 영향을 주는 관계적 요소를 파악하지 않고 진로에 대한 다양한 정보만을 제공하는 교육활동은 직업정보의 양은 늘릴 수 있지만, 가족관계를 통해 형성한 주관적 인식으로 인해 그 정보를 선택적으로 받아들이게 하는 우를 범하게 할 수 있다. 결국 이러한 접근은 학생이 객관적인 진로 인식을 향상하는 데 한계점을 갖고 있다. 하지만 가계도는 학생의 직업 인식에 영향을 미치는 관계적 요소를 동시에 고려하여 접근함으로써 학생의 직업 인식 향상에 더욱더 효과적이다.

출처: 오인수(2008).

참고문헌

김미애, 김영호(2009). 가계도를 활용한 역기능 가족에 대한 가족치료 사례연구. **복지상담연구, 4**(1), 79-99.

김봉환 역(2017). **진로상담의 실제**. 서울: 학지사.

오인수(2008). 초등학생 진로교육의 새로운 접근: 가계도를 활용한 진로상담. **초등교육연구, 21**(2), 49-73.

이영분(1997). 가계도 활용에 관한 사례연구. **사회과학연구, 7**(1), 119-136.

이영분, 김유숙, 정혜정 역(2005). **가계도: 사정과 개입**. 서울: 학지사.

Bowen, M. (1980). *Key to the genogram.* Washington, DC: Georgetown University Hospital.

Brown, D. (2007). *Career information, career counseling, and career development* (9th ed.). Boston: Pearson Education.

Chope, R. C. (2005). Qualitatively assessing family influence in career decision making. *Journal of Career Assessment, 13*(4), 395-414.

Dagley, J. (1984). *A vocational genogram [Mimeograph].* Athens: University of Georgia.

Gladding, S. T. (2006). *Family therapy: History, theory, and practice* (4th ed.). Upper Saddle River, NJ: Merrill Prentice Hall.

Gottfredson, L. S. (2002). A theory of circumscription and compromise. In D. Brown & L. Brooks (Eds.), *Career choice and development: Applying contemporary theories to practice* (4th ed.). San Francisco: Jossey-Bass.

Gysbers, N. C., Heppner, M. J., & Johnston, J. A. (2014). *Career counseling: Holism, diversity, and strengths* (4th ed.). Alexandria: American Counseling Association.

Kakiuchi, K. K. S., & Weeks, G. R. (2009). The occupational transmission genogram: Exploring family scripts affecting roles of work and career in couple and family dynamics. *Journal of Family Psychotherapy, 20*(1), 1-12.

Okiishi, R. W. (1987). The genogram as a tool in career counseling. *Journal of Counseling and Development, 66*(3), 139-143.

Rita, E. S., & Adejanju, M. G. (1993). The genogram: Plotting the roots of dynamic success. *Family Therapy, 30*(1), 17-28.

Roe, A. (1957). Early determinants of vocational choice. *Journal of Counseling Psychology, 4*(3), 212-217.

Super, D. E. (1980). A life-span, life-space approach to career development. *Journal of Vocational Behaviour, 16*(3), 282-298.

Trice, A. D., & Tillapaugh, P. (1991). Children's estimates of their parents' job satisfaction. *Psychological Reports, 69*(1), 63-66.

제10장
생애진로사정

나는 그늘이 없는 사람을 사랑하지 않는다
나는 그늘을 사랑하지 않는 사람을 사랑하지 않는다
나는 한 그루 나무의 그늘이 된 사람을 사랑한다
햇빛도 그늘이 있어야 맑고 눈이 부시다
나무 그늘에 앉아
나뭇잎 사이로 반짝이는 햇살을 바라보면
세상은 그 얼마나 아름다운가

나는 눈물이 없는 사람을 사랑하지 않는다
나는 눈물을 사랑하지 않는 사람을 사랑하지 않는다
나는 한 방울 눈물이 된 사람을 사랑한다
기쁨도 눈물이 없으면 기쁨이 아니다
사랑도 눈물 없는 사랑이 어디 있는가
나무 그늘에 앉아
다른 사람의 눈물을 닦아 주는 사람의 모습은
그 얼마나 고요한 아름다움인가

-정호승, 「내가 사랑하는 사람」-

생애진로사정(Life Career Assessment: LCA)은 상담자와 내담자가 비교적 짧은 시간 안에 내담자의 정보를 효율적으로 수집할 수 있도록 설계된 구조화된 진로상담 기법이다. LCA는 상담자가 내담자에게 체계적인 질문을 통해 생애진로주제를 탐색하고 명료화하는 데 효과적이다. LCA는 내담자가 스스로 관찰하고, 추론하며, 분석하는 능력을 기를 수 있도록 해 준다. 내담자는 개인의 일상에 대한 탐색에서부터 자신의 강점과 약점, 진로를 방해하는 장애물에 대한 인식과 그것을 극복하거나 제거하기 위한 방법 등을 상담자와의 면담을 통하여 자각하게 된다. 특히 LCA는 내담자가 자신에 관한 정보를 수집하고 처리할 수 있도록 상담자가 활용할 수 있는 효과적인 개입 방법이기도 하다. 진로문제는 내담자의 생애 사건들 속에 녹아 있는 것이기 때문에, 자신의 가족, 여가, 친구 등을 통해 맺어 온 생애 속 다양한 역할을 구체적으로 인식하고 이를 정리해 보는 작업은 매우 의미가 있다. 따라서 내담자의 진로발달을 촉진하고자 할 때, LCA와 같은 서술적 접근은 내담자로 하여금 개인의 성장을 가져오는 적극적인 행위자가 되도록 하며, 진로탐색 측면에서 내담자에게 많은 영향을 줄 수 있다.

1. LCA의 개요

진로상담은 개인의 주관적인 경험을 고려하여 생애과정에 녹아 있는 각자의 이야기를 끌어내는 것이 중요하다. 단순히 개인을 객관적으로 관찰하는 단계를 넘어, 주관적으로 그 개인과 함께 움직이는 진로상담은 내담자의 생애 전반에 걸친 다각적인 탐색을 가능하게 한다. 이러한 관점에서 LCA는 진로상담 초기 단계에서, 내담자에 대한 기본적인 정보를 효율적으로 수집할 수 있는 구조화된 평가 절차로서, 상담자와 내담자가 처음 만나는 시점에서 유용하게 활용될 수 있다. 특히 내담자와 관련된 가장 기초적인 정보를 질적인 평가를 통해 확보할 수 있으므로 내담자의 다양한 생애역할을 탐색해 볼 수 있다.

진로상담 분야에 기여한 바가 큰 Holland(1997)의 이론은 개인과 환경의 조화로운 매칭이라는 논리를 활용하여, 내담자와 그에 적합한 진로 및 직업 영역을 연결하는 데 유용한 틀을 제공한다. 그러나 그의 이론은 내담자를 객관적으로 측정하고자 하였기에, 내담자의 삶 속에서의 이야기로 자리 잡고 있는 역동적이고 맥락적인 것까지 충분히 반영하지 못했다. 반면, LCA는 내담자의 세계관, 환경적 제약 그리고 문화 적응 수준 등을 자연스럽고도 직접적으로 보여 줄 수 있기 때문에 문화적·인종적 배경이 다른 다양한 연령대의 내담자와 작업할 때, 여성이나 남성이 직면한 문제를 다룰 때, 신체적인 장애 문제 등을 다룰 때 효과적인 접근 방식이다(Gysbers et al., 2014).

LCA는 내담자가 자신의 생애진로발달 과정의 어느 단계에서 기능하고 있는지, 그리고 이와 관련된 내적·외적 역동성이 어떠한 양상으로 나타나는지에 초점을 맞춘다.

LCA 과정의 비판단적이고 편안한 대화 분위기는 내담자에게 관심을 가지고 배려하는 분위기를 만들어 주기 때문에 상담자와 내담자 간의 긍정적인 작업동맹을 형성하는 데 도움이 된다. 또한 인쇄물이나 소책자, 종이와 연필로 구성된 도구 등은 내담자가 학교나 직업훈련, 평가 등의 장면과 관련된 부정적인 연상을 할 수 있기 때문에 사용하지 않는다. LCA는 내담자가 자신의 경험에 초점을 맞추면서 스스로 탐색하고 자신의 언어로 이야기하게 하는, 사람과 사람 사이에 이루어지는 과정이다(Gysbers et al., 2014).

또한 LCA는 시간적 제약이 비교적 적은 편이다. 구조화된 면담 과정 전체를 30분 내에 마칠 수도 있고, 필요하다면 여러 회기에 걸쳐서 면담을 진행할 수도 있다. 이러한 과정을 통하여 내담자의 진로계획 활동을 증진시키는 데 도움을 줄 수 있다. LCA 기법을 활용한 진로상담은 내담자의 강점과 직면할 수 있는 환경적 제약들 그리고 다양한 생애역할들의 기능 수준 등을 논의한 후 목표를 설정하고, 마지막으로 그 목표를 달성하기 위해 행동을 취하게 된다. 이러한 논의 과정에서 또 다른 진로탐색도구를 사용해야 할 필요성이 생길 수 있으며, 내담자의 기술이나 능력 수준에 대하여 추가적인 평가를 할 수도 있을 것이다(Gysbers et al., 2014). LCA를 활용한 상담에서 상담자가 내담자로부터 얻을 수 있는 정보는 매우 다양하다. 내담자의 직업생활 경험과 교육훈련 경험 등의 객관적인 사실뿐만 아니라 내담자의 역량에 대한 주관적인 평가 및 핵심 가치관까지 파악할 수 있다는 점은 LCA가 지닌 중요한 이점이다.

2. LCA의 이론적 배경

LCA는 Adler의 개인심리학에 기초를 두고 있다. Adler는 세상과 개인의 관계를 일, 사랑(사회적 관계) 그리고 우정이라는 세 가지 삶의 영역으로 구분하였다(Rule & Bishop, 2006). 이 세 가지는 서로 얽혀 있어서 하나가 변하면 다른 것들도 변하기 때문에 분리해서 다룰 수 없으므로, 삶의 어느 한 영역에서 어려움이 있다는 것은 나머지 삶의 영역에서도 어려움에 직면하게 된다는 것을 의미한다. 따라서 Adler의 이론에 근거한 LCA 기법을 활용한 상담과정에서는 내담자에 대한 다양한 정보 수집 과정을 통하여 내담자가 자신의 이야기를 체계적으로 해 나가면서 본인의 경험에 대하여 정리할 수 있고, 이를 통하여 자신의 삶의 방식을 이해할 수 있게 된다.

더불어 LCA 기법을 통하여 내담자의 일(학업)과 사랑(사회적 관계) 그리고 우정에 대한 접근방식을 평가함으로써, 그들의 생애진로발달에 있어서의 변화를 분석하고 종합할 수 있다. 이러한 평가는 상담자가 내담자를 이해하는 것을 도와줄 뿐만 아니라, 내담자가 자기 자신의 고유한 인식이 드러나 있는 생애진로주제를 더 잘 이해하도록 도와준다(김봉환 외, 2018). LCA를 통하여 이러한 주제들을 확인함으로써 삶에 대한 내담자의 접근방식을 효과적으로 파악할 수 있으며, 이는 비교적 편안하고 간결한 방식으로 이루어질 수 있다(Gysbers et al., 2014).

사람들은 앞에서 언급된 세 가지 영역에서 비슷한 방식으로 문제를 해결하고 만족을 얻으려는 경향을 가지고 있다. 세상과 협상하는 일관된 방식을 설명하기 위하여 생애진로주제(life career themes)라는 용어를 사용하는데, 생애진로주제란 자기 자신과 타인, 그리고 세상에 대한 생각, 신념, 태도, 가치관 등을 일컫는다. 이러한 개개인이 사용하는 주제들이 삶의 방식을 구성한다고 볼 수 있다. 그러나 개인이 항상 삶이나 생애진로주제와 관련하여 자신이 사용하는 접근방식을 명확히 인식하고 있는 것은 아니며, 어쩌면 이면에 존재하고 있는 일관성을 알아차리지 못할 수도 있다(Mosak, 1971). 오히려 사람들은 사소하고 피상적인 감정들에 매달려 그들의 성장을 모호하고 불분명하게 만들기도 한다(Gysbers et al., 2014).

다음의 상담 대화 내용은 29세의 여성 내담자가 자신의 직업경험에 대하여 이야기하고 있는 것이다. 이 대화에서 확인할 수 있는 내담자의 가능한 주제들을 찾아보면 다음과 같다.

대화	가능한 주제
상담자: 당신의 직업 경험에 대해서 알아보도록 하죠. 이전에 가졌던 직업에 대해서 이야기해 볼까요?	
내담자: 저는 컴퓨터 수리 회사에 다녔어요. 저는 직원의 임금과 성과급을 지불하거나 직원 복지에 관련된 일 등을 했어요.	
상담자: 그 일을 하면서 좋았던 점은 무엇인가요?	사람들과 교류하는 것을 좋아함
내담자: 저는 우리 회사 사람들이 정말 좋았어요. 저는 사람들과 대화할 때가 좋거든요. 따라서 저에게 복지 관련 일들을 전화로 문의하거나 찾아와서 질문하는 직원들이 많았어요. 일의 대부분이 사람들을 대하는 일이었는데, 즐겁게 일했던 것 같아요.	
상담자: 그 일에서 싫었던 점들은 어떠한 것들인가요?	

내담자: 매일 정해진 일들을 반복적으로 하다 보니 지루해졌어요. 사람들을 만나고 대화하는 것은 좋았지만, 제 업무라는 것이 매일 똑같았거든요. 새로운 일이나 프로젝트가 주어지는 부서가 아니었거든요. 형식적으로 처리해야 하는 일들이 많아서 좀 지루했어요.	반복적이고 정해진 일만 하는 것을 싫어함
상담자: 이 회사에 입사하기 전에는 어떤 일을 하셨나요?	
내담자: 대형 마트에서 물건의 입고를 확인하고 물품 코너 직원들에게 전달하고 확인하는 일을 했어요. 이때는 하루 종일 물건만 쳐다보고 있으니 지루해서 정말 싫었어요.	사람들과의 교제가 중요함
상담자: 부서를 옮겨 보는 것을 고려해 보셔야 했겠군요.	
내담자: 네, 맞아요. 저는 회사에 몇 차례 요청한 끝에 고객 서비스팀으로 발령이 났어요. 고객을 응대하는 일이 저는 즐거웠어요. 힘들 때는 서로 도왔어요. 저는 함께 일했던 동료 직원들과 잘 지냈고요. 사람들과 대화하고 왔다 갔다 뛰어다니는 것이 힘들긴 했지만, 한곳에 하루 종일 앉아서 물건의 입고를 확인하는 일보다는 훨씬 나았기에 그 일에는 매우 만족했어요.	사람들과 교류하고 협력하는 일, 활동적인 일에서 만족감을 느낌

상담의 대화에서 반복적으로 나타나는 주제들을 살펴볼 필요가 있다. 이 내담자는 사람들과 어울려 일하고 교류하는 것, 즉 사회적 욕구를 충족하는 일에 만족감을 느끼는 것을 알 수 있다. 또한 정적인 일보다는 활동적인 일을 좋아하는 것을 보여 준다. 아마도 이 내담자가 선호하는 작업환경은 사람들과 교류가 많은 일, 활동적으로 움직일 수 있는 업무라고 볼 수 있다. 이처럼 정보 수집 과정에서 상담자는 내담자가 자신의 생애진로주제들이 자신의 행동을 어떻게 이끌어 가고 있는지를 확인하고 명료화하는 데 LCA를 활용할 수 있다.

3. LCA의 구조

생애진로사정의 구조는 진로사정, 전형적인 하루, 강점과 약점, 요약 등의 네 가지 주요 요소로 구성된다. 그러나 이 형식을 꼭 따라야 하는 것은 아니다. 내담자의 반응에 따라서 유연하게 적용하고 때로는 변형시키면서 상담의 맥락과 흐름에 따라 탄력적으로 사용하는 것이 바람직하다.

1) 진로사정

진로사정은 직업경험, 교육과 훈련 그리고 여가활동 등의 세 가지로 구분된다. 직업경험 부분은 내담자에게 그동안 자신이 경험했던 직업과 현업에 관하여 이야기하도록 상담을 이끌어 가는 것이다. 이때 직업은 시간제, 전일제, 유급, 무급, 인턴십 등 모든 형태의 직무 활동을 포함한다.

(1) 직업경험

직업경험 부분에서는 내담자가 이전에 종사했던 직업들과 현재 근무하고 있는 직업 모두에 대해서 이야기하도록 한다. 시간제나 전일제를 포함한 유급, 무급, 인턴십 등 일과 관련된 모든 경험을 이야기하도록 유도한다. 상담자는 내담자에게 그 일들을 하면서 좋았던 점과 싫었던 점이 무엇인지 질문한다. 상담자는 경청하는 자세로 열린 질문을 통하여 내담자가 구체적으로 이야기하도록 조력해야 하며, 내담자가 직업경험에서 느낀 좋았던 점과 싫었던 점에 대한 이야기를 잘 듣고 정리하면서 어떤 주제들이 반복적으로 나오는지 탐색해 나가야 한다. 이러한 과정을 통하여 생애진로주제들이 분명해지고 생애진로사정이 가능하게 된다. 현재까지 경험한 직업생활에서의 변화를 원하는 내담자의 욕구가 있다면 이후의 직업탐색과 선택과정에서 내담자의 주제를 반영하여 다룰 수 있다. 또한 아직 직업세계로 진입하지 못한 내담자를 대상으로 할 경우에는 집안에서 맡은 역할과 책임들을 탐색해 보면 된다.

(2) 교육과 훈련

내담자에게 그들의 교육 및 훈련 경험에 대해 전반적으로 평가해 보도록 한다. 내담자가 이야기한 교육 및 훈련 경험에서 어떤 점이 좋았고, 어떤 점이 싫었는지 구체적으로 질문한다. 내담자가 이야기한 자신의 경험을 토대로 반복되는 주제들에 주목함으로써 내담자의 생애진로주제를 보다 명료화하고 상담과정에 반영할 수 있다. 내담자가 자신의 교육적 배경이나 훈련경험을 전반적으로 말한 후에, 상담자는 교과목이나 교사, 학습 환경 등에 대한 선호도를 보다 구체적으로 질문할 수 있다. 이렇게 초점을 맞추어 감으로써 다양한 유형의 정보를 알아낼 수 있다. 또한 앞서 직업경험에서 논의되었던 몇몇 주제가 여기에서 반복될 수도 있다.

(3) 여가활동

내담자에게 여가시간을 어떻게 보내는지 질문함으로써 인간관계와 우정에 대해 탐색하도록 도와줄 수 있다. 상담자는 우선 내담자가 여가시간을 어떻게 보내는지 질문한다. 이때 언급되는 주요 가치관 관련 주제들이 이전의 직업경험 그리고 교육 및 훈련과 일관성이 있는지, 아니면 상반되는지를 파악하는 것이 중요하다. 내담자는 여가시간을 보내는 삶의 맥락 속에서 자신의 사회적 관계와 관련된 주제들이 직업과 교육 장면에서 나타난 주제들을 어떻게 반영하는지 알아낼 수 있다. 이때 내담자의 친구관계는 어떤지, 내담자가 자신의 여가활동을 스스로 탐색하고 결정하는지 아니면 다른 사람들의 의견에 따라 결정하는지 등도 함께 다루면 좋다.

2) 전형적인 하루

전형적인 하루를 탐색하는 이유는 내담자가 자신의 삶을 어떻게 구성하고 있는지 알 수 있기 때문이다. 상담자는 내담자가 자신의 하루 일과를 시간 순서에 따라 상세하게 설명하도록 질문해 볼 수 있다. 특히 내담자의 일상이 구조적으로 '독립적'인가 '의존적'인가를 알아보기 위해서는 다음과 같은 질문이 탐색에 유용하다. "아침에 스스로 일어나세요? 아니면 누군가가 깨워 줘야 일어나시나요?" 혹은 "대체로 혼자서 일을 처리하시나요? 아니면 항상 다른 누군가와 함께하시나요?" 등과 같은 질문이 도움이 된다.

또한 상담자는 내담자가 자신의 삶을 '체계적'으로 조직하는지 아니면 '임의적'으로 반응하는지 확인할 필요가 있다. 체계적인 성향의 내담자는 예측 가능한 일과에 따라 일상적인 일들을 반복하는 경향이 있지만, 임의적인 성향의 내담자는 일상생활에서 변화를 추구하는 경향이 있다. 전형적인 하루를 탐색하는 것은 생애진로주제들을 이해하는 데 도움이 된다. 이러한 전형적인 하루에서 겪게 되는 주제들을 경우에 따라서는 학교장면이나 직업장면에서 문제를 야기하는 것과 연결하여 탐색해 볼 수 있기 때문이다.

3) 강점과 약점

상담자는 내담자에게 세 가지 강점과 세 가지 약점에 대해 서술해 보도록 질문한다. 내담자가 강점을 말하면 상담자는 이 강점들이 어떻게 작용하고 있는지 질문하여 더 깊이 있는 탐색이 이루어지도록 한다. 예를 들어, 내담자가 자신의 강점으로 배려심을 제시했다면, 심층 질문을 통하여 내담자가 배려심으로 인하여 실제 생애장면에서 얻었던 긍정적인 결과나 직업에서 배려심을 발휘하여 성공적인 경험을 했던 사례 등을 구체적으로 이야기하도록 이끌어 낸다. 마찬가지로 약점에 대해서도 다양하게 탐색하여 명료화한다. 더불어 내담자가 현재 직면하고 있는 문제들 및 내담자가 인지하고 있는 환경적인 장애물들을 탐색하고 이것을 제거하기 위한 노력과 필요한 기술에 관해 생각하도록 한다. 또한 이를 해결하는 데 도움이 될 만한 내담자가 가지고 있는 자원 등에 관한 정보를 탐색한다.

때로는 강점과 약점 영역에 대해 짧게 대답하거나 거의 정보를 얻을 수 없도록 대답하는 내담자를 만날 수 있다. 이때는 더 많은 정보를 얻기 위하여, 내담자의 대답에서 보다 구체적인 질문을 찾아서 보충 질문을 해야 한다. 간혹 세 가지 강점에 대하여 모두 말하지 못하는 내담자를 만나게 될 수도 있다. 이러한 경우에는 상담자가 내담자에게 하나의 강점에 대하여 이야기하도록 한 후에 이를 바탕으로 다른 강점을 연결하여 이야기할 수 있도록 점진적으로 접근해야 한다. 상담자는 열린 질문 기법을 활용하여 내담자의 대답을 천천히 구체적으로 이끌어 내도록 한다.

4) 요약

생애진로사정의 마지막 부분은 요약이다. 요약의 주된 목적은 면담 과정을 통해 도출된 생애진로주제, 강점, 약점 등에 관한 정보를 강조하기 위함이다. 상담자는 내담자로 하여금 금번 회기를 통해서 인식하게 된 주요 내용들을 요약하도록 한다. 내담자가 요약한 내용에서 상담자는 내담자가 무엇을 얻었고, 무엇을 간과하고 있는지에 대해서 파악할 수 있다. 또한 내담자가 요약한 내용과 상담자가 이해한 내용을 비교 · 분석함으로써 생애진로주제에 대하여 의견이 서로 일치하고 있는지의 여부도 알 수 있다. 상담자는 요약 과정을 통해 그동안 수집한 정보를 상담목표와 연결하고, 탐색된 생애진로주제들에서 발견된 장애물을 극복하고 잠재적인 강점으로 발전시킬 수 있는 요소들을 제시함으로써 내담자의 변화의지를 자극할 수도 있다.

4. LCA의 활용 사례

지금까지 살펴본 내용을 토대로 상담자와 내담자의 대화를 통하여 LCA를 활용하는 방법을 예시해 보도록 하겠다.

1) 진로사정의 사례

(1) 직업경험

다음에 예시된 상담자와 내담자의 면담 내용을 토대로 내담자의 직업경험을 사정하기 위한 방법을 살펴보도록 한다. 내담자가 해당 직업 활동에서 구체적으로 어떤 일들을 했는지 질문하고 내담자의 대답을 이끌어 낸다. 또한 그 직업의 직무수행 과정에서 내담자가 좋아했던 점과 싫어했던 점을 이야기하면서 생애진로주제들을 파악하고 명료화할 수 있다.

대화	가능한 주제
상담자: 커피전문점에서 일하셨군요. 어느 정도의 기간 동안 일하셨나요?	
내담자: 네. 3년 동안 일했어요.	
상담자: 커피전문점에서는 정확히 어떤 일을 하셨나요?	
내담자: 큰 매장이 아니어서 주문도 받고 음료도 담당했어요. 직원이 많지 않아서 하는 일이 여러 가지였어요. 아침에 오면 컵을 정리하는 것으로 시작하여 테이블을 닦은 다음, 커피를 내리고, 간단한 빵 종류를 데워서 내는 일 등이요. 저는 아침 담당이라서 출근하는 바쁜 손님들이 많았어요. 정말 순서대로 재빨리 움직여야 했어요. 처음에는 많이 힘들었는데 차츰 익숙해졌어요. 아침 7시부터 시작해서 오후 3시에 일을 마쳤어요.	자신의 업무에 대한 순서와 해야 할 일들을 목록화하는 것을 좋아함
상담자: 정말 아침부터 바쁘게 일하셨군요.	
내담자: 네. 저는 바쁜 것이 차라리 나아요. 손님이 없으면 심심하고 무료했어요.	무료함을 싫어하고 움직이는 활동을 좋아함
상담자: 그렇군요. 거기에서 일을 하면서 좋았던 점은 무엇이었나요?	
내담자: 손님들과 눈인사하는 것이 좋았어요. 단골이 대부분이었어요. 저는 손님들을 대할 때가 가장 좋았어요.	

상담자: 그러셨군요. 일하면서 싫거나 힘들었던 점은 무엇이었나요? 내담자: 출근시간 넘어서 늦게 오거나 실수가 많은 파트너를 만나면 무척 화가 났었어요. 재빨리 주문을 처리하고 실수가 없어야 하는데 그렇지 못한 파트너는 뭐랄까……, 비전문적으로 보여서 싫었어요.	업무에 있어서 책임감을 중요하게 여김

이 대화의 내용을 살펴보면, 내담자가 선호하는 작업환경 등의 생애진로주제가 드러나기 시작한다. 자신의 일에 대하여 순서대로 정확히 움직이고 실수가 없도록 하는 것을 좋아한다. 더불어 활동적인 일을 선호하고 업무에 있어서 책임감을 중요하게 여긴다는 것을 알 수 있다.

(2) 교육과 훈련

다음의 상담자와 내담자 간의 면담 내용을 토대로 내담자의 교육 및 훈련 경험을 알아보기 위한 상담과정을 살펴보도록 한다. 내담자의 학교생활에 대한 경험을 다루고 있는데, 구체적인 질문을 통하여 내담자의 경험을 탐색하는 방법을 알아본다.

대화	가능한 주제
상담자: 고등학교 생활에서 기억나는 일들은 무엇인가요? 내담자: 고등학교에 들어가서 오히려 공부에 흥미를 잃게 되었어요. 그게 지금 생각해 보면 참 안타까워요. 상담자: 그때 어떤 일이 있었기에 그랬을까요? 내담자: 아마도 노는 애들과 친하게 지내면서부터 시작된 것 같아요. 상담자: 그랬군요. 그런데 노는 애들과 어울리게 된 계기가 있었나요?	
내담자: 저는 중학교 때까지는 평범하지만 공부도 잘하는 아이였어요. 학원을 같이 다니는 친구들과 친하게 지냈어요. 그런데 고등학교에 들어와서 공부를 좀 게을리했더니, 성적이 많이 떨어졌어요. 1학년 2학기가 되자, 선생님들이 저를 대하는 태도가 달라졌어요. 친구들도 저를 더 이상 경쟁자로 생각하지 않는 것 같았고요. 성적 때문에 인정을 못 받는다고 생각하니 자존심이 많이 상했던 것 같아요. 저는 늘 동아리 활동을 했었는데, 제가 주도적이지 못했지요. 학교에서 존재감이 없다 보니 좀 튀는 아이들과 어울리게 되었어요. 그 아이들과 어울리면 안정감이 좀 생기고 저를 잘 챙겨 주었거든요.	타인의 인정을 받고 싶은 욕구가 있음

상담자: 다른 사람들이 나를 알아주는 것을 원했었군요.	
내담자: 네, 그런 것 같네요. 저는 존재감 없는 것이 너무 싫어요.	
상담자: 좋은 기억이 아니었네요. 그러면 좋았던 기억은 어떤 것이 있을까 생각해 볼까요?	
내담자: 글쎄요, 음, 2학년 2학기 때, 교내 글짓기 대회에서 장려상을 받았어요! 담임 선생님이 아이들 앞에서 제 글을 읽어 주시고 칭찬을 해 주셨지요. 그때부터 저는 담임 선생님처럼 국어선생님이 되고 싶다는 생각을 했어요.	칭찬과 격려를 받는 상황에서 더 잘 기능하게 됨
상담자: 정말 좋았겠네요. 국어선생님에 대한 꿈이 그때 확실해졌나 보네요.	
내담자: 네, 저는 칭찬받는 상황에서 더 열심히 하는 것 같아요. 그때부터 독서동아리에 들어가서 활동을 했어요. 함께 어울리며 책을 읽으니 참 좋았어요.	소속감을 느끼는 환경에서 열심히 함

이 내담자는 학교생활에서의 경험을 토대로 보면 인정받고 칭찬받는 환경에서 자신의 일에 매진한다는 것을 알 수 있다. 또한 안정감을 느끼는 환경에서 내담자가 더 책임감 있고 잘 기능하는 것을 알 수 있다. 따라서 소속감을 느끼는 환경이 중요하고, 상담과정에서 긍정적인 경험에 초점을 맞추는 것이 중요할 것이다.

(3) 여가활동

다음은 내담자의 여가활동을 탐색하기 위한 상담자와 대학교 4학년 여학생 내담자의 면담 기록이다. 내담자에게 자신의 여가시간을 어떻게 보내는지 질문함으로써 인간관계와 우정에 대해 탐색하도록 할 수 있다. 또한 여가활동을 살펴보면서 자신이 스스로 결정하는지, 아니면 다른 사람들의 의견에 따라 결정하는지를 알 수 있는 사례이다.

대화	가능한 주제
상담자: 학교에서 공강 시간에는 주로 무엇을 하시나요?	
내담자: 저는 거의 대부분 혼자서 과제를 해요. 사실, 어울리는 친구도 적고, 별로 시간도 많지 않고요.	
상담자: 그렇군요. 금요일은 수업이 없는데, 이날은 무엇을 하시나요?	
내담자: 초등학교 때부터 친하게 지낸 친구를 자주 만나요.	
상담자: 그 친구와 만나면 무엇을 하나요?	
내담자: 우리는 별로 크게 하는 것은 없어요. 새로 개봉한 영화를 보기도 하지만, 주로 카페에 앉아 있어요. 저에게 매우 소중한 친구예요.	정적인 활동을 선호함

대화	해석
상담자: 그렇군요. 둘이서 주로 시간을 보내시나요, 다른 친구들과 함께 어울리기도 하나요?	
내담자: 거의 둘이서 만나요. 저는 여러 친구와 어울리는 것보다 한 친구를 깊게 사귀는 것을 좋아해요. 사람들이 많이 모이면 긴장이 돼요. 둘 다 움직이는 것을 별로 안 좋아해요. 카페에서 6시간 동안 있어 본 적도 있어요. 금요일과 토요일은 대부분 둘이서 그렇게 보내요. 카페에서 과제도 하고요. 저는 돌아다니는 것을 싫어하고 한곳에 가만히 있는 것이 좋아요. 그래서 여행을 별로 좋아하지 않고요.	친밀한 인간관계를 원하고 사람이 많은 환경을 불편해함
상담자: 대부분의 시간을 친구와 함께 정적으로 보내시는군요. 카페에 앉아서 긴 시간 동안 무엇을 하나요?	
내담자: 과제도 하고 영어시험 준비도 하고 그래요. 취업사이트도 살펴보고요. 그래서 그런지 우리는 학교 성적이 좋은 편이에요. 무엇보다 우리는 일본만화를 무척 좋아해서 함께 만화를 봐요.	활동적인 일보다는 정적인 일을 선호함. 한곳에 오래 앉아서 몰입하는 것을 잘함
상담자: 그럼 일요일에는 무엇을 하나요?	
내담자: 일요일에는 엄마 그리고 동생들과 함께 지내요. 어머니가 유일하게 쉬는 날이 일요일이거든요. 저는 엄마와 함께 지내는 것이 좋아요.	
상담자: 어머니와 시간을 보내는 것이 좋군요.	
내담자: 네. 왜냐하면 저를 홀로 키우셔야 했는데도 정말 잘하셨거든요. 저는 솔직히 친구들과 있는 것보다 엄마와 함께 있는 것이 더 즐겁고 좋아요.	
상담자: 어머니가 엄마이자 친구로군요.	
내담자: 엄마는 아빠가 일찍 돌아가셔서 우리를 혼자 키우셨거든요. 고생을 많이 하셨어요. 어머니와 함께 있는 것이 좋아요. 그래서 저는 조건이 좋아도 집에서 멀리 떨어진 직장은 지원하지 않을 거예요.	어머니가 매우 중요한 존재임. 진로선택에서도 큰 비중을 차지함

여가활동의 탐색을 통하여 내담자의 사회적 관계를 알 수 있다. 내담자는 다양한 사람들과 어울리기보다는 깊이 있는 인간관계를 원한다. 활동적인 일을 싫어하고, 오래 앉아서 몰입하는 활동을 잘 수행한다. 또한 어머니에게 정서적으로 많이 의존하고 있으며, 이것이 자신의 진로선택을 방해하는 요인으로 작용할 가능성도 있다.

2) 전형적인 하루의 사례

다음은 내담자의 전형적인 일상을 탐색해 본 대화이다. 내담자의 식사나 수면과 같이 모든 사람에게 공통적인 활동들을 살펴보면서 내담자의 생애진로주제를 탐색할 수 있다.

대화	가능한 주제
상담자: 당신의 전형적인 하루 생활은 어떠한지 이야기해 볼까요. 아침에 몇 시에 일어나세요? 내담자: 보통 6시에 일어나요. 상담자: 그렇군요. 그럼 누군가 당신을 깨워 주나요, 아니면 그냥 스스로 일어나시나요?	
내담자: 저는 늘 스스로 일어나요. 일찍 일어나야 하기 때문에 밤에 머리를 감고 말리고 자요. 아침에는 그냥 세수만 하고 화장을 한 뒤, 옷을 갈아입어요. 상담자: 아침은 직접 차려서 먹고 출근하시나요? 내담자: 네. 저는 제가 다 직접 해요. 과일과 식빵 한 조각, 우유를 먹고 7시에 출근해요. 상담자: 어머니나 다른 식구들은 어떤가요? 내담자: 모두 제가 출근할 때가 되어야 일어나요. 어머니가 가장 먼저 일어나시고, 그다음에는 아버지, 그리고 남동생은 정오나 되어야 일어나요. 한심하죠. 상담자: 가족 중에서 제일 부지런하시네요.	규칙적인 생활 책임감 있는 태도
내담자: 저는 동생과 달리 늘 그래 왔어요. 어머니가 저를 깨워 주신 적이 없어요. 동생은 늘 챙겨 주시면서 저는 아침을 챙겨 주신 적이 없다니까요. 상담자: 어머니가 아침을 가끔 챙겨 주셨으면 좋겠다는 생각을 하는군요. 내담자: 네. 저도 그렇게 해 주셨으면 좋겠어요. 상담자: 출근하시면 가장 먼저 무엇을 하시나요? 내담자: 맨 먼저 커피를 타서 자리에 놓고 메일을 확인해요. 그 후에는 바로 업무를 시작하지요. 저는 퇴근시간이 정해져 있으니 늘 6시에 퇴근해요. 상담자: 퇴근 후에는 어떤 일을 하시나요?	스스로 능동적으로 행동함. 그러나 동생을 대할 때와 다른 태도를 취하는 어머니에게는 서운함이 있음
내담자: 월, 수, 금은 클래식 기타 동호회를 가고, 화, 목은 와인동호회 활동을 해요. 동호회 활동을 할 때, 저는 제일 행복해요. 보통 집에 와서는 바로 샤워하고 11시 30분쯤 자요. 상담자: 와, 정말 규칙적인 일상이네요. 집에서 가족과 보내는 시간은 매우 적군요. 내담자: 네. 거의요. 저는 집보다 밖이 편해요. 또한 저의 규칙적인 생활이 깨지는 것이 정말 싫어요. 돈을 모아서 집에서 독립을 하려는 것도 그런 이유예요.	규칙적인 생활이 편하고 익숙함. 변화를 싫어함. 자신이 좋아하는 활동에는 상당히 몰입함

이 내담자는 체계적이고 규칙적인 일상을 선호하고 있다. 가족에 대한 소속감 및 의존 욕구를 다른 사회적 활동을 통해서 충족하고 있는 듯 보이기도 한다.

3) 강점과 약점의 사례

다음은 내담자의 강점과 약점을 탐색한 대화이다. 내담자는 자신의 강점과 약점을 탐색하고, 자신의 강점들이 어떻게 작용하고 있는지 설명하고 있다. 또한 내담자가 직면하고 있는 문제와 환경적인 장애물을 탐색하고 이것을 제거하기 위한 노력과 방법에 관해 생각하도록 한다.

대화	가능한 주제
상담자: 본인이 생각하는 강점을 세 가지만 말씀해 보세요.	
내담자: 저는 한글문서 작성을 빠르게 잘해요. 과제할 때 유리하지요. 또한 집에 가전제품이 고장 나거나 하면 제가 거의 다 고쳐요. 저는 컴퓨터나 기계를 다루는 것을 좋아하고 잘하는 편이에요. 두 개밖에 생각이 나지 않네요.	한글문서 작성을 잘함. 기계를 다루고 고치는 것을 잘함
상담자: 문서작성과 기계를 잘 다루는 것은 매우 훌륭한 강점이군요. 나머지 강점 하나를 더 생각해 보면 좋겠네요.	
내담자: 글쎄요. 음, 저는 운동을 잘하는 편이에요. 축구나 농구와 같이 공을 가지고 하는 운동은 잘 못하지만, 달리기는 잘해요. 학교 다닐 때 운동회에서 달리기를 하면 늘 순위 안에 들었지요. 아, 그리고 또 생각났네요. 저는 인내심이 좀 있는 편이에요. 긴 시간 동안 몰입을 잘하지요. 그래서 기계를 하루 종일 앉아서 고치는 것을 성공하기도 하고, 며칠에 걸쳐 퍼즐을 끝까지 맞추는 것도 잘해요.	달리기를 잘함 인내심이 있음
상담자: 그렇군요. 운동도 잘하시고, 특히 인내심이 있으시군요. 좋은 강점을 가지셨네요. 그렇다면 약점은 어떤 것이 있을까요?	
내담자: 저는 사람 이름을 잘 기억하지 못해요. 분명히 만났던 사람인데 다시 만나면 이름이 생각이 잘 안 나요. 가끔 오해를 받기도 해요.	사람 이름을 잘 기억하지 못함
상담자: 그렇군요. 교사가 되려고 준비 중이신데, 직업과 관련하여 내가 가진 장애물이 있다면 어떤 것이 있을까요?	
내담자: 네. 이름을 잘 외우지 못하는 것도 교사가 되면 어려움이 될 것 같고요. 여자 친구는 저에게 사람의 마음을 알아차리는 것이 좀 부족한 것 같다고 해요. 교사가 되면 사춘기 아이들의 복잡한 마음을 이해하는 데 어려움이 생길 것 같아요.	타인의 마음을 알아차리는 민감성을 키워야 함

상담자: 그렇군요. 사람들의 마음을 알아차리는 것은 어렵겠지만 여자 친구와 자주 대화하면서 노하우를 좀 배우면 어떨까요?
내담자: 맞아요. 좀 그래야겠어요.

때로는 내담자가 한 가지 강점밖에는 이야기하지 못하거나, 약점이나 장애물만 늘어놓는 경우가 있다. 이러한 경우에는 내담자에게 성급한 답변을 요구하기보다, 충분한 시간적 여유를 제공하며 심층적인 자기 탐색을 위한 구체적인 안내를 제공해야 한다. 강점에 대한 대답이, 예를 들어 "저는 일을 잘해요." 와 같은 모호한 답변일 경우, "일을 잘한다는 게 어떤 의미인지 구체적으로 이야기해 주실 수 있으세요?" 등으로 다시 질문할 수 있다.

4) 요약의 사례

다음의 예는 LCA 면담의 요약 부분이다. 상담자는 내담자에게 중요한 생애진로주제들을 중심으로 요약할 수 있도록 안내하고, 내담자의 장애물에 대하여 인식하는 정도와 그것을 극복할 수 있게 하는 자신의 강점과 자원을 표현할 수 있도록 한다. 즉, 내담자가 자신의 언어를 사용하여 생애진로주제와 스킬들에 대해 합의하고 수집된 정보를 바탕으로 상담목표를 정하는 것으로 연결할 수 있다.

상담자: 이제 당신을 위해서 우리는 이야기의 모든 것을 종합하고 무엇에 대해서 얘기를 나눴는지 정리할 필요가 있어요. 오늘 우리의 이야기를 통하여 자신에 대해 이전에는 몰랐던 것을 알게 된 것이 있다면 어떠한 것들인지 설명해 주겠어요?
내담자: 글쎄요. 머리가 복잡해요.
상담자: 매일 생활하는 일상적인 일에 대해 이야기했던 것을 먼저 떠올려 보죠. 규칙적인 생활을 하면서 이것을 체계적으로 조직화하는 생활에 대해 이야기했던 것 같은데요. 이러한 것이 당신의 능력에 대해서 무엇을 말해 주는 것 같나요?
내담자: 네, 저는 규칙적인 생활을 하고 있었어요. 그것이 안정감을 주고요. 저는 체계적이고 조직적인 환경을 좋아하고 일에 대한 책임감이 높은 사람인 것 같네요.
상담자: 그렇군요. 구체적으로 어떠한 면에서 책임감이 있다는 건가요?
내담자: 저는 일을 할 때 항상 메모를 하고 순서를 정해요. 또, 가족의 생일, 기념일 등을 꼼꼼하게 다이어리에 적어요. 실수를 하지 않기 위해 애쓰죠. 그래야 사람들에게 인정을 받지요.

상담자: 그렇군요. 그것은 아까 이야기하신 강점과도 연결이 되네요. 우리가 강점에 대해 이야기할 때, 당신이 매우 신뢰감 있는 사람이라는 생각이 들었거든요. 학교에 다닐 때도 개근을 하였고, 직장에도 지각을 하거나 결근한 날이 없잖아요. 이것은 책임감과 성실함이라는 강점과 연결이 되네요. 사실 지각하지 않기 위하여 알람을 몇 개나 맞추어 둔다는 이야기도 했었잖아요. 일상적인 날에는 당신이 매우 조직적이고, 해야 할 일에 대해 잘 알고 있는 것으로 여겨지네요.

내담자: 이야기하기 전까지는 그것이 제 강점인지 몰랐는데, 이야기 나누고 보니 정말 제가 가지고 있는 큰 강점이었네요. 그렇지만 저는 사람 이름을 잘 기억하지 못하는 것이 마이너스가 될 때가 있다는 것을 이야기했었지요.

상담자: 네, 아까 본인이 가진 약점으로서 사람들을 만날 때 낯을 가리는 편이라고 하셨어요. 그것은 업무를 하면서도 제한점이 좀 되시겠네요. 극복하기 위하여 어떤 노력을 해 본다고 하셨지요?

내담자: 저는 지금까지 해 보지 못했던 취미활동을 해 볼 생각입니다. 동호회 활동을 하면서 자연스럽게 많은 사람과 어울리면서 인간관계를 넓혀 갈 생각이고요. 그러다 보면 사람들과 자연스럽게 대화하고 어울리는 능력이 생기겠지요. 이것이 업무에도 도움이 될 것이고요. 그렇지만 전 아직 제가 승진시험에 통과될지가 걱정이고 마음에 걸려요.

상담자: 맞아요. 당신에게 요즘 가장 중요한 일 중의 하나지요.

내담자: 네, 그래요. 제가 할 수 있다는 자신감을 가지고 임해야겠어요. 저는 성실한 면이 강점이잖아요. 열심히 준비하려고요.

상담자: 네, 다음 시간에는 승진시험을 준비하는 것에 대하여 상담과정에서 우리 함께 체크해 보면 좋겠네요. 다음에 만날 때 그것에 대한 이야기부터 시작할게요.

참고자료

중장년층을 위한 생애설계상담 진단과 개선방안 연구

이 연구는 급속한 고령화 사회 속에서 퇴직 이후 삶의 방향성을 고민하는 50+세대가 효과적으로 생애 후반기를 설계할 수 있도록 지원하는 서울시50플러스재단의 생애설계상담 사업을 진단하고, 개선방안을 제시하고자 수행되었다. 인생의 전환기를 맞는 중장년층은 일, 가족, 관계, 건강, 재무 등 삶의 다양한 영역에서 자신을 돌아보고 미래를 준비할 필요가 있으며, 이를 종합적으로 조력하는 상담서비스의 중요성이 부각되고 있다.

서울시50플러스재단은 기존의 단편적인 상담서비스와 달리, 종합적인 생애설계상담을 통해 중장년층의 자기 진단, 정보 제공, 경력 활용, 사회참여 등을 유기적으로 연계하고 있다. 상담은 교육과정, 일자리 지원, 커뮤니티 활동 등과 밀접하게 연동되며, 개인의 욕구와 강점에 기반한 맞춤형 지원을 추구한다. 그러나 실제 운영에서는 상담영역의 중복과 모호성, 담당 인력의 전문성 부족, 조직 내 역할 분산 등의 문제점이 존재한다는 점이 이번 연구를 통해 확인되었다.

연구는 문헌 고찰, 유관기관 사례 분석, 전문가 자문(FGI 포함)을 통해 서울시50플러스재단과 국민연금공단, 노사발전재단, 지방 중장년지원기관 등 다양한 기관의 생애설계상담 운영 방식과 내용을 비교 · 분석하였다. 이를 통해 각 기관이 운영하는 상담영역은 노후준비, 생애경력설계, 은퇴설계 등으로 다양하게 나타났으며, 기관의 설립 목적에 따라 상담방식과 지원 내용이 상이함을 확인할 수 있었다.

서울시50플러스재단의 경우, 캠퍼스별 교육상담팀에서 상담업무를 담당하고 있으나, 전체 상담사업을 총괄 · 지원하는 조직은 부재하며, 보람일자리 형태로 배치된 컨설턴트의 전문성 및 역할 수행에도 한계가 존재하였다. 이에 따라 본 연구는 다음과 같은 개선방안을 제시하였다.

첫째, 상담영역의 재구조화가 필요하다. 현재 7대 상담영역을 '일자리', '사회참여 및 활동', '관계 및 정서', '재무'의 4대 축으로 단순화하여 50+세대의 수요에 맞는 명확한 구조로 정비해야 한다. 이는 중복영역 해소뿐 아니라, 교육과 일자리 등 다른 사업과의 연계를 강화하는 데 기여할 수 있다.

둘째, 상담조직의 체계적 개편이 요구된다. 생애전환본부 내에 전담 상담조직을 신설하거나 기존 사업기획팀 내에 상담업무 전담 기능을 부여하여, 각 캠퍼스의 상담업무를 총괄하고 연계 · 지원할 수 있도록 해야 한다. 이를 통해 사업의 일관성과 전문성이 확보될 수 있다.

셋째, 상담인력의 역할 분담 및 전문성 강화가 필요하다. 일반상담, 동년배상담, 심층상담 등으로 상담유형을 구분하고, 각 유형에 적합한 인력을 배치함으로써 상담의 질과 효과를 높일 수 있다. 상담자 선발 시 관련 자격증, 경력, 교육이수 여부를 반영하여 전문성과 실천능력을 강화하는 방안도 함께 추진해야 한다.

이러한 개선방안은 단순한 운영 효율화에 그치지 않고, 중장년층의 삶의 질 향상과 사회적 자원으로의 전환을 촉진하는 데 목적이 있다. 생애설계상담은 개인의 삶을 계획하고 실행하는 중요한 도구이며, 단편적인 정보 제공이 아닌 '삶의 재구성'을 위한 촉진자 역할을 수행해야 한다.

결론적으로, 본 연구는 생애설계상담이 중장년층의 삶의 방향성과 사회적 통합에 미치는 긍정적 영향을 강조하며, 향후 상담사업의 전문성과 지속가능성을 높이기 위한 실천적 방안을 제시하였다. 이는 지방자치단체, 공공기관, 민간단체 등 다양한 주체가 협력하여 중장년층의 생애전환을 지원하는 데에도 의미 있는 기초자료로 활용될 수 있을 것이다.

출처: 송민혜, 경정아(2021).

참고문헌

김봉환, 강은희, 강혜영, 공윤정, 김영빈, 김희수, 선혜연, 손은령, 송재홍, 유현실, 이제경, 임은미, 황매향(2018). **진로상담(2판)**. 서울: 학지사.

송민혜, 경정아(2021). **장년의 진로서술에 나타난 생애역할과 진로주제 분석**. 서울시50플러스재단.

Holland, J. L.(1997). *Making vocational choices: A theory of vocational personalities and work environments.* Odessa, FL: Psychological Assessment Resources.

Gysbers, N. C., Happner, M. J., & Johnston, J. A. (2014). *Career counseling: Holism, diversity, and strengths* (4th ed.). Alexandria: American Counseling Association.

Mosak, H. H. (1971). Life style. In A. G. Nikelly (Ed.), *Techniques for behavior change.* Springfield, IL: Charles C. Thomas.

Rule, W. R., & Bishop, M. (2006). *Adlerian lifestyle counseling: Practice and research.* New York: Routledge.

제11장

진로의사결정

노랗게 물든 숲속의 두 갈래 길.
몸 하나로 두 길 갈 수 없어
아쉬운 마음으로 그곳에 서서
덤불 속으로 굽어든 한쪽 길을
끝까지 한참을 바라보았다.

그러고는 다른 쪽 길을 택하였다. 똑같이
아름답지만 그 길이 더 나을 법하기에.
아, 먼저 길은 나중에 가리라 생각했는데!
하지만 길은 또 다른 길로 이어지는 법.
다시 돌아오지 못할 것을 알고 있었다.

지금으로부터 먼먼 훗날 어디에선가
나는 한숨 쉬며 이렇게 말할 것이다.
어느 숲속에서 두 갈래 길 만나 나는…….
나는 사람이 적게 다닌 길을 택했노라고.
그리고 그것 때문에 모든 게 달라졌다고.

-로버트 프로스트, 「가지 않은 길」-

진로상담과 진로지도의 중요한 목표 중의 하나는 내담자들 스스로 진로개발 역량을 습득하게 하여 최종적으로 자신의 진로에 대한 책임 있는 '의사결정'을 내릴 수 있도록 돕는 것이다. 따라서 진로상담과 지도에 있어서 의사결정 과정은 매우 핵심적인 사항으로 자리 잡고 있다. 본 장에서는 진로의사결정에 대한 개념을 중심으로 진로의사결정 과정과 관련한 기초사항들을 먼저 논의하고, 이어서 진로의사결정에 대한 이론적 접근을 기술할 것이다. 진로의사결정에 관한 이론은 기술적인 모델(descriptive model)과 처방적인 모델(prescriptive model)로 구분하여 살펴본다. 기술적 모델로서는 Vroom의 기대모델과 Janis와 Mann의 갈등모델을 제시하고, 처방적 모델로서는 Mitchell과 Beach의 주관적 기대효용 모델을 살펴본다. 더불어 모델에서 핵심적으로 제시하는 의사결정 과정과 방법에 따라 내담자들에게 활용도가 높은 몇 가지 활동 예시들을 제시하고, 의사결정과 관련된 상담에서 유용하게 활용할 수 있는 척도들도 함께 소개한다.

1. 진로의사결정의 개요

우리는 살아가면서 수많은 '선택'의 순간을 맞이하고 그때마다 자신의 의사를 결정해야 한다. 특히 생애발달 단계마다 중요한 이슈가 존재하며, 본인의 결정방향에 따라 삶의 방향성 또한 달라진다. 예를 들어, 우리나라 중학생의 경우는 어느 고등학교에 진학할 것인지, 그리고 인문계 혹은 자연계 중 어느 분야를 선택할지가 이후 대학 입학과 관련된 중요한 결정이 될 것이다. 고등학생은 학업성취도를 높여 자신이 원하는 대학에 진학할 가능성이 있는가의 여부, 그리고 어떤 학과로 진학하는 것이 적합한지 등에 대해 의사결정의 초점이 있다.

사회에 진출하면 직장 생활에서는 두 가지 이상의 업무가 중복되어 우선순위를 정해야 할 때, 이직을 결심할 때 등이 의사결정의 중요한 순간이 된다. 소소하게는 다른 사람이 무리한 요구를 할 때 거절의 의사표시를 하는 것도 때로는 중요한 결정의 순간이 될 수 있다. 우리가 어떠한 의사결정을 내렸느냐에 따라서 작게는 개인의 일시적인 시간낭비나 재정지출이 있을 수도 있고, 크게는 인생 경로가 바뀌게 되며 조직 전체의 운명이 좌우되기도 한다. 따라서 합리적인 의사결정 과정을 통해 문제의 본질을 파악하고 최적의 대안을 선정할 필요가 있다.

진로의사결정(career decision making)이란 여러 가지 선택 가능한 진로 대안 중에서 자신의 노력에 대해 최대의 보상을 받을 수 있는 대안을 선택하는 것이다. 여기서 보상이란 단지 금전뿐만 아니라 지위나 명예, 일하는 보람, 욕구 충족 등 개인적 가치를 만족시키는 모든 요소를 포괄하는 개념이다. Harren(1979)은 진로의사결정을 '개인이 정보를 조직하고 여러 가지 대안을 신중하게 검토하여 진로선택을 위한 행동과정에 전념하는 심리적 프로세스'로 정의하고 있다. 이는 개인이 선택 가능한 여러 가지 진로 대안 중에서 자신의 특성을 고려하여 최선의 진로 대안을 결정하는 과정을 의미한다. 따라서 진로상담에서는 진로의사결정 과정에 초점을 두고 의사결정기술을 향상시키는 것이 중요한 이슈가 된다.

Krumboltz(1975)는 진로의사결정의 7단계를 다음과 같이 제시하며, 각 단계의 머리글자를 따라서 'DECIDES'라고 명명하였다. ① 문제를 정의한다(Define the problem), ② 계획을 수립한다(Establish an action plan), ③ 가치를 명료화한다(Clarify value), ④ 대안을 모색한다(Identify alternatives), ⑤ 결과를 예측해 본다(Discover probable outcomes), ⑥ 대안

을 체계적으로 배제해 나간다(Eliminate), ⑦ 행동을 시작한다(Start action).

의사결정의 과정은 문제를 명확히 인식하고 정의하는 단계에서 출발한다. 자신이 원하는 것과 현재 상태 간의 불일치를 파악함으로써 문제를 정확히 정의 내릴 수 있다. 이어서 그 문제의 해결을 위한 계획을 세워야 하고, 자신의 신념과 가치를 명확히 하여 문제해결의 기준으로 삼아야 한다. 이후에는 의사결정의 가장 핵심적 단계인 대안 모색이 필요하다. 시간을 갖고 최대한 많은 가능성을 폭넓게 탐색해야 하는데, 이때 요구되는 것이 유연하고 창의적인 발상이다. 불안과 실패에 대한 두려움이 커질수록 빠른 결정을 내리고 싶어 하다 보니 다각적인 검토 없이 대안을 성급하게 선택하는 것이 후회스러운 결과를 발생하게 한다. 따라서 과거의 익숙한 방식이 아닌 새롭고 창의적인 방법을 통해 다양한 모색을 시도해야 한다. 대안들의 모색이 이루어지면 여러 가지 대안 중에서 최적의 대안을 선택하기 위해서 각 대안들의 결과를 예측해 보는 과정이 필요하다. 이 과정에서는 과거의 경험들을 참고하면서 자신의 가치와 기준들에 따라 우선순위를 정하고 대안들을 평가해 보아야 한다. 이렇듯 결과를 예측한 이후에는 최종적으로 한 가지의 가장 적절한 대안을 결정하기 위해 다른 대안들을 제외하는 배제 단계에 진입하게 된다. 이 단계는 의사결정과정 중 가장 어렵다고 여겨지는데, 한 가지 대안을 선택함으로써 다른 대안들의 긍정적 결과들은 포기해야 하기 때문이다. 이러한 일련의 과정을 거쳐서 최적의 대안이 선택되면, 그것을 이루기 위해서 행동을 시작해야 할 것이다.

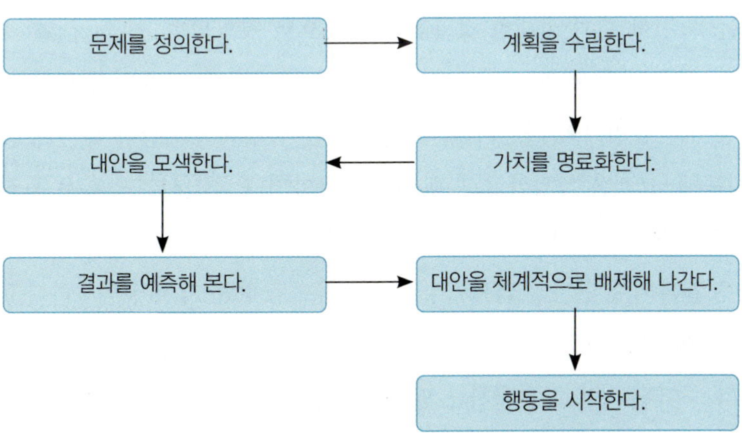

[그림 11-1] **합리적 의사결정 과정(Krumboltz, 1975)**

2. 진로의사결정 이론

진로의사결정에 대한 이론은 크게 기술적인 모델과 처방적인 모델로 구분할 수 있다. 기술적인 모델은 사람들이 실질적으로 어떻게 무엇인가를 결정하는지에 관심을 두며, 처방적인 모델은 결정이 어떻게 이루어져야 하는지 구체적인 방법을 설명해 주고 있다. 이 장에서는 기술적 모델로서 Vroom의 기대모델과 Janis와 Mann의 갈등모델을 제시할 것이고, 처방적 모델로는 Mitchell과 Beach의 주관적 기대효용 모델을 살펴볼 것이다.

1) Vroom의 기대모델

Vroom(1964)의 기대모델(expectancy model)은 일과 관련된 개인의 행동을 설명하는 데 중점을 두며, 인간의 행동은 내부로부터 동기화된다는 가정을 전제로 하고 있다. 그는 일(work)이 모호한 용어라고 생각했기 때문에, 대신 일 역할(work role)이라는 개념을 사용하였다. 여기서 일 역할은 '역할 종사자에 의하여 행해진 일련의 기능'으로 정의된다. Vroom의 이론에서 또 다른 중요한 개념은 동기(motivation)이며, '자발적인 행동을 조절하는 과정'으로 정의된다. 여기서 유인가(valence)와 기대(expectancy)라는 두 개념은 Vroom의 이론을 이해하는 데 매우 중요하다.

유인가는 '특정한 결과에 대한 정서적 방향성'으로 정의되며, 선호(preference)라는 말과 동의어로 사용된다. 결과(outcome)는 긍정적 · 부정적 혹은 중성적 유인가를 갖게 된다. 또한 동기는 유인가와 관계가 있다. 사람들은 긍정적 · 부정적 혹은 중성적 동기를 가질 수 있는데, 그것은 특정한 결과에 대해 다가가거나 물러서려는 혹은 움직이고 싶어하지 않는다는 것을 뜻한다.

Vroom은 결과의 유인가와 의사결정자가 목적으로 하는 가치가 동등하다고 생각하지 않는다. 결과에 대한 유인가는 실질적으로 주어지는 만족이 아니라, 오히려 개인이 그 결과로부터 주어질 것으로 기대하는 만족에 기반을 두고 있다. 즉, 결과에 대한 유인가의 크기는 특정한 결과로부터 얻어질 것으로 예상되는 주관적 만족의 수준에 기반을 두고 있다.

Vroom은 우리가 어떤 목적이나 목표(예컨대, 안정, 지위 혹은 수입 등과 같은)를 획득하기 위하여 직업을 선택한다고 인정할 것을 제안한다. 직업의 유인가는 목표의 유인가의 총계와 직접적으로 연관되어 있으며, 이때의 목표는 직업이 선택된다면 개인이 획득할 것이라고 인식하는 것을 의미한다. 선택의 결과는 개인의 의사결정에만 단순히 관련되어 있는 것이 아니다. 외적인 힘들도 의사결정자에게 영향을 미치며, 각 의사결정자는 이러한 외적인 사건들이 의사결정에 미치는 영향에 대하여 어느 정도 아이디어를 가지고 있다. 그러므로 의사결정자는 어느 정도 결과에 대한 선호와 기대에 기반을 두고 결정을 내리게 된다. Vroom은 선택이 현실화될 수 있다는 믿음을 기대라고 정의한다. 이러한 기대는 주관적인 것인데, 어떠한 의사결정자도 선택한 진로목표를 달성할 수 있으리라는 실질적인 가능성을 완전히 예측할 수는 없기 때문이다.

그는 의사결정자들로 하여금 특정한 진로를 선택하게 만드는 힘은 모든 결과에 대한 유인가의 총합과 기대(주어진 진로에 대한 선택이 바라는 결과의 획득을 가져올 것이라는)의 강도와 직접적으로 연관되어 있다고 주장한다.

Vroom은 상호작용하는 기대와 유인가의 속성을 논의함으로써 이를 상세히 설명한다. 예를 들어, 어떤 사람이 진로선택을 달성하는 것에 높은 기대감을 가지고 있다고 하더라도 그 선택의 유인가가 0이거나 혹은 매우 낮다면, 진로를 선택하도록 하는 동기에는 거의 영향을 미치지 않을 것이다. 이와 비슷하게 만약 그 진로에 들어서려는 기대가 낮다면, 유인가가 높을지라도 진로를 선택하도록 하는 동기를 증가시키지는 못할 것이다. 그러나 이 두 가지 요소를 연결하면 한 개인으로 하여금 노력하도록 만드는 힘을 예상할 수 있다. 만약 특정한 진로선택에 대한 유인가가 높고 그 선택을 달성하려는 기대가 높다면, 개인이 진로를 선택하려는 데 있어 실질적인 노력을 광범위하게 할 것이라는 것을 예상할 수 있다는 것이다. Vroom의 이론은 진로선택의 성취(performance)를 예측하는 것이 아니라, 개인의 노력만을 예상하고 있다(Mitchell, 1974).

2) Janis와 Mann의 갈등모델

Janis와 Mann(1977)의 갈등모델(conflict model)은 각 개인이 의사결정을 하려고 할 경우에는 언제나 갈등이 발생한다는 것을 가정한다. 이 갈등은 의사결정에 직면해 있는 각 개인 내에서 '주어진 행동과정을 수용하거나 거부하려는 상반되는 경향이 동시에 존재하기 때문에' 발생한다. 이러한 모순되는 힘의 결과는 불확실성을 느끼게 하고, 행동을 망설이게 하며, 심지어는 정서적 혼란을 겪게 한다. 의사결정 과정에서 야기된 갈등은 스트레스를 유발하는데, 스트레스란 '높은 수준의 유쾌하지 못한 감정(불안, 죄의식, 수

줍음-이러한 것들은 정상적인 정보처리과정의 패턴에 영향을 준다)'으로 정의된다. Janis와 Mann은 스트레스와 의사결정상의 갈등 간의 관계에 대해서 다음과 같은 네 가지 기본 가정을 상정하고 있다.

① 의사결정의 갈등으로부터 야기된 스트레스의 양은 개인의 목표, 그러한 목표와 관련된 욕구들, 그리고 어떤 욕구들은 의사결정의 결과로 충족되지 않을 수 있다는 예상 수준과 관련된다. 욕구가 충족되지 않을 것이라는 예상이 커지면 커질수록 스트레스도 그만큼 증가한다.

② 위협과 기회는 의사결정을 촉진한다. 의사결정의 스트레스는 위협이나 기회에 직면했을 때 의사결정자가 현재 행동 방향을 얼마나 분명히 하느냐의 정도와 상관이 있다.

③ 문제와 위협에 대한 모든 대안이 심각한 위험을 수반한 것으로 지각되었을 때, 바람직한 대안이 선택될 가능성이 없어지는 대신 방어적인 회피가 일어난다. 방어적인 회피는 대안들로부터 야기될 손실의 축소나 이익의 과장, 지연, 다른 것들에 대한 의존, 그리고 자료에 대한 선택적 주의집중 등으로 특징지어진다.

④ 의사결정상의 갈등으로 인해 적절한 수준의 스트레스가 발생하고 합리적인 대안들을 찾을 수 있을 것이라는 희망이 있는 한, 유용한 대안들을 평가하거나 확인하기 위하여 세심한 노력을 기울인다.

이 가정을 예로 살펴보면, 대학 4학년 1학기에 재학 중인 K 양은 미술공부를 하고 싶다는 생각과 더불어 교육학 관련 대학원에 진학하고 싶은 마음도 있고, 집안 사정을 고려해서 취업을 해야 한다는 생각 사이에서 혼란을 겪고 있다. 특히 K 양의 아버지는 이번에 취업을 바로 하지 않으면 대출금을 못 갚아 상황이 매우 악화된다는 말을 K 양에게 했다. 만약 K 양이 이를 심각한 위협으로 받아들였다면 아무 곳이나 돈 벌 수 있는 곳을 서둘러 선택하는 방어적 회피가 나타날 수도 있다.

반면, 적절한 수준의 자극으로 작용되었을 경우, K 양은 경제적 현실과 자신의 진로 희망을 함께 고려하여 보다 통합적이고 세심한 계획을 세울 수 있을 것이다. 여기서의 위협이나 기회, 스트레스는 의사결정자로 하여금 현재 행동의 방향을 명확하게 설정할 수 있게 해 준다. Janis와 Mann은 의사결정에서의 세심한 접근은 의사결정 이후 발생할 수 있는 스트레스를 최소화시키는 경향이 있다고 가정한다. 만약 개인이 면밀하게 다양한 대안을 고려한다면 그 결정으로부터 생겨나는 문제들을 더 잘 대응할 수 있고, 결과적으로 최선의 결정에 도달한다고 가정하는 것이다.

Janis와 Mann의 진로의사결정 모델로부터 얻을 수 있는 가장 큰 시사점은 그들이 제안한 대차대조표 활용법에서 찾을 수 있다(〈표 11-1〉 참조). 그들은 대차대조표를 활용하는 절차를 다음과 같이 16가지 단계로 제시하고 있다.

〈표 11-1〉 **대차대조표**

비교항목	행동의 대안적 방향					
	대안 1		대안 2		대안 3	
	+	−	+	−	+	−
A. 자신에게 주어지는 이득과 손실						
1. 개인적 수입						
2. 일의 가치에 대한 관심						
3. 사회적 지위						
4. 교육기회						
5. 여가기회						
B. 중요한 타인에게 주어지는 이득과 손실						
1. 개인적 수입						
2. 일의 가치에 대한 관심						
3. 사회적 지위						
4. 교육기회						
5. 여가기회						
C. 자신의 승인, 거부						
1. 도덕적 · 법적 고려						
2. 타인에 대한 봉사						
3. 자기 이미지						
D. 사회적 승인, 거부						
1. 아내나 남편으로부터						
2. 가까운 친구로부터						
3. 동료로부터						
4. 타인들로부터						
총점						

① 고려하고 있는 진로 또는 직업에 대한 대안들을 목록화한다.
② 각 대안에 대해서 중요한 순서대로 +5부터 −5까지 할당한다.
③ 각 대안에 대해 자신이 얻게 되는 유용성을 목록화한다.
④ 이 유용성들에 대해서 중요한 순서대로 +5에서부터 −5까지 할당한다.
⑤ 다른 사람이 얻게 되는 유용성을 목록화한다.
⑥ 이러한 유용성에 대해서 중요한 순서대로 +5에서부터 −5까지 할당한다.
⑦ 잃게 되는 유용성에 대해 ③~⑥번과 같은 방법으로 반복한다.
⑧ 각각의 대안에 대한 사회적 인정의 원인들을 목록화한다.
⑨ 그러한 인정에 대해 중요한 순서대로 +5부터 −5까지 할당한다.
⑩ 각 대안에 대한 사회적 불인정의 원인을 목록화한다.
⑪ 그러한 불인정에 대해 중요한 순서대로 +5에서 −5까지 할당한다.
⑫ 각 대안에 대한 자신의 인정의 원인과 유형을 목록화한다.
⑬ 그러한 자기인정에 대해 중요한 순서대로 +5에서 −5까지 할당한다.
⑭ 각 대안에 대한 자기불인정의 유형과 원인들을 목록화한다.
⑮ 그러한 자기불인정에 대해 중요한 순서대로 +5에서 −5까지 할당한다.
⑯ 긍정적 · 부정적 가중치들을 종합하여 각 대안의 가치 점수를 산출한다.

3) Mitchell과 Beach의 주관적 기대효용 모델

의사결정의 처방적 모델은 사람들이 어떻게 의사결정을 해야 하는가를 보여 주기 위해 개발되었으며, 대표적인 모델로는 Mitchell과 Beach(1976)의 주관적 기대효용 모델이 있다. 여러 수학적인 원리에서부터 파생된 의사결정의 주관적 기대효용(subjective expected utility: SEU) 모델은 의사결정자들이 바람직한 결과를 얻을 수 있는 가능성의 극대화를 도와주는 것이라고 할 수 있다. 가능성의 극대화(maximization of expectancies)라 불리는 이 원리는 의사결정자가 여러 결과에 직면했을 때, 각 결과의 가치나 효용, 그 결과 발생의 가능성에 따라서 취하게 될 행동을 예상할 수 있다는 것이다(Mitchell & Beach, 1976; Wright, 1984). 특정한 대안적 진로에 대한 주관적 기대효용은 다음과 같다.

$$SEU = (Pk \times Uk) + (1 - Pk)(-Uk)$$

- Pk = 특정한 진로의사결정이 이루어지면 생길 수 있는 결과 K가 발생할 수 있는 가능성(0~1)
- Uk = 결과 K를 받아들이는 것에 대한 효용(1~10)
- 1 – Pk = 동일한 진로의사결정이 이루어져도 결과 K가 발생하지 않을 가능성
- –Uk = K를 받아들이지 않은 것에 대한 비효용(1~10)

예를 들어, 어느 대학생들이 '미술사'와 '경영'이라는 두 개의 전공을 놓고 선택에 직면했을 때 다음과 같은 상황이 발생할 것이다(김봉환 외, 2006).

예상되는 결과 (K) = 대학졸업 후 일하게 될 영역

- 미술사의 주관적 기대효용 SEU = (0.1×10) + (1–0.9) (–4)
  = 1+(–0.4)
  = 0.6
- 경영의 주관적 기대효용 SEU = (0.6×10) + (1 –0.6) (–4)
  = 6 + (–1.6)
  = 4.4

이 절차는 먼저 학생들에게 여러 상이한 변수의 중요성에 대한 주관적인 평가에 따라 가중치를 매기도록 한다. 여기에서는 '경영'이 선택될 것이라는 것을 예상할 수 있다. 특정한 진로선택에 대한 주관적 기대효용은 그 진로와 관련된 주관적 가치와 그 진로가 선택되었을 때 바람직한 결과가 얻어질 가능성의 곱에 의해서 산출된다(Pk × Uk). 이렇게 얻어진 수치에 만약 그 선택이 결정되더라도 희망하는 결과가 나타나지 않을 것이라는 것과, 그 결과를 받아들이지 않음으로써 일어나는 비효용의 곱에 의해 산출된 숫자가 더해진다[(1–Pk) (–Uk)]. 이 등식에서 볼 수 있듯이, 실제적으로 첨가되는 것은 부정적인 계수이다. 이 모델에서 진로결정자는 각각의 진로선택 사항에 대한 주관적 기대효용을 계산해야 한다. 그리고 높은 계수를 가진 대안이 선택되도록 해야 한다(Mitchell & Beach, 1976).

Wright(1984)는 올바른 의사결정을 하기 위해 활용 가능한 보다 간단한 대수적 접근을 제안한다. '미술사'와 '경영' 사이에서 고민하는 대학생의 예에서 그의 전공과 관련된 직장을 갖지 못하게 될 때의 비효용성은 부정적인 요인이 된다. 이어서 선택의 상황에 직

면하여 모든 긍정적인 효용에 관심을 두는 예와, 부정적인 효용성을 보다 간단한 방식으로 그 공식에 연결시키는 예를 살펴보자. 먼저 진로결정을 앞두고 있는 내담자가 '수학교사'와 '엔지니어' 중 하나를 선택해야 할 상황에 직면해 있다면, 그는 이 선택의 결과로서 어떤 성과가 있기를 바랄 것이다. 그것은 다음과 같이 예시될 수 있다.

효용(1~10)	획득하게 될 가능성(0~1)	
	수학교사	엔지니어
직업적 안정성(9)	1.0	0.8
높은 보수(10)	0.1	1.0
지위(6)	0.2	0.6
지리적 유동성(6)	1.0	0.9
도전성(7)	0.4	0.8
여가시간(4)	1.0	0.4
가족과 지낼 수 있는 시간(7)	1.0	0.4

- 수학교사의 SEU = 9 + 1 + 1.2 + 6 + 2.8 + 4 + 7 = 31.0
- 엔지니어의 SEU = 7.2 + 10 + 3.6 + 5.4 + 5.6 + 1.6 + 2.8 = 36.2

주관적 기대효용을 고려한 의사결정 모델로 예상할 수 있는 것은, 이 내담자는 수학교사보다는 엔지니어가 될 가능성이 높다는 것이다.

앞의 예에서 효용성들은 모두 긍정적이지만, 부정적인 것이 있을 수도 있다(Mitchell & Beach, 1976). 예를 들어, 어떤 내담자는 위험한 환경에서 일하는 것에 −8의 가중치를 줄 수도 있고, 대도시로 통근하는 것에 −10의 가중치를 할당할지도 모른다. 부정적인 가중치가 할당되면, 두 가지 진로선택에 대한 주관적 기대효용에 대한 평가는 다음과 같이 나타날 것이다.

효용(1~10)	획득하게 될 가능성(0~1)	
	세일즈맨	회계사
높은 보수(8)	0.9	0.9
직업적 자율성(10)	0.8	0.2
안정성(4)	0.3	0.8
자유시간(8)	0.9	0.3
통근거리(−8)	0.9	0.5
배우자를 만날 기회(7)	0.8	0.7

- 세일즈맨의 SEU = 7.2 + 8.0 + 1.2 + 7.2 − 7.2 + 5.6 = 22.0
- 회계사의 SEU = 7.2 + 2.0 + 3.2 + 2.4 − 4.0 + 4.9 = 15.7

이 모델에 기초한 평가결과를 보면 내담자는 회계사보다는 세일즈맨이 되는 것이 더 좋은 선택이라고 볼 수 있을 것이다.

3. 진로의사결정 유형

진로의사결정 분야에서는 의사결정의 유형에 대해 깊은 관심을 가지고 있다. 진로의사결정 유형의 토대가 된 일반적인 의사결정 유형을 살펴보면 다음과 같다. 먼저 Dinklage(1968)는 사람들이 진로, 직업, 생활 등에서 어떻게 의사결정을 하고 있는지의 방식에 따라 계획형(planful), 직관형(intuitive), 순응형(compliant), 운명론형(fatalistic), 충동형(impulsive), 지연형(delaying), 번민형(agonizing), 마비형(paralytic) 등의 여덟 가지로 분류하였다. 여덟 가지의 의사결정 방식에서 계획형이 가장 합리인 의사결정 방식이라고 하였고, 그다음으로 직관형이 효과적이라고 하였다. 그 외에 순응형, 운명론형, 충동형, 지연형, 번민형, 마비형 등의 여섯 가지 유형에 대해서는 비효과인 의사결정이라고 보고하였다.

다음으로 Harren(1979)은 효과적인 의사결정을 내릴 수 있는 사람은 적절한 자기존중감과 잘 분화되고 통합된 자아개념을 갖고 자신의 의사결정에 책임을 지는 사람이며, 성숙한 인간관계뿐만 아니라 목적의식도 분명히 할 수 있다고 설명하였다. 현실적인 자기존중감을 토대로 의사결정을 할 때에는 무엇보다 합리적인 신념과 사고가 중요하며, 주어진 상황에서 통합적인 사고가 가능할 때 의사결정능력이 높아진다고 할 수 있다(안윤정, 2011).

Harren(1979)은 의사결정 양식을 합리적 · 직관적 · 의존적이라는 세 가지로 분류하고 있다. 그의 모델에서 합리적 양식(rational style)이란 의사결정 과업에 대해서 논리적이고 체계적으로 접근하는 것을 의미한다. 또한 결정에 대한 책임을 수용하며, 이후의 결정들을 위해서 이전 결정들의 결과를 평가할 수 있는 능력을 소유하고 있고, 미래의 의사결정의 필요성을 예견하고 자신 및 기대되는 상황에 대한 정보를 수집하는 등의 준비를 한다. 따라서 결정은 매우 신중하고 논리적으로 행해지는 것이 특징이다.

직관적 양식(intuitive style)은 의사결정에 있어서 개인 내적인 감정적 상태(internal affective states)에 의존하는 것을 나타낸다. 결정에 대한 책임은 수용하지만 미래에 대해서 예견을 거의 하지 않고 정보 수집을 위한 활동도 별로 없으며, 사실에 대해서 논리적인 비중을 거의 두지 않는다. 오히려 환상(fantasy)을 활용하고 현재의 느낌(feeling)에 주의를 기울이는 것으로 특징지어진다. 이 양식을 채택하는 사람들은 결정과정에 대한 각 단계의 선택과 수용이 비교적 빨리 이루어지며, 종종 어떻게 결정에 도달하였는가를 명백하게 진술하지 못하는 경향이 있다.

한편, 의존적 양식(dependent style)은 앞의 두 경우와는 달리 결정에 대한 자신의 책임을 거부하며, 그 책임을 자신 이외의 가족이나 친구 그리고 동료 등에게 전가하는 특징이 있다. 이와 같은 양식을 활용하는 사람들은 타인들의 기대에 크게 영향을 받고 수동적 · 복종적이며 사회적인 승인에 대한 욕구가 높다. Harren이 개발한 '의사결정 유형검사'의 문항은 다음과 같다.

〈표 11-2〉 **의사결정 유형검사 문항**

1. 나는 중요한 의사결정을 할 때만 한 단계 한 단계 체계적으로 한다.
2. 나는 내 자신의 욕구에 따라 매우 독특하게 의사결정을 한다.
3. 나는 얻을 수 있는 모든 정보를 수집하지 않고서는 중요한 의사결정은 거의 하지 않는다.
4. 의사결정을 할 때 내 친구들이 나의 결정을 어떻게 생각할 것인가를 매우 중요시한다.
5. 나는 의사결정을 할 때, 의사결정과 관련된 결과까지 고려한다.
6. 나는 다른 사람의 도움 없이는 중요한 의사결정을 하기가 어렵다.
7. 나는 어려운 문제에 부딪치면 재빨리 결정을 내린다.
8. 나는 의사결정을 할 때 자신의 즉각적인 느낌이나 감정에 따른다.
9. 나는 내가 하고 싶은 것보다 다른 사람이 어떻게 생각하느냐에 영향을 받아 의사결정을 한다.
10. 어떤 의사결정을 할 때 나는 시간을 갖고 주의 깊게 생각해 본다.

11. 나는 문제의 본질에 대해 찰나적으로 떠오르는 생각에 의해 결정한다.
12. 나는 친한 친구에게 먼저 이야기하지 않고는 의사결정을 거의 하지 않는다.
13. 나는 중대한 의사결정 문제가 예상될 때, 그것을 계획하고 생각할 시간을 충분히 갖는다.
14. 나는 의사결정을 못한 채 뒤로 미루는 경우가 있다.
15. 의사결정을 하기 전에 올바른 사실을 알고 있으나 확인하기 위해 관련된 정보들을 다시 살펴본다.
16. 나는 의사결정에 관해 실제로 생각하지는 않지만 갑자기 생각이 떠오르면서 무엇을 해야 할지 알게 된다.
17. 어떤 중요한 일을 하기 전에 나는 신중하게 계획을 세운다.
18. 의사결정을 할 때 나는 다른 사람의 많은 격려와 지지를 필요로 한다.
19. 나는 의사결정을 할 때 마음이 가장 끌리는 쪽으로 결정을 한다.
20. 나의 인기를 떨어뜨릴 의사결정은 별로 하고 싶지 않다.
21. 나는 의사결정을 할 때, 예감 또는 육감을 중요시한다.
22. 나는 조급하게 결정을 내리지 않는데, 그 이유는 올바른 의사결정을 확신하고 싶기 때문이다.
23. 어떤 의사결정이 감정적으로 나에게 만족스러우면 나는 그 결정을 올바른 것으로 본다.
24. 올바른 의사결정을 할 수 있는 능력에 자신이 없기 때문에 주로 나는 다른 사람의 의견을 따른다.
25. 종종 내가 내린 각각의 의사결정을 일정한 목표를 향한 진보의 단계들로 본다.
26. 내가 내리는 의사결정을 친구들이 지지해 주지 않으면 그 결정에 대해 확신을 갖지 못한다.
27. 의사결정을 하기 전에, 나는 그 결정을 함으로써 생기는 결과에 대해 가능한 한 많이 알고 싶다.
28. 나는 '이것이다'라는 느낌에 의해 결정을 내릴 때가 종종 있다.
29. 대개의 경우 나는 주위 사람들이 바라는 방향으로 의사결정을 한다.
30. 여러 가지 정보를 수집하거나 검토하는 과정을 갖기보다, 나에게 떠오르는 생각대로 결정을 내리는 경우가 자주 있다.

- 합리적 유형: 1, 3, 5, 10, 13, 15, 17, 22, 25, 27
- 직관적 유형: 2, 7, 8, 11, 16, 19, 21, 23, 28, 30
- 의존적 유형: 4, 6, 9, 12, 14, 18, 20, 24, 26, 29

연구결과들에 따르면, 합리적 의사결정 유형이 직관적 유형이나 의존적 유형보다 진로의사결정에 효과적이라고 보고되고 있다. 하지만 의사결정 유형을 사회적·문화적 맥락과 여건에 따라서 세심하게 생각해 볼 필요가 있다. 의존적 유형의 경우, 자신이 내린 결정에 대한 책임을 지지 않으려고 하며 외부적인 승인에 민감하고 스스로 자신이 선택할 수 있는 가능성을 제한하는 경향이 있다. 특히 부모나 교사와 같은 자신에게 주요한 타인의 의견을 수용하고 그에 따르려는 행동을 보인다. 독립적이고 주도적인 선택을 중요시하는 개인주의적 문화의 관점에서는 이러한 의존적인 의사결정방식에 비판적일 수 있겠지만, 우리나라를 비롯하여 아시아권의 집단주의적인 문화적 맥락에서는 비교적 많은 사람들에게서 나타나는 결정 경향일 수 있다.

김현석(2008)의 연구는 한국의 가족문화 속에서 청소년의 진로의사결정이 가족의 배경이나 문화와 밀접하게 관련되어 있음을 보여 주고 있다. 이는 개인의 독립적이고 체계적인 의사결정을 중요시하는 합리적 의사결정 유형만이 진로의사결정에 바람직한 유형이 아니라, 의존적인 유형이나 직관적 유형에서도 참고할 수 있는 긍정적인 면이 있다는 것을 인식하고 통합적으로 생각해 보아야 함을 시사한다. 부모나 친구, 동료, 선배, 교수의 의견이 의존형 의사결정으로 이끌 수도 있지만 상호 조력적인 방식으로 합리적인 의사결정을 유도하는 자원이 될 수도 있다.

Scott과 Bruce(1995)는 Harren(1979)이 제시한 의사결정 유형을 바탕으로 행동에 초점을 두고 재분류하였으며, 이를 통해 합리적 유형, 직관적 유형, 의존적 유형, 즉흥적 유형 등 네 가지 유형을 제안하였다. 먼저 합리적 유형은 정보 수집을 통해 대안을 탐색하고 논리적으로 의사결정과정을 진행하는 유형이다. 직관적 유형은 개인의 직관과 감정에 의존하여 의사결정을 하는 경향을 보이고, 의존적 유형은 타인의 조언과 지시를 통해 의사결정을 하는 유형이다. 끝으로 즉흥적 유형은 의사결정을 회피하고자 하며 서둘러 의사결정을 마치고자 하는 특징을 보인다.

4. 진로결정 관련 척도

앞에서는 진로의사결정 유형검사를 살펴보았는데, 진로결정과 관련된 측면을 측정하는 또 다른 도구들도 있다. 구체적인 도구는 다음과 같다.

1) 진로결정 자기효능감 척도

(1) 척도 개요

이 척도는 중·고등학생 및 대학생을 대상으로 진로결정 자기효능감(career decision-making self-efficacy)을 측정하기 위하여 개발되었다. 진로결정 자기효능감은 Bandura(1977)의 자기효능감 정의에 근거한 개념으로, 개인이 진로와 관련된 다양한 탐색 활동을 성공적으로 수행할 수 있는지에 대한 확신의 정도로 정의된다. 해당 척도의 점수가 높을수록, 진로결정에서 요구되는 과제를 성공적으로 완성할 수 있다는 개인적인 신념이 강하다는 것을 의미한다(Taylor & Betz, 1983).

(2) 척도의 구성

이은경(2001)이 타당화한 척도는 총 4개의 하위요인으로 목표선택(11문항), 직업정보(6문항), 문제해결(3문항), 미래계획(5문항)의 총 25문항으로 구성되어 있다. 25가지의 진로결정과 관련된 과제에 대해서 자신의 자신감 정도를 6점 Likert 척도로 응답하게 되는데, 높은 점수를 보일수록 강한 자신감을 나타낸다.

〈표 11-3〉 진로결정 자기효능감 척도 문항

Ⅰ. 목표선택

1. 내가 관심 있는 직업에 대한 정보를 도서관이나 인터넷에서 찾을 수 있다.
2. 여러 가지 전공이 나열되어 있는 목록 중에서 내가 원하는 전공을 선택할 수 있다.
3. 앞으로 5년간의 계획을 세울 수 있다.
4. 마음에 두고 있는 직업목록에서 한 가지 직업을 선택할 수 있다.
5. 힘든 상황에서도 내가 선택한 전공이나 진로목표를 이루기 위한 일을 지속적으로 수행할 수 있다.
6. 나에게 이상적인 직업이 무엇인지 알 수 있다.
7. 내가 선호하는 생활방식에 맞는 진로를 결정할 수 있다.
8. 나는 직업선택과 관련된 여러 가지 가치에 대해 우선순위를 정할 수 있다.
9. 진로목표를 달성하기 위해 내가 어떤 희생은 감수할 수 있고, 어떤 것은 감수하기 어려운지를 구분해 낼 수 있다.
10. 나는 관심 있는 전공이나 진로를 선택할 수 있다.
11. 내가 원하는 생활방식이 무엇인지 알 수 있다.

Ⅱ. 직업정보

1. 선택한 전공을 이수하는 데 어떤 교과과정(교육과정)이 요구되는지 알 수 있다.
2. 생각하고 있는 직업의 평균수입과 연봉을 알아볼 수 있다.
3. 내가 관심 있는 분야에서 현재 일하고 있는 사람들을 만나 이야기할 기회를 가질 수 있다.
4. 나의 적성이나 능력에 맞는 직종과 관련된 기관이나 기업에 대해 알아볼 수 있다.
5. 대학 혹은 대학원에 대해 정보를 찾을 수 있다.
6. 취업면접과 관련하여 필요한 절차를 잘 통과할 수 있다.

Ⅲ. 문제해결

1. 처음 선택한 전공이 만족스럽지 않다면 바꿀 수 있다.
2. 선택한 진로가 만족스럽지 않다면 바꿀 수 있다.
3. 처음 선택한 진로나 분야가 불가능하다면 다른 전공이나 진로의 대안을 생각해 볼 수 있다.

Ⅳ. 미래계획
1. 만약 내가 선택한 전공을 공부하는 데 학업상 어려움이 있을 경우, 어떤 방법을 취할 것인지 결정할 수 있다.
2. 나의 능력을 정확히 평가할 수 있다.
3. 향후 10년간의 직업 고용 경향을 알 수 있다.
4. 나는 나의 이력서를 멋지게 쓸 수 있다.
5. 진로결정을 하고 나면, 그것이 잘한 것인지 못한 것인지에 대해 걱정하지 않는다.

출처: 이은경(2001).

2) 진로결정문제 척도

(1) 척도 개요

이 척도는 대학생을 대상으로 진로미결정을 다루는 이론과 진로미결정 분류에 관한 경험적 연구를 토대로 진로미결정을 야기하는 다양한 문제를 측정하기 위해 개발되었다. 이 척도는 우리나라에서 진로미결정 척도로 가장 잘 알려진 진로결정 척도(Career Decision Scale: CDS)(Osipow et al., 1987)처럼 진로미결정의 하위 차원을 살펴보고자 하는 도구가 아니라, 진로미결정의 상태를 가져오는 다양한 문제(준비 부족, 정보 부족, 모순된 정보)를 분류하는 데 초점을 두고 있다. 즉, 진로를 결정하는 데 어려움을 겪는 내담자의 문제를 진단하고 이해하는 데 해당 척도를 활용할 수 있다.

(2) 척도의 구성

Gati 등(1996)의 원 척도는 세 가지 진로의사결정 문제의 분류에 따라 총 세 가지 영역, 10개의 하위 구성요소, 44문항의 9점 Likert 척도의 형태로 구성되어 있다. 진로의사결정 문제는 진로를 준비 과정 이전에 발생하는 '진로에 대한 준비 부족', 진로준비 과정 동안에 발생하는 '정보 부족', '모순된 정보'의 세 부분으로 구성된다. 첫째, 진로준비 부족은 동기의 부족, 우유부단함, 역기능적 신념 때문에 기인하는 것으로 분류된다. 둘째, 정보 부족은 진로 의사결정 과정과 절차에 대한 정보의 부족, 자기 자신 그리고 직업, 기타 정보 획득 방법에 대한 정보의 부족으로 살펴볼 수 있다. 셋째, 모순된 정보는 신뢰할 수 없는 정보, 내적 갈등, 외적 갈등에 기인하는 것으로 분류된다. 김영화(2010)가 역기능적 신념 문항을 제외하고 개발한 진로결정문제 척도는 9점 Likert 척도로 총 24문항이다.

〈표 11-4〉 **진로결정문제 척도 문항**

1. 나는 진로를 선택해야 한다는 것을 알지만, 지금은 그 결정을 내릴 생각이 없다.
2. 직업이 나의 인생에서 가장 중요한 것은 아니라서, 진로선택에 대해서 별로 걱정하지 않는다.
3. 적당한 때가 되면 나에게 좋은 진로가 보일 것으로 믿기 때문에 지금 진로를 선택하지 않아도 된다고 생각한다.
4. 나는 일반적으로 어떠한 결정을 내리는 것이 어렵다.
5. 대개의 경우 나는 내가 믿는 어떤 사람이나 전문가가 나의 결정에 대하여 인정해 주고 지지해 주기를 바란다.
6. 나는 대체로 책임질 일을 피하려는 경향이 있다.
7. 나는 일반적으로 실패할까 봐 두려워하는 경향이 있다.
8. 나는 진로를 결정하는 데 있어 어떤 과정을 밟아야 할지 모르기 때문에 결정을 내리기가 어렵다.
9. 나는 진로를 결정하는 데 고려해야 할 점이 무엇인지를 모르기 때문에 결정을 내리기가 어렵다.
10. 나 자신의 특성과 진로에 관한 다양한 정보를 어떻게 연결시켜야 할지 몰라서 진로를 결정하는 것이 어렵다.
11. 내가 관심이 있는 진로가 무엇인지 아직 모르기 때문에 진로를 결정하는 것이 어렵다.
12. 나의 진로선호에 대해 아직 확신이 없기 때문에 진로를 결정하는 것이 어렵다(진로선호란 진로를 비교하거나 평가할 때 고려하는 많은 특성 중 내가 원하는 것을 말한다. 예를 들어, 내가 사람들과 어떤 관계를 맺기 원하는가, 어떤 직업환경을 좋아하는가 등을 말한다).
13. 나의 능력(예: 수리력, 언어능력)에 대한 충분한 정보가 없기 때문에 진로를 결정하는 것이 어렵다.
14. 내 성격 특성(예: 지구력, 창의성, 인내력)에 대한 충분한 정보가 없어서 진로를 결정하는 것이 어렵다.
15. 미래에 내가 어떤 진로에 관심을 가지게 될지 알지 못해서 진로를 결정하는 것이 어렵다.
16. 미래에 내가 어떤 진로를 선호할지 알지 못해서 진로를 결정하는 것이 어렵다.
17. 미래에 내 능력이 어떻게 바뀔지 알지 못하기 때문에 진로를 결정하는 것이 어렵다.
18. 미래에 내 성격 특성이 어떻게 변할지 알지 못하기 때문에 진로를 결정하는 것이 어렵다.
19. 나는 어떤 다양한 직업이나 진로 훈련프로그램이 있는지에 대한 충분한 정보가 없기 때문에 진로를 결정하는 것이 어렵다(진로 훈련프로그램이란, 예를 들면 방송기자가 되기 위한 방송기자 아카데미 프로그램, 그래픽 디자이너가 되기 위한 AUTO CAD 프로그램 등을 말한다).
20. 내가 관심을 가지는 직업이나 진로 훈련프로그램의 특성(예: 시장 수요, 봉급, 유망성, 일의 성격 등)에 대해서 충분히 알지 못하기 때문에 진로를 결정하는 것이 어렵다.
21. 나는 미래에 어떤 직업이나 진로 훈련프로그램이 있을지 모르기 때문에 진로를 결정하는 것이 어렵다.
22. 나는 미래에 있을 직업이나 진로 훈련프로그램이 어떤 특성을 지닐지 모르기 때문에 진로를 결정하기가 어렵다.
23. 나 자신에 대한 정보(예: 나의 능력, 성격 특성)를 어떻게 추가적으로 얻을 수 있는지 방법을 충분히 알지 못해서 진로를 결정하기 어렵다.
24. 나는 현재의 직업이나 진로 훈련프로그램에 대한 정확한 최신 정보를 어떻게 얻어야 할지 모르기 때문에 진로를 결정하기가 어렵다.

출처: 김영화(2010).

3) 진로결정자율성 척도

(1) 척도 개요

이 척도는 자기결정 동기이론(Deci & Ryan, 2002)에 기초하여, 대학생을 대상으로 진로결정 과정에서 스스로 선택하고 즐겁게 진로의사결정을 수행하는지, 아니면 외적인 불안에 의해서 또는 외부의 압력과 가치의 주입에 따라 진로를 결정하는지 그 동기의 유형을 측정하는 척도이다. 진로결정자율성 척도는 자기결정성에 의한 동기 변인들을 평가하기 위해 Guay(2001)가 개발한 이후 국내에서는 한주옥(2004)이 번안하였다. 이 척도는 진로상담 장면에서 내담자가 얼마나 내적인 동기에 따라서 스스로 자신의 진로를 결정한 것인지를 확인할 수 있는 유용한 평가도구이다(최윤정, 구본정, 2010).

(2) 척도의 구성

진로결정자율성 척도의 세부 내용은 8개의 행동에 대한 4개의 이유(동기)를 묻는 32개의 문항으로 구성되어 있다. 8개의 행동 지표 예를 보면, '학교에서 제공하는 프로그램에 대한 정보를 구한다.'라는 행동 지표에 대해서 네 가지 동기(내적 동기, 동일시된 조절, 주입된 조절, 외적 조절)를 근거로 하위 문항이 구성되어 있다. 각 문항은 1점에서 7점으로 평가되며, 점수가 높을수록 해당 동기 수준이 높은 것을 의미한다. 측정된 4유형 동기를 통해 자율성 지수를 산출하기 위하여 Guay 등(2003)은 '(내적 동기+동일시된 조절)−(주입된 조절+외적 조절)'의 방법을 사용한다. 자율성 지수가 양의 점수를 보이면 내적 동기와 동일시된 조절에 의한 행동으로 간주하고 자율성 지수가 음의 점수를 나타내면 주입된 조절과 외적 조절에 의한 행동으로 해석한다(Guay et al., 2003). 결과적으로 자율성 지수가 높을수록 진로결정자율성 수준이 높음을 의미한다.

〈표 11-5〉 진로결정자율성 척도 문항

Ⅰ. 진로에 대한 정보를 구한다.
(직무에 대한 설명, 취업기회의 유무, 그 분야의 전문가와의 면담)

1. 내가 이 행위를 하는 것은, 다른 사람이 원하기 때문이거나 다른 사람으로부터 보상이나 칭찬, 인정 등을 받을 수 있기 때문이다.
2. 내가 이 행위를 하지 않는다면, 죄책감이나 불안을 느낄 것 같아서이다.
3. 이 행위가 중요하다고 생각하기 때문이다.
4. 이 행위를 하는 것이 즐겁기 때문이다.

Ⅱ. 학교에서 제공하는 프로그램에 대한 정보를 구한다.
(학교에서 제공하는 프로그램을 알아보기 위해 대학 요람을 읽는다.)
1. 내가 이 행위를 하는 것은, 다른 사람이 원하기 때문이거나 다른 사람으로부터 보상이나 칭찬, 인정 등을 받을 수 있기 때문이다.
2. 내가 이 행위를 하지 않는다면, 죄책감이나 불안을 느낄 것 같아서이다.
3. 이 행위가 중요하다고 생각하기 때문이다.
4. 이 행위를 하는 것이 즐겁기 때문이다.

Ⅲ. 학교 프로그램이나 진로와 관련하여 내게 주어진 대안을 알아본다.
1. 내가 이 행위를 하는 것은, 다른 사람이 원하기 때문이거나 다른 사람으로부터 보상이나 칭찬, 인정 등을 받을 수 있기 때문이다.
2. 내가 이 행위를 하지 않는다면, 죄책감이나 불안을 느낄 것 같아서이다.
3. 이 행위가 중요하다고 생각하기 때문이다.
4. 이 행위를 하는 것이 즐겁기 때문이다.

Ⅳ. 진로목표를 달성하기 위해 열심히 공부한다.
1. 내가 이 행위를 하는 것은, 다른 사람이 원하기 때문이거나 다른 사람으로부터 보상이나 칭찬, 인정 등을 받을 수 있기 때문이다.
2. 내가 이 행위를 하지 않는다면, 죄책감이나 불안을 느낄 것 같아서이다.
3. 이 행위가 중요하다고 생각하기 때문이다.
4. 이 행위를 하는 것이 즐겁기 때문이다.

Ⅴ. 진로목표와 부합하여 선택할 수 있는 직업을 알아본다.
1. 내가 이 행위를 하는 것은, 다른 사람이 원하기 때문이거나 다른 사람으로부터 보상이나 칭찬, 인정 등을 받을 수 있기 때문이다.
2. 내가 이 행위를 하지 않는다면, 죄책감이나 불안을 느낄 것 같아서이다.
3. 이 행위가 중요하다고 생각하기 때문이다.
4. 이 행위를 하는 것이 즐겁기 때문이다.

Ⅵ. 학교 프로그램을 마치기 위해 따라야 하는 절차를 알아본다.
1. 내가 이 행위를 하는 것은, 다른 사람이 원하기 때문이거나 다른 사람으로부터 보상이나 칭찬, 인정 등을 받을 수 있기 때문이다.
2. 내가 이 행위를 하지 않는다면, 죄책감이나 불안을 느낄 것 같아서이다.
3. 이 행위가 중요하다고 생각하기 때문이다.
4. 이 행위를 하는 것이 즐겁기 때문이다.

Ⅶ. 진로 선택에 있어서 내게 가장 중요한 가치가 무엇인지 찾는다.
1. 내가 이 행위를 하는 것은, 다른 사람이 원하기 때문이거나 다른 사람으로부터 보상이나 칭찬, 인정 등을 받을 수 있기 때문이다.

2. 내가 이 행위를 하지 않는다면, 죄책감이나 불안을 느낄 것 같아서이다.
3. 이 행위가 중요하다고 생각하기 때문이다.
4. 이 행위를 하는 것이 즐겁기 때문이다.

Ⅷ. 자신의 흥미, 성격과 어울리는 진로를 알아본다.
1. 내가 이 행위를 하는 것은, 다른 사람이 원하기 때문이거나 다른 사람으로부터 보상이나 칭찬, 인정 등을 받을 수 있기 때문이다.
2. 내가 이 행위를 하지 않는다면, 죄책감이나 불안을 느낄 것 같아서이다.
3. 이 행위가 중요하다고 생각하기 때문이다.
4. 이 행위를 하는 것이 즐겁기 때문이다.

출처: 한주옥(2004).

4) 진로결정 척도

(1) 척도 개요

이 척도는 대학생의 진로결정을 측정하기 위해 개발되었다. 이현민과 정진철(2021)은 대학생의 진로결정에 대한 명확한 합의가 도출되지 않았다고 밝히며, 진로결정의 다차원적 속성 및 오늘날의 직업과 진로 경로의 다변화 등을 고려하여 대학생에게 맞는 진로결정의 속성을 검토할 필요성을 제기하였다. 이에 진로결정과 관련된 국내외 다수의 선행연구를 검토하여, 최종적으로 진로결정(career decision)이란 '자신에게 적합한 진로를 구체적으로 결정하고 이에 대한 확신이 있는 상태'라고 정의하였으며, 이를 구성하는 하위요인을 고안하였다. 해당 척도를 통해 진로결정수준을 진단하고 객관적인 수치를 제공함으로써, 진로결정수준에 맞는 의미 있는 개입을 제공해 줄 수 있다(이현민, 2020).

(2) 척도의 구성

이현민과 정진철(2021)이 개발 및 타당화한 척도는 총 15문항으로, 적합성(5문항), 구체성(5문항), 확신성(5문항) 등 총 세 개의 하위요인을 도출하였다. 우선 '적합성'은 나에게 잘 맞는 진로가 결정된 정도를 의미하며, 자기이해(흥미, 적성, 가치관), 직업이해(희망직업, 직업세계), 대안고려의 내용이 포함되었다. '구체성'은 자신의 진로가 구체적으로 수립되어 있는 정도로, 직업/직무, 목표, 계획의 내용으로 구성된다. 마지막으로 '확신성'은 자신의 결정에 대해 굳게 믿고 유지하려고 하며 수행에 대해 믿는 정도로, 편안함, 믿음, 성공에 대한 확신, 유지, 자신감과 관련된 문항이 포함되었다. 해당 척도는 5점 Likert 척도로 측정하였으며, 문항 합산 점수가 높을수록 대학생이 인식하는 진로결정의 수준이 높은 것을 의미한다.

〈표 11-6〉 **진로결정 척도 문항**

Ⅰ. 적합성
1. 나는 내 흥미를 고려하여 진로를 선택하였다.
2. 나는 내 적성을 고려하여 진로를 선택하였다.
3. 나는 내 가치관을 고려하여 진로를 선택하였다.
4. 나는 직업세계의 변화를 고려하여 진로를 선택하였다.
5. 나는 여러 가지 진로대안을 고려한 뒤 진로를 선택하였다.
Ⅱ. 구체성
1. 나는 하고 싶은 구체적인 직업 또는 직무가 있다.
2. 나는 일하고 싶은 구체적인 직장(기관, 기업 등)이 있다.
3. 나는 인생에서 이루고자 하는 구체적인 진로목표가 있다.
4. 나는 대학기간 내에 진로목표를 달성하기 위한 구체적인 계획이 있다.
5. 나는 대학 졸업 이후, 진로목표를 달성하기 위한 구체적인 계획이 있다.
Ⅲ. 확신성
1. 나는 내가 결정한 진로에 대해 편안함을 느낀다.
2. 나는 내가 결정한 진로를 유지할 것이다.
3. 나는 내가 결정한 진로목표 달성에 있어 어려움이 있더라도 계속 노력할 것이다.
4. 나는 내가 결정한 진로가 실현가능하다고 믿는다.
5. 나는 내가 결정한 진로에 대해 성공할 것이라는 확신이 있다.

출처: 이현민, 정진철(2021).

참고자료

대학생의 진로선택몰입과 교수 진로지지, 정서지능, 자율적 진로 동기, 진로탐색행동 및 진로의사결정 불확실성 인내의 구조적 관계

이 연구의 목적은 대학생의 진로선택몰입과 교수 진로지지, 정서지능, 자율적 진로 동기, 진로탐색행동 및 진로의사결정 불확실성 인내의 구조적 관계를 구명하는 데 있다. 해당 연구목적을 달성하기 위하여 이 연구는 설정한 구조모형의 적합도, 변인 간의 직접효과, 매개효과 및 조절된 매개효과를 분석하였다.

이 연구의 모집단은 우리나라 대학교 3, 4학년 학생으로서 선행연구에서 제시한 구조방정식 모형 분석의 적정 표집 크기를 고려하여 490명을 표집 크기로 결정하였고 층화 · 군집 · 비율 표집 계획에 따라 자료를 수집하였다. 자료 수집을 위해 1 · 2차 예비조사와 본조사를 실시하였고 본조사는 4월 5일(화)부터 4월 29일(금)까지 25일간 수행되었다. 그 결과, 목표 표집 수 490부를 모두 확보하였고, 이 중 불성실 응답 37개, 이상치 40개를 제거하여 총 413개의 응답을 분석에 활용하였다.

조사도구는 국내 · 외 선행연구에서 개발한 조사도구를 사용하였으며, 이 중 교수 진로지지와 진로의사결정 불확실성 인내는 1 · 2차 번안, 내용타당도, 안면타당도 및 탐색적 · 확인적 요인분석 과정을 거쳐 타당화하였다. 진로탐색행동 측정도구는 COVID-19 상황을 고려하여 일부 문항을 수정 · 보완한 후, 내용타당도, 안면타당도 및 확인적 요인분석 과정을 거쳐 타당화하였다. 자료 분석은 IBM SPSS Statistics 26.0 패키지와 R 4.1.1 패키지를 활용하였고 통계적 유의 수준은 .05로 설정하였다.

연구 가설에 따른 주요 연구 결과는 다음과 같다. 첫째, 대학생의 진로선택몰입과 교수 진로지지, 정서지능, 자율적 진로 동기 및 진로탐색행동의 구조모형의 적합도는 양호하였다. 둘째, '교수 진로지지와 자율적 진로 동기, 교수 진로지지와 진로탐색행동, 정서지능과 자율적 진로 동기, 자율적 진로 동기와 진로선택몰입, 자율적 진로 동기와 진로탐색행동, 진로탐색행동과 진로선택몰입'의 직접효과가 통계적으로 유의하였다. 셋째, 단순매개 분석을 통해 간접효과를 확인한 결과, 외생변인이 진로탐색행동을 매개하여 종속변인에 영향을 미치는 간접효과는 유의하지 않은 반면, 외생변인이 자율적 진로 동기를 매개하여 종속변인에 영향을 미치는 간접효과는 통계적으로 유의하였다. 넷째, 이중매개 분석을 통해 간접효과를 분석한 결과 모든 간접효과가 통계적으로 유의하였다. 마지막으로 대학생의 진로선택몰입과 교수 진로지지, 정서지능, 자율적 진로 동기, 진로탐색행동의 구조적 관계에서 진로의사결정 불확실성 인내의 조절된 매개효과를 분석한 결과, 조절된 매개지수가 유의하지 않았다.

연구 결과를 통해 다음과 같이 여섯 가지 결론을 도출하였다. 첫째, 대학생의 진로선택몰입과 교수 진로지지, 정서지능, 자율적 진로 동기 및 진로탐색행동은 인과관계가 존재한다. 둘째, 대학생의 진로선택몰입에 대한 개인 차원의 정서, 동기 및 행동의 영향이 교수 진로지지의 영향에 비해 상대적으로 크다. 셋째, 교수의 진로지지는 대학생이 학업을 마친 후 일을 하는 것에 대해 즐거움과 가치를 인식하도록 도울 뿐만 아니라 자신과 직업에 대한 정보를 수집하는 데 직접적으로 기여할 수 있다. 넷째, 대학생의 정서지능은 자율적 진로 동기를 촉진하여 진로선택몰입에 간접적인 영향을 미친다. 다섯째, 진로탐색행동이 자율적 진로 동기로부터 영향을 받았을 때, 대학생의 진로선택몰입을 촉진할 수 있다. 여섯째, 대학생이 인식한 진로의사결정 불확실성 인내는 진로선택몰입과 교수 진로지지, 정서지능, 자율적 진로 동기 및 진로탐색행동의 구조적 관계를 조절하지 못한다.

이러한 연구 결과와 결론을 바탕으로 실천적 제언과 후속 연구를 위한 제언을 제안하였다. 실천적 제언으로서, 첫째, 대학생의 진로개발을 지원함에 있어 이들의 긍정 정서, 졸업 후 일을 하고자 하는 동기, 진로탐색행동 및 진로선택몰입을 종합적으로 고려하여 지원하는 것이 필요하다. 둘째, 대학생 진로선택몰입을 위한 진로탐색 지원이 확대되는 것이 필요하다. 셋째, 교수의 진로지도를 위한 지원이 확대되는 것이 필요하다. 후속 연구를 위한 제언으로서, 첫째, 우리나라 맥락을 고려한 교수 진로지지 및 진로의사결정 불확실성 인내 측정도구 개발이 필요하다. 둘째, 포스트 COVID-19 시대의 진로탐색행동 특징을 구명하여 사회 변화를 반영한 진로탐색행동 측정 도구의 개발 및 보완이 필요하다. 셋째, 수도권과 비수도권의 지역차를 고려하여 후속 연구를 수행하는 것이 필요하다.

출처: 이영광(2022).

참고문헌

김봉환, 정철영, 김병석(2006). **학교진로상담(2판)**. 서울: 학지사.

김영화(2010). 자아정체감 조기완료 대학생의 진로결정문제 분석. 서울대학교 대학원 석사학위논문.

김현석(2008). 한국 가족문화 속의 청소년의 진로의사결정. 총신대학교 선교대학원 석사학위논문.

안윤정(2011). 청소년의 행동함정과 미래시간전망이 진로의사결정능력에 미치는 영향. **진로교육연구**, 24(3), 99-116.

이영광(2022). 대학생의 진로선택몰입과 교수 진로지지, 정서지능, 자율적 진로 동기, 진로탐색행동 및 진로의사결정 불확실성 인내의 구조적 관계. 서울대학교 대학원 박사학위논문.

이은경(2001). 자기효능감이 진로발달에 미치는 영향. 이화여자대학교 대학원 박사학위논문.

이현민(2020). 대학생의 진로결정과 미래시간관, 진로결정관계성, 진로탐색행동의 구조적 관계에서 자기효능감의 조절효과. 서울대학교 대학원 박사학위논문.

이현민, 정진철(2021). 대학생 진로결정 검사도구 개발. **진로교육연구**, 34(1), 175-203.

최윤정, 구본정(2010). 대학생의 진로결정자율성 하위요인에 의한 진로결정 수준의 차별적 진단. **상담학연구**, 11(4), 1675-1690.

한주옥(2004). 여대생의 자기결정 수준과 진로미결정과의 관계에서 진로결정 효능감의 매개효과 검증. 이화여자대학교 대학원 석사학위논문.

Bandura, A. (1977). Self-efficacy: Toward a unifying theory of behavioral change. *Psychological Review, 84*(2), 191-215.

Deci, E. L., & Ryan, R. M. (2002). *Handbook of self determination research*. New York: University of Rochester Press.

Dinklage, L. B. (1968). Decision strategies of adolescents. Unpublished doctoral dissertation. Cambridge, MA: Harvard University.

Gati, I., Krausz, M., & Osipow, S. H. (1996). A taxonomy of difficulties in career decision making. *Journal of Counseling Psychology, 43(4)*, 510-526.

Guay, F. (2001). The career decicion-making autonomy scale. Unpublished manuscript. Quebec, Canada: Laval University.

Guay, F., Senecal, C., Gauthier, L., & Fernet, C. (2003). Predicting career indecision: A self-determinations theory perspective. *Journal of Counseling Psychology, 50*(2), 165-177.

Harren, V. A. (1979). A model of career decision making for college students. *Journal of Vocational Behavior, 14*(2), 119-133.

Janis, I. L., & Mann, L. (1977). *Decision making: A psychological analysis of conflict, choice, and commitment*. New York: Free Press.

Krumboltz, J. D. (1975). A social learning theory of career decision making. In A. M. Mitchell, G. B. Jones, & J. D. Krumboltz (Eds.), *A social learning theory of career decision making*. Palo Alto, CA: American Institutes for Research.

Mitchell, T. R. (1974). Expectancy models of job satisfaction, occupational reference, and effort. *Psychological Bulletin, 81*(12), 1053-1077.

Mitchell, T. R., & Beach, L. R. (1976). A review of occupational preference and choice research theory. *Journal of Occupational Psychology, 49*(4), 231-248.

Osipow, S. H., Camey, C. G., Winer, J., Yanico, B., & Koschier, M. (1987). *The career decision scale*. Columbus, OH: Marsthon Consulting and Press.

Scott, S. G., & Bruce, R. A. (1995). Decision-making style: The development and assessment of a new measure. *Educational and Psychological Measurement, 55*(5), 818-831.

Taylor, K. M., & Betz, N. (1983). Applications of self-efficacy theory to the understanding and treatment of career indecision. *Journal of Vocational Behavior, 22*(1), 63-81.

Vroom, V. H. (1964). *Work and motivation*. New York: Wiley.

Wright, G. (1984). *Behavioral decision theory*. Newbury Park, CA: Sage.

제12장 집단진로상담

"사람이 무언가를 간절히 원할 때,
온 우주는 그것이 실현되도록 도와준다네.
자네가 자신의 꿈을 따를 때,
자네의 마음은 진정한 기쁨을 느끼게 될 것이고,
그 길에서 만나는 모든 것은 자네를 성장시키는 기회가 될 걸세.
두려움과 의심이 자네를 시험하겠지만,
그것을 극복할 때마다 자네는 더욱 강해질 것이네."

-파울로 코엘료, 『연금술사』 중에서-

이 장에서는 집단진로상담에 관한 전반적인 내용을 제시하였다. 첫째, 집단진로상담의 의미에 대해서 구체적으로 설명하였고, 둘째, 집단진로상담의 종류에 대해, 셋째, 집단진로상담의 장점과 한계점에 대해 설명하였다. 나아가 집단진로상담을 실제로 진행할 수 있도록 집단진로상담의 준비 과정에 대해 서술하였다. 집단진로상담을 진행할 때 어떻게 진행하면 되는지 구체적으로 예를 들었으며 집단진로상담의 진행 과정, 집단진로상담자가 지켜야 할 윤리에 대해서도 자세하게 언급하였다. 마지막으로 사례를 제시하여 집단진로상담을 통해 어떻게 변화를 가져올 수 있는지 보여 주고 있다. 이 장의 목적은 상담자로 하여금 집단진로상담에 대한 전문적인 지식을 습득하고, 실제 집단진로상담을 잘 진행할 수 있도록 중요한 가이드라인을 익히는 데 있다.

1. 집단진로상담 개요

1) 집단진로상담의 의미

집단진로상담은 집단의 형태로 진로상담이 진행됨을 의미한다. 여기서는 먼저 집단상담이 무엇인지부터 살펴보겠다. 강진령(2011)에 의하면 집단상담(group counseling)이란 비교적 심각한 정신장애가 없는 사람들을 대상으로 집단 기술, 기법 그리고 전략을 적용하여 구성원들 사이에 발생하는 역동적인 상호교류의 과정을 통해 즉시성(immediacy)에 초점을 맞추고 문제해결, 의사결정 또는 인간적 성장을 추구하는 과정을 말한다.

이러한 집단상담의 개념에 기초를 두고 집단진로상담의 의미를 살펴보면 다음과 같다. 첫째, 집단진로상담은 진로와 관련된 문제를 집단 리더와 집단 구성원이 함께 참여하여 해결해 가는 과정이다. 둘째, 집단진로상담은 '진로'에 관한 관심을 가지고 있는 구성원들이 참여하여 구성원들 간의 상호작용을 통해 각자 목표로 하는 것을 찾아가는 과정이다. 셋째, 집단진로상담은 진로와 관련된 다양한 정보를 받기도 하고 제공하기도 하면서 공동체 속에서 상호 도움을 주고받는 과정이다.

2) 집단진로상담의 종류

집단진로상담은 그 범위를 어떻게 보느냐에 따라 다양하게 분류될 수 있다. '진로'라는 개념을 넓은 범위로 해석한다면 집단진로상담에 생애 전체를 포함시킬 수 있고, 학교에서의 집단진로상담으로 축소시킬 때는 진로지도 내지는 교육집단으로 볼 수 있다.

생애 전체가 결국 인간의 진로와 연결선상에 있으므로 여기서는 집단진로상담의 종류를 전생애적인 관점에서 살펴보도록 하겠다. 첫째, 자기인식과 정체감 확립을 목적으로 한 자기 탐색 집단진로상담이 있다. 둘째, 청소년 시기에 진로와 관련된 고민을 해결하고 앞으로의 직업세계에 대한 도움을 받고자 하는 진로탐색 집단상담이 있다. 셋째, 대학생이 취업을 앞두고 직업세계에 대해 알아보고 자신이 준비해야 할 것을 구체적으로 탐색하는 직업정보 탐색 집단상담이 있다. 넷째, 진로를 정했다가 진로장벽에 부딪쳤을 때 그 원인에 대해 알아보고 어떻게 개선해 나갈 것인가에 대한 문제를 해결하는 진로장벽 대처 집단진로상담이 있다. 다섯째, 생애 전반적인 관점에서 자신의 삶을 전체적으로 조망하고 생애계획을 세워 보는 생애설계 집단진로상담 등이 있다.

3) 집단진로상담의 장점

진로에 대한 관심과 고민을 갖고 있는 구성원들이 모여 있는 집단진로상담의 경우 다음과 같은 다양한 장점이 있다.

첫째, 효율성을 들 수 있다. 집단진로상담은 한 명의 집단 리더(또 한 명의 보조 리더가 있을 수 있음)가 여러 명의 집단 구성원을 대상으로 실시하는 것이므로 한정된 시간에 여러 명의 구성원이 도움을 받을 수 있다는 측면에서 효율적이라 할 수 있다.

둘째, 집단구성원 사이에서 일어나는 상호작용에 의한 도움을 들 수 있다. 집단진로상담은 개인상담과 달리 구성원들이 서로 이야기를 듣고 피드백을 해 주기도 하며, 다른 구성원의 이야기를 들으면서 자신을 돌아보는 성찰의 기회도 되기 때문에 개인상담과는 다르게 함께 참여하는 구성원이 성장의 원동력으로 작용한다.

셋째, 활용 범위의 다양성을 들 수 있다. 집단진로상담은 그 규모에 있어서 구성원에 따라 다양하게 적용할 수 있다. 예를 들어, 일반 사설 상담기관이나 공공 상담기관에서는 8~12명 정도의 집단 구성원으로 집단진로상담을 진행할 수 있고, 학교와 같은 교실 상황에서는 교실 전체 학생(20~30명)을 몇 명(5~7명)씩 소집단으로 구성하게 한 후 전체 학급을 대상으로 실시할 수 있다.

넷째, 접근의 용이성이 있다. 개인상담에 비해서 상담에 접근하기가 수월하고, 집단진로상담에서의 목표와 자신의 참가 목표를 미리 살펴보고 선택할 수 있다.

다섯째, 사회적 관계를 경험할 수 있다. 집단상담에서 구성원은 사회적 상황에서 하고 있는 행동을 재현하고 있는 경우가 많다. 이렇게 집단에서 보여지는 자신의 감정이나 태도는 사회생활에서의 모습을 반영하고 있으므로 진로와 관련해서 직접적인 도움뿐만 아니라 사회적 관계 부분에서도 성장의 기회가 될 수 있다.

4) 집단진로상담의 한계점

집단진로상담은 다양한 장점을 지니고 있지만 다른 한편으로 한계점을 가지고 있기도 하다.

첫째, 집단진로상담은 개인의 비밀을 보장하는 측면에 있어서 한계점이 있다. 집단진로상담을 진행하기 전에 비밀유지에 관한 안내를 하고 비밀유지 서약서를 작성하기는 하지만 집단 구성원 개개인의 사적인 생활까지 통제할 수는 없으므로 개인적인 정보가 집단 외부에 노출될 수 있다. 이러한 점을 미리 생각하여 집단 리더는 비밀유지의 중요성과 원칙에 대해 자주 강조하고, 집단 구성원들에게는 자기개방을 할 때 적정한 한계를 정할 수 있도록 안내를 해야 한다.

둘째, 집단진로상담은 다양한 집단원이 함께 참여하는 과정이어서 소극적인 성격을 지녔거나 자신에 대한 개방이 어려운 구성원의 경우에는 충분한 도움을 받기가 어려울 수도 있다. 또한 적극적이거나 자기표현을 잘하는 내담자가 집단의 중심이 되어 전체 집단 역동에 영향을 미칠 수 있다. 이러한 경우 집단 리더는 전체적으로 집단 구성원에게 골고루 기회가 주어질 수 있도록 민감하게 대처해야 한다.

셋째, 집단진로상담은 집단 구성원에 따라서 집단상담의 효과가 다양하게 나타날 수 있다. 집단 구성원 중 비자발적인 구성원이 많이 있거나, 집단을 방해하는 행동을 하는 구성원이 있을 경우 집단의 효과성을 감소시킬 수 있다.

2. 집단진로상담 준비

1) 집단원

집단원이란 집단상담에 참여하는 사람을 가리키는 말이다. 집단원들은 각자 집단 참여 목적이 있고, 이를 성취하기 위해 집단에 참여한다. 집단진로상담에 참여하는 집단원들은 진로와 관련하여 자기 자신을 탐색하기 위하여 모인 구성원들이다. 집단원들은 진로결정, 진로가치, 진로흥미, 진로태도 등 자신들이 처한 상황에서 '진로'를 주제로 한 삶의 문제를 해결하고 싶어서 집단상담에 참여한다.

사람들은 일상생활에서 각자 역할이 있다. 집단상담에 참여한 집단원들은 일상생활에서 자신이 했던 역할을 집단에서 재현하기도 한다. 그러므로 집단원 개개인이 집단에서 맡게 되는 역할을 이해한다면 그들의 문제해결과 인간적 성장을 도울 수 있는 토대를 마련할 수 있다(강진령, 2011).

2) 집단상담자

집단상담자는 집단상담에 대해 전문적인 교육을 받고 수련을 마친 전문가를 말한다. 집단상담자는 집단 운영에 관한 계획을 세우고, 집단을 진행하고, 집단의 성과를 평가하는 등 집단에 관한 일을 주도적으로 맡아서 한다.

집단진로상담을 진행하는 상담자는 진로상담과 관련된 이론적 배경을 숙지하고, 내담자의 진로발달 단계, 진로와 관련된 내담자의 어려움, 진로 관련 정보 등에 관해 통합적으로 볼 수 있어야 한다.

더불어 집단진로상담자가 갖추어야 할 자질에는 수용적 태도, 개방적 태도, 타인의 복지에 대한 관심, 공감적 이해 능력, 창의성 등이 포함된다. 공감적 이해 능력은 집단원들과 정서적 교감을 나누는 데 필수적인 요소임과 동시에 집단상담자의 중요한 자질이다. 이는 또한 집단원에 대해 민감하고 정확하게 이해한 것을 토대로 그들과 상호 교류할 수 있는 능력이기도 하다. 공감적 이해 능력이 있는 집단상담자는 집단원들의 감정과 욕구를 이해하고 배려할 수 있다(강진령, 2011).

집단진로상담을 진행할 때 1인의 집단상담자가 진행하는 경우도 있지만 경우에 따라서는 보조 리더(co-leader)가 참여하기도 한다. 보조 리더는 집단상담자의 집단 진행을 도와주면서 집단 리더의 역할을 배우기도 하고, 집단상담자의 역할을 분담하여 집단 운영을 원활하게 하는 역할을 한다. 보조 리더가 있을 때 집단상담자는 소진을 줄일 수 있고, 상호 보완을 해 나가면서 집단을 이끌 수 있다.

3) 집단상담 계획서 작성

집단진로상담자는 집단상담 운영에 앞서, 집단상담 계획서를 작성한다. 집단상담 계획서에는 집단상담의 필요성 및 목적, 집단원 구성, 집단상담 일정 및 회기, 집단상담 장소 등에 관한 구체적인 사항이 들어가야 한다.

① 집단진로상담의 필요성 및 목적: 집단진로상담이 현시점에서 왜 필요한지, 집단진로상담을 마치고 나면 어떤 목적을 달성할 수 있는지 구체적으로 명시한다.
② 집단원 구성: 누구를 대상으로 집단진로상담을 할 것인지를 정한다.
③ 집단상담 일정 및 회기: 집단상담을 실시하는 구체적인 시간, 얼마에 한 번씩 할 것

인지 집단상담 회기 단위, 오리엔테이션 일정 등 집단상담이 이루어지는 일정을 구체적으로 명시한다.

④ 집단상담 장소: 집단상담을 실시하는 장소를 명시한다.

〈표 12-1〉 **집단진로상담 계획서 예시**

▶ 집단진로상담의 필요성 및 목적

대학생들이 대학에 들어와서 가장 고민하는 것 가운데 하나가 진로에 대한 것이다. 고등학교 때까지는 대학 입학만 하면 진로가 해결될 것 같은 희망을 갖고 있으나, 막상 대학 입학 이후 진로와 관련된 고민은 한층 깊이가 더해 간다. 이런 고민은 깊이의 차이만 있을 뿐 누구나 거의 같은 입장이다. 이에 학생상담센터에서는 '진로탐색 집단프로그램'을 실시하여 학생들이 진로와 관련된 자신의 정체성을 명확히 인식하고, 자신의 목표를 확인하고, 앞으로 본인의 진로를 위해 어떤 계획으로 어떻게 역량을 강화시키는 것이 좋을지 구체적으로 탐색하도록 도움을 주고자 한다.

▶ 집단 구성원

진로에 관해 고민하고 있는 본교 남녀 대학생 누구나

▶ 집단상담 일정

날짜: ○○○○년 ○○월 ○○일 ~ ○○○○년 ○○월 ○○일

시간: 오후 5시 ~ 7시

▶ 집단상담 장소: 학생상담센터 집단상담실

▶ 회기별 계획

진로와 관련된 자기 탐색, 현재 자신의 모습, 구체적인 계획, 앞으로의 실행 방향까지 세울 수 있도록 한다. 총 8회기로 구성된다. 주 1회씩 8주에 걸쳐 진행되며 1회기에 2시간씩 운영된다.

① 1회기: 〈나는 어떤 삶을 살고 싶은가?〉
- 사전검사 실시하기
- 자기소개(별칭 짓기, 소망하는 일을 주제로), 라포 형성
- 프로그램 소개
- 신청 동기와 프로그램에 대한 기대 목표 설정
- 비밀 유지 서약서 작성하기

② 2회기: 〈나는 어떤 사람인가? 지금의 나를 알아보기〉
- 나의 성격, 역량, 흥미 탐색하기와 인정하기
- '지금-현재'의 있는 그대로의 자신 묘사하기

③ 3회기: 〈객관적인 나의 모습 알아보기〉
- 워크넷 직업선호도검사를 통해 직업성격 유형 탐색해 보기
- 그동안 생각했던 자신의 모습과 검사를 통해 알게 된 모습 비교하기

④ 4회기: 〈나의 능력은 무엇일까?〉
- 지금까지 살아온 삶을 돌아보기
- 자신이 몰입했던 경험, 열정을 쏟았던 일, 최선을 다해 해 보고 싶었던 일 등을 찾아보고, 그 사례를 구체적으로 서술하고 발표하기

⑤ 5회기: 〈나의 비전 세우기〉
- 앞으로 10년 후 자신이 어떤 모습이 되어 있기를 희망하는지 구체적으로 적고 인생을 살면서 꼭 이루고 싶은 소망을 작성하고 발표하기

⑥ 6회기: 〈나에게 딱 맞는 직업 알아보기〉
- 직업선택의 10계명을 읽고 자신의 생각과 느낌 적어 보기
- 미래 나의 직업 BEST 5

⑦ 7회기: 〈명확한 목표 세우기, 나의 역량 개발 전략 세우기〉
- SMART 원칙에 입각한 구체적 목표 세우기
- 자신의 역량을 개발하기 위한 나만의 전략 세우기

⑧ 8회기: 〈자신의 진로계획 발표하기〉
- 그동안 탐색한 것을 중심으로 진로계획(생애계획)을 세우고 발표하기
- 프로그램 참여 소감 나누기
- 사후 검사 실시하기

3. 집단진로상담 진행

1) 집단진로상담 시작 단계

집단진로상담을 진행함에 있어서 첫 회기에 시작을 어떻게 하느냐는 매우 중요하다. 집단진로상담에 참여하는 구성원들은 첫 회기에 자신들이 집단에서 안전하게 보호받을 수 있는지, 집단진로상담에서 원하는 목표를 달성할 수 있는지 탐색하기 때문에 상담자는 첫 회기 진행에 심혈을 기울여야 한다.

상담자는 집단진로상담과 관련한 전문적인 지식을 익히고, 집단 구성원들이 상담자를 신뢰할 수 있도록 해야 한다. 시작 단계에서 제일 먼저 해야 할 일은 상담자 본인을 소개하는 것이다. 이 경우 친밀감과 전문성이 집단원들에게 잘 전달되도록 하는 것이 중요하다.

〈표 12-2〉 **진행자 소개에서 주목할 사항**

☞ 자신을 소개할 때 진로나 취업에 대한 특별한 관심을 표명하며, 이와 같은 집단 프로그램의 진행 경력 및 자신의 전문성에 대해서 이야기해 줌으로써 진행자를 전문가로 인식하고 신뢰하도록 한다.

☞ 상담자는 자신의 직업 경력과 직업이나 진로 선택 시 어려웠던 과거 경험들을 간단히 공개한다. 직업선택 초기에 경험하는 여러 가지 크고 작은 어려움, 인내하면서 기다리는 마음, 그리고 성공적인 결과 등을 설명해 준다. 상담자는 직업세계, 면접, 진로정보를 얻는 방법, 적절한 직업 찾기 과정 등 취업이나 진로 설계의 여러 측면과 관련해 자신의 과거 경험을 이야기할 준비를 하고 있어야 한다.

☞ 주의사항: 상담자의 자기 공개는 좋은 관계를 형성하기 위한 하나의 방법이다. 상담자의 인간적인 면모를 보이되 전문가로서의 신뢰성이나 자신감을 훼손시키지 않도록 주의한다.

상담자의 본인 소개가 끝나면 이어서 집단원들이 서로 소개하고 인사를 나눌 수 있는 시간을 갖는다. 이때 집단원들이 긴장하거나 다소의 불안을 느낄 수도 있으므로 상담자는 집단원들이 긴장을 최소화한 상태에서 소개를 할 수 있도록 해야 한다.

〈표 12-3〉 **참가자 소개 예시**

〈진행자 멘트〉 "자, 지금부터는 여러분에 대한 소개를 다섯 손가락으로 나타내는 시간을 가져 보고자 합니다. 어떤 TV 프로그램에서 요즘 다섯 글자로 말하는 게 유행인데, 우리도 자신에 대해서 다섯 글자로 표현해 보도록 합시다."

☞ 다섯 손가락 도화지를 나눠 주고, 각각의 손가락에 서술된 질문에 대한 답을 적도록 안내한다. 질문은 다섯 글자로 되어 있지만 질문에 대한 답을 적을 때는 글자 수에 제한이 없다.

손가락	질문사항
첫 번째 손가락	나의 별칭은?
두 번째 손가락	나는 뭐 잘해?
세 번째 손가락	완소 연예인?
네 번째 손가락	요즘 관심사?
다섯 번째 손가락	최고 칭찬은?

집단원 소개를 마치면 프로그램의 내용을 소개해야 하는데, 이때 주의할 점은 집단원들이 프로그램에 대해서 기대감을 갖도록 유도하는 것이다. 그리고 집단의 목적과 향후 집단의 방향, 집단원들이 지켜야 할 약속 등을 안내한다.

〈표 12-4〉 **집단원이 지켜야 할 약속 예시**

우리의 약속	
♠ 먼저 인사하기	♠ 비밀 보장하기
♠ 휴대전화 꺼 두기	♠ 소수의 의견 존중하기
♠ 서로의 말 경청하기	♠ 상대방의 말을 도중에 끊지 않기
♠ 상대방의 말에 비난하지 않기	♠ 솔직하기
♠ 지각하지 않기	♠ 꼭 출석하기

집단진로상담뿐만 아니라 대부분의 집단상담에서 첫 회기는 매우 중요하다. 약간의 긴장감과 호기심을 갖고 상담을 시작하기 위해 찾아오는 구성원들에게 상담자는 개방적이고 수용적인 태도로 반응하면서 집단 구성원들이 안도감을 느낄 수 있게 해 주어야 하고, 집단 규칙에 관해서도 분명하게 명시함으로써 집단이 서로 신뢰할 수 있는 분위기임을 알려야 한다.

시작 단계에서 구성원들 간에 자기를 소개할 시간을 충분히 주는 것은 구성원들 사이의 라포 형성에 도움이 된다. 집단진로상담이라고 하더라도 구성원마다 진로 관련 관심도가 다르고 진로발달 단계가 다르기 때문에 각각의 구성원들이 어떤 목적을 갖고 집단상담에 참여하게 되었는지 이야기해 보는 것이 바람직하다.

시작 단계에서 중요하게 다뤄야 할 사항 중 하나가 집단 규칙에 대한 사항이다. 집단진로상담을 할 경우에 집단의 분위기에 따라서 개인적인 이야기들이 많이 나올 수 있는데 이러한 부분과 관련하여 집단원들이 지켜야 할 비밀유지에 관한 규칙이라든가, 집단에 지각을 하거나 결석을 할 경우 파생될 문제점을 미리 이야기하고 집단 참여를 적극적으로 할 것에 대한 규칙을 정해서 알려 주어야 한다.

2) 집단진로상담 탐색 단계

집단진로상담 초기 단계가 지나면 집단원들이 서로를 탐색하는 탐색 단계에 들어간다. 탐색 단계에서 집단원들은 다른 집단원은 어떤 생각을 갖고 있는지 귀 기울이고, 자신에 대해서는 어느 정도까지 개방할 것인지 고민하게 된다.

탐색 단계에서 집단원들은 새로운 사람들과의 만남이 주는 어색함과 긴장감을 갖고 있고, 적극적인 참여를 주저하기 때문에 상담자는 집단원들이 신뢰감을 가질 수 있도록 관심을 기울이고 집단원들의 이야기에 적극적인 경청과 공감 반응을 하면서 신뢰감을 향상시켜야 한다.

탐색 단계에서는 집단원들이 소극적으로 참여할 가능성이 높다. 다른 구성원들에 대한 정보도 부족하고 자신의 이야기를 타인이 어떻게 받아들일지 걱정하기 때문에 적극적으로 참여하는 것이 어려울 수 있다. 이때 상담자는 집단원들의 마음 상태를 이해하고 조급해하거나 불안해하지 말아야 한다. 상담자가 초조함을 느껴 대답을 강요해서도 안 되고, 집단원들이 말할 때까지 막연하게 기다리고 있어도 안 된다. 상담자들은 이러한 상황에 대해 미리 예상하고 집단상담을 진행해야 한다.

탐색 단계에서 상담자는 집단원들 사이의 긴장감과 불안함을 덜어 주고 집단원들 간의 상호작용을 촉진시키기 위해 노력해야 한다. 상담자는 집단원들의 이야기에 공감하고 집단원들 상호 간의 대화를 연결하여 반응하며, 어느 한 집단원에게 치우치게 반응하지 않도록 주의해야 한다(강진령, 2011).

3) 집단진로상담 작업 단계

집단진로상담의 중기에 접어들면 집단원들은 탐색 단계에서 주저하던 불안감이나 긴장감이 해소되면서 본격적으로 집단 작업을 시작한다. 라포가 형성된 집단원은 자기개방을 하면서 적극적으로 참여한다. 그러나 이 시기에도 여전히 불안함을 지니고 라포를 형성하지 못하는 구성원이 있을 수 있다. 이때 상담자는 초조해하지 말고, 여유 있게 참여할 수 있도록 기다리고, 자연스럽게 집단에 참여할 수 있도록 이끌어야 한다.

집단상담이 활발하게 진행되는 중기 단계에서는 집단원이 일상생활에서의 모습을 집단상담 장면에서도 그대로 드러내는 경향이 있다. 예를 들어, 어떤 집단원에게 우호적인 반응을 드러낸다든지, 집단에서 오랫동안 자신의 이야기를 한다든지, 집단 참여를 불편해한다든지, 특정 집단원에게 경계심을 갖는다든지 등등 다양한 반응을 할 수 있다. 이때 상담자는 지나치게 오래 이야기하는 구성원을 적절하게 제재하고, 소극적으로 참여하는 집단원에게는 참여의 기회를 주며, 경계하고 있는 모습이 역력한 집단원의 태도에 대해서는 현명하게 다룰 수 있어야 한다.

집단진로상담에서도 일반적인 집단상담에서와 같은 집단원의 다양한 반응이 충분히 나타난다. 가르치려고 하는 태도, 주도하려고 하는 태도, 침묵하는 태도, 공격적인 태도 등 그 사람의 특성이 드러나는데, 이러한 개인적인 특성이 진로와 관련하여 어떤 장점과 단점을 가지고 있는지도 직면해 볼 수 있도록 한다.

4) 집단진로상담 생산 단계

집단진로상담 생산 단계와 작업 단계를 명확하게 구분할 수는 없으나, 작업 단계에서 어느 정도 작업 동맹이 맺어진 후 신뢰감을 바탕으로 집단상담이 진행되는 단계를 생산 단계라고 한다.

생산 단계의 특징은 깊은 신뢰감 형성, 강한 집단 응집력, 피드백 교환의 활성화, 개인차 존중, 적극적인 집단 참여, 갈등 상황 인정과 해결 등이다. 생산 단계에 들어선 집단원들은 자기개방을 적극적으로 하고 피드백을 얻으면서 변화하려는 의지를 보이고, 집단원들 간의 친밀감이 강한 응집력을 형성한다(강진령, 2011). 또한 집단상담자가 개입하지 않아도 집단원들 사이의 상호작용이 원활하게 이루어지며, 갈등 상황이 초래되었을 때에도 해결해 보려는 자세를 취한다. 생산 단계에 도달한 집단원들은 그동안의 회기를 통해 자기표현을 적절하게 할 수 있고, 다른 사람의 이야기도 경청하면서 들을 줄 알며, 지지와 공감 반응은 물론 진솔한 피드백과 지지를 아끼지 않는다.

상담자는 이 단계에서 자신의 역할이 줄어든 것에 대해 불안해하지 않아야 한다. 상담자는 민감한 관찰력으로 집단원의 대화와 태도, 반응 등을 살피면서 집단원 각자가 초기에 목표로 정했던 것을 달성할 수 있도록 조력해야 한다.

5) 집단진로상담 통합 및 종결 단계

집단진로상담이 통합 단계에 이르면 집단원들은 그동안 친밀함을 나누었던 동료들에게 아쉬움을 느끼고, 집단상담이 종결되는 것에 대한 서운함과 아쉬움을 느끼기도 한다.

집단진로상담에서의 종결은 또 다른 시작을 알리는 것이다. 그동안 각자 목표로 했던 진로목표에 대해 통합하고, 일상생활로 나아가서 새롭게 삶을 살아야 하는 것이다. 이때 집단원들에게 받았던 지지와 공감이 더 이상 주어지지 않을 것에 아쉬움을 느끼고, 새로운 세상에 나가는 것에 대한 어색함이 예상될 수 있으나, 삶의 단락 단락에서 잘 통합하고 다시 시작할 수 있는 기회가 되도록 해야 한다.

통합 단계에서 상담자는 집단원 개개인이 처음에 목표로 했던 상담목표에 대해 되돌아보고 그동안 집단상담을 통해 얼마나 진로목표에 도달했는지 확인해 보도록 한다. 집단진로상담은 진로와 관련해서 자신이 원하는 목표가 있고, 그 목표를 이루기 위한 실천 계획들이 수반될 수 있다. 이때 상담자는 그동안 집단상담에 꾸준히 임한 태도에 격려를 보내고, 앞으로 각자 잘해 나갈 수 있으리라는 희망을 주어야 한다. 집단을 종결하는 시점에서 상담자는 집단원들이 집단 경험을 평가하는 시간을 갖는다. 집단원들은 평가서를 작성하고, 집단 경험에 관한 소감문을 발표한다.

〈표 12-5〉 **종결 시점에서 확인해 볼 수 있는 주관식 문항의 예**

- 집단진로상담을 통해 얻게 된 것은 무엇입니까?
- 집단진로상담 경험 중 가장 중요한 것은 무엇입니까?
- 집단진로상담에서 가장 의미가 있었던 것은 무엇입니까?
- 집단진로상담자가 사용한 기술 중 가장 큰 영향을 받은 것은 무엇입니까?
- 집단진로상담의 유익한 점과 그렇지 못한 점은 무엇입니까?

출처: 강진령(2011).

6) 집단진로상담 추수지도 단계

추수지도 단계는 집단진로상담이 완전히 종결된 후 일정 시간이 경과한 후 집단원들의 상태를 점검하기 위한 시기에 이루어진다. 추수 단계를 갖는 목적은 집단원들이 일상생활에서 자신이 목표로 했던 실천 지침이나 신념을 잘 실천하고 있는지 확인해 보고 지지해 주는 것이다. 상담자는 추수지도 단계를 통해 일상생활에서 계획대로 잘 추진해 나갈 수 있도록 점검하고 지지한다.

4. 집단진로상담 프로그램

집단진로상담 프로그램은 적용 대상과 프로그램의 목표에 따라 다양하게 구성될 수 있다. 이러한 프로그램의 예는 한국교육학술정보원(http://www.riss.kr)에 탑재된 관련 분야 학위논문을 통하여 확인할 수 있다. 여기에서는 각 학교급별 학생들을 대상으로 한 집단진로상담 프로그램을 예시해 보기로 하겠다.

1) 초등학생용 프로그램

최안나(2023)는 성격강점기반의 집단진로상담이 초등학교 고학년의 진로흥미와 진로성숙도에 미치는 영향을 연구하였다. 이 연구에서 활용된 프로그램의 내용은 〈표 12-6〉과 같다.

〈표 12-6〉 성격강점기반 집단진로상담 프로그램

단계	회기	주제	목표	활동 내용
도입	1	라포 형성 및 집단 목적 이해하기	• 집단의 친밀감 및 신뢰감 형성하기 • 프로그램의 목적 알기	• 도입: 단점을 장점으로 변화시킨 인물 동영상 시청 • 활동 1: 친밀감 및 신뢰감 형성 놀이하기 • 활동 2: 프로그램 안내 및 서약서 작성 • 정리: 활동 후 느낀 점 쓰고 소감 나누기
자기 이해 활동	2	성격강점의 개념과 종류 이해하기	• 성격강점의 체계와 개념 이해하기 • 성격강점의 가치 이해하기	• 도입: 강점을 찾아라 동영상 시청 • 활동 1: 성격강점의 분류 • 활동 2: 성격강점 게임하기 • 정리: 활동 후 느낀 점 쓰고 소감 나누기
	3	나의 대표 성격강점 알기	• 자신의 장점 찾고 대표 강점 인식하기 • 대표 강점 그룹 활동을 통해 친구들과 감정 공유하기	• 도입: 성격강점 빙고 • 활동 1: 나의 장점 찾기 • 활동 2: 대표 강점 그룹 활동하기 • 정리: 활동 후 느낀 점 쓰고 소감 나누기
	4	나의 관심사 알기	• 나의 성격강점과 연관된 꿈 목록을 만들며 나의 관심사 알기 • 나의 관심사를 알고 미래에 대해 긍정적인 마음 갖기	• 도입: '존 고다드의 꿈의 목록' 영상 • 활동 1: 꿈 목록 만들기 • 활동 2: 꿈 목록 발표하기 • 정리: 활동 후 느낀 점 쓰고 소감 나누기
진로 탐색 활동	5	흥미유형에 따른 직업 탐색하기	• 진로흥미유형에 따른 직업 탐색하고 직업에 관심 가지기 • 관심 직업에 필요한 성격강점 찾고 계획 세우기	• 도입: 이색 직업 동영상 • 활동 1: 진로흥미 탐색결과에 따른 직업 탐색하기 • 활동 2: 관심 직업에 필요한 성격강점 찾기 • 정리: 활동 후 느낀 점 쓰고 소감 나누기

	6	적성에 따른 직업 탐색하기	• 내가 잘하는 것이 무엇인지 알고 나에게 맞는 직업 찾아보기 • 내 강점을 발휘할 수 있는 미래 직업을 탐색하고 강점 키우기	• 도입: 미래 직업 동영상 • 활동 1: 나의 적성에 맞는 미래 직업 탐색하기 • 활동 2: 미래 직업의 강점 찾고 내 강점과 연관 짓기 • 정리: 활동 후 느낀 점 쓰고 소감 나누기
진로 설계 활동	7	나의 진로 장애물 극복하기	• 역경을 극복한 사람들의 강점을 찾고, 나의 진로 장애물 극복하기 • 나의 단점을 극복하려는 마음을 다지며 긍정적인 미래 생각하기	• 도입: '닉 부이치치' 동영상 • 활동 1: 역경을 극복한 강점 찾기 • 활동 2: 나의 진로 장애물 극복하기 • 정리: 활동 후 느낀 점 쓰고 소감 나누기
	8	나의 성격강점에 맞는 진로 찾기	• 자신의 강점에 맞는 진로 구체적으로 그리기 • 꿈을 위해 강점을 키워 나가려는 마음 다지기	• 도입: '최고의 하루를 사는 거야' 동영상 • 활동 1: 인생 목표 설정하기 • 활동 2: 인생 계획서 작성하기 • 정리: 활동 후 느낀 점 쓰고 소감 나누기
정리	9	집단상담 종결하기	• 집단상담 종결하기 • 변화된 모습 되돌아보고 소감 나누고 프로그램 마무리하기	• 도입: '꿈 꾸지 않으면' 노래 듣기 • 활동 1: 상담 참여 소감 말하기 • 활동 2: 개인별 변화된 점 되돌아보기 • 정리: 활동 후 느낀 점 쓰고 소감 나누기

출처: 최안나(2023).

2) 중학생용 프로그램

도근희(2024)는 집단진로상담 프로그램이 국내 출생 다문화중학생의 진로장벽과 진로결정자기효능감에 미치는 효과를 연구하였다. 이 연구에서 활용된 프로그램의 내용은 〈표 12-7〉과 같다.

〈표 12-7〉 국내 출생 다문화중학생 집단진로상담 프로그램

회기	영역	하위요인	활동 목표	회기별 주요 내용
1	자기 이해	자기이해 부족 진로관련 부정정서 진로탐색	1. 집단진로상담 프로그램의 목적과 내용을 이해한다. 2. 자신의 꿈과 현재의 모습을 돌아보고 자신에 대한 이해를 높인다.	가. 프로그램 소개, 규칙 정하기 나. 자기 소개(별칭 정하기): 나는 어떤 사람인가? 다. 나의 꿈 이야기: 내가 생각하는 진로, 진로에서 떠오르는 걱정이나 고민 나누기

2	일의 세계 이해	진로탐색 진업정보 부족 진로관련 부정정서	1. 일을 통하여 얻는 진정한 행복이 무엇인지 알아본다. 2. 일과 직업의 특성을 이해하고 건전한 직업관을 가질 수 있다.	가. 올바른 직업관: 왜 직업을 가져야 할까? 나. 직업선택의 조건 다. 직업의 종류와 변화
3	자기 이해	자기이해 부족 문제해결 지지체계 부족	1. 나의 강점과 장점에 대하여 집중적으로 찾을 수 있다. 2. 나의 강점을 직업과 연결시켜 발전시키려는 의지를 높인다. 3. 강점 찾기를 통해 내 주변의 지지체계를 알아본다.	가. 자기 탐색: 친구, 가족, 본인 나. 나의 강점과 흥미 찾기 다. 내가 하고 싶은 일 라. 나의 진로에 도움받을 수 있는 사람, 기관, 사이트(나의 강점을 찾아준 사람을 중심으로 시작하여 확장)
4	직업 정보	직업정보 부족 진로탐색 자기이해 부족 진로결정	1. 자신의 성격유형과 그에 알맞은 직업군에 대해 알 수 있다. 2. 직업탐색과 선택 시 고려해야 할 점들에 대해 알 수 있다.	가. 직업흥미검사를 통해 살펴본 나의 적성 나. 나의 미래 직업 탐색 다. 직업선택 기준 이해
5	진로 장벽 대처	다문화 가족 차별 진로관련 부정정서 문제해결	1. 진로장벽의 개념을 이해하고 자신을 성찰해 보는 시간을 가진다. 2. 진로에서 경험하는 어려운 상황에 대처하면서 극복하려는 의지를 배울 수 있다.	가. 이중문화 환경에서 내가 경험한 진로장벽 찾아보기 나. 진로에서 부정정서와 비합리적 생각 찾아보기 다. 다문화대학생 인터뷰 영상
6	진로 장벽 대처	다문화 가족 차별 지지체계 부족 진로탐색	1. 부모나라의 장점을 파악하고 긍정적 자긍심을 높인다. 2. 진로장벽을 극복할 수 있는 현실적 방안을 익힌다. 3. 도움받을 수 있는 지지체계를 탐색하고 활용방법을 익힌다.	가 부모나라의 자랑 발표하기 나. 다문화학생이 경험하는 진로장벽과 차별 경험 극복방안 다. 진로사이트 탐색: 사람/기관/사이트/정보(다문화특별전형: 기업과 대학 등)/고등학교 홈페이지 찾아보기
7	진로 준비 의사 결정	진로결정 문제해결 진로탐색	1. 의사결정전략을 이해할 수 있다. 2. 바람직한 진로를 선택할 수 있는 능력을 기른다.	가. 진로선택에서 의사결정 나. 합리적인 의사결정 연습 다. 직업선택의 조건 라. 고등학교 탐색
8	진로 준비 계획	문제해결 진로탐색 진로결정	1. 미래에 대한 긍정적 희망을 가지며 진로의식을 함양할 수 있다. 2. 목표 세우기의 과정을 알고 준비할 수 있다. 3. 진로수행 과정에서 발생하는 다양한 변수에 대처할 수 있고 도움받을 수 있는 지지체계를 찾을 수 있다.	가. 내가 가고 싶은 고등학교 발표하기 나. 꿈지도 그리기: 꿈을 이루는 과정에서 발생할 수 있는 위기상황을 예상하고 도움받을 수 있는 지지체계를 탐색. 대처 계획 수립

출처: 도근희(2024).

3) 고등학생용 프로그램

남진아(2019)는 특성화 고등학생을 대상으로 진로탐색 집단상담 프로그램을 개발하고 적용하는 연구를 수행하였다. 이 연구에서 활용된 프로그램의 내용은 〈표 12-8〉과 같다.

〈표 12-8〉 특성화 고등학생용 진로탐색 집단상담 프로그램

회기	영역	오리엔테이션, 나의 미래 스케치
1회기	활동 목표	• 프로그램 운영 내용과 규칙을 이해하고 자발적인 참여와 관심 유도 • 집단구성원 간의 소개 및 친밀한 관계 형성 • 자신의 진로에 대한 구체화 작업을 통한 프로그램 참여동기 강화
	활동 내용	• 진행자 소개, 프로그램 내용과 목적 설명 • 명패 만들기 • 참가자 소개 및 참여 동기 파악 • 조구성 및 조이름 선정 • 조별활동 꿈지락 약속 정하기 • 내가 생각하는 진로란? • 드림스케치 • 1회기 내용 정리 및 활동소감 나누기 • 다음 회기 일정 및 내용 안내
	유의사항	• 집단구성원 간 편안하고 공감적인 분위기 조성 • 진행자와 친밀한 관계 및 신뢰감 형성
회기	영역	나의 진로
2회기	활동 목표	• 자신의 적성과 흥미에 맞는 직업 탐색과 직업선택 기준 파악 • 자신의 직업성격유형에 대한 이해와 장점과 약점 인식 • 진로에 대한 자기능력과 지식에 대한 이해 촉진
	활동 내용	• 조별 스피드 직업카드 퀴즈 • 직업카드 분류하기 • 나의 직업성격유형 탐색 • 직업흥미유형 속담 퀴즈 • 자신의 진로유형에 맞는 직업 탐색
	유의사항	• 직업카드 활용을 위한 게임 방법 숙지 • 직업흥미검사 실시 및 해석의 전문성 • 사전검사 시 직업흥미검사 실시 후 프로그램 진행 시 해석지 준비

회기	영역	나의 진로
3회기	활동 목표	• 다양한 진로 직업정보의 이해 촉진 • 자신의 진로유형 및 전공계열에 따른 직업탐색 • 여러 직업정보의 객관적인 판단을 통한 진로결정 지원
	활동 내용	• 직업골든벨(신생직업, 사라진 직업) • 직업카드를 보고 모르는 직업 알아보기 • 홀랜드 검사 RIASEC 여섯 가지 직업군 직업카드분류 • 진로유형에 따른 직업탐색 • 숨겨진 정보로 직업 맞히기 • 직업정보 검색 사이트 안내 및 활용 실습 • 워크넷 APP(2025년 현재 고용24로 변경) 다운로드 및 활용방법 안내 • 찾아보자! 진로, 직업정보
	유의사항	• 직업카드의 내용 및 직업군 유형별 분류 방법 숙지 • 직업정보검색 사이트 또는 어플리케이션 접속 후 활용방법 실습 • 진로미결정 대상의 경우 스스로 탐색하는 방법을 찾도록 독려
회기	영역	직업의 가치
4회기	활동 목표	• 진로 직업가치관 탐색을 통한 긍정적 가치관 형성 • 자신의 직업가치관에 적합한 직업분야 정보 파악 • 다양한 직업적 가치를 공유하고 진로문제의 종합적인 이해
	활동 내용	• 직업 단어연상퀴즈 • 직업생활에서 중요한 가치관 • 직업가치관 검사 실시 및 결과 합산 • 직업가치관 퀴즈 • 조별 직업가치관 월드컵 게임 • 나의 선호 직업과 직업가치관 알아보기
	유의사항	• 직업가치관 검사 실시 및 해석방법 숙지
회기	영역	꿈과 비전 찾기
5회기	활동 목표	• 성공한 직업인의 이야기를 통한 긍정적사고 전환 • 꿈과 비전에 대한 동기유발 및 실천 의지 향상 • 자신의 성공경험을 나누고 꿈의 목록 정하기
	활동 내용	• 꿈과 비전 주제의 규칙 찾기 게임 • 직업인 성공스토리 동영상 시청 • 성공한 직업인 이야기 • 나의 성공경험 찾기 • 유명인들의 꿈의 목록 보기 • 꿈의 목록 정하기
	유의사항	• 꿈의 목록을 통한 미래 설계 격려와 목표 성취 기대 • 현실에 바탕을 둔 계획을 세우고 실천하는 것이 중요함을 인식

회기	영역	선택! 진로결정
6회기	활동 목표	• 의사결정 유형검사를 통한 유형별 특징 이해 • 진로의사결정에 대한 고정관념을 깨고 자신의 강점과 약점 파악 • 합리적인 진로 의사결정방법 연습을 통한 직업결정 지도
	활동 내용	• 이색 직업 게임 • 의사결정 유형검사 실시 및 결과 합산 • 자신의 의사결정 유형별 특징 파악 • 진로의사결정 고정관념 깨기 • 진로의사결정 ○, × 퀴즈 • 합리적인 진로의사결정 5단계
	유의사항	• 의사결정 유형검사 실시 및 해석 방법 숙지
회기	**영역**	**준비하잡(job)**
7회기	활동 목표	• 이력서와 자기소개서, 면접을 통한 구직기술의 이해 • 구직활동 및 근로상식 이해 실습 • 실제 구직활동을 위한 모의면접 연습
	활동 내용	• 이력서, 자기소개서, 면접질문지의 이해 • 올바른 이력서 작성 tip 설명 • 이력서 작성 및 피드백 • 모의 면접 영상 시청 • 면접질문지 및 피드백 • 모의 그룹 면접 실습 • 근로상식 및 청소년 아르바이트 10계명 안내 • 아르바이트 계약서 작성하기
	유의사항	• 모의 면접 관련 예능프로그램 영상을 활용하여 쉬운 이해 돕기
회기	**영역**	**꿈지락(꿈知樂)**
8회기	활동 목표	• 자신의 진로에 대한 구체화 작업 및 실천계획 수립 • 진로목표 수립과 목표달성을 위한 진로동기 강화 • 프로그램 종결 및 평가, 소감문 작성
	활동 내용	• 직업카드 스피드 퀴즈 • 나와 맞는 희망직업 순위 • 참가자별 직업정보 자료 제공 • 나의 진로계획 세우기 • 희망직업정보 자료를 통한 진로계획 수립 • 진로계획 실천을 위한 꿈잡기 마인드맵 • 전 회기 내용 정리 및 활동소감 나누기 • 마음의 선물 나누기 • 프로그램 종결 및 평가
	유의사항	• 진로결정에 대한 계획 수립을 돕고 사전에 참가자의 희망 직업정보를 준비하여 제공함

출처: 남진아(2019).

4) 대학생용 프로그램

조혜련(2024)은 사범대학생을 대상으로 진로적응모형에 기반하여 진로집단프로그램을 개발하였다. 이 연구에서 활용된 프로그램의 내용은 〈표 12-9〉와 같다.

〈표 12-9〉 진로적응모형에 기반한 진로집단프로그램

<table>
<tr><th>단계</th><th>회기</th><th>모듈명</th><th>회기목표</th><th>활동 내용</th></tr>
<tr><td rowspan="2">강점 자원 탐색</td><td>1</td><td>사범 대학생으로 '나' 마주하기</td><td>• 프로그램의 목표를 이해하고 구성원 간 친밀감을 형성한다.
• 대학생활을 돌아보며 현재 진로문제를 구체화할 수 있다.</td><td>• 프로그램 소개, 운영방법 안내
• # 나를 말하다
• 사범대 진학의 순간부터 지금까지의 대학생활을 돌아보며 나의 진로 고민 명확히 하기</td></tr>
<tr><td>2</td><td>위기를 기회로 전환하기</td><td>• 내 인생을 돌아보며 강점 자원을 확인할 수 있다.
• 진로에 대한 부정적인 생각을 긍정적으로 전환할 수 있다.</td><td>• 인생 곡선 그리기를 통해 성공과 실패 경험 속에서 배운 점 정리하기
• 플립카드 활동을 통해 나의 단점을 장점으로 뒤집어 생각해 보고 나의 장점을 설명하기
• 진로고민 사례를 제시하고 부정적 생각을 긍정적으로 전환하기</td></tr>
<tr><td rowspan="2">진로 전환</td><td>3</td><td>나의 커리어 전환 마주하기</td><td>• 진로전환에 대한 중요성을 인식한다.
• 미래 진로전환에 대한 대비가 필요함을 알 수 있다.</td><td>• 내 인생 전환 세 컷 작성하기
• 원하는 미래 전환 장면 구체화해 보고 계획 작성하기
• 인생 전환 역할극
• 이심전심 우리들 이야기</td></tr>
<tr><td>4</td><td>미래 트렌드 Job Go, 대응전략 수립</td><td>• 4차 산업혁명에 따른 미래변화를 알고 대응할 수 있다.
• 교육 업종의 변화에 따른 필요 역량을 찾아 준비할 수 있다.</td><td>• 4차 산업혁명에 따른 직업세계의 변화 탐색하기
• 미래 직업트렌드 변화에 따른 대응 전략 생각해 보기
• 4차 산업혁명 시대 교육 업종의 변화와 필요역량 탐색하기</td></tr>
<tr><td>자기 이해</td><td>5</td><td>내 안의 V.I.P.를 찾아서</td><td>• 내 안의 V.I.P.를 찾아서</td><td>• 진로검사(직업가치관, 직업선호도 검사 L형, 성격강점)에 제시된 자기특성 키워드를 진로수레바퀴에 정리하기
• 검사결과 통합적으로 이해하기(주요 공통점, 새롭게 알게 된 점, 보완해야 할 점 등)</td></tr>
</table>

직업 탐색	6	나다움을 바탕으로 한 내다음 찾기	• 진공기반 진출 직업탐색으로 진로대안을 넓힐 수 있다. • 관심 직업에 대한 정보 탐색 결과와 나의 특성을 고려한 직업을 선택할 수 있다.	• 학과 기반 직업정보 탐색 및 선호 직업 선정하기 • 직업정보탐색 사이트 정보 안내 • 관심 직업에 대한 세부 정보 탐색(하는 일, 자격요건, 필요역량, 관련 기업 등) • 직업탐색 결과와 나의 특성을 고려하여 희망직업 선택하기
의사 결정	7	가치 있는 합리적 의사결정	• 내 삶의 결정적 선택의 순간을 탐색하여 의사결정 스타일을 파악한다. • 합리적 진로의사결정 실습을 통해 직업을 선택할 수 있다.	• 내 삶의 결정의 순간을 되돌아보며 의사결정의 공통점 찾기 • 가장 아쉬웠던 순간으로 돌아가 다시 선택해 보기 • 합리적 진로의사결정 지수 탐색 • 합리적 의사결정 실습하기(의사결정 대차대조표)
대처 능력	8	진로장벽을 디딤돌로 전환하기	• 취업성공사례로 본 성공요인을 진로에 적용할 수 있다. • 예상되는 진로장벽에 대한 대처능력을 키울 수 있다.	• 취업성공사례 분석을 통해 취업성공 요인을 찾기 • 진로장벽 간이 체크리스트 작성을 통해 진로장애요인 탐색 • 상황, 대처카드를 활용하여 예상되는 진로장벽에 대한 대처방안 탐색하기
계획 실행	9	SMART한 계획 수립과 실행자원 더하기	• 미래이력서 작성으로 진로목표에 대한 구체적 계획을 수립할 수 있다. • 목표 실행을 위한 자원관리 방법을 알고 적용할 수 있다.	• 미래 이력서 작성하기 • 이력서 항목을 채울 수 있는 방법 탐색(자격증, 대외활동 등) • SMART한 계획 수립하기 • 행동계약서 작성하기 • 목표 실행을 위한 자원관리 능력 기르기(시간관리, 인적자원)
진로 스토리 탐색	10	생애주제 기반 미래 진로 스토리 만들기	• 생애주제를 통해 직업적 정체감을 명확히 할 수 있다. • 진로목표를 구체화하고 실행하는 데 자신감을 가질 수 있다.	• 진로구성인터뷰를 통해 생애주제 작성하기 • 진로선언문 작성하기(내가 원하는 삶을 위한 실행 목표)

출처: 조혜련(2024).

5. 집단진로상담자 윤리

집단진로상담자에게 전문가로서의 자질 못지않게 중요한 것은 윤리적으로 집단을 운영하는 것이다. 집단상담자가 지켜야 할 윤리 기준은 다음과 같다.

첫째, 집단진로상담자는 집단과 관련된 정보를 충분하게 제공하여야 한다. 예를 들어, 집단진로상담의 절차, 상담료 지불 방법, 집단에서 얻을 수 있는 기대 등의 정보를 충실하게 제공하여야 한다.

둘째, 집단진로상담자는 전문적인 지식과 임상 경험을 충분히 거친 사람이어야 한다. 집단진로상담자는 자신이 수행하게 될 집단상담과 관련하여 어떤 전문적인 능력이 있는지 명시하여야 한다.

셋째, 집단진로상담자는 집단의 목적을 명확히 설명하고 어떤 절차에 의해 집단상담이 이루어질 것인지 정확하게 알려 주어야 한다.

넷째, 집단진로상담을 통해 긍정적인 경험을 하는 경우가 많지만 집단진로상담자는 집단에 참여함으로써 발생할 수 있는 위험 요소들에 대해서도 알려 주어야 한다. 집단진로상담을 하면서 감정에 상처를 받을 수도 있고, 상황이 안 좋게 될 수도 있다는 것을 알려 주어야 한다.

다섯째, 집단진로상담자는 집단원들이 성급한 결정을 내리기보다는 집단 작업을 통해 자기 자신의 변화를 꾀하는 데 초점을 맞추도록 도와야 한다.

여섯째, 집단진로상담자는 상담료를 정확하게 알려 주고, 일정 기간 내에 상담료를 납부해 줄 것을 요청한다.

일곱째, 집단원 선별에서 중요한 사항은 집단의 성격, 잠재적 발생 가능 문제, 집단상담자의 경력 등에 대해 미리 알려 주고 집단상담자와 함께 계약을 하는 것이다. 이때 집단상담자와 친분이 있거나, 개인상담을 받았던 경험이 있는 경우 집단 역동에 영향을 미칠 수 있으므로 집단에 참여하지 않도록 사전에 알린다.

여덟째, 집단진로상담자는 비밀유지의 중요성과 한계점을 함께 알려 주어야 한다. 집단진로상담 과정에서 알게 되는 사적인 정보는 비밀유지를 해야 한다는 것에 대해 명확히 명시하지만, 집단 구성원이 함께 하는 작업이므로 완전하게 유지될 수 없음을 사전에 고지한다. 집단진로상담자는 집단원이 사적인 정보를 공개하는 데 있어서 자신이 편안함을 유지할 수 있는 범위 내에서 공개해도 좋다는 것을 알려 준다.

아홉째, 집단진로상담자는 녹음이나 녹화를 해야 할 경우에 집단원에게 사전 동의를 얻어야 하고, 집단원 중 한 명이라도 동의하지 않을 경우에는 녹음이나 녹화를 할 수 없다. 녹음이나 녹화를 할 경우 정확한 용도를 밝히고, 그 용도 이외에는 사용하지 않을 것을 확실하게 알려 주어야 한다.

참고자료

상담사례

1. 진로탐색 집단상담 신청 동기

윤지(가명, 22세)는 대학에 입학하여 3년 정도 다녔는데 그동안 바쁘게 살았지만 자신이 무엇을 했는지 알 수 없고, 4학년을 앞둔 시점에서 준비된 것도 없어서 앞으로 어떤 직업을 선택할지 막막한 상태에서 집단상담을 신청하였다.

2. 진로탐색 집단상담 목표

집단상담을 통해서 원하는 진로가 무엇이고 앞으로 자신이 어떤 직업을 선택해서 살아야 할지 명확하게 알고 싶다.

3. 진로탐색 집단상담 과정과 결과

나(윤지)는 자신의 답답한 마음을 해소해 보고자 진로탐색 집단상담을 신청하였다. 솔직히 집단진로상담이 무엇인지, 어떻게 하는 것인지조차 모르는 상태에서 '뭔가 가 보면 길이 생기겠지.'라는 막연한 마음으로 집단에 참여하였다.

처음 만난 사람들 앞에서 자신을 소개하는 일은 참으로 힘들었다. 그동안 이렇게 얼굴을 맞대고 앉아서 대화를 해 본 경험이 많지 않기 때문이다. 특히 낯선 사람들과 함께 대화를 한다는 것은 어색했다. 나는 속으로 생각했다. '앞으로 어떻게 오지? 이렇게 모르는 사람들과 내 이야기를 한다는 것은 너무 힘든 일인데…….' 긴장감이 올라왔다. 그래도 나는 이왕 왔으니 이번 시간은 있어 보기로 했다.

상담자가 자신을 소개하고 집단진로상담의 목표와 방향에 대해 설명해 주는 것을 들으니 약간 도움이 될 것 같아 마음이 솔깃했다. 상담자의 소개가 끝난 후 앞으로 함께 참여할 집단원

소개가 있었다. 그동안 같은 대학에 다녔지만 오늘 처음 보는 사람들이었다. 한 사람씩 돌아가면서 자기소개를 하는데 대부분 전공도 다르고 학년도 다양했다. 이렇게 다양한 학과의 사람들과 만나서 서로 소개를 하는 것이 신기했다. 소개를 마치자 상담자는 집단상담을 통해 달성하고 싶은 목표를 말해 보라고 했다. 나는 먼저 말할 용기가 나지 않아서 고개를 숙이고 있었다. 그러고 있으니 건너편 쪽에서 한 학생이 먼저 이야기를 했다. 다른 사람 이야기를 들으면서 '다들 진로에 관해서 고민이 많구나. 나만 힘든 것은 아니구나!' 하는 것을 알게 되었다. 그동안 나만 이렇게 고민이 많은 것인 줄 알고 어디에 말도 못하고 힘들었는데, 오늘 여기에 온 사람들이 다들 진로문제를 고민하고 있다는 것만으로도 마음이 편해졌다.

집단상담 시간에 왜 이 전공을 선택하게 되었는지 탐색해 보는 시간이 있었다. 돌아보니 나는 고등학교를 마칠 때 수능 점수에 맞추어서 전공을 선택했다. 그 당시에는 일단 대학에 합격하는 것이 목표였기 때문이다. 원래 이 학과에 오고 싶었던 것이 아니었기에 그동안 대학 생활을 하면서도 학과 공부보다는 다른 활동에 주력했었다. 동아리, 친구, 기타 모임 등 사람 만나는 것에 집중하다 보니 학과 공부는 점점 소홀히 하게 되었고, 앞으로 졸업을 하고 취직을 하려니 막막했던 것이다. 집단상담을 하면서 내가 나의 진로에 대해 진지하게 고민하지 않고 살아왔음을 알게 되었다.

나의 성격, 흥미, 역량 등을 탐색해 보는 시간에 나에 대해 진지하게 고민했다. 성격, 흥미, 역량을 탐색해 보면서 그동안 잊고 있었던 내 안의 잠재력이 발견되었다. 한참 동안 잊어버렸던 과거의 경험들이 생각나면서 앞으로 이러한 역량을 바탕으로 어떻게 진로를 결정해야 할지 고민해 보아야겠다고 생각했다.

대학 생활 동안 무엇을 하며 지냈는지 이야기를 하는데 집단원들에게서 배울 점이 많다는 것을 알게 되었다. 나보다 학년이 낮은 집단원인데도 입학하면서부터 체계적으로 계획을 세워 준비하는 모습도 보았고, 버킷리스트를 작성하여 하나하나 실천하며 살고 있는 집단원도 있었다. 군대를 다녀온 복학생 선배는 지금까지 준비한 진로 과정이 자신과 맞지 않음을 발견하여 다시 시작하는 기분으로 왔다고 해서 존경스럽기도 했다. 이 선배의 이야기를 들으면서 나도 늦지 않았다는 자신감이 생겼고, 지금부터라도 차근차근 준비하면 될 것 같은 예감도 들었다.

상담에 참여해 오면서, 내가 여태껏 진로에 대해서 말로는 고민을 많이 했지만, 실천에 옮겨서 실행한 기억이 별로 없었음을 알게 되었다. 처음에는 무엇을 해야 할지 막막하였는데, 한 회기 한 회기 시간이 지나면서 나의 실천 의지가 약했기 때문이라는 것을 알았다.

집단상담 회기 중에 자신의 진로와 관련된 구체적인 계획(SMART 법칙)을 세워서 작성해 보는 시간이 있었는데, 이렇게 계획을 세우고 실천을 하면 작은 일부터 하나씩 성취해 갈 수 있을 것 같았다. 나는 사실 내가 뭘 해야 할지 잘 몰랐기 때문에 우선 '고용24'에 들어가서 전공을 살릴 수 있는 직업군에 대해 검색을 하고, 그 직업을 위해 지금 준비해야 할 것들은 무엇이 있는지 알아보았다.

그중에서도 특히 관련 분야 자격증을 취득해야 하는 것이 있었다. 그동안 아무 생각 없이 놀면서 지낸 것이 후회되었지만 이제라도 준비하면 될 거라는 집단원들의 지지로 힘을 얻어 자격증 준비를 위해 인터넷 강의를 신청하였다. 학과 공부와 멀리 떨어져 있어서 전공이 맞지 않는다고 생각했는데 그래도 전공을 최대한 살리는 방향이 있음을 알게 되어 이제부터는 학과 공부도 열심히 해야겠다고 생각했다.

그동안 돌아보니 진로에 대해서 막연한 고민만 하고 있었지, 정작 내가 무엇을 원하는지 또한 내가 무엇을 잘하는지에 대해서는 생각해 보지 않았고, 학과와 관련된 직업에는 어떤 것이 있는지 찾아보지도 않았다는 것을 알게 되었다.

이번 진로탐색 집단상담에 참여하면서 나 자신에 대해서 비교적 정확하게 알 수 있었고, 나만 이렇게 고민이 많은 것이 아니라 나와 비슷한 상황에 있는 다른 사람들의 이야기를 들으면서 위로와 안심이 되었다. 무엇보다 집단상담을 통해 다른 사람의 이야기를 들으면서 나의 진로를 탐색하고 방향을 설정하는 데 많은 도움이 되었다.

참고문헌

강진령(2011). **집단상담의 실제**. 서울: 학지사.

남진아(2019). 특성화 고등학생을 대상으로 한 진로탐색 집단상담 프로그램 개발과 적용. 숙명여자대학교 대학원 석사학위논문.

도근희(2024). 진로집단상담 프로그램이 국내 출생 다문화중학생의 진로장벽과 진로결정자기효능감에 미치는 효과. 경북대학교 대학원 석사학위논문.

조혜련(2024). 진로적응모형에 기반한 진로집단상담 프로그램 개발: 사범대학생을 중심으로. 한국기술교육대학교 테크노인력개발전문대학원 박사학위논문.

최안나(2023). 성격강점기반 진로집단상담이 초등학교 고학년의 진로흥미와 진로성숙도에 미치는 영향. 전주교육대학교 교육대학원 석사학위논문.

한국교육학술정보원 학술연구정보서비스(http://www.riss.kr)

제13장 사이버 진로상담

흔들리지 않고 피는 꽃이 어디 있으랴
이 세상 그 어떤 아름다운 꽃들도
다 흔들리면서 피었나니
흔들리면서 줄기를 곧게 세웠나니
흔들리지 않고 가는 사랑이 어디 있으랴

젖지 않고 피는 꽃이 어디 있으랴
이 세상 그 어떤 빛나는 꽃들도
다 젖으며 젖으며 피었나니
바람과 비에 젖으며 꽃잎 따뜻하게 피웠나니
젖지 않고 가는 삶이 어디 있으랴

- 도종환, 「흔들리며 피는 꽃」 -

사이버상담(cyber counseling)은 가상공간에서 디지털 기술을 사용하여 실시하는 상담활동을 지칭한다. 즉, 사이버상담은 가상공간에서 이루어지는 '전문상담'이다. 사이버상담의 현장에서 컴퓨터와 네트워크는 매우 다양하게 활용되고 있다. 사이버상담과 대면상담의 차이는 상담의 목적에 있는 것이 아니라 상담목적을 달성하는 과정 중의 여러 가지 요인에서 찾아볼 수 있다. 사이버 진로상담의 장점으로는 공간제약의 초월, 시간제약의 초월, 영구적인 기록 가능, 수퍼비전과 자문의 용이성, 문제 외재화의 용이성, 상담과정에서의 평등성 확보, 익명성으로 인한 자유로운 자기노출 등을 들 수 있다. 그러나 비언어적 정보의 결여, 대화 진행상의 혼란, 기계적인 오류의 발생 가능성과 같은 한계점도 가지고 있다. 사이버상담에는 채팅상담, 화상상담, 이메일(E-Mail) 상담, 게시판 상담,

데이터베이스(data base)를 이용한 상담, 멀티미디어(multimedia)를 이용한 상담 등 매우 다양한 종류가 있다. 사이버 진로상담이 사이버상담의 주제별 분류에 따른 하위 영역이기 때문에 이 장의 전반부에서는 사이버상담의 전반적인 내용을 살펴보고, 후반부에서 사이버 진로상담의 실제를 이메일 상담을 예로 들어 살펴볼 것이다.

1. 사이버상담의 의미와 특징

1) 사이버상담의 의미

사이버상담의 '사이버(cyber)'는 인공두뇌를 뜻하는 접두어로, 컴퓨터가 두뇌 활동을 가상적으로 모의하는 실험에 사용되었다. 이후 컴퓨터를 통해 고도로 정밀한 기능까지 자동화되면서 컴퓨터의 활동과 인공지능은 밀접한 관련을 갖게 되었다. 따라서 컴퓨터를 통해 이루어지는 활동에 대해 '사이버'라는 용어를 자주 사용하게 되었고, 사이버상담은 가상공간에서 컴퓨터를 사용하여 실시하는 상담활동을 지칭하게 되었다. 즉, 사이버상담은 말 그대로 가상공간에서 이루어지는 '전문상담'을 말한다. 사이버 세계는 컴퓨터와 통신기술이 결합되어 의사소통과 정보 교환의 새로운 공간을 형성하게 된 세계이자 컴퓨터를 매개로 한 의사소통이 이루어지는 가상의 공간을 말한다. 이러한 가상의 공간인 사이버 공간은 컴퓨터 시스템을 활용해 연출해 내는 현실과 같은 상상의 3차원 세계 또는 컴퓨터 통신망이 만들어 내는 가상의 사회를 말한다.

가상의 공간이 아닌 현실의 세계에서 이루어지던 전통적인 면대면 상담이 '내담자의 문제를 해결하고 내담자 스스로 성장을 이루어 나갈 수 있도록 돕는 것'이라면, 사이버상담은 '내담자의 문제해결 능력을 증진시키고 자기성장 과정을 촉진하는데 컴퓨터와 네트워크를 사용하는 것'으로 정리할 수 있다. 즉, 자신에게 문제가 있음을 인지한 내담자가 가상의 공간에서 그 문제를 해결하고자 인터넷에 접속하여 상담자와 대화하며 신뢰관계를 형성하고, 문제해결 방안을 모색하면서 통찰을 얻고, 동시에 정보를 얻게 되는 이 모든 상담과정을 '사이버상담'이라 칭한다.

이러한 관점에서 사이버 진로상담의 의미를 살펴본다면 일반적인 사이버상담의 의미를 그대로 가져가되, 단지 상담자와 내담자가 사이버공간에서 상호작용하는 내용이 '진로'와 관련된 내용으로 이루어지는 상담이라고 볼 수 있을 것이다.

사이버상담은 현대 정보화 사회의 산물인 컴퓨터가 만들어 낸 가상공간에서 상담활동을 행하는 것으로 상담자의 근본적인 역할이나 목적이 전통적 상담과 다르지 않다. 사이버상담도 전통적인 면대면 상담과 마찬가지로 상담자와 내담자의 만남을 통해 내담자의 문제를 해결하며, 내담자의 성장을 돕는 전문적 활동이다. 그러나 사이버상담은 상담자와 내담자의 만남이 현실공간에서 이루어지는 것이 아니라 컴퓨터를 통해 만들어진 가상의 공간에서 이루어지기 때문에 대면상담과 여러 가지 측면에서 차이를 보인다. 따라서 사이버상담의 현상을 체계적으로 이해하기 위한 노력이 필요하다.

사이버상담에서 상담자는 내담자의 문제나 감정, 생각, 행동상의 특징을 직접 관찰하지 못하고 단지 컴퓨터 모니터에 올려진 문자나 영상을 통해서만 내담자의 내면세계에 접근할 수 있다. 내담자 또한 상담자의 모습이나 표정을 보지 못하지만 동영상의 발달로 사이버상담에서도 시각적인 단서를 어느 정도 보충할 수 있게 되었다. 그러나 아직은 사이버상담에서 이루어지는 의사소통 대부분이 문자를 기반으로 하며, 이것이 사이버상담과 전통적 면대면 상담의 핵심적 차이라고 할 수 있다(임은미, 2014).

사이버상담에 대한 또 다른 명칭인 넷 상담(Net Counseling) 또는 웹 상담(Web Counseling)은 가상공간의 활동이 인터넷이라는 통신망을 통해 이루어지기 때문에 붙여진 이름이다. 또한 통신망에 의해 멀리 있는 상담자와 내담자가 만나서 상담을 할 수 있다는 점에서 원격상담(Tele-Counseling)이라는 용어도 사이버상담과 동일하게 사용될 수 있다(이영선, 박정민, 최한나, 2001).

사이버상담 현장에서는 컴퓨터와 네트워크를 다양하게 활용하고 있다.

첫째, 정보탐색용으로 활용할 수 있다. 상담을 진행하기 위해 필요한 자료를 인터넷으로 검색하는 것을 말한다. 특히 진로상담이나 성상담을 하기 위해서는 상담자의 전문적 태도와 상담기법뿐만 아니라 진로와 성에 대한 다양하고 구체적인 지식이 필요하다. 따라서 컴퓨터와 네트워크를 활용하여 내담자를 오래 기다리게 하지 않고도 양질의 다양한 정보를 검색하여 그 정보를 필요로 하는 내담자에게 제공할 수 있다.

둘째, 다회기 대면상담의 과정에서 부분적으로 사이버상담 회기를 운영할 수 있다. 내담자나 상담자가 부득이하게 실시간으로 대면하기 어려운 상황에 놓일 때 사이버상담 회기로 대체 할 수 있다. 또한 문제의 특성에 따라 사이버상의 의사소통이 효과적이라고 판단되는 경우도 있다. 가령, 하루하루의 금연 상황이나 영양섭취 상황의 보고, 하루 동안 대인관계에서 느꼈던 점을 정리하기, 상담자에게 받은 과제의 수행결과에 대한 중간 보고 등을 위해 대면상담회기 사이사이에 사이버상담 회기를 첨가할 수 있다.

셋째, 상담자와 내담자의 상호작용을 사이버상에서만 해 나가는 것이다. 한 내담자와 한 상담자가 여러 회기 동안 만나는 경우에는 이메일이나 채팅이 주로 선택되고 단회기 상담에서는 이에 더하여 게시판 상담이 선택되기도 한다.

이러한 사이버상담의 범위는 앞의 세 가지 활용방법을 포괄한다. 개인이나 집단을 대상으로 한 상담 진행을 위해 사이버매체를 활용하여 정보를 탐색하고 제공하는 것, 대면상담 중간에 사이버상담을 실시하는 것, 사이버상담으로만 진행하는 것 등 세 가지 모두 사이버상담에 포함된다(임은미, 2014).

2) 사이버상담의 특징

사이버상담과 대면상담의 차이는 상담의 목적에 있는 것이 아니라 상담 목적을 달성하는 과정 중의 여러 가지 요인에서 차이가 난다. 이러한 관점에서 사이버상담의 특징을 정리해 보면 다음과 같다.

(1) 컴퓨터 이용의 측면

사이버상담의 가장 두드러진 외형적 특징은 컴퓨터를 매개로 하여 상담자와 내담자가 의사소통을 한다는 점이다. 상담자는 내담자의 문제나 감정, 생각, 행동상의 특징을 단지 컴퓨터 모니터에 올려진 문자나 영상을 통해서만 파악할 수 있다(이영선 외, 2001).

(2) 상담시간의 측면

사이버상담 서비스는 많은 경우 시간의 제약을 받지 않고 제공될 수 있다. 즉, 서비스를 제공하는 상담기관에 기술적 문제가 없는 경우라면 내담자는 24시간 언제든 접속하여 서비스를 받을 수 있으며 상담자가 근무하지 않는 심야시간대나 상담기관이 운영되지 않는 공휴일, 명절에도 이용할 수 있는 서비스들이 있다. 이러한 시간제약을 초월한 서비스는 상호작용적 상담활동의 활성화에 도움을 준다. 가령, 상담기관을 방문하여 상담을 받고자 할 때 학업 또는 근무시간과 겹쳐서 현실적으로 상담을 받는 데 시간적 제약이 있을 수 있다. 그럴 때 내담자는 사이버상담의 여러 메뉴 중 비실시간 상담메뉴를 이용하여 자신의 근무시간 외에 상담 내용을 올리고 상담자는 상담실 근무시간에 이에 대한 서비스를 제공할 수 있다.

비실시간 메뉴는 이메일 상담, 게시판 상담, 데이터베이스를 이용한 상담 등이 있으며 어느 시간이든 내담자에게 상담 서비스를 제공할 수 있다. 사이트에 올려놓은 상담사례나 문제해결에 도움을 받을 수 있는 원고, 음악파일, 동영상은 상담자가 접속하고 있지 않아도 내담자가 언제든지 제공받을 수 있는 서비스들이다. 비실시간 서비스를 통해 내담자는 상담을 받고 싶은 내용을 자신이 편리한 시간에 상담실에 전자메일로 발송하고 상담자는 근무시간에 답장을 작성해서 이메일 주소로 발송할 수 있으며 내담자는 자신이 편한 시간에 답장을 열어 볼 수 있다.

(3) 상담공간의 측면

사이버상담은 실제 공간이 아니라 가상공간에서 이루어지는 상담이다. 면대면 상담에서는 주로 내담자가 상담기관을 방문해야 한다. 이때 내담자는 상담을 받기 위해 상담기관까지 가는 물리적인 거리를 고려해야 하고 상담자는 상담을 실시하기 위한 물리적인 시설을 갖추고 있어야 한다. 그러나 사이버상담은 이러한 공간과 시간적인 고려사항을 필수적인 요인으로 요구하지 않는다. 이로 인해 상담실과 멀리 떨어진 곳에 살고 있는 내담자도 사이버상담 서비스를 받을 수 있다. 내담자의 방에서, 학교에서 또는 PC방에서 언제든지 상담이 가능하다. 컴퓨터가 놓여진 장소가 바로 상담실이 되는 것이다. 이러한 사이버상담 공간은 학생들과 직장인뿐만 아니라 거동이 불편한 장애인들도 쉽게 상담을 받을 수 있게 한다.

(4) 의사소통 방법의 측면

일반적으로 상담과정은 서로 대화를 하면서 진행된다. 이때 상담자는 내담자의 언어적 대화뿐만 아니라 제스처나 표정으로 전달되는 비언어적 대화를 통해 내담자에 대한 중요한 정보를 얻을 수 있게 된다. 그러나 사이버상담은 주로 문자를 통해 이루어진다. 내담자의 감정, 사고, 행동이 문자를 통해 상담자에게 전달되고, 내담자에게 보내는 상담자의 배려, 경청, 이해, 설명 등의 메시지가 문자를 통해 전달된다. 문자중심의 의사소통은 전달하고자 하는 내용이 간단하거나 명확한 경우에는 효과적이지만 전달하려는 내용이 복잡하거나 애매한 경우나, 다양한 정서적인 내용을 담고 있는 경우에는 의사소통이 제한될 수 있다.

(5) 익명성의 측면

익명성이란 자신의 이름을 드러내지 않는 것을 말한다. 면대면 상담의 경우에는 내담자가 상담을 받기 위해서 상담신청서에 자신의 인적사항을 기록하게 되어 있다. 면대면 상담에서는 상담자와 내담자가 실제로 얼굴을 마주할 뿐 아니라 상담신청서에 표기된 직업, 주거상태, 가족상황 등의 정보를 보면서 상담을 하게 된다.

사이버상담에서는 내담자의 신원에 대해 자세하게 파악하기 어렵다. 사이버상담에서는 상대방의 목소리도 듣지 못하기 때문에 경우에 따라서는 내담자의 성별조차 모르는 상태에서 상담을 진행해야 한다. 물론 상담자가 상담 도중 내담자의 성별, 이름, 신분 등에 대하여 물어볼 수 있지만 일부러 묻지 않거나 상담자가 물어도 내담자가 대답하지 않으면 내담자의 인적사항이 거의 파악되지 않을 수 있다.

(6) 상담자와 내담자 역할의 측면

사이버상담에서 내담자는 자신에 대한 정보를 선택적으로 표현할 수 있고 접속과 종료에서 주도권을 가질 수 있다. 또한 이메일 상담, 게시판 상담, 채팅 상담에서 내담자는 자신의 얼굴을 상담자에게 보여 주지 않을 뿐 아니라 상담자의 표정을 볼 수 없기 때문에 거리낌 없이 자신의 고민을 얘기할 수 있다. 이러한 사이버상담의 특성은 비자발적인 청소년들이 스스로 자신의 문제를 해결해 나갈 수 있는 주도적인 내담자가 될 수 있음을 보여 준다. 그러나 내담자가 자신이 원하는 방식으로 상담을 진행하고 자신이 원하는 이야기만을 듣고자 하는 등의 부정적인 영향은 신중하게 고려해야 할 부분이다.

(7) 비밀보장의 측면

비밀보장은 상담의 기본원칙이다. 그러나 사이버상담에서는 비밀보장이 잘 이루어지지 않을 수도 있는 상황이 존재한다. 예컨대, 파일 전송 중 노출의 위험, 상담자의 컴퓨터에 저장되어 있는 정보 누출의 위험, 내담자의 컴퓨터에 저장된 내용을 가족 혹은 다른 사람이 보게 될 위험 등을 꼽을 수 있다. 이런 위험들로 사이버상담 내용의 비밀보장이 전통적인 면대면 상담보다 어려운 것으로 보이지만, 상담자에게 온라인으로 말하는 것이 면접상담만큼 안전하다고 보는 견해도 있다.

2. 사이버상담의 장점과 단점

1) 사이버상담의 장점

(1) 공간제약의 초월

사이버상담은 상담자와 내담자가 자신의 생활공간에서 상담을 진행할 수 있다. 공간제약의 초월성은 일과시간이 동일한 상담자와 내담자의 만남을 용이하게 한다. 장소 이동에 부담을 느끼는 내담자, 면대면 상담을 꺼리는 청소년 내담자 그리고 산간벽지의 내담자들에게 손쉽게 상담에 접근할 수 있는 기회를 제공해 준다.

(2) 시간제약의 초월

데이터베이스를 이용한 상담의 경우 상담자가 작성한 상담 자료들이 24시간 연중무휴로 내담자에게 제공될 수 있다. 게시판 상담의 경우 상담내용이 공개되기 때문에 내담자는 언제라도 자신의 문제와 유사한 문제에 대한 이선 상담의 내용을 보면서 도움을 받을 수 있다. 이메일 상담의 경우도 내담자는 필요한 시간에 상담자에게 메일을 보내고 편한 시간에 답메일을 확인하면서 도움을 받을 수 있다. 게다가 컴퓨터가 네트워크에 연결되어 있기만 하면 자신의 고민을 다른 사람에게 공개하지 않고 상담자에게만 말할 수 있는 비밀보장 등의 장점도 이용자들에게 접근을 용이하게 하는 요인이 된다.

(3) 영구적인 기록 가능

사이버상담의 내용은 통신기술과 컴퓨터 기술의 발달로 저장 수준이 점점 완벽해지고 있다. 상담자와 내담자 모두 상담과정을 저장할 수 있고 필요할 때 다시 재생할 수 있다. 이러한 재독(再讀)은 내담자가 상담 이후 얼마나 많이 변화했는지 살펴볼 수 있고 이에 대한 추수상담을 용이하게 한다. 또한 내담자들은 상담자가 해 주었던 긍정적인 말과 행동들을 검토하여 자신의 상황에 맞게 번안하여 유용하게 사용할 수 있다.

(4) 수퍼비전과 자문의 용이성

상담과정이 문자로 저장되면 수퍼비전을 받는 것이 용이하다. 이메일 상담에 대한 수퍼비전에서 상담자는 서로서로 지도감독해 줄 수 있다. 상담자가 내담자에게 보내 준 상담 내용을 수퍼바이저에게 보내 주면 수퍼바이저는 내담자의 말을 직접 경험할 수 있게 되고 이를 통해 상담자는 지도감독을 받고 내담자에게 응답 메시지를 보냄으로써 실수를 줄일 수 있다. 다양한 학문적 배경이나 상담접근법을 갖고 있는 전문가들의 응답메일을 통해 상담자들은 균형 잡히고 풍부한 정보를 지닌 상태에서 내담자에게 응답을 해 줄 수 있다.

(5) 문제 외재화의 용이성

외재화(externalization)는 내담자로 하여금 자신의 문제를 멀리 떨어져서 볼 수 있도록 해 주고, 자기 자신과 문제 자체를 분리시켜서 볼 수 있도록 해 준다. 상담을 위해 글쓰기를 해야 하는 내담자는 글쓰기 그 자체를 통하여 본인의 문제를 외재화시킨다. 문제를 자기로부터 분리시켜 들여다보는 외재화 작업을 촉진하면, 그로 인해 긍정적인 변화 역시 기대할 수 있다.

(6) 상담과정에서의 평등성 확보

인터넷을 통한 의사소통 양식에서 이메일은 상담자와 내담자 간에 어느 정도 평등성을 갖도록 해 준다. 내담자는 회원으로 가입하면 되고, 이들은 매우 다양한 연령과 학력 분포를 갖게 된다. 이메일은 개인 간의 힘의 차이를 평등화 하는 경향성이 있다.

2) 사이버상담의 단점

(1) 비언어적 정보의 결여

사이버상담에서 상담자는 내담자가 글로 표현한 것 이외에 신체 움직임, 의상, 긴장과 이완 등 내담자의 모습을 실제로 볼 수 없기 때문에 내담자를 조력하는 데 어려움이 있다. 또한 상담자의 미소나 온화한 표정 등을 내담자에게 보여 줄 수 없기 때문에 친밀한 상담관계 형성이 힘들 수 있다. 이것이 사이버상담이 갖는 장애요인 중 하나이다. 사이버상담의 비언어적 단서의 부족에 대한 대안으로 현존감이 제시되는데 현존감이란 비디오나 컴퓨터 등 매체를 통한 의사소통에서 실제로는 존재하지 않지만 상대방이 있는 것처럼 경험하는 것을 말한다. 현존감을 느끼게 하는 요인들로는 스크린, 대화명, 폰트, 타이핑 속도, 상호작용 속도, 표현의 양, 이모티콘, 철자와 문법 등이 있으며 이것은 비언어적인 것으로 글 자체 이외의 모든 것을 말한다. 이와 같은 요인들이 사이버상담 동안 구체적으로 평가될 수는 없지만 많은 것은 축어록을 검토하여 평가될 수 있고 그것들이 현존감을 높일 수 있다. 비언어적 요소를 민감하게 감지할 수 있는 능력은 사이버상담자들에게 필수적이다.

(2) 상대방이 보이지 않음으로 인한 제한성

사이버상담에서 상담자는 내담자의 행동을 볼 수 없기 때문에 면대면 상담의 경우와 비교해서 상담에 집중하기 어려울 수 있다. 어떤 경우에는 동료나 가족들이 상담자가 상담을 진행하고 있다는 것을 모르기 때문에 방해를 할 수 있고, 상담자는 주의가 산만해질 수도 있다. 내담자 또한 상담자의 행동을 보지 못하기 때문에 상담과정에서 집중하지 못할 가능성이 있다.

(3) 대화 진행상의 혼란

채팅의 상호작용에서는 하나의 주제에 대해 상담자의 대답이 올라가기 전에 다른 주제가 등장하기도 한다. 상대방의 모습이 보이지 않기 때문에 내담자가 응답을 하기 위해 타이핑을 하는 중인지 응답을 생각하는 중인지를 모를 수 있으며 이로 인해 상대방이 반응을 하기 전에 다른 의견을 올릴 수도 있다는 것이다. 이러한 문제는 상담자가 내담자의 의사소통 스타일과 리듬을 잘 알고 개입에 적용하면 해결할 수 있다.

(4) 기계적인 오류의 발생 가능성

사이버상담은 상담을 진행하는 도중에 컴퓨터 프로그램, 네트워크, 하드웨어 프로그램의 영향을 많이 받게 된다. 즉, 기계적인 오류로 인해 상담이 갑자기 중단되기도 한다. 이러한 문제가 발생할 가능성이 있다는 것을 미리 공지사항에 올려놓는 것이 좋다.

3. 사이버상담의 유형

1) 채팅상담

채팅(chatting)은 통신망으로 연결된 컴퓨터에서 문자 메시지를 서로 교환하면서 상호간에 대화를 하는 것을 말한다. 채팅상담은 채팅 방식을 이용하여 상담자와 내담자가 대화를 나누면서 내담자의 문제해결과 성장을 조력하는 과정으로 이메일 상담보다 상담자와 직접 대화하는 느낌을 받을 수 있으면서도 대면상담과 달리 얼굴을 대해야 하는 두려움이 없기 때문에 내담자가 사적인 고민을 털어놓기가 용이한 장점이 있다(임은미, 이영선, 김지은, 2000). 그러나 상담자와 내담자가 서로에 대한 시각적인 단서가 없기 때문에 문자중심 상담이 이루어져야 한다는 점이 특징이다. 내담자의 음성이나 표정, 제스처 등과 같은 비언어적인 단서가 없다는 사이버상담의 제한된 의사소통의 단점을 채팅상담도 가지고 있다. 따라서 내담자에 대한 전반적인 이해나 내담자 진술의 현실성 검증 등의 판단에 대한 어려움이 있다(임은미, 2014).

2) 화상상담

화상상담(video therapy)은 영상통화와 회의를 위한 플랫폼을 활용하여 서로 다른 공간에서 실시간 영상과 음성을 통해 상담이 이루어진다(최설, 김미리혜, 2021). 기술적인 발전으로 이제는 음성과 영상을 별 불편 없이 인터넷상으로 주고받을 수 있게 되었다(임은미 외, 2000). 화상상담은 채팅상담의 기능에 컴퓨터 화면을 통해 상대방의 모습을 보면서 음성 메시지를 나눌 수 있는 기능을 첨가한 상담방법으로 사이버상담 중 면접상담과 가장 유사한 모습을 가지고 있다. 그럼에도 실시간 사이버상담에서는 화상상담보다 문자기반의 채팅이 주를 이루고 있다. 그 이유는 사이버상담을 원하는 내담자들이 자신의 성, 나이, 얼굴 모습 등을 보이지 않은 채로 편안하게 자신이 원하는 대화를 나누고 싶어 하고, 또한 신속한 상담을 직접적으로 받고 싶어 하기 때문이다. 사이버상담에서는 내담자가 직접적이고 신속한 대화를 원하기 때문에 화상상담은 신속성을 원하는 내담자에게는 부담스러운 상담방법이 될 수도 있다(임은미, 2014).

3) 이메일 상담

이메일은 electronic mail의 약어로서, 한 사람이 컴퓨터 통신망을 이용하여 다른 한 명 또는 여러 사람에게 동시에 정보를 전달하는 시스템이다(임은미 외, 2000). 이메일 상담은 기존의 편지상담 방식을 사이버매체에 옮겨 놓은 것이다. 이메일을 통해 내담자는 자신의 고민사항을 상담자에게 전달하고 상담자는 그에 대한 공감이나 해결책 등을 내담자에게 답장으로 전달함으로써 상담이 이루어진다. 다른 사람에게 내용이 공개되는 것을 꺼리는 내담자가 비밀이 보장되는 상황에서 이용할 수 있는 상담 형식이다. 상담자와 내담자의 일대일 관계에서 깊은 내용의 상담이 이루어질 수 있으며 한 회로 끝나는 것이 아니라 몇 회에 걸쳐서 상담이 이어질 수도 있다. 이메일 상담은 편지를 주고받는다는 점에서 기존의 서신상담과 유사하지만 전달 속도가 놀랍게 빠르고 편리하다는 점에서 차이가 있다. 편지내용을 봉투에 봉하거나 우표를 붙이거나 우체통에 갈 필요가 없고, 대개 편지가 1~2분 안에 상대방에게 도착한다. 우리나라의 이메일 상담은 주로 내담자가 자신의 어려움을 호소하는 메일을 사이버상담실에 보내는 방법이다. 회원제로 운영되는 사이트에서는 내담자가 자신의 신분을 회원 가입 시 남겨 놓으면 내담자의 실명과 기본적인 인적사항을 상담자가 확보한 상태에서 이메일 상담을 할 수 있다(임은미, 2014).

4) 게시판 상담

게시판 상담은 사이버상담실의 메뉴에 게시판을 개설하여, 내담자가 자신의 고민을 게시판에 올려놓으면 상담자가 답을 해 주고, 때로는 다른 제3자가 그 고민에 대한 답을 해 줌으로써 여러 사람과 함께 고민과 해결책을 공유할 수 있는 상담형태이다(임은미 외, 2000). 게시판 상담은 내담자가 답변을 요청하는 글을 올리면 상담자가 답을 해 준다는 점에서는 이메일 상담과 유사하지만 이메일 상담은 특정 내담자와 상담자가 주고받는 비밀상담 형식인 반면, 게시판 상담의 내용은 다수에게 무제한으로 공개된다는 점에서 차이가 있다. 최근에는 공개게시판과 비밀게시판으로 나누어져 있고 비밀게시판의 경우 제목은 사용자 모두 볼 수 있지만 내용은 글쓴이와 운영자만 볼 수 있다(임은미, 2014).

5) 데이터베이스를 이용한 상담

데이터베이스는 하나의 조직 안에서 다수의 사용자가 공동으로 사용하기 위하여 통합되고 저장된 운영 자료의 집합을 말한다(임은미 외, 2000). 인간의 문제를 이해하고 해석하고 해결해 나가는 데 도움을 줄 수 있는 여러 가지 자료를 서버에 저장해 놓고 이용자에게 공개하는 것을 데이터베이스를 이용한 상담이라고 한다. 일종의 게시판 형식의 상담이지만 자료를 작성하는 사람은 상담운영진으로 내담자 글에 대한 답글이 아니라 운영진의 판단에 따라 필요하다고 생각하는 자료를 제공한다는 점에서 게시판 상담과 다르다. 그러나 문자매체이든 영상매체이든 상담관련 정보를 저장해 놓고 이용자들이 언제든지 와서 읽고 볼 수 있는 형태로 운영되고 있기 때문에 상담자가 근무하지 않는 시간에도 내담자들이 자신에게 필요한 정보나 상담 자료를 접할 수 있다는 장점이 있다(임은미, 2014).

6) 멀티미디어를 이용한 상담

최근 들어 글과 그림, 영상과 소리 등 여러 가지의 형식을 혼합하여 정보를 전달하는 매체인 멀티미디어의 사용이 급증하는 추세에 있다. 멀티미디어 구축이 가능한 개인용 컴퓨터들이 널리 보급되고 있으며, 정보자료를 멀티미디어로 전환하는 기술이 발달함에 따라, 사용자들의 다양한 욕구를 충족시키기 위한 멀티미디어의 사용이 점점 보편화되고 있다. 사이버상담에서도 동영상이나 음악을 이용하여 더욱 재미있고 생생하게 자료를 꾸밀 수 있고, 정서 순화를 도울 수 있게 되었다(임은미 외, 2000).

4. 사이버 진로상담의 실제

사이버상담에서 나타나는 청소년들의 진로상담 주제는 매우 다양하다. 이러한 주제들을 임은미 등(2000)은 크게 ① 진로정보 부족, ② 자신에 대한 이해 부족, ③ 진로의사결정의 어려움, ④ 부모와의 갈등 등 네 가지로 분류하였다. 여기에서는 각 주제에 대한 내용이 어떤 것인지를 살펴보기로 한다. 각 주제별로 두 개씩 제시된 e-mail 상담 호소문제는 필자가 구성하였고, 답변의 핵심에 해당되는 내용은 임은미 등(2000)이 제안한 것을 일부 첨삭하여 서술하였다.

1) 진로정보 부족

진로정보 부족 문제는 내담자가 자신이 원하는 진로가 비교적 분명하게 있으나 이에 대한 구체적인 정보가 부족한 경우이다. 이들은 구체적인 직업이나 진학 등에 대해 막연하게 또는 구체적으로 관심을 가지고 있거나 진로와 관련한 제도에 대한 정보를 알고 싶어 한다. 이러한 유형이 궁금해하는 사항은 대체로 구체적이어서 관심이 제한적일 수 있고 또한 다른 진로로 대체가 될 수도 있겠지만 현재 관심 있어 하는 영역에 대한 적극적인 탐색을 시도하는 경우라고 할 수 있다.

(1) 메일 내용

① 메일 1

안녕하세요. 저는 고등학교 1학년 남학생입니다. 최근 빅데이터에 대한 뉴스나 기사를 많이 보게 되면서부터 빅데이터 전문가가 되고 싶은 마음이 들었어요. 그런데 빅데이터 전문가가 되려면 무엇을 해야 할지 막연하여 연락드립니다. 인터넷으로 검색해 보았지만 검색된 내용으로 나오는 코딩이나 컴퓨터 프로그래밍 같은 공부는 어떻게 해야 하는 것인지 너무 막연하고 답답할 뿐입니다. 또한 어떤 학과를 전공하는 게 좋고, 진학을 위해서는 어떤 활동을 하는 것이 도움될까요? 컴퓨터 기술을 제대로 알지 못하는데 일단 대학에 진학만 하면 할 수 있는 것인지도 궁금합니다.

② 메일 2

저는 최근에 앞으로 전망이 좋은 직업들을 살펴보다가 상담사가 눈에 띄어서 관심을 갖게 되었어요. 그리고 학교에서 가족문제나 학업문제로 힘들어하는 친구들이 상담을 받고 좋아지는 것을 보면서 저도 상담사가 되고 싶다는 마음이 들기도 했거든요. 그런데 상담사가 되려면 뭘 공부해야 하나요? 전공 부분이 궁금합니다. 그리고 들은 얘기로는 대학원까지 나와야 한다는 소리를 들었는데 사실인가요? 자세하게 알려 주시면 고맙겠습니다.

(2) 답변의 핵심

① 구체적인 정보 안내

이러한 주제에 대해서는 내담자가 원하는 정보에 대해 구체적인 안내가 가장 핵심이라고 할 수 있다. 알려 줄 정보로는 직업에 관한 정보인지, 학과에 관한 정보인지 또는 진로와 관련한 제도에 관한 정보인지에 따라 구체적인 사항들에서 차이가 있다.

- 직업에 대한 안내 정보: 직업의 특성, 구체적으로 하는 일의 내용, 원하는 직업을 갖기 위한 준비사항, 직업전망, 관련 학과 및 대학 안내 등
- 학과 및 대학 안내 정보: 학과의 특성, 학과에서 공부하는 과목 및 내용, 졸업 후의 주요 진로분야, 학과가 설치된 대학, 구체적인 입시 준비 등

- 입사 및 입학 제도에 관한 정보: 문의해 온 제도에 대한 가장 최근의 정보 제공, 제도 전체에 대한 정보 및 질문에 대한 구체적인 정보 제공

② 정보 찾는 방법 안내

내담자가 요청하는 정보를 상담자가 모두 알고 있기는 어렵다. 따라서 인터넷이나 진로 관련 책자, 또는 실제 그 분야에서 일하는 사람을 통해 정보를 알아보아야 한다. 상담자 입장에서 정보에 관한 답변을 할 경우 어느 정도까지 내담자에게 알려 주어야 할지 고민이 되기도 한다. 원하는 모든 정보를 그때그때 대신 찾아 주는 것이 최선인지 생각해 보아야 한다. 그러나 내담자가 원하는 진로정보가 분명하게 제시되어 있고 탐색을 시도해 보았어도 자세한 정보를 알기가 어려웠거나 또는 정보를 찾는 방법조차도 알지 못한다면 원하는 진로정보에 대해 상담자가 구체적으로 제시해 주는 것이 필요하다. 또한 관련 정보 출처를 알려 주어 좀 더 자세한 사항을 알고 싶다면 직접 알아볼 수 있도록 안내해 준다.

③ 찾은 정보 알기 쉽게 정리

상담자는 정보를 제공할 경우 내담자가 원하는 정보를 알기 쉽게 정리해 주어야 한다. 인터넷 사이트를 통해 내담자에게 알려 줄 정보를 찾았을 때 전체 내용을 그대로 복사해서 전달하기보다 필요한 정보를 알기 쉽게 요약해서 제시하는 것이 바람직하다. 상담자가 이해하기 어려운 내용은 내담자에게도 불필요한 정보일 수 있고 의미가 이해되지 않을 수 있다. 또한 알려 주는 정보가 제대로 된 것인지 확인이 필요하다. 이 제도가 시행되고 있는 것이 맞는지, 실제로 안내하는 학과가 분명히 있는지 등 정확한 정보를 제공해야 한다.

2) 자신에 대한 이해 부족

내담자가 자신의 적성과 흥미에 대해서 잘 모르겠다고 호소하는 경우이다. 이러한 막연함은 자신에 대한 이해 부족에서 비롯되는데 내담자들은 본인의 특성이 무엇인지, 그리고 원하는 일을 잘할 수 있을지에 대해 알기를 원한다. 진로발달 단계상 청소년기가 자신에 대한 탐색기라는 점을 생각해 볼 때 진로와 관련한 이러한 질문은 가장 기본적인 고민 형태라고 할 수 있다.

(1) 메일 내용

① 메일 1

저는 중학교 2학년인데요. 진로에 대해 갈피를 못 잡겠어요. 학교에서 매년 하는 진로검사로 직업을 알아보려고 해도 너무 뻔한 느낌이 들어요. 문항들이 어떤 직업을 나타내는지 훤히 보인다고 할까. 이 문항은 교사 얘기네 싫어서 교사에 흥미가 없으니 점수를 낮게 체크하고 또 다른 문항은 이과 쪽이네 싫어서 낮게 체크하고 나면 모든 분야가 낮게 나와요. 관심이 없어서 낮게 체크한 건데 왜 이렇게 나올까요? 그럼 저는 관심 분야가 없는 건가요? 친구들은 그래도 장래희망 하면 하나씩 이야기하던데, 검사를 해도 이렇게 나오니 저만 꿈이 없는 사람 같고 너무 답답해요.

② 메일 2

요즘 저의 진로에 대해 고민이 많은 고등학교 1학년 학생입니다. 저는 어렸을 때는 막연하게 컴퓨터 관련 일을 하고 싶다는 생각을 가지고 살았습니다. 초등학교 때부터 방과 후에 컴퓨터를 배우고 그 분야에 관한 공부를 제법 했거든요. 저는 그래서 그게 제가 하고 싶은 것인 줄 알았어요. 그런데 시간이 지나면서 지금은 문득 이게 정말 하고 싶은 것인가를 생각해 보니 그렇지 않나는 걸 알게 되었어요. 제가 뭘 잘하는지 어떤 것을 좋아하는지에 대해서 지금은 파악도 어렵습니다. 다 그저 그럴 뿐 뭔가 절실하게 하고 싶은 마음은 들지 않습니다. 혹시 진로에 대한 적성이나 흥미 등에 대해 검사를 받아 보면 조금 분명해질까요? 혼란스러워요. 저에 대해 구체적으로 알고 싶습니다.

(2) 답변의 핵심

① 자신에 대해 활발히 탐색하는 모습을 격려

진로 선택과 관련하여 가장 중요하면서 기본이 되는 것은 자신에 대한 정확한 이해가 있어야 한다는 것이다. 청소년기는 다양한 경험을 통해 자신에 대해 파악하고 알아 가는 시기이다. 따라서 자신에 대해 일관되지 않은 혼란스러운 감정을 느끼기도 하고 자신이 원하는 일이 가능성이 없는 것 같아 불안해하기도 한다. 메일을 통해 이런 문제를 고민하는 청소년은 오히려 이런 시기를 나름대로 열심히 고민하며 탐색하고 있는 것이다. 따라서 그런 고민 자체가 긍정적인 모습임을 격려해 주는 것이 필요하다.

② 객관적이고 통합적인 자기 탐색

내담자의 자기 탐색 부분에서 빠진 부분이 있다면 어떤 부분인지를 명확하게 밝혀주는 것이 필요하다. 청소년들의 자기이해는 객관적이고 통합적이기보다 지나치게 주관적이다. 진로와 관련하여 자신을 제대로 이해한다는 것은 자신의 성격이나 적성, 흥미, 가치 영역에 대해 나름대로 파악하고 그것을 인식하고 있다는 것이다. 또한 자신의 장점이나 단점의 한 영역에만 치우치지 않고 장점과 단점 양면에 모두 관심을 갖는 것이다. 내담자가 진술하는 자기이해의 내용이 지나치게 주관적이거나 편협한 것은 아닌지 살펴보고 내담자가 자기 탐색을 폭넓게 객관적으로 해 나갈 수 있도록 이끌어 줄 필요가 있다.

③ 자기 탐색을 돕는 방법 제시

청소년들이 자신에 대한 비현실적인 이미지 대신 현실적인 이미지를 형성하기 위해서는 다양한 경험을 통해 자신을 이해하는 것이 필요하다. 도움이 되는 방법으로는 다양한 심리검사(성격, 적성, 흥미 등)를 통해 통합적인 결과를 얻는 것이다. 심리검사 결과에 대해 주의할 점은 결과 자체가 절대적일 수 없다는 점이며 내담자가 결과에 대해 충분한 정보를 제공받아야 한다는 점이다. 검사 이외에 자신에 대해 알 수 있는 방법으로는 가까운 사람과의 관계 속에서 자신을 파악하는 것이다. 친구 또는 부모님, 선생님, 교수님 등 가까운 대상과의 관계 속에서 내담자의 모습이 어떻게 나타나며 그들로부터 어떤 이야기들을 듣고 있는지를 통해 객관적인 모습을 이해할 수 있다. 이러한 작업 속에서 내담자의 능력, 성격 특성, 적성, 흥미, 대인관계, 외모 등에 대한 이미지라 할 수 있는 자아개념을 형성할 수 있고 이러한 자기이해를 바탕으로 다양한 진로정보를 구체적으로 탐색할 수 있다.

④ 자기 탐색은 변화의 과정임을 인정

자기를 안다는 것은 쉬운 일이 아니다. 또한 어느 시기에 완성되어 그 후에 불변하는 것도 아니다. 진로와 관련하여 자신을 이해한다는 것은 지금 나의 모습을 객관적으로 파악하는 것이지 변하지 않을 자신의 완벽한 모습을 찾는 것이 아니다. 탐색이 충분히 이루어지기 위한 시간과 여유 그리고 지켜볼 수 있는 인내가 필요하다. 내담자가 자신에 대한 결론을 서두르지 않도록 지금의 혼란을 인정해 주는 것이 필요하다.

3) 진로의사결정의 어려움

의사결정의 문제는 내담자가 원하는 여러 가지 중에서 한 가지를 선택해야 하는 상황에서 겪게 되는 어려움이다. 이것도 하고 싶고 저것도 하고 싶은데 어느 것을 택해야 할지, 잠정적으로 결정한 선택이 과연 옳은 것인지에 대한 의문, 한 길만을 선택하는 데 대한 망설임과 같이 문제를 다양하게 호소하고 있다. 너무 많은 요인을 고려하거나, 빈약한 대안으로 인한 결정의 어려움, 한 번의 확실한 결정에 대한 욕구 등의 문제로 불안한 마음을 갖게 된다. 진로상담에서 중요한 주제 중의 한 가지인 진로의사결정은 복잡한 과정으로 이루어지는 만큼 청소년 내담자들이 어려워하고 혼란스러워할 가능성이 매우 높은 문제라 할 수 있다.

(1) 메일 내용

① 메일 1

현재 고등학교 2학년에 재학 중인 저는 초등학교 때부터 수학을 가르치는 중등 교사가 되는 것을 꿈꾸어 왔습니다. 그런데 제가 수학을 좋아하고 잘하긴 하지만 내향적인 제 성격상 가르치는 것이 가능할지 두렵기도 합니다. 그래서 수학을 전공해서 세무공무원 시험을 준비해야 할지, 아니면 또 다른 진로를 찾아야 할지 결정을 못하고 있습니다. 게다가 요즘 뉴스를 보면 출산율이 낮아서 세가 교사가 될 때쯤이면 학생 수가 줄어들 것이고, 그에 따라 교사의 수요도 많이 감소할 텐데 이대로 제 꿈을 키워 나가야 할지 아니면 다른 대안을 찾아야 할지 결정하기 어렵고 고민이 되어 메일 보냅니다.

② 메일 2

안녕하세요. 저는 고등학교 2학년 여학생입니다. 저는 어릴 때부터 자동차나 로봇을 좋아했고 지금도 기계에 관심이 많아서 기계공학과에 가고 싶은데요. 오빠가 마침 그쪽 분야에 있어서 조언을 구했는데 자꾸 반대를 해서 고민이에요. 기계공학과는 거의 다 남자이고 여자는 별로 없다면서 제가 공부하기 어려울 거래요. 그리고 여자는 그쪽으로 취업하기도 어려울 거라는데 정말 그런가요? 그러면서 제가 컴퓨터공학과나 화학공학과처럼 여자가 상대적으로 많은 다른 학과를 가길 바라거든요. 부모님도 오빠 이야기를 듣더니 그게 좋겠다고 하시고요. 오빠 말을 들어 보니 한편으론 힘들 거 같기도 해요. 뭔가 답답하긴 한데 그래도 그 분야에 경험이 있는 오빠의 말이니 들어야 할까요?

(2) 답변의 핵심

① 주체적인 결정을 할 수 있도록 조력

진로의사결정은 개인이 진로 대안들을 평가하고, 선택하여 실행에 옮기는 과정이라고 할 수 있다. 의사결정과 관련한 청소년들의 호소문제는 진로미결정과 우유부단의 두 가지 유형으로 나누어 볼 수 있다.

진로미결정은 상황적으로나 발달상으로 아직 어려서 진로결정이 되지 않은 상태를 말한다. 이러한 모습은 청소년의 발달상에서 나타나는 자연스러운 모습일 수 있으며 결정을 내리기에는 여러 가지 정보도 부족하고 막연해하는 상태에서 미래의 진로가 아직 결정되지 않은 상태라 할 수 있다. 이런 상황에 처해 있는 내담자는 일차적으로 자신에 대한 이해와 탐색을 필요로 한다. 또한 이를 바탕으로 의사결정의 방법과 과정을 이끌어 주는 것이 다음 단계라 할 수 있다. 반면에 우유부단은 어떠한 결정도 하지 못하고 만성적인 미결정을 보이는 것으로 결정을 내리고 행동을 취할 수 있는 심리적인 능력이 결여되어 있음을 뜻한다. 특정 진로 영역에 대한 관심과 갈등보다는 심리적인 요인, 사회적인 요인 그리고 인지적 요인 등을 탐색하여 진로상담과 심리상담을 병행하여야 한다.

의사결정의 문제에 대해서 상담자는 내담자의 갈등 상황을 정리해 주고 해결책을 제시해 주기보다 내담자가 자신의 의사결정 과정에 따라 주체적으로 선택할 수 있도록 안내해 주는 역할이 필요하다.

② 합리적인 의사결정 방법 안내

합리적인 의사결정이란 주어진 목표를 달성하기 위해 가장 효과적인 대안을 선택하는 논리적이고 체계적인 과정을 말한다. 이는 자신과 상황에 대하여 정확한 정보를 수집하고, 신중하고 논리적으로 의사결정을 하며 또한 그 결정에 대하여 책임을 지는 것이다. 내담자가 두 가지의 가능성을 두고 갈등하고 있다면 합리적인 의사결정 방법에 따라 자신의 문제를 정리해 보도록 이끌어 주는 것이 필요하다.

〈표 13-1〉 **합리적 의사결정의 7단계**

단계	내용
1	의사결정의 필요성을 검토해 본다. 아직 탐색의 가능성이 있는데 결정을 서두르는 것은 아닌지도 따져 본다.
2	여러 가지 관련된 정보를 체계적으로 수집한다.

3	모든 가능한 대안을 열거해 본다. 확실한 대안뿐만 아니라 있을 수 있는 모든 대안을 나열한다.
4	각 대안의 결과를 예측해 본다. 대안의 장점과 단점을 비교하여 각 대안이 어느 정도의 성공적인 결과를 가지고 올 수 있는지를 예측해 본다.
5	성공할 확률이 높으면서 좋은 결과를 얻을 수 있는 대안 중에 자신의 가치관에 부합하는 것을 선택한다.
6	선택한 대안을 실천에 옮긴다.
7	실천에 옮기지 못하거나 결과가 예상과 다를 때 결정의 과정을 다시 한번 순서대로 되밟아 본다.

4) 부모와의 갈등

개인이 진로를 계획할 때에는 모든 일이 자기의 뜻대로만 되는 것은 아니다. 때로는 자기의 진로가 타인에 의해서 방해를 받기도 하고 반대로 협조를 받기도 한다. 따라서 때로는 자신의 진로를 포기해야 하는 경우도 있고 수정해야 하는 경우도 있게 마련이다. 내담자가 선택한 진로가 부모로부터 이해받지 못하고 거절당해서 힘들어하거나 갈등을 일으키는 문제로 호소해 오는 경우가 있다. 진로선택 시 부모님의 반대나 이해 부족은 자녀인 내담자에게는 힘든 과정이라 할 수 있다. 이러한 갈등을 효과적으로 해결해 가는 과정에서 자신의 진로에 대해 미처 알지 못했던 정보와 다양한 방법을 정리할 수 있도록 안내해 주는 것이 필요하다.

(1) 메일 내용

① 메일 1

현재 중1 여학생입니다. 전 음악을 좋아하고 춤을 좋아합니다. 그저 가벼운 마음으로 흥미가 있는 정도가 아니고 정말 음악을 듣고 춤을 추다 보면 제 스스로 힘든 것들도 다 힐링되고 행복한 마음이 듭니다. 그래서 저는 댄서나 안무가가 되고 싶어서 부모님께 그 분야로 고등학교 진학을 준비하고 싶으니 학원을 보내 달라고 말씀을 드렸더니 단칼에 안 된다고 하시는 거예요. 그런 건 취미로나 하는 거지 직업으로 하는 건 아니라고 하시면서요. '너도 지금 잠깐 빠진 거지 곧 재미없어질 거다. 그리고 돈도 많이 들고 돈을 투자해도 성공하기 힘들다'고 하시면서……. 저는 정말 춤추는 게 좋은데……. 부모님께서는 그냥 평범하게 공부해서 대학부터 진학한 다음에 동아리 같은 걸로나 하라고 합니다. 어떻게 하면 좋을까요?

② 메일 2

> 저는 인문계 고등학교 문과 2학년 남학생입니다. 진로문제로 부모님과 의견 차이가 있어서 이렇게 상담을 신청하게 되었어요. 저는 사람들이랑 소통하고 누군가를 도와줄 때 보람과 행복함을 느껴요. 그래서 고민 끝에 사회복지 쪽으로 진로를 정했어요. 아이들을 좋아해서 교사 쪽도 괜찮고요. 그런데 부모님은 경영, 경제 쪽으로 가라고 하세요. 이유를 여쭤보니 사회복지 쪽은 취업이 쉽지 않고, 취업해서도 처우가 안 좋다고 하시더라고요. 그런 것들을 제가 안 찾아본 건 아닌데 그래도 저는 제가 하고 싶은 일을 하면서 살고 싶거든요. 경영, 경제 쪽은 알아보니 숫자를 많이 다루던데 저는 그런 쪽에 흥미가 아예 없습니다. 이 부분에 있어서 부모님과 의견이 좀처럼 좁혀지지 않아 고민입니다.

(2) 답변의 핵심

① 무엇을 원하는지가 분명한지의 여부 고려하기

내담자의 문제를 접하다 보면 진로에 대한 구체적인 계획을 가지고 부모님과 부딪치는 경우가 있고, 때로는 자신의 진로에 대해 막연해하는 상황에서 부모님의 반대 자체만을 문제 삼는 경우도 있다.

전자의 경우라면 자신의 계획을 부모님에게 잘 전달할 수 있도록 구체적인 방법을 제시하고 부모님의 의견을 어떤 점에서 수용할 수 없는지 서로의 갈등에 대해 조화롭게 해결할 수 있도록 도와주는 것이 필요하다. 후자의 경우는 내담자 스스로 자신이 선택하려는 진로에 대해 뚜렷한 목표를 세우고 자기 탐색을 통해 원하는 것을 정리해 보고 또한 진로에 대한 정보를 수집하는 일이 선행되어야 한다. 자신이 원하는 요구를 제대로 알고 인정할 수 있어야 부모님도 효과적으로 설득할 수 있기 때문이다.

② 부모님이 반대하는 이유에 대해 탐색하기

부모님은 인생을 앞서 살고 있는 진로의 선배라고 할 수 있다. 그렇다고 부모님의 모든 의견이 전적으로 옳다고는 할 수 없지만 선배로서 먼저 알게 된 것, 생각해 보아야 할 것에 대해 정보를 줄 수 있다. 따라서 부모님이 반대하는 점이 어떤 부분인지 그것을 이해하려는 노력이 필요하다. 부모님의 의견을 모두 받아들일 필요는 없지만 어떤 점에서 염려를 하는 것인지 생각해 보고 그 염려가 내 진로와 관련이 된다면 그 부분의 의견은 받아들여 진로에 적극 반영할 수 있다.

③ 원하는 것을 효과적으로 제시하기

진로에 대한 문제로 부모님과 이야기할 때 내담자가 의견을 제시하는 방법에 문제가 있어 부모님과 갈등을 일으키는 경우가 있다. 자신의 의견이 잘 개진될 수 있도록 이야기 나눌 수 있는 환경을 만드는 일도 중요하다. 즉, 함께 이야기할 충분한 시간이 되는가, 내 의견을 진지하게 말하고 있는가, 지금 한 번으로 허락이 안 된다면 그 시기를 재조정할 수 있는가 등을 생각해 보아야 한다. 이러한 점에 대해 다시 한번 생각해 보고 부모님과 진로문제를 이야기할 수 있도록 안내해 준다.

갈등을 다루는 바람직한 방법

- 나와 상대방 사이에 갈등이 존재하는 것은 자연스러운 현상이다. 갈등 자체에 문제가 있는 것이 아니라 갈등을 어떻게 해결하느냐가 더 중요하다.
- 자신이 겪고 있는 갈등을 감추거나 피하지 말고, 있는 그대로 인정하고 수용한다.
- 갈등의 해결은 자신의 입장을 이해하고 상대방의 입장을 수용하려는 노력에서 출발한다.
- 갈등을 즉각적으로 해결하는 것만이 능사가 아니다.
- 갈등 해결을 위해 이야기할 수 있는 적설한 시간과 장소를 선정한다.
- 갈등을 다루기 위해서는 우선 서로에 대해 느끼고 있는 긍정적인 마음을 보여 주며 섭섭한 마음을 솔직하게 표현한다.
- 적절한 자기표현은 갈등 상황을 원만하게 해결하는 데 도움이 된다.
- 갈등 상황에 대한 각각의 입장을 충분히 이야기한다.
- 이야기를 나눌 때는 나와 상대방이 서로가 처한 입장에 따라 문제를 보는 시각이 다를 수 있음을 알고, 각각 갈등 상황에 대해 어떻게 파악하고 있는지 확인한다.
- 서로가 인정하고 수용할 수 있는 해결책을 찾는다.

e-mail을 통해 진로상담을 하는 방법에 관하여 명확히 합의된 지침은 아직 없다. 그러나 한국청소년상담원 사이버상담실에서 사이버 진로상담사례 100여 개를 분석한 결과 검토자들이 '만족스럽다'고 평가한 편지의 형식을 분석하였다. 여기서 검토자들은 내담자 자신이 아니라 사이버상담 실무자들이다. 사이버상담 실무자 세 명이 협의하여 잘 작성된 진로상담은 대체로 다음의 여덟 단계로 진행되었다.

● 잘 작성된 진로상담 메일의 절차 ●

첫인사 → 문제의 명료화 → 공감 → 상담목표 설정하기 → 정보제공 → 추가정보 탐색 안내 → 결론 → 끝인사

참고자료

상담사의 디지털 상담역량 척도 개발 및 타당화

최근 상담 현장은 코로나19 발생을 계기로 대면상담에서 '비대면상담'으로 급격히 전환되었다. 이에 따라 실시간 화상 방식을 활용한 디지털 상담이 많이 증가하였다. 이러한 디지털 사회 변화에 대응하여 상담사의 디지털 상담역량 모델이 제시되었고, 다양한 대상에 맞춰 디지털 역량 척도가 개발되고 있지만, 상담사의 디지털 상담역량을 측정할 수 있는 도구는 아직 전무한 상태이다.

현재 상담 분야는 디지털 상담이 활성화되고 있으며 향후 양적 확장이 예상된다. 이에 본 연구는 국내 최초로 상담사의 디지털 역량 척도를 개발하기 위해 3단계의 과정으로 연구를 수행하였다. 연구 1에서는 선행연구와 문헌 고찰을 통해 국내외 상담역량, 디지털 역량, 상담사의 디지털 상담역량에 관하여, 이론 및 관련 변인을 검토하였다. 이를 바탕으로 전문가 인터뷰와 상담사들의 의견을 반영하여 디지털 상담 역량 개념을 정리하고 예비 문항을 개발하였다. 이 과정에서 4개의 역량군과 8개 역량 요인, 83개의 역량지표로 구성된 위계적 구조의 이론적 모형을 구축하였다. 연구 2에서는 상담사 390명을 대상으로 연구 1에서 도출된 83개의 문항으로 예비조사를 실시하였다. 탐색적 요인분석 결과 8개 요인, 57개 문항이 도출되었으며, 요인별 신뢰도 계수는 .940 ~.790 사이로 양호하게 나타났다. 연구 3은 본 조사 단계로 상담사 961명의 자료를 토대로 신뢰도 및 상관 분석, 탐색적 요인분석, 확인적 요인분석 및 공인 타당도, 예측 타당도 검증을 실시하였다. 검증 결과 최종적으로 8개 하위요인과 총 42개의 문항이 도출되었다.

이후 디지털 상담역량 척도의 8개 요인이 해당 구성개념을 정확히 측정하고 있는지 검증하기 위해 '기본 기술', '비판적 이해', '보안', '자기 효능감', '참여', '심리검사', '상담이론 이해'를 사용하여 공인 타당도를 검증하였다. 검증 결과 요인 모두 유의한 상관관계를 나타냈다.

최종적으로 디지털 상담역량 요인 척도의 예측 타당도 검증을 위해 기존 검사인 '상담 만족도', '작업동맹', '직무만족' 척도를 활용하여 변인 간 상관관계를 분석하였다. 그 결과 통계적으로 유의한 정(+)적 상관이 나타났으며, 효과 크기 또한 높은 수준으로 나타났다. 논의에서는 연구 결과를 토대로 구성된 디지털 상담역량 척도의 4개의 영역군과 8개의 하위요인에 대한 구성 특징과 주요 의미를 고찰하였다. 마지막으로 본 연구의 의의 및 후속 연구를 위한 제언을 논의하였다.

출처: 전경숙(2023).

참고문헌

이영선, 박정민, 최한나(2001). **사이버상담의 기법과 윤리**. 서울: 한국청소년상담원.

임은미(2014). **사이버상담: 이론과 실제**. 서울: 학지사.

임은미, 이영선, 김지은(2000). **사이버진로상담지침서: 이메일상담을 중심으로**. 서울: 한국청소년상담원.

전경숙(2023). 상담사의 디지털 상담역량 척도 개발 및 타당화. 한세대학교 일반대학원 박사학위논문.

최설, 김미리혜(2021). 코로나 시대의 건강심리 서비스:원격 심리치료의 효과와 이슈. **한국심리학회지 건강, 26**(1), 1-20.

찾아보기

◆ 인명 ◆

M

O

P

R

S

T

V

W

◆ 내용 ◆

ㄱ

저자 소개

김봉환(Kim, Bongwhan)

〈학력〉

공주사범대학 교육학과(교육학사)

서울대학교 대학원 교육학과(교육심리전공, 교육학석사)

서울대학교 대학원 교육학과(상담교육전공, 교육학박사)

〈경력〉

대통령자문 교육혁신위원회 전문위원

교육부 정책자문위원, 교육과정 심의위원

교육부 교육기부 진로체험기관 인증위원장

통일부 정책자문위원

고용노동부 한국잡월드 이사

고용노동부 고용서비스 우수기관 인증위원

한국상담학회 학회지편집위원장

한국진로교육학회 회장

한국생애개발상담연구회 회장

서울경기인천상담학회 회장

(사)한국카운슬러협회 이사장

숙명여자대학교 교육학부 교수

숙명여자대학교 기초교양대학장, 교육대학원장

〈현재〉

숙명여자대학교 교육학부 특임교수

㈜마인드리뷰 심리상담센터 원장

한국진로진학정보원 이사

한국고용노동교육원 이사

〈주요 저서 및 역서〉

생애개발상담(공저, 2020, 학지사)

학교상담과 생활지도(3판, 공저, 2020, 학지사)

기적의 코칭(공역, 2019, 학지사)

생활지도학개론(공저, 2019, 학지사)

진로구성상담의 원리와 실제(공역, 2019, 학지사)

상담철학과 윤리(2판, 공저, 2018, 학지사)

진로상담(2판, 공저, 2018, 학지사)

진로상담의 실제(역, 2017, 학지사)

커리어 카운슬링(공역, 2016, 박영스토리)

상담과 심리치료란 무엇인가(공역, 2013, 학지사)

상담학개론(공저, 2011, 학지사)

학교진로상담(2판, 공저, 2006, 학지사)

진로상담의 이론과 실제 2판

Theory and Practice of Career Counseling (2nd ed.)

2019년 4월 20일 1판 1쇄 발행
2024년 9월 25일 1판 10쇄 발행
2025년 9월 20일 2판 1쇄 발행

지은이 • 김봉환
펴낸이 • 김진환
펴낸곳 • ㈜ 학지사
04031 서울특별시 마포구 양화로 15길 20 마인드월드빌딩
대표전화 • 02-330-5114 팩스 • 02-324-2345
등록번호 • 제313-2006-000265호

홈페이지 • http://www.hakjisa.co.kr
인스타그램 • https://www.instagram.com/hakjisabook

ISBN 978-89-997-3501-1 93180

정가 24,000원

저자와의 협약으로 인지는 생략합니다.
파본은 구입처에서 교환해 드립니다.